武斌 著

第四卷
大航海与西学东渐

中国接受
海外文化史

SPM 南方出版传媒 广东人民出版社
·广州·

图书在版编目（CIP）数据

中国接受海外文化史 / 武斌著 . —广州：广东人民出版社，2022.1
ISBN 978-7-218-15338-4

Ⅰ . ①中… Ⅱ . ①武… Ⅲ . ①文化交流—文化史—中国 Ⅳ . ① K203

中国版本图书馆 CIP 数据核字（2021）第 215385 号

ZHONGGUO JIESHOU HAIWAI WENHUA SHI

中国接受海外文化史

武 斌 著

出 版 人：肖风华

出版统筹：柏　峰
责任编辑：陈其伟　赵　璐
装帧设计：书窗设计
责任技编：吴彦斌　周星奎

出版发行：广东人民出版社
地　　址：广州市海珠区新港西路 204 号 2 号楼（邮政编码：510300）
电　　话：（020）85716809（总编室）
传　　真：（020）85716872
网　　址：http://www.gdpph.com
印　　刷：广州市浩诚印刷有限公司
开　　本：787mm×1092mm　1/16
印　　张：137.5　插　页：28　字　数：2300 千
版　　次：2022 年 1 月第 1 版
印　　次：2022 年 1 月第 1 次印刷
定　　价：598.00 元（全 4 册）

日本版画《唐船之图》。日本平户松浦史料博物馆藏

1

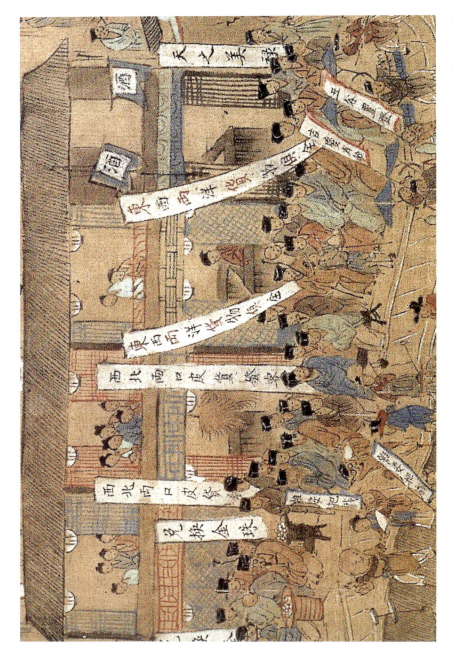

明《南都繁会图卷》（局部）。描绘明代南京都市状况。图中大标语"东西两洋货物俱全"，反映当时中国与西洋各国的贸易交往情况。中国国家博物馆藏

清《万国来朝图》。故宫博物院藏

镶有黄金和珍珠的天距仪，17世纪
意大利的产品，底座是康熙时代的中国
景泰蓝。故宫博物院藏

18世纪英国铜镀金转人亭式大钟。故宫博物
院藏

西洋药品。故宫博物院藏

西洋药品沉香油。故宫博物院藏

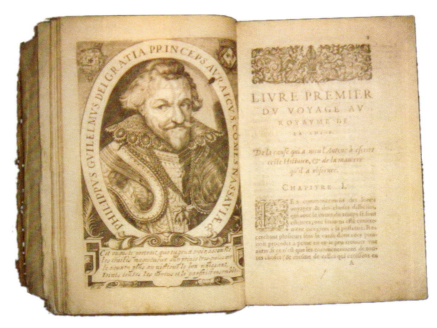

《利玛窦中国札记》法文版书影，1616年。法国吉美博物馆藏

插图上半部的3位外国传教士从左到右分别是利玛窦、汤若望、南怀仁。法国吉美博物馆藏

清《盛世滋生图》（局部）。描绘当时苏州怀胥桥商市的景象。辽宁省博物馆藏

清《乾隆帝观画赏古图》，郎世宁绘。故宫博物院藏

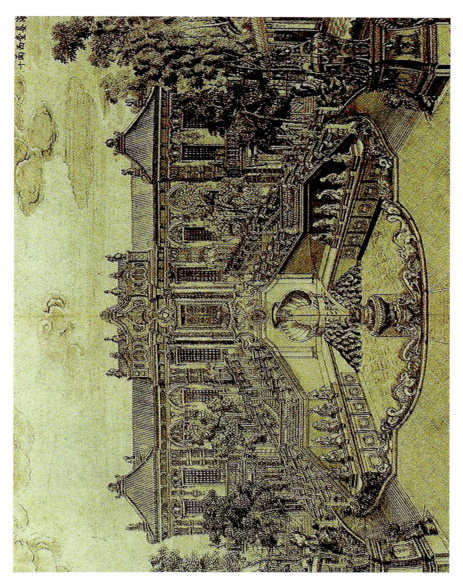

圆明园长春园海宴堂铜版画。清官欧洲画师绘

清《渔民烧火图》。林呱绘

目录

第二十五章

中国与美洲的早期交通
及美洲植物的传入

在中国大陆与南北美洲之间，横隔着浩渺无垠的太平洋。在古代交通的条件下，中国人很难与美洲进行直接的接触和交流。不仅如此，直到15世纪末哥伦布抵达美洲之前，美洲与世界其他地区也很少联系，很难找到接触和交流的踪迹。因而哥伦布远航成功，被誉为发现了"新大陆"。此时正是中国与欧洲贸易和文化交流逐渐展开并且蓬勃发展的时期，因而随着欧洲人进入美洲大陆，特别是由西班牙人主导的中国到马尼拉再到墨西哥大帆船贸易航线的开通，中国与美洲也建立了交通联系。16—18世纪的中西贸易中，数量巨大的白银流入中国，其中绝大部分的白银是产自南美洲，有的是从美洲转运到欧洲再流入中国的，有的是从美洲运到马尼拉再流入中国的。大量白银的输入，对中国的货币财政制度产生了很大的影响。与此同时，美洲农作物的引进和推广对中国社会也是影响巨大，极大地提高了中国农作物的产量，部分地改变了中国人的饮食结构。与此同时，中国与美国也建立起贸易联系。自此，太平洋上航行的商船，在大洋两岸建立起互通信息和文化交流的桥梁。

一　"马尼拉大帆船"连接的中国与南美洲的贸易交往

明清之际中国和美洲之间的文化接触和交流，最初是以西班牙殖民势力的海上贸易为中介进行的，同时也是当时在东方与西方开始展开的两个历史过程汇合的结果。

自哥伦布发现新大陆和达·伽马开辟通往亚洲的新航路之后，西班牙殖民势力迅速向海外扩张。它在亚洲据有菲律宾，在美洲攫取了从墨西哥到南美洲的广大地区，建立了地跨南北美洲并远至亚洲的海外帝国。16世纪初，西班牙拥有100艘商船，垄断了美洲、欧洲、北非洲和远东的贸易。

1573年，即西班牙人占领菲律宾的第三年，西班牙驻菲律宾殖民当局向西班牙国王提议由墨西哥派商船来菲律宾贸易，可以攫取巨利，并增加王室的关税收入。1573年，有2艘马尼拉大帆船驶往墨西哥，在其船货中，有712件中国生丝，22.3万件优质的镀金瓷器和其他瓷器。1574年，有6艘大帆船从墨西哥到达马尼拉，翌年又有12—15艘，从此开始了长达两个半世纪的马尼拉大帆船贸易。由于大帆船贸易的开通，西班牙人在太平洋上开辟了一条新航线。这条航线的一端在墨西哥太平洋岸的阿卡普尔科，一端在亚洲的马尼拉。行驶在这条航线上的西班牙船只，一般是一百多吨到三四百吨不等的三桅帆船。绝大多数船只是西班牙人雇佣中国的工匠在马尼拉利用当地木材建造的，故称"马尼拉大帆船"。这些帆船载重在300吨左右，是当时世界上最先进的船只。

美国学者杰里·本特利指出："马尼拉大帆船是太平洋海域早期全球经济的产物。"[1] 法国年鉴派历史学家布罗代尔在《15至18世纪的物质文明、经济和资本主义》中，把马尼拉大帆船作为近代意义的跨越洲际的远程贸易，纳入全球经济的视野来考察。他说，16世纪，各种因素协力促成的运动，是从中国前往美洲，马尼拉大帆船代表着一条特殊的流通路线，这是一种资本巨大的远程贸易，形成了跨越太平洋的"丝—银"对流。这条大帆船贸易线是维持西班牙对美洲和菲律宾群岛殖民统治的运输线与供给线，同时它也沟通了亚洲与美洲之间、中国与美洲之间的贸易联系和文化联系。中华民族的伟大文化创造，通过西班牙大帆船贸易的太平洋航线，源源不断地传播到大洋彼岸的南北美洲大陆。

对于大帆船贸易，清人张荫桓在《三洲日记》卷五中说："查墨国记载，明万历三年，即西历一千五百七十五年，曾通中国。岁有飘船数艘，贩运中国丝绸、磁器等物，至太平洋之亚冀巴路商埠，分运西班牙各岛。[2] 其时墨隶西班牙，中国概名之为大西洋。"

往来于墨西哥和菲律宾之间的大帆船，通常在6月由马尼拉出发，经过五六个月的航行，到达阿卡普尔科。从阿卡普尔科返航马尼拉，按照1633年的法律规定，最迟不能超过翌年的12月，不到3个月就可以抵达马尼拉。一位在马尼拉的西班牙领航员描述道，从菲律宾群岛到新西班牙的航行，跟一般季风贸易不同，因为各种不同的洋流流向，风向也不一样，总体航向是向

---

① ［美］杰里·本特利、［美］赫伯特·齐格勒著，魏凤莲译：《新全球史——文明的传承与交流》，北京大学出版社2007年版，第661页。

② 指西属拉丁美洲各殖民地，特别是指加勒比海诸岛。

北，一路上似乎岛屿在右边，在菲律宾和新西班牙航程中有不少补给站。[①] 还有更详细的记载，说从阿卡普尔科回到马尼拉的航行更快，大约需要 90 天。大帆船在 2 月或 3 月离开阿卡普尔科，一路向西航行，渡太平洋，在中转站关岛，加水和食品等补给，中转站经贝纳迪纳海峡而达马尼拉。这就是著名的"中国路""中国航道"或"中国—阿卡普尔科黄金水道"。[②] 新西班牙通过菲律宾与中国进行贸易。一般是一艘大楼船带着几艘小船，满载着银子与传教士，从阿卡普尔科起航，跨越太平洋至马尼拉；返航时则满载中国的丝绸和棉纱，给贩运商人带来了巨大的利益。[③]

西班牙殖民者经营这种大帆船贸易所攫取的利润非常大，有资料说这种大帆船贸易为西班牙人提供了 100%—300% 的利润。据马尼拉总督在 1609 年的报道，西班牙人对中国贸易很感兴趣，因为他们回程可获利 10 倍。在 1620年以 1 艘 200 吨的大帆船载运生丝从菲律宾到墨西哥，每年可赢利 200 万比索。正由于利润巨大，墨西哥和秘鲁等地的商人纷纷涌去马尼拉贩运中国货物。从马尼拉向西属美洲运送中国货物成为马尼拉商人的"主要谋生之道"。

中国—菲律宾—墨西哥航线的大帆船贸易，除了连接中国与美洲之外，还通过美洲延伸到西班牙。运到墨西哥的中国商品，在当地销售以外，有一部分运往西班牙。西班牙每年派两支船队从西班牙塞尔维亚港出发驶往墨西哥，每支船队有 20—50 艘商船，并派 2—6 艘战舰护航。它们把在墨西哥装载的中国商品运回西班牙。这样，"中国—菲律宾—墨西哥"航线就延伸成为"中国—菲律宾—墨西哥—西班牙"的多边贸易航线。"这是跨越两大洋的贸易线路……是当时世界贸易中线路最长的一条航线……中国拥有空前发达的商品经济，能为世界市场提供充裕的商品；而西班牙握有大量的贵金属，可作为世界市场当中的交换手段。因此中国—菲律宾—墨西哥—西班牙多边贸

---

① 参见李金明：《明代海外贸易史》，中国社会科学出版社 1990 年版，第 190—191、191 页。

② 参见［菲律宾］格雷戈里奥·F. 赛义德著，吴世昌译：《菲律宾共和国：历史、政府与文明》上册，商务印书馆 1979 年版，第 275 页。

③ 参见连云山：《谁先到达美洲——纪念东晋法显大师到达美洲 1580 年》，中国社会科学出版社 1992 年版，第 114 页。

易航线又成为推动世界市场迅速发展的'中轴'线。"①

大帆船运到墨西哥的中国商品,经由墨西哥—西班牙航线运抵塞尔维亚,再由这里分散到西班牙内地销售,从而进入欧洲市场。这些进口的中国商品大部分被运往梅迪纳·德坎波的国际市场,再次分销到欧洲各地。梅迪纳·德坎波在 14 世纪就发展成为一个国际闻名的大集市,吸引着来自欧洲各国的商人,并形成了从梅迪纳·德坎波经毕尔巴鄂直达荷兰的国际商道。中国商品进入梅迪纳·德坎波市场,使这个集市进一步活跃起来。西班牙学者莫利纳(Cayetano Alcazar Molina)在《十八世纪的总督辖区》中写道,中国人以他们的丝绸和名贵商品使马尼拉发展成为可以和欧洲任何集市相媲美的著名集市,并和新、旧两个世界建立商业联系,以至于"在作为卡斯蒂利亚心脏的梅迪纳·德坎波的遥远集市上摆满着各类欧洲和东方的商品。如今来自印度、阿拉伯、波斯、日本和阿卡普尔科的梦幻般的商品已达到充斥市场的程度"②。

直到 18 世纪中期以后,西班牙商船直接抵达菲律宾进行贸易活动,而不再经过墨西哥,由此形成了"中国—菲律宾—西班牙"大三角贸易。

西班牙王室对大帆船贸易起初采取鼓励政策,但后来当贸易不断扩大以至于影响其本身利益时,从 16 世纪末 17 世纪初起,又采取了一系列限制政策。如限定每年用两艘大帆船运货,每艘不得超过 300 吨,从马尼拉运往墨西哥的货物总值不得超过 25 万比索,回程不得超过 50 万比索。但在实际上,这些限制并未能严格执行。每年从马尼拉出航的船只并不严格是两艘,如1602 年是 3 艘,1603 年是 4 艘,1604 年和 1620 年是 3 艘。商船的吨位也愈来愈大,最大的达千吨或超过千吨。

1813 年 10 月 25 日,西班牙国王下令终止菲墨贸易,1815 年,最后一艘"马尼拉大帆船"——"麦哲伦"号从阿卡普尔科返回马尼拉。从此以后,持续了两个半世纪的大帆船贸易即告中止。在这期间,大帆船贸易是中国与美洲贸易和文化联系的主要渠道。

---

① 张铠:《中国与西班牙关系史》,大象出版社 2003 年版,第 78 页。
② 张铠:《中国与西班牙关系史》,大象出版社 2003 年版,第 94 页。

二 美洲农作物的引进与推广

1. 玉米

在早期中国与美洲的交往中，对中国产生直接影响的是许多原生于美洲的作物被引进中国，其中包括玉米、番薯、豆薯、马铃薯、木薯、南瓜、花生、向日葵、辣椒、番茄、菜豆、菠萝、番荔枝、番石榴、烟草等20多种，形成我国作物国外引种史上第三次高潮，对改变我国传统种植结构，大幅度提高粮食产量，改善人们生活水平、饮食结构等方面起了巨大作用。有人称这一时期是中国的"物种爆发"时期，还有学者称之为中国的"第二次农业革命"。

英国学者艾兹赫德指出：

> 文艺复兴时期，动植物之间的交流几乎总是朝一个方向，也就是从外部世界进入中国。

> 整个16世纪，美洲农作物得到大面积的传播，有玉米、甘薯、花生、马铃薯、树薯；有西红柿、菠萝、鳄梨、番石榴；有可可、烟草、多香果、红辣椒、扁豆和仙人掌，这些东西被哥伦布称为绿色金银，与黄金、白银一样珍贵。吸收这些绿色财富的能力成为经济社会发展能力的一个标志，欧洲吸收得最多，非洲吸收得最少（只有树薯），伊斯兰国家和印度位居中游，中国则仅次于欧洲。①

玉米属禾本科玉米属植物，原产于美洲大陆的墨西哥、秘鲁、智利等沿安第斯山麓狭长地带。当地的印第安人在前3500年就已经开始栽种和食用玉米。摩尔根在《古代社会》中说，由栽培而来的淀粉性食物的获得是人类发展史上最伟大的事迹之一。印第安人的远古文化被形容为"玉米文明"，玉米被誉为"印第安古文明之花"。1492年哥伦布到达新大陆后，才开始有了关

---

① ［英］艾兹赫德著，姜智芹译：《世界历史中的中国》，上海人民出版社2009年版，第237—238页。

于玉米文字的历史。稍后玉米被引种到北欧诸国，并从那里传播到非洲和亚洲以至世界大部分地区。

玉米约于 16 世纪初期传入中国。农史学界认为玉米传入中国有三条途径：第一路，先从北欧传至印度、缅甸等地，再由印度或缅甸引种到我国的西南地区；第二路，先从西班牙传至麦加，再由麦加经中亚引种到我国西北地区；第三路，先从欧洲传到菲律宾，尔后由葡萄牙人或在当地经商的中国人经海路引种到中国东南沿海地区。

我国最早记录玉米的方志是明正德六年（1511）安徽《颍州志》，其名叫"珍珠林"，这是记载的年份，首次引进的年份当更早。"哥伦布发现美洲是在 1492 年，玉米的传入距此只不过十年，快的惊人。"[1]

明代杭州学人田艺蘅的《留青日札》（序作于 1572 年）卷二六"御麦"写道："御麦出于西番，旧名番麦，以其曾经进御，故曰御麦。干叶类稷，花类稻穗。其苞如拳而长，其须如红绒，其粒如芡实大而莹白，花开于顶，实结于节，真异谷也。吾乡传得此种，多有种之者。"

玉蜀黍大量见于方志及其他记载。1563 年《大理府志》卷二记载："来牟之属五：大麦、小麦、玉麦、燕麦、秃麦。"1574 年《云南通志》卷二提到种植"玉蜀黍"的地区有云南府、大理府、腾越州、蒙化府、鹤庆府、姚安府、景东府、顺宁州和北腾州，其中 6 个地区同时已种植甘薯（红、白、紫薯）。李时珍《本草纲目》卷三三记载："玉蜀黍，种出西土，种者亦罕。"

玉米在 16 世纪初传入我国之后，起初主要是在少数平原地区种植，由于与当时传统的粮食作物相比，玉米"最耗地力"，且没有单产优势，所以总的来说，在明代后期和清代前期的 200 多年时间里，它的传播范围较小，种植规模不大。到明朝末年，全国有半数以上省份引种了玉米。清初，玉米的种植区域继续有所扩大，一些过去未见有种植玉米记载的省区，也先后出现了种植记载。但是，直到康熙年间，全国除少数省份种植地域较广以外，大部分地区还很不普遍种植。

在内地各省中，引种玉米较为普遍的是河南省，种植地区大致沿黄河两岸，以及淮河流域上游的尉氏、鄢陵、襄城和归德府等一些府县。河南地处

---

① 孙机：《中国古代物质文化》，中华书局 2014 年版，第 13 页。

中州，向来是东西南北的冲要之地，上述种植玉米的州县，大多是交通较为便捷的区所。在东南沿海各省中，广东、福建可能是最早引种玉米的省份。浙江、江苏等省的种植玉米，多数由海路从闽广传入。康熙《天台县志》叫玉米为"广东芦"，如闽广一带常把玉米叫做"珍珠粟"，浙江、江苏一带也有此等称呼。

屈大均在谈到明清之际广东农村种植玉米情况时说："玉膏黍，一名玉膏粱，岭南少以为食。"顺治《招远县志》记载："玉蜀黍即玉膏粱，有五色，田畔园圃间艺之。"在当时，玉米常常被人们视作珍品。在《金瓶梅词话》中，玉米面是财主西门庆用来宴客，或与烧鹅肉、玫瑰果等一道上席的阔气食品。《古今图书集成》记载，甘肃宁远县和陕西安定县出产玉麦，注明这是一种特产。在关外辽东一带，康熙前期已有种植玉米的记载，但直到乾隆元年（1736），吕耀曾编《盛京通志》还说它是"内务府沤粉充贡"的皇家御用品。同样，雍正十一年（1733）编定的《广西通志》，谈到桂林府出产玉米，亦言其"品之最贵者"。康熙二十七年（1688）秋，法国传教士张诚等陪同康熙皇帝一行巡视口外蒙古。当张诚回京路经长城古北口时，发现古北口种有紫葡萄、桃子和梨，在周围地里还播种玉米。

玉米具有耐旱、耐寒、喜沙质土壤等生物属性，玉米的引入使我国第一次有了适宜在高海拔山地种植的旱地粮食作物品种。经过两个多世纪的种植，人们逐渐认识了玉米的这些特性。在我国面积广大的山地丘陵地区，农业生产环境并不优越，但其水利、土壤和气候条件却比较适合种植玉米，从而使18、19世纪玉米在我国山地得以大规模种植。

清入关后，顺治、康熙和雍正三朝先后掀起了4次垦荒高潮，到乾隆时期开垦已达饱和状态。凡是可以种植五谷的平地坡田均被开垦殆尽，剩下的绝大部分即是高海拔山地了。乾隆皇帝认为：要使"民食益裕"，必须"野无旷土"。他在即位之初，面对人口迅速增长、平陆可垦之地几已尽垦的现实，鼓励民众开垦山地，并制定了相关政策：不成丘段的土地免税垦辟，山区坡土自由开发。虽然在这一过程中，各直省的具体规定不尽相同，如江西、江苏、湖南、湖北、浙江、陕西、甘肃、四川和河南等省，对新垦山地基本上是"永免升科"；直隶、山东、山西、安徽、福建等省，则是一定面积以下免予交税；云南、贵州等地，"不能引水灌溉"之山地一律"永免升科"。大部分省区纷纷掀起了规模不等的开垦山地、种植玉米的热潮。长江流域的山地，以及各支流的上游，在过去长时期大部分是原始森林，或是未开垦的生地，可是到了清朝中叶，却由于玉米的移植而开辟成为耕地。乾隆四年（1739），安徽巡抚陈大受"以高阜斜陂，不宜种稻、麦；福建安溪有旱稻名畲粟（即玉蜀黍），不须灌溉，前总督郝玉麟得其种，教民试艺有获，因令有司多购，分给各州县，俾民因地种植"。乾隆五十一年（1786）正月，"湖广总督特成额奏：湖北宜昌府属之鹤峰州，水田甚少，常平仓向贮包谷（玉蜀黍）、粟谷二千三百九十余石"。嘉庆十九年（1814），陶澍说："湖南一省，半山半水……深山穷谷，地气较迟，全赖包谷、薯、芋杂粮为生。"又道光十七、八年（1837—1838）间，林则徐说："（湖南）邵阳、新化、溆浦、辰溪等县所辖悬崖深涧之间……该处山峒多种包谷，今岁收成上稔，闾阎甚属安恬。"汉水上游陕西、湖北、四川三省交界的广大地区，属汉水上游。这一地区，如以汉水为界，在汉水以北称为"南山老林"，以南称为"巴山老林"。这两个原始森林，到了清朝中叶左右，由于玉米等农作物的种植而大事开发。

嘉庆朝基本上延续乾隆时期的垦山政策，尽管乾隆时期开垦山地种植玉米已造成严重的水土流失。面对迁移不定、浩浩荡荡的垦山大军，政府也"势难禁其入山开垦"了。嘉庆皇帝对此持放任自流甚至纵容的态度。嘉庆四年（1799），他谕军机大臣等："朕意南山内既有可耕之地，莫若将山区老林量加砍伐，如此则既有地亩可给民人耕种，又可利用木材，岂不一举两得？"道光时期继续奉行开垦"零星地土……永免升科"的政策。其中，河南、山东、云南、贵州、广东等省，所有新垦山地一概免其升科，其他直省则是分别规定每块新垦山地若干面积以下给予免税，因而使开垦山地、种植玉米的行为仍在继续，但规模已大不如乾嘉时期。

在乾隆以后的上百年中，我国的玉米引种进程大大加速。发展最快的是四川、陕西、湖南、湖北等一些内地省份，而陕西的陕南、湖南的湘西、湖北的鄂西，是外地流民迁居的山区。此外像贵州、广西以及皖南、浙南、赣南等山地，也发展迅速。相对来说，在平原地带的传统农业区，进展仍相对缓慢。总之，在这一时期，玉米的引种地区的大为扩大，即由各地的零星种植，迅速扩展到全国绝大多数州县，更重要的是随着人们对玉米价值认识的加深，各地的种植数量也大大提高了。特别是一些山区，甚至已排挤稻麦黍稷，成为最主要的粮食作物。到了嘉道之际，玉米已可与传统的稻麦黍稷并列，是我国人民的主要食粮之一。

随着玉米在我国种植范围的扩大和总产量的提高，其中的一部分逐渐由劳动产品转变成商品，进入流通领域，并取得市场认可。在乾隆时期，湖北一些州县的常平仓、社仓中已有了玉米的贮藏，说明当时玉米已进入赈贷借粜环节，在粮食市场上，消费者已把它与五谷一视同仁了。在 19 世纪末的陕西商州，丰稔之年，山民把玉米"驮运咸宁引驾卫销售，或易盐入山"。嘉庆时期，在云、贵、川交界的大娄山等边远地区，彝族人"每逢场期"，将玉米等"背负出，与汉人易换布匹针线等物"。在清末的广州府，还有将玉米"制入罐头贩外洋者"，玉米已进入海外商品市场。在粮食市场上，玉米的价格也非常可观，使种植者更加有利可图。如十八世纪中期，在湖南桑植，虽然玉米"每石价不足当粟米之半"，但按照当时通行的稻米换算率，玉米的价格与稻谷已不相上下了。即使在一些高海拔山地可以种植水稻，但玉米的单产往往超过水稻，且"大米不及苞谷耐饥"。所以，通过单产、价格和使用价值的比较，山地种植玉米显然较水稻有利。道光时期，在四川中江县，玉米的价格大大高于大麦、高粱，接近大米和小麦，到清末仍是如此。19 世纪七八十年代，在四川南溪县，玉米、大麦、小麦的价格基本持平，但到了 19 世纪末 20 世纪初，玉米的价格反而超过了大麦、小麦。

从 18 世纪中期至 19 世纪中期，玉米在山地得以大规模种植。对于这一行为的前景，时人曾有过梦幻般的遐想：玉米"青梗如竹，绿叶如茅，不唯裨益农田，抑可点染山色，令兹土者实有后望焉"（乾隆《延长县志》）。

玉米在我国的传播过程中，人们根据它们的形味等特点，赋予各种各样的称呼，其中有一些直到今天还广为流传。玉米通称"玉蜀黍"，也叫"玉高粱""御麦"和"番麦"。前引明代田艺蘅《留青日札》说："御麦出于西番，旧名番麦，以其曾经进御，故名御麦。"徐光启《农政全书》称："别有一种玉米，或称玉麦，或称玉蜀秫。"到了清代，由于传播更加广泛，所以各个地区的叫法也就更多了。有学者统计，玉米的各种别称有 70 余种，最早是叫"番麦"。钱大昕《鄞县志》记载："御麦俗呼六谷，土人谓五谷之外又一种也。"乾隆《延长县志》记载："玉米或名川谷。"山西有的地区叫玉米为玉荄荄，这是由玉秫转音变化而来。万历《山阴县志》有"乳粟"或"遇粟"之称。河南《叶县志》和四川《秀山县志》中，还有"芑"或"包芑"的叫法。流行地域最广，人们最熟习的，还是"玉麦""玉粟""包谷""苞芦"等名。

2. 番薯

番薯，又名甘薯、红薯、白薯、金薯、朱薯、玉枕薯、红苕、红芋、山芋、地瓜等，旋花科甘薯属栽培种，一年生或多年生藤本植物，原产于美洲的墨西哥和哥伦比亚。宋元以前中国文献中屡见"甘薯"的记载，但那时所说的甘薯是薯蓣科植物的一种。旋花科的番薯自明万历年间引进中国后，因其形似原有薯蓣科的甘薯，人们也常常将其称为甘薯，久而久之，"甘薯"一词几为旋花科的番薯所独占。

一般认为，番薯最初引入中国的路径有三条，时间大体都在明嘉靖万历年间：

一是从印度、缅甸引入云南，以云南的景东、顺宁为起点。嘉靖四十二年（1563），李元阳修撰《大理府志》，便有山药、山薯、紫芋、白芋、红芋之类的薯芋记载。万历四年（1576）李元阳编纂的《云南通志》记载，当时云南的临安、姚安、景东、顺宁四府已有番薯的种植。这是中国栽种番薯的最早记录。番薯在云南、贵州两省广泛传播后，向北发展，传播至四川西南部。

二是从越南引入广东，以广东的电白、广州为起点。光绪十四年（1888）的《电白县志》记载，吴川名医林怀兰将番薯从交趾（今越南）引入该地。"霞洞乡有番薯林公庙，副榜崔腾云率乡人建立。相传番薯出交趾，国人严禁以种入中国着罪死。吴川人林怀兰善医，薄游交州，医其关将有效，因荐医国王之女，病亦良已。一日赐食熟番薯，林求食生者，怀半截而出，亟辞归中国。过关为关将所诘。林以实对，且求私纵焉。关将曰：'今日之事，我食君禄，纵死不忠，然感先生之德，背之不义。'遂赴水死。林乃归，种遍于粤。今庙祀之，旁以关将配。"广东电白县霞洞乡的"番薯林公庙"，是为纪念林怀兰和守隘关将而建。1919 年广西《桂平县志》记载，林怀兰携薯种归，时间在明万历年间。引进番薯还有一些传奇的故事。民国《德县志》记载，广东吴川人林怀竺（兰），于明万历年间将番薯从交趾传入广东，"中国始种之"。

另据宣统三年（1911）《东莞县志》引《凤冈陈氏族谱》记载：明万历八年（1580），陈益偕客同往安南，以其"土产薯美甘"，私窃种苗归，在家乡栽植"蕃滋","念来自酉,因名番薯云"。这则记载是说东莞人陈益从越南将番薯引入,初在花坞里繁殖,后在祖茔处新购田地35亩,进行扩种,甘薯味道鲜美,深受百姓喜爱,很快在广东推广开来,成为人们的主要杂粮。因薯种来自番邦,故名"番薯"。据学者考证,陈益家乡北栅是我国最早种植番薯的地方,陈益也作为我国引进番薯之人而被载入史册。

中路番薯的传播又可分为三支线:(1)从韶关东趋南雄过梅岭、大余,经江西赣州而达南昌高地;(2)从广州、韶关经坪石越南岭而达湖南郴县、衡阳、长沙、岳阳,湖北武昌以及河南的南阳盆地;(3)从广州沿珠江西上,深入广西、贵州。

三是从菲律宾引入福建,以福建的泉州、长乐为起点。陈世元《金薯传习录》说,闽县人陈振龙从吕宋引进番薯,初种于今福州南台。周亮工《闽小记》说,番薯是闽人从吕宋引入漳州的。另据陈鸿《清初莆变小乘》记载,泉州人在明天启年间从外国引进番薯。番薯传播的主要线路在东路,番薯传播从泉州、长乐沿海道直达山东、河北、河南、陕西各省。中国大多数省份的番薯都是由福建传出的。

《金薯传习录》中援引《采录闽侯合志》记载:"按番薯种出海外吕宋。明万历年间闽人陈振龙贸易其地,得藤苗及栽种之法入中国。"据有关资料记载,陈振龙,福建长乐人,上世业儒,自幼吟读诗书,年未20即中秀才,后厌倦科举,弃儒经商,移家于闽县南台达道铺,并随众商人赴吕宋经商。在吕宋,陈振龙见当地朱薯遍野,并了解到此薯耐旱、高产、适应性强,生熟皆可食。他遂学习种植法,出资购买薯种,于明万历二十一年(1593)五月,"密携薯藤"回国。当时,西班牙统治下的吕宋严禁薯种外传。陈振龙把薯藤秘密缠在缆绳上,表面涂以污泥,航行7日抵达福建,即在住宅附近纱帽池边隙地试种。为纪念陈振龙,后人还在福建乌石山海滨设立"先薯祠"。明代徐光启《农政全书》的记载大致相仿,说是将薯藤绞入汲水绳中,骗过了海外人,薯藤才得渡海而来。《闽小记》的记载是将一小截薯藤藏于小盒带回国的。陈振龙回国后,正碰上福建大旱灾。《采录闽侯合志》记载:"是年,闽中大旱,五谷少收,振龙促其子陈经纶上书福建巡抚金学曾,申报吕宋朱薯可以救荒。金允试种,俟收成后呈验。当年,试种成功,金闻讯大喜,于次年传令遍植,解决闽人缺粮问题。闽人感激金学曾推广之德,将朱薯改称金薯，因其由外国引进，又称番薯。"陈经纶的后代陈世元作《青豫等省栽种番薯始末实录》，记述说："明万历甲午岁荒，巡抚金公学曾筹备荒策，经纶公为金公门下士，上其种与法。因饬所属如法授种，复取其法，刊为海内新传，遍给农民，秋收大获，远近食裕，荒不为害，民德公深，故复名为金薯云。"

清康熙初年，陈经纶的曾孙陈以柱由海路北上浙东鄞县（今宁波）经商。他看见鄞县"多旷土……阴栽种"，于是试着种植番薯，"经秋成卵，大逾闽地"，取得了意料之外的成功。于是，陈以柱认为"东西南北无地不宜"，并在浙江各地大面积地推广种植番薯。乾隆年间，陈以柱之子陈世元"久客胶州"经商。从乾隆十年（1745）始，山东的胶东地区连年遭到水、旱、蝗灾，大闹饥荒。乾隆十五年（1750），陈世元与同乡余瑞元、刘曦等人"捐资运种，及应用犁锄铁钯等器"，并从福建聘请有种薯经验的老农"同往胶之古镇，依法试栽"。乾隆《胶州志记》记载："番薯，闽人余瑞元、陈世元、刘曦移种于胶滋息，适合土宜，因广其传焉。"陈世元等人在山东胶州地区推广番薯种植得到了地方官员和乡绅的大力支持。乾隆十六年（1751）五月，胶州知州周于智出示布告，以示推广。乾隆十七年（1752），接替周于智的后任知州宋文锦将推广种植番薯经验，"汇收入志"。山东布政司使李渭也下令在山东全境推广种植番薯。

清乾隆三十三年（1768），陈世元将番薯的种植技术写成《金薯传习录》一书传世。《金薯传习录》分上、下两卷。上卷详细记述其四世祖陈振龙于明神宗万历二十一年（1593）五月从吕宋引进甘薯经厦门到福州，试栽成功，并得到福建巡抚金学曾的大力支持，通过行政命令在全省推广栽植；并述及陈氏子孙逐渐将甘薯引种传播到浙江鄞县，山东胶州、潍县，河南朱仙镇，北京齐化门外，通州等地的情况。下卷汇辑了有关诸家对甘薯所作的诗词歌赋，其中有何乔远的《金薯颂并序》、叶向高的《金薯歌》等。《金薯传习录》成为我国第一部推广番薯栽培的著作，是中国古代珍贵的农业典籍。

番薯适应性很强，耐瘠、耐旱，在一般粮食作物难以生存的贫瘠土壤、深山干旱地区均可栽种，因此，番薯和玉米一样特别受到山区人民的青睐。在中国，番薯的传播呈现由山区向平原发展的特点。番薯生长期短，薯藤易成活，农民常常将它在常规作物失败后种植，对抗灾救荒起着十分重要的作用。番薯在许多地区的大规模推广，多与灾荒有直接关系。前述番薯初引入中国时，正遇上福建大旱。番薯在福建迅速传播开来。万历三十六年（1588）长江下游发生旱灾，徐光启托人从福建莆田把薯藤运到上海栽种，番薯开始在上海附近传播开来。乾隆五十年（1785）河南发生的大旱灾也促进了番薯在该省种植的较快发展。

人们很早就对番薯的特性有充分的认识。以福建巡抚金学曾的名义颁发的"海外新传七则"，除了谈种植方法外，把番薯的好处归结为：高产、多用、易活。徐光启撰《甘薯疏》，又发展为"甘薯十三胜"，对番薯的优点作了更加全面的阐发。

山东新城人王象晋作《二如亭群芳谱》，详细引述了《甘薯疏》的内容，进一步扩大了影响。在福建亲身目睹番薯之利的何乔远，还特别作《番薯颂》以广宣传。屈大均在《广东新语》中也极力称赞番薯的长处："番薯近自吕宋来，植最易生，叶可肥猪，根可酿酒，切为粒，蒸曝贮之，是曰薯粮。子瞻称海中人多寿百岁，由不食五谷而食甘薯，番薯味尤甘，惜子瞻未见之也。"

"番薯"这个名称，最早见于明福建巡抚金学曾的《海外新传七则》："薯传外番，因名番薯。"番薯在明人的史籍中也有书作"蕃苕""番葛"的。清代有"番薯""番储""番茹""番蓣""番芋"等称谓，湖南道州称"方薯"或"方莜"，浙江温、处二府叫"番脐"或"番荠"。"红薯"一词出现于明代，祁彪佳在《寓山注》《幽圃》中说他"从海外得红薯异种"，在园圃试种，大得收获。祁氏所称红薯即指番薯。后来《古今图书集成》记载广东番禺县物产时，明确指出："一种皮红名红薯，又名番薯。"郭云升在《救荒简易书》中说："红薯乃河南省农人所呼俗称也。"又说："韩、魏、周、楚农人呼甘薯为红芋，又呼为红薯。"把番薯叫做地瓜，最早也出自金学曾。万历二十一年（1593）十一月，经纶因试栽朱薯成功，再次向金学曾呈禀。金氏在经纶的文后批示说："所呈地瓜，剖煮而食，味身甘平，可佐谷食……如禀，准各属依法栽种。"施鸿保《闽杂记》说："闽俗以番薯为地瓜，此由食货本草一名土瓜之义，其称正亦不俚。"

作为一种新奇物品，在它还没有完全普及时，总会被人们视为珍品。陈鸿在《清初莆变小乘》中说："番薯亦天启时番邦载来，泉人学种，初时富者请客，食盒装数片以为奇品。"福州一带当"明季始有"时，也是先"以为点茶之品"而在人们中流传的。但是这种情况并不长久。据顺治时担任过福建布政使的周亮工叙述，该省番薯"初种于漳郡，渐及泉州，渐及莆"，及清初，"长乐、福清皆种之"。而引种较早的泉州一带，早在万历末季已是"贫者赖以充腹"了。《清初莆变小乘》也说：顺治初，兴化、泉州、漳州三府"遍洋皆种，物多价贱，三餐当饭而食，小民赖之"，是一种极普通的食物。清顺治十八年（1661）初，郑成功率水师东渡台湾，中途因遇风阻于澎湖。郑成功派人在澎湖三十六屿觅取军粮，各澳长回禀说："各屿并无田园可种禾粟，唯番薯、大麦、黍稷。"到了康熙末乾隆初，福建的番薯种植不但推广到全境，而且成为与稻谷并列的粮食作物。

番薯引入中国后传播很快，在明代后期数十年间，福建、广东就广为种植，江浙也开始发展。从清初到乾隆年间，除甘肃、青海、新疆、西藏、内蒙古及东北三省未见有关番薯的记载之外，其他各省都已种植。施鸿保《闽杂记》说："至如地瓜一种，济通省（福建）民食之半，尤利之甚溥者。"又雍正六年（1728）七月十六日，福建巡抚朱纲奏："泉州府属多种地瓜，名曰番薯，以此为穷民糊口之计，种稻者少。……福清县地方，田少园多，亦种番薯，以为粮食。"在广东，雍正年间，广东潮州总兵官尚潒奏："又有番薯一种，粤东以此作饭，亦皆发生，将来民食自可无虞。"由嘉庆至道光，番薯的种植在各省区向纵深发展，逐渐成为中国主要粮食作物之一，在社会经济中占据重要地位。

浙江张鉴等《雷塘庵主弟子记》卷二"嘉庆六年"项下说："浙江各山邑，旧有外省游民，搭棚开垦，种植苞芦、靛青、番薯诸物，以致流民日聚，棚厂满山相望。"山东袁荣叟等在1928年修的《胶澳志》卷五说："番薯……俗名地瓜，胶（州）初无此产。乾隆初年，闽商自吕宋携至，适合土宜。今蕃衍与五谷等，南鄙尤多。"乾隆四十年至四十二年（1775—1777），山东按察使"陆燿于山东臬司任内，曾刻有《甘薯录》一篇，颇为明切易晓"。及乾隆五十年（1785），山东巡抚明兴，对于这本有关番薯种植知识的《甘薯录》，更"饬多为刊刻，颁行各府州县，分发传钞，使皆知种薯之利，乡为栽植"。由于地方行政长官的提倡，番薯的种植便普及于山东各地。

番薯对于中国人充实膳食结构、增强营养素的平衡、提高体质发挥了重要作用。番薯的引进增加了中国粮食作物的品种，使中国人的膳食结构更趋多元化，也更趋合理。番薯的种植大大地改善了中国淀粉的供给状况，促使粉条、粉丝这类食品大量出现。番薯还广泛用于造酒、制糖。

番薯还从福建传到琉球和日本。在陈振龙将番薯引入福建不久，万历三十三年（1605），在福州的琉球人辗转携薯种归国培植。由于番薯口味甘甜，富有营养，再加上对土壤的适应性极强，具有抵抗水、旱、蝗等自然灾害的能力，在琉球得到了极快的推广。嘉庆四年（1799）册封使李鼎元至琉球时，特书《朱薯颂》一文付之国中文人，并慨然为之歌曰："令珠而如沙，人以之弹雀。令金而如泥，人以之涂艭。令朱薯而如玉山之禾，瑶池之桃，人以之为不死之大药"，告诫他们"薯之用如此，慎毋贱视"。琉球文人读过之后，深受教育，皆表示："吾今而知薯之德与薯之所以贵也，行当传之邦人，毋讳食薯。"后来番薯又传入了日本萨摩藩。日本享保十七年（清雍正十年，1732），日本全国频年祲歉，物力艰虞，其他地方道馑相望，只有萨摩藩境内拜番薯之赐而涵濡休养、生齿日繁。在这种背景下，番薯很快又由萨摩藩传遍日本全国，成为凶年饥世中最为重要的粮食来源。在日本，番薯也因此被称作"萨摩芋"。而最早从中国引进薯种加以培植的仪间真常，也被尊奉为"琉球五伟人"之一。

3. 马铃薯

在这一时期，从美洲引进的农作物还有一种也很重要，就是马铃薯。艾兹赫德说："清朝初期和中期见证了因引进马铃薯而使中国的美洲农作物得到扩充，并在中国农业中最大限度地发挥了作用。"[①]

马铃薯原产在秘鲁、厄瓜多尔、哥伦比亚热带高原地带和智利北部南回归线南北的高原地带。印第安人将马铃薯作为其主要食物之一，人们把马铃薯与玉米称为两朵"并蒂开放的印第安古文明之花"。英国农学家哈里斯（P. M. Harris）认为马铃薯约 17 世纪末由英国教士传入印度，引至中国还稍早些。[②] 马铃薯于 1553 年首先传至西班牙，1563—1565 年引到英格兰、爱尔兰，很长时间里作为牲畜的饲料和奇花异草观赏，法国大革命前夕，皇室用薯花作饰品而不敢食用。日本的马铃薯是荷兰人于 1598 年带至长崎港。

马铃薯大概也是在明万历年间被引入中国。据史料记载和学者们的考证，

---

① ［英］艾兹赫德著，姜智芹译：《世界历史中的中国》，上海人民出版社 2009 年版，第 319 页。

② 参见［美］P. M. 哈里斯主编，蒋先明等译：《马铃薯改良的科学基础》，农业出版社 1984 年版，第 150 页。

马铃薯可能由东南、西北、南路等路径传入中国。一是东南路，荷兰是世界上出产优质马铃薯种的国家之一，荷兰人在盘踞台湾期间将马铃薯带到台湾种植，后经过台湾海峡，将马铃薯传入大陆的广东、福建一带，并向江浙一带传播，在这里马铃薯又被称为"荷兰薯"。二是西北路，马铃薯由晋商自俄国或哈萨克汗国引入中国，并且由于气候适宜，种植面积扩大，"山西种之为田"。三是南路，马铃薯主要由爪哇传入广东、广西，在这些地方马铃薯又被称为"爪哇薯"，后又向云贵川传播，光绪三十二年（1906）四川《越西厅志》有"羊芋，出夷地"的记载。此外，马铃薯还有可能由海路传入中国。

马铃薯传入中国后，最初仅能提供皇室、显贵盛馔。马铃薯不仅是皇家的珍味，甚至枝叶也能作成小菜。万历年间晋陵蒋一葵任北京西城指挥史，他所编的《长安客话》卷二《皇都杂记》称："土豆绝似吴中落花生及香芋，亦似芋，而此差松甘。"另引会稽徐文长诗云："榛实软不及，菰根旨定雌。吴沙落花子，蜀国叶蹲鸱。"万历年间太监刘若愚编有《酌中志》，明末吕毖从中摘录《明宫史》5卷，其中火集《饮食风尚》记载：宫中"灯市十六日后斯时所尚珍味（大内进御口，非时物曰珍）辽东之松子，蓟北之黄花金针，都中之山药、土豆，南都之苔菜，武当之莺嘴笋、黑精、黄精，北山之榛、栗、枣、桃……不可胜数也"。吴其浚在道光初年编成的《植物名实图考》卷六《阳芋》记载："边疆之地滇、黔有之，山西种之为田。叶味如豌豆苗，按酒侑食，清滑隽永。"

明代有上林苑嘉蔬署的专业菜户供应皇家蔬菜，当时北京紫禁城附近的隙地从东华门至丽春门（南池子）之间的土地，皆种瓜蔬，注水负瓮，宛如村舍。明代上林苑嘉蔬署的皇家菜户筛选繁育出很多品种群。这项工作从16世纪末到17世纪中叶为时近百年，为华北提供了薯种源地。清朝取消了明代皇帝供应系统，皇家菜户成为普通农民，土豆也登上了百姓的餐桌。乾隆年间，土豆开始引种到晋、冀、鲁、豫和关外的广袤地区。

最早记有马铃薯的是1700年福建《松溪县志》。到乾隆间，马铃薯开始大范围地推广。乾隆三十年（1765）后，马铃薯开始引入西南、西北山区，尤其陕南高原，四方来垦者百万，种植作物以洋芋、玉米为主。乾隆四十五年（1780）《兴安府志》卷二五记载："乾隆三十年前，本处秋收，以粟、谷为大宗，十年以后，则杂以包谷、洋芋，至乾隆末，则已遍山满谷。"乾隆二十年（1755）河北《祁州志》卷三《物产》中列有"土豆"，乾隆三十八年（1773）湖北《郧西县志》卷五列有"芋、毛芋、鬼头芋、山药、红薯"之外，尚有"土豆"。芋、薯种类如此之多，"土豆"应系马铃薯。湖北西北部汉水流域稍晚志书中多记有马铃薯，此区为马铃薯主要集中种植区之一。19世纪初马铃薯传于新疆哈密，因引种自甘、青，皆名为阳芋。汉中知府严如煜的《三省边防备览》之《民食篇》追叙了嘉庆年间该地区农垦过程说："洋芋花紫、叶圆，根下生芋，根长如线，累累结实数十、十数颗。色紫，如指、拳，如小杯，味甘而淡。山沟地一块，挖芋常数十石……洋芋切片堪以久贮，磨粉和荞麦均可作饼、馍。"《太平县志》卷三《物产》记载："洋芋性宜高山，耐寒，贮久，种类不一，有红、白、乌、蓝、紫、麻各色。近年复有枝干类葵者，名葵芋。一亩可收数十石，山民倚以为粮，较稻谷相需尤极。"

和玉米、番薯的情况一样，马铃薯在中国也有许多别名。康熙二十年（1682）《畿辅通志》之《物产志》记载："土芋，一名土豆"。康熙二十三年（1685）《宛平县志》卷三《物产》记载："蔬类：地豆"。雍正十年（1732）《直隶深州志》卷二《物产》记载："蔬类：地豆又名土生"。乾隆二十年（1755）《丰润县志》记载："土芋俗呼土豆。"海河中下游甚至山东某些地方古地方志所记蔬菜类中的土芋、土豆、土生及香芋均指马铃薯。马铃薯形味酷似山药豆，故清代北京平民多称土豆为山药豆。此外还有香（洋）芋、地蛋（豆）、爪哇薯、洋薯等称呼。

4. 花生、辣椒及其他

在16—18世纪，除了上述玉米、番薯、马铃薯之外，还有许多原产地美洲的农作物传播到中国。主要有：

（1）豆薯，豆科豆薯属中能形成块根的栽培种，一年生或多年生草质藤本植物。又名凉薯、地瓜、土瓜、沙葛、新罗葛，是一种既可当水果又能当蔬菜的作物。后由西班牙人传入菲律宾，可能后来经海道传入我国福建。中国西南、华南和台湾地区种植较多。

（2）木薯，大戟科木薯属栽培种，世界三大薯类之一，广泛栽培于热带和部分亚热带地区，16世纪末传入非洲，十八世纪传入亚洲。中国于19世纪20年代引种栽培，遍种于长江以南，其中以两广、福建、台湾为最。广东

《高州县志》有"木薯，道光初来自南洋"的记载。最早记载木薯的是道光二十年（1840）《新会县志》，对木薯的形态、种植、使用等做了简单记述。

（3）花生，豆科落花生属栽培种，一年生草本植物。花生传入中国有确定年份的是嘉靖十七年（1538）《常熟县志》所记物产之中已经列有落花生，说："三月栽，引蔓不甚长，俗云花落在地，而生于土中，故名。"明万历三十六年（1608）《仙居县志》和清康熙五十年（1711）《衢州府志》都说浙江落花生的种子来自福建。落花生在华北诸省的传播大抵是在乾隆晚期以后。

落花生名称也很繁多，我国亦称长生果、落地松、万寿果、番豆、无花果等，是一种人们喜爱的食品，也是一种重要的油料作物。明黄省曾在《种芋法》中说道："又有皮黄肉白，甘美可食，茎叶如扁豆而细，谓之香芋。又有引蔓开花，花落即生，名之曰落花生。皆嘉定有之。"明人王世懋《学圃杂疏》也有叙述："香芋、落花生产嘉定。落花生尤甘，皆易生物，可种也。"《本草纲目拾遗》最早讲到用花生榨油。

（4）向日葵，菊科向日葵属栽培种，一年生草本油料作物，亦称西番菊、迎阳花、葵花等。向日葵约在明代中期传入中国，并且于万历年间在部分地区已有种植。在中国最早见于记载的是明天启元年（1621）王象晋的《群芳谱》，称"西番菊"。清康熙十七年（1688）陈溟子《花镜》始称向日葵。浙江地区是最早种植向日葵的，是最主要的集中地，然后以浙江为起点，分别传入华北地区和湖广地区。

（5）辣椒，茄科辣椒属栽培种，一年生或多年生草本植物。别名番椒、海椒、秦椒、地胡椒、辣茄。1493 年，哥伦布第二次横渡美洲时，船上的医生 Diego Álvarez Chanca 首次从墨西哥把辣椒带入西班牙，随着西班牙的贸易船队流入菲律宾，后又流入中国、印度和日韩等地。传入中国有两条路径：一是经由古丝绸之路传入甘肃、陕西等地；一是经海路引入广东、广西、云南等地。辣椒最早引进时也只是作为观赏植物。中国关于辣椒的记载始见于明万历十九年（1591）高濂《遵生八笺》："番椒丛生，白花，果俨似秃笔头，味辣，色红。"明代以前，中国传统的辛香料主要有姜、花椒、茱萸、姜和胡椒等，尤以花椒为主，没有辣椒。康熙年间出书的《花镜》写道："番椒……其味最辣，人多采用，研极细，冬月取以代胡椒。""辣椒"一名最早见于乾隆二十九年（1764）《柳州府志》。清中期以后，随着辣椒食用领域的扩大，辣椒的商业规模迅速增长。清末徐心余《蜀游闻见录》记载："昔先君在雅安厘次，见辣椒一项，每年运入滇省者，价钱数十万。"这是辣椒大宗商业的典型记录。

（6）南瓜，葫芦科南瓜属栽培种，一年生草本植物。别名番瓜、饭瓜、倭瓜、回回瓜、金瓜等。"南瓜"在元末明初已见于贾铭《饮食须知》："南瓜味甘性温，多食发脚气黄疸，同羊肉食，令人气壅，忌与猪肝、赤豆、荞麦面同食。"有学者认为，南瓜的产地和起源是多源性的，我国南瓜既有本国所产，也有从美洲引入的。贾铭所记在哥伦布发现新大陆之前，可能不是现在所说的从美洲引进的南瓜。

到明代已经有美洲南瓜的引进和栽种。福建《同安县志》说："南瓜种出南番，果实为大浆果，作椭圆形，皮外有棱，色绿，肉厚色黄，亦名番冬瓜，有青、黄、白三种，俗称枕头瓜，可玩，可食。"

南瓜皮薄肉厚，组织细密，肉味甜美，被人誉为"植物界最大的浆果"。我国的各个菜系都有美味南瓜佳肴。

（7）笋瓜，葫芦科南瓜属栽培种。别名印度南瓜、玉瓜、北瓜。笋瓜可能由印度传入我国，19世纪中叶安徽、河南等省方志有记载。

（8）西葫芦，葫芦科南瓜属栽培种。别名美洲南瓜、茭瓜、白瓜、番瓜等。17世纪后期已见于陕西、山西等方志。

（9）佛手瓜，葫芦科佛手瓜属栽培种。别名瓦瓜、拳头瓜、万年瓜、阳茄子、土耳其瓜、棒瓜等。十八世纪传入欧洲，后传到东南亚，1916年由缅甸传入中国云南，现华南和西南等地有栽培。

（10）番茄，茄科番茄薯草本植物。亦称西红柿、番柿、六月柿、洋柿子等。番茄传入我国是在明末，最早记载见于明王象晋《群芳谱》："番柿，一名六月柿，茎如蒿，高四五尺，叶如艾，花如榴，一枝结五实或三四实，一树二三十实……来自西番，故名。"他说番茄"火伞火珠最甚观"，是作为观赏植物。

（11）菜豆，豆科菜豆属栽培种，一年生草本植物。又称四季豆、时季豆、芸豆、四月豆、梅豆、联豆、架豆等，具有粮食、蔬菜、饲料等多种用途。16世纪初传入欧洲。我国自明后期以来曾多次引种，李时珍《本草纲目》和清代《三农记》都有记载。南北皆有种植，栽培面积仅次于大豆。

（12）菠萝，凤梨科凤梨属栽培种，多年生常绿草本果品。别名凤梨、王梨、黄梨。16世纪初，热带地区相继引种。亚洲最早是由葡萄牙人引入印度（1550），后又传入菲律宾和印度尼西亚。中国在17世纪初由葡萄牙人将菠萝苗带入澳门，后经广东传入福建和台湾。崇祯十二年（1639）《东莞县志》和康熙二十六年（1687）台湾林谦光《台湾纪略》有黄梨的记载。约在十八世纪末传入广西，19世纪初传入云南。

（13）番荔枝，番荔枝科番荔枝属栽培种半落叶灌木或小乔木，又名佛头果。明末清初传入中国。最早见于明万历四十二年（1614）《台湾府志》。现主要分布在台湾、福建、广东、广西和海南等省区。

（14）番木瓜，番木瓜科番木瓜属栽培种。又称木瓜、乳瓜、万寿果，十八世纪后期成为世界上重要的一种水果。清代传入我国，《岭南杂记》和《植物名实图考》均有记载。我国南方各省有种植，尤以广东、台湾最多。

（15）烟草，茄科烟草属栽培种，叶用一年生作物。经西班牙和葡萄牙人传至欧洲和世界各地。传入我国称"淡巴菰"，这是印第安语烟草的音译。吴晗在《谈烟草》中提出烟草传入中国的三条路线："在中国方面，最初将烟草传入中国的是17世纪初的福建水手，他们从吕宋带回烟草的种子，再从福建南传到广东，北传到江浙。明末名医张介宾（景岳）在他的著作中，第一次提到烟草的历史和故事……第二条路线是由南洋输入广东……第三条路线是由辽东传入，从日本到朝鲜到辽东。"[1]

烟草传入中国的时候，名称很多，如淡巴姑、相思草、烟酒、金丝烟、仁草、八角草等。从史籍记载上看，大约是到清初才广泛叫烟草、烟丝的。我国最早记录烟草的文献是明张介宾《景岳全书》，书中记载："此物自古未闻，近自我明万历时始出闽、广之间。"烟草的别称还有相思草、金丝烟、芬草、返魂烟等。方以智《物理小识》卷九记载："淡把姑，烟草，万历末，有携至漳泉者。马氏造之曰淡肉果，渐传至九边。皆衔长管而火点吞吐之，有醉仆者。崇祯时严禁之不止。其本似春不老，而叶大于菜，暴干以火酒炒之，曰金丝烟，北人呼为淡把姑或呼担不归。"

烟草自传入中国后发展迅速，烟草种植与加工技术也不断发展，18世纪

---

① 吴晗：《灯下集》，生活·读书·新知三联书店1960年版，第17—18页。

中后期很快形成了一些誉满神州的土特名产，如湖南的"衡烟"、北京的"油丝烟"、山西的"青烟"、云南的"兰花烟"、浙江的"奇品烟"等等。崇祯十二年（1639）有禁烟的举措，但收效不大。方文《都下竹枝词》写道：

> 金丝烟是草中妖，天下何人喽不焦。
>
> 闻说内廷新有禁，微醺不敢厕官僚。

乾隆时期，大臣们又多次在朝廷公议禁烟，乾隆皇帝没有明确态度。后来，他在晚年的一次奏折批复中说："民间酿酒种烟等事，所在皆有，势难禁止……"

5. 美洲农作物引进对中国农业发展的影响

随着美洲的发现和大航海时代的来临，16—18 世纪，是全球物种大交流的时代。这种交流，主要是原产地美洲的植物大量地传播到欧亚大陆，给人们提供了许多新的粮食和蔬菜的品种，丰富了人们的饮食，部分地改变了人们的饮食结构，进而改变着人们的饮食文化。而在这个物种大交流中，中国首受其惠。

这些来自美洲的新的农作物来到中国，正是恰逢其时。上有明清两朝政府大力鼓励和支持，下有各级地方官员的积极推动，广大的农民热烈响应，使得玉米、番薯、马铃薯等粮食作物得到大面积的推广，逐渐成为中国人的主要粮食作物。同时，也对中国社会经济产生了很大的影响。它们传进中国，不仅改变了中国的粮食结构，而且使中国人在其后几百年间度过了一次次的天灾人祸，也使中国的人口，在几百年间不断地翻番上升。何炳棣指出：

> 美洲作物传华四百余年来，对中国土地利用和粮食生产确实引起了一个长期的革命。
>
> 近千年来，我国粮食生产史上曾经有过两个长期的"革命"……我所认为近千年来，我国第二个长期粮食生产的革命……这个革命的开始是 16 世纪，比第一个革命要晚六百年。美洲四种农作物，花生、甘薯、玉蜀黍、马铃薯传华四百余年来，对沙地、瘠壤、不能灌溉的丘陵、甚至高寒的山区的利用，作出很大的贡献力量。……这四种美洲作物长期间对我国农业生产的积累影响，不得不谓

是"革命"性的。①

明朝至清前中期，中国普遍出现人多地少的矛盾，人口增加给农业生产带来了持续压力。玉米、番薯和马铃薯都是耐旱、耐瘠的作物，一般粮食作物难以生存的贫瘠土壤、深山苦寒地区均可种植，而且产量高，如玉米较之大麦和高粱产量高出 5%—15%。同治《建始县志》记载，当地"居民倍增，稻谷不给，则于山上种苞谷、洋芋或厥薯之类，深山幽谷，开辟无遗"。《植物名实图考》也说道："山农之粮，视其丰歉；酿酒磨粉，用均米麦；瓢煮以饲冢，秆干以供饮，无弃物。"反映了玉米、番薯等美洲作物在农民食物生产中的重要性。玉米、番薯等美洲作物的传播，拓展了农业生产的空间，使原来还没有垦辟的生地、贫瘠的沙土、原始的森林，都因此而被开发耕植，提高农业集约经营的水平，增加了粮食生产的面积和产量，为满足日益增长的人口的需求起到了至关重要的作用。

美洲新大陆的许多作物被引进中国，对中国的农作物结构发生重大影响，多熟种植成为农业生产的主要方式，是清代粮食单产和总产大幅度提高的主要原因。汉代以前，我国主要粮食作物是粟和黍，汉以后逐步演变为南方以稻米为主，北方以麦、粟和高粱为主，这种状况一直延续到明清时期。明清时期，玉米、番薯、马铃薯等美洲粮食作物的引进与推广，不仅使原来不适于耕种的边际土地得到了利用，也使得人力资源得到了充分的利用。近代以后，玉米、番薯等美洲作物的生产，无论从播种面积还是总产量都快速增长。中国六七种最重要的粮食作物中，美洲作物数量和产量占了近三分之一，对中国粮食生产影响深远。

美洲作物的引进还丰富了我国蔬菜瓜果的品种，增添了人们的食物营养和饮食情趣。据统计，我国汉代栽培的蔬菜 21 种，魏晋时期增加到 35 种。南瓜、辣椒、番茄、菜豆等一些美洲原产蔬菜种类的引种，改变了我国夏季蔬菜不足的状况，成为我们今天餐桌上最常见的夏季蔬菜；同时增加了食用油原料的种类，丰富了我国食用油的品种。汉代以前，我国主要是利用动物脂。芝麻传入后，我国开始了植物油生产的历史。到了宋代，油菜和大豆作

---

① 何炳棣：《美洲作物的引进、传播及其对中国粮食生产的影响》，《世界农业》1979 年第 6 期。

为油料的价值得到重视，明清时期美洲花生和向日葵传入，成为我国五大油料作物的两种。

但是，对山地资源过度的开垦，也造成水土流失，破坏了部分地区的生态环境。引进的美洲粮食作物都是耐旱耐瘠的高产作物，特别适于山区栽培。在山区，一般低处种番薯，高处种玉米，更高的山则种耐"地气苦寒"的马铃薯。清中叶各省掀起流民开发山区的高潮，砍伐林木，种植玉米，森林大面积消失，造成水土流失，河川淤塞，下游平原耕地沙化。乾隆、道光时期，各地流民成批进山，在生产劳动中又具有很大的自发性，以致常常造成破坏性的后果。对此，史籍均有记载，这也是大面积垦荒的后果。

三 中国与美国的早期交通

1. "中国皇后"号的浪漫航行

1784 年，美国独立不久就派"中国皇后"号驶往中国，与中国建立了贸易联系。

在美国独立以前的殖民地时代，北美地区与中国就存在着间接的贸易往来，美洲的人参通过英国东印度公司的商船运销到中国，中国的茶叶也在远隔重洋的北美市场上享有盛誉。但是，当时美国人对中国的了解和印象是相当模糊的。1776—1781 年间，著名英国探险家库克（James Cook）在最后一次太平洋探险航行中，随船有两名美国海员雷亚德（John Ledyard）和戈尔（John Gore）到过广州。这是现有记载中最早从美国来到中国的美国人。1782年自英国返美后，雷亚德出版了《柯克船长最后一次太平洋航行日志》，首次向美国人介绍了他在广州的见闻，特别指出在那里进行贸易所可能获得的商业利益。他说，中国的皇亲国戚们，从头到脚穿戴着价值昂贵的毛皮，无比奢华。在美国"西北海岸"用 6 便士购得的一件海獭皮，在广州可卖到 100美元。但当时没有人相信他讲的奇迹，嘲笑他的"幻想太多"。虽然他的叙述被许多人视为海外奇谈，但关于中国的神秘传说以及诱人的中国商品，毕竟对美国人有巨大的吸引力。早在十八世纪 50 年代，富兰克林和费城富商威廉

·艾伦派出"阿尔戈"号商船通航拉布拉达海岸，期望从加拿大找到通往中国的航路。经 1751 年、1753 年和 1754 年 3 次冒险航行，探查西北航线的计划没有成功。

美国独立伊始，经济状况十分困难。美国学者休斯（A. Hews）在所著《两个海洋通广州》一书中回顾这段历史时感慨地说，当时美国没有资源，没有资本，没有商业，没有朋友。美国与欧洲的贸易变得困难重重，经济面临崩溃的危险。它何以能生存呢？什么东西救了它呢？"一言以蔽之……中国贸易！"于是，美国人开始考虑与中国贸易的可能性，以便通过与中国的贸易摆脱经济困境。1783 年 12 月，波士顿商人集资装备了一艘名为"哈里特"号的商船，满载人参前往中国，在好望角与英国东印度公司的商船相遇。由于英国人的阻挠和对风险的惧怕，美国人以 1 磅人参换 2 磅茶叶的价格与英国人达成交易，中止了去中国的航行。

第二年，费城巨商罗伯特·摩里斯（Robert Morris）和丹涅尔·巴克尔（Damiel Prker）联络其他几位商人，计划再一次远航中国。摩里斯是当时美国相当有影响的人物，美国独立战争爆发后，他一度独揽了华盛顿军队中的所有军火事宜，官至美国大陆会议财政部总监，组建北美第一家私人商业银行——北美银行，负责筹集款项。他在美国的《独立宣言》上签过名。他们集资了 12 万美元，购置并装备了"中国皇后"号，由约翰·格林（John Green）任船长。这艘非常精巧的木制帆船，配有各种新式航海设备，承载着莫里斯本人和投资商的巨大希望和对中国的无限幻想。船上装载的货物有：473 担西洋参、2600 张毛皮（主要是海狸皮）、1270 匹羽纱、26 担胡椒、476 担铅、300 多担棉花、12 桶酒（葡萄酒、白兰地、朗姆酒）、50 吨木材、大约 2 万西班牙银币。

"中国皇后"号于 1784 年 2 月 22 日起航，这一天正巧是华盛顿总统的生日。

"中国皇后"号穿行大西洋，绕过好望角，行程 1.13 万海里，历时 188 天，于 8 月 28 日抵广州黄埔港，进港时，"中国皇后"号鸣礼炮 13 响（代表当时美国的 13 个州），其他停泊于港内的各国商船也鸣炮回礼。格林船长有一则这样的手记："'中国皇后'号荣幸地升起了在这海域从未有人升起或看见过的第一面美国国旗！这一天是 1784 年 8 月 28 日。"4 个月后，

"中国皇后"号的货物已全部脱手，1784 年 12 月 27 日，它满载大量中国货物，其中包括红茶 2460 担、绿茶 562 担、瓷器 962 担和大量丝织品、象牙扇、梳妆盒等手工艺品，驶离广州，于次年 5 月 11 日抵达纽约，实现首航中国的成功。

"中国皇后"号"开创了美国航海史上最为浪漫和最有魅力的篇章"①。"中国皇后"号首航成功，打通了美国与中国之间直接贸易的渠道，也燃起了美国商人开拓东方市场、追逐巨额利润的强烈愿望。美国国会对首航中国所取得的成就给予高度赞扬，并给予全体船员以崇高的荣誉。纽约的报纸详尽地报道了这次航行的经过，称这次航行是"一次有远见卓识的、成果丰硕的航行"，是"美国商业史上的一个里程碑"。其他商业城市的报刊也纷纷加以转载。从新英格兰到纽约和费城，"人们到处都在谈论着与中国的贸易"，"每一个沿海小村落，只要有一艘能载 5 个人的小帆船，就计划着到广州去"，一时出现了"中国热"。由于英国封锁，美国人很难买到来自海外的货物，因而早早就有人等在码头，来抢购这批盼望已久的中国货。就连华盛顿总统也派人抢购了 302 件瓷器及精美象牙扇等，这些物品至今仍有部分保留在美国宾州博物馆和华盛顿故居内。"中国皇后"号第二次开赴中国时，在起锚前收到华盛顿总统开来的一份订单，要求为他的夫人采购中国的"白色大瓷盘、白色小瓷碗和好看的薄棉布"。

"中国皇后"号的第一次航行利润达到 3 万多美元，获得的纯利润为投资额的 25%。由于航程远，船的吨位小，"中国皇后"号此行的赢利不算多，但此次航行却开辟了中美之间的直接关系。因此，此次航行以其特殊的意义，而载入了中美两国交往的史册。

在"中国皇后"号上担任船货管货员的山茂召（Samuel Shaw）在日记中，保留了最初到来的美国人受到中国友好接待和在广州进行贸易活动的记录。在美国独立战争时，山茂召先后当过副官、上尉、炮兵少校，因军功卓著，被华盛顿称为聪明积极和勇敢的军官而受到嘉奖。当费城富商摩里斯和纽约的帕克等商人合作，装备了"中国皇后"号准备远航中国时，帕克推荐

---

① ［美］哈罗德·伊罗生著，于殿利、陆日宇译：《美国的中国形象》，中华书局 2006 年版，第 39 页。

了精明能干的山茂召为商务代理人（大班），山茂召此时 29 岁。船到广州后，山茂召充分显示了他的才干，除把各国与中国贸易的情况作了多方面的了解外，还与各国的贸易商人、中国的官员和商人打好关系，以销售带到广州的商品，并为公司采购回程货物。"中国皇后"号于 1785 年 5 月 11 日回到纽约，5 月 19 日山茂召即写了一份详细的报告给美国外交部长约翰·杰伊。山茂召的报告大力赞许了中国人的好客和宽厚，并极力倡导对华贸易。他说：我们同地球最东部成功地通航了，对于每一个热爱他的国家的人和那些与这个国家的贸易密切相关的人们来说，一定会感到十分欣慰。约翰·杰伊把这份报告转交给国会。根据约翰·杰伊的建议，国会于 1786 年委任山茂召为美国驻广州首任领事，主要负责商务工作。

1847 年，由乔赛亚·昆西（Joseph Quincy）整理编辑的《美国驻广州第一任领事山茂召少校日记》，在山茂召的故乡波士顿出版。全书包括 3 部分。第一部分是山茂召的传记及其书信；第二部分是山茂召远航广州的详细日记；第三部分附录了山茂召给美国外交部长杰伊的信件和约翰·杰伊的复函。山茂召在日记中写道："虽然这是第一艘到中国的美国船，但中国人对我们却非常的宽厚。最初，他们并不能分清我们和英国人的区别，把我们称为新公民，但我们拿美国地图向他们展示时，在说明我们的人口增长和疆域扩张的情况时，商人们对于我们拥有如此之大可供中华帝国商品销售的市场，而感到十分的高兴。"

2. 航行在太平洋上的美国商船

由于"中国皇后"号与中国的直接贸易起到了突破禁运的作用，它的策划人莫里斯在获得巨大利益的同时，也一跃成为美国联邦政府第一任财政部长。美国政府决定，由莫里斯负责对华贸易，以解决当时的经济困境。与此同时，美国政府制定了种种优惠政策，鼓励和保护美国商人直接与中国贸易。自 1784 年以后，美国的重要港口，如纽约、波士顿、撒冷、费城、普洛维德斯等有直达船驶赴广州贸易，由大西洋沿岸的大商埠纽约、波士顿、费城等直航广州的对华贸易圈逐渐形成。许多美国公司也在广州建立分公司或派出代理人，对华贸易迅速发展。大批美国商船进出广州港口，把丝绸、茶叶、土布、瓷器等中国货物运往美国。

1786 年，赛伦的富商伊利亚·哈斯开·德尔比派遣他的"大土耳其"

号，满载人参和白棉布，取道印度洋到达广州。1788 年，波士顿商人派出213 吨的"哥伦比亚"号和90 吨的单桅船"华盛顿夫人"号，通过南美洲的合恩角北上加利福尼亚海岸，取得大批海豹、海獭皮后，越过太平洋抵达广州。"哥伦比亚"号更西航好望角，在 1790 年 8 月返回美国，完成了美国的第一次环球航行。1789 年波士顿造出美国最大的、可以载货 600 吨的"马萨诸塞"号，纽约也造出了 600 吨的"曼哈顿"号，用来从事中国和印度洋贸易。

据统计，1784—1812 年的 20 多年间，美国驶往广州的商船，有 400 艘美国商船进入广州港。而 1784—1833 年的 50 年间的总数达 1040 艘，是英国来华船数的一半，超过了欧洲其他国家来华船只总数的 4 倍。1792 年美国已成为中国的第二大贸易伙伴，仅次于英国，超过荷兰、法国、丹麦和瑞典。19世纪前期，中美贸易额占中国对外贸易额的 21% 左右，仅次于英国而居第二位。美国将中国列为它的第四大贸易伙伴，对华贸易仅次于对英、法和古巴的贸易。1833—1841 年的 8 年间来华的商船总数为 231 艘，平均每年达 22 艘以上。其中有的年份还超过 40 艘。

史料还记载，频繁的中美贸易产生了美国历史上首批百万富翁。因为当时对华贸易的利润是惊人的，有时甚至高达百分之四五百。例如 70 吨的小船"希望"号来华时资本为 8860 镑，由广州返回美国后的货值增至 37000 镑；"大士克"号来华时资本为 7138 镑，回国后的货值达到 23218 镑。93 吨的"白特塞"号，于 1797—1798 年间往返于广州和纽约，一次航程净得 12 万美元，船主获得 53118 美元。还有的说，"中国皇后"号一个来回，其利润可达1500%。美国商人将对华贸易中获得的巨额财富转向国内，投资近代工业和交通运输业，对美国的资本原始积累起了很大作用。

对华贸易促进了美国东海岸商港在 19 世纪初期的繁荣，并且是刺激它向太平洋海岸拓殖的主要因素。一个有趣的现象是，据一位美国学者在研究美国地名的著作中提到，在美国的 23 个州里，有以广州（Canton）命名的城镇或乡村。美国的第一个"广州"出现在 1789 年，这是马萨诸塞州东部诸福克县的广州镇。俄亥俄州东北部的广州市，是美国最大的"广州"。费正清指出："对纽约人和波士顿人的整整一代人来说，到广州或上海比到丹佛或盐湖城去更容易，更加赚钱。19 世纪头 50 年，中国边疆比起美国边疆常常更加吸引人去做生意，就和英国人在 18 世纪遇到的情形一样。"①

3. 美国的西洋参和毛皮贸易

在早期中美贸易中，从中国出口的商品主要是茶叶、丝绸、瓷器等中国传统物产，而从美国贩运到中国的商品，除了前面讲到过的白银以外，主要是西洋参和皮货。

在中国，人参一直是传统的珍贵药物。明清之际来华的传教士，许多人注意到人参这种药材。在许多传教士的书信和著作中，提到人参，而且对人参的功效有比较详细的论述，十分重视这种中药材。杜德美（Pierre Jartoux）神父在一封信中详细地描述了人参的形态、药性、生长环境、分布区域以及功效等，他还服用过人参，认为很有疗效。1711 年，他把这封信发往法国，被收入《耶稣会士通信集》，1713 年又被转载在英国皇家学会《哲学汇刊》上，引起了欧洲科学家的极大兴趣。他在信中指出："中国医生们声称，人参是治疗身心过度劳累引起的衰竭症的灵丹妙药，它能化痰，治愈肺虚和胸膜炎，止住呕吐，强健脾胃，增进食欲；它能驱散气郁，医治气虚气急并增强胸部机能；它能大补元气，在血液中产生淋巴液；人参同样适用于治疗头晕目眩，还能使老人延年益寿。"② 杜德美在长白山一带朝鲜边境附近一个村子里见到过人参，他说村子里有一个人去山里挖了 4 株完整的人参，放在篮子里给他们看。杜德美依照原样画下了它的形状图。他还考察了人参的生长环境，认为它位于北纬 39 度与 47 度之间、东经 10 度与 20 度之间。他由此推断，中国可能并非是人参的唯一产地，和长白山地理纬度相近、环境相似的加拿大魁北克一带可能也出产人参。③

事隔 4 年，这一推断竟然得到了证实，而且西洋参的发现地正好在魁北克，发现者耶稣会士拉菲托（Joseph F. Lofitare）是在读了杜德美的信后受到启发的。因此，杜德美在发现西洋参方面起了非常重要的作用。1718 年，拉菲托在巴黎发表了回忆录《献给法兰西摄政，奥尔良公爵殿下的纪念品，在

---

① 忻剑飞：《世界的中国观》，学林出版社 1991 年版，第 298 页。

② ［法］杜赫德编，郑德弟、朱静等译：《耶稣会士中国书简集：中国回忆录》第 2 卷，大象出版社 2001 年版，第 50 页。

③ 参见［法］杜赫德编，郑德弟、朱静等译：《耶稣会士中国书简集：中国回忆录》第 2 卷，大象出版社 2001 年版，第 52 页。

加拿大发现的珍贵植物人参》，将西洋参的发现公之于众；此事"被传得沸沸扬扬"，后来又在美国的东部森林中也发现了这种植物。哈密尔顿（Hamilton Akwxander）1744 年 5 月至 9 月，从马里兰的安那波里斯（Annapolis）出发，经过德瓦拉（Delaware）、宾夕法尼亚、纽约、新泽西、康涅狄格、罗得岛，直到马萨诸塞及新罕布什尔的各州旅行，目的之一就是"有一种好奇心想要去看一看这样著名的东西（人参）"①，说明这种"东西"在当时的北美已经很有名气了。

美国人参，初名"洋参"。雍正年间颁行的《常税则例》即以"洋参"名目。那时的中国人对进口人参的来历并不清楚，只笼统知道来自于外，故简单地以"洋"称谓。略后，有"西洋参"之称。随着西洋参成为美人输华的专利，又出现了"花旗参"的名称。另有"广东人参"等称谓，则是以输入口岸来命名。

中国人对西洋参产地比较早的了解是谢清高于 1820 年成书的《海录》，说美国"即来广东之花旗也"，土产有洋参等物。而后则是魏源《海国图志》中确认美国盛产洋参并具体指出印第安纳产洋参。徐继畲的《瀛寰志略》说："合众国地产"，特别是印第安纳出产洋参。

来自外洋的人参被发现后，很快就被运到中国。早在 1720 年，土著印第安人和法国移民就采集西洋参，并在一家法国贸易公司的帮助下销往中国。②中国史籍中也有记载。雍正年间颁行的《常税则例》规定：人参每斤三钱；熊胆、冰片、牛黄，每斤三钱；洋参每斤一钱五分。说明"洋参"的输入已经有了一定的数额，中国政府才会形成固定的税收税率。英国东印度公司经纪人赴北美东北部的新英格兰，鼓励印第安人去寻找这种药草根。1750 年，法国将 40 担人参运到广州。1764 年，有 4 艘法国船驶至广州，运来"加拿大人参" 28.7 担，而当年在广州"加拿大人参"的流通市价是每斤 1.44 两银；10 年后，加拿大"上等"人参在广州的市价是每担 150 两银。英国等国家也从这些地区运送人参来华。英国的人参采集地甚至扩延到整个北美，有资料

---

① ［美］赖德烈著，陈郁译：《早期中美关系史（1784—1844）》，商务印书馆 1964 年版，第 6 页。

② 参见张连学：《美国人参栽培史的初步研究》，《特产科学实验》1987 年第 4 期。

显示，1770 年英国人从美洲殖民地出口的物品中就有 74604 磅人参。

1784 年美国开始对华贸易后，人参成为进入中国市场的主要商品。"就美国人对革命前贸易所知道的情形来说，在中国也有一个市场，至少可以供一种美国产品的行销——那种产品就是人参，中国人作为药材之用的一种植物根。"①

自此以后，人参成为美国输华最重要的货品之一，据说这种人形草根的植物在当时的北美山林中有成片野生，是早期中美贸易中美国产出的能够引起中国人兴趣的少量物品之一。陆续地，美国船运来大批人参，"花旗参"或"美国西洋参"渐在中国消费者的心目中奠定了鼎鼎大名。

西洋参传入后，即在中国药谱中占据重要位置，也很快被中国医学界广泛使用。唐秉钧于乾隆年间刊行医书称西洋参"宜于治火"。同时代的吴仪洛也称西洋参对"虚而有火者相宜"。同治年间的名医王士雄则将其作为治疗"热邪传入厥阴者"的良药，称遇到"热邪"患者，必须将人参改易西洋参，则有"回阳"之效，意在避人参之"热"，采西洋参之"温凉"。《本草纲目拾遗》专列条目《西洋参药性考》，称"洋参似辽参"，"惟性寒"。取此"良寒"之性，光绪年间的医书特将其掺入"清燥救肺汤"中，标明"西洋参宜入煎"。同时代的另一名医也利用西洋参的偏凉药性，开出"清热解毒法：治温毒深入、阳明去刀伤、津液舌绛齿燥"。国人还将洋参制成化解鸦片烟毒的妙方，1838 年禁烟高潮时，湖广总督林则徐便提出了两道戒鸦片的药方，一名"忌酸丸方"，另名"补正丸方"，两道药方的首味用药都是"生洋参"。将西洋参用于戒除鸦片，在中国长期流行，到同治年间，冯苏开列"解鸦片烟药丸方"和"解鸦片烟药酒秘方"，西洋参也还是最重要的用药。

到 19 世纪 20 年代，西洋参的利润大幅滑落，一方面，采掘愈来愈难，成本愈来愈高，而售价没有大幅上涨，"当美国人参第一次被运来时，其利润为 500%—600%。但近年来利润大为降低，几乎只能收回成本"。先前扮演美货输华第一大货值的人参的地位也出现改变，"中国只需要很少的人参，因此美国有一个时期似乎没有其他土产足以吸引中国人的爱好。然而，不出几年，

———————————
① ［美］泰勒·丹涅特著，姚曾廙译：《美国人在东亚——十九世纪美国对中国、日本和朝鲜政策的批判的研究》，商务印书馆 1959 年版，第 4 页。

便发现它对于皮货、檀香和南洋的各种产品的需要"。①

美国对华出口的另一项大宗商品是野生动物的毛皮。清代北京流行皮草时尚，达官贵人、富裕人家都流行穿皮草。这些野生动物皮草的来源，一个是与俄罗斯的贸易，另一个是与美国的贸易。

1776年，即美洲殖民地通过《独立宣言》这一年，发现了澳大利亚的英国探险家詹姆士·库克（James Cook），在美洲西北岸廉价收购一批海獭皮，1779年以每张120元（银元）的高价，在广州售出，引起了市场的极大关注。随后，英国商人开始大规模介入毛皮生意。

美国第一艘对华直接贸易的商船"中国皇后"号首航中，毛皮是所运载的主要货物之一。美国人还很快发展出了一套"三角贸易"：从美东地区将刀具、毡子等运往美洲西北海岸，从印第安人手里换取毛皮；在广州出售毛皮之后，购入茶叶，运往美国或者欧洲销售。

对华的毛皮出口对美国来说十分重要。费正清在《美国与中国》说："我们横跨太平洋的扩张过程，是以广州贸易、捕鲸业和西北海岸的毛皮业开始的。"美国输入中国的毛皮数量相当大，年均输入中国海獭皮18000张。从1792—1812年间，美国商船运往广州的海豹皮数量就高达250万张，据说每张海豹皮的利润可以达到10倍。

美国输入中国的另一种商品是檀香。中国人将夏威夷的首府火奴鲁鲁叫做"檀香山"，得名正因为夏威夷曾一度盛产檀香树。自1791年英国人开始在夏威夷采伐檀香木材运往中国。当时檀香木价格昂贵，为一般高档木材的五六倍。后来美国人对夏威夷的檀香树进行了大规模的砍伐，然后贩运到中国。

美国人还把太平洋的海参运到中国。他们在太平洋上雇土著居民大举搜寻海参，动辄便是上千人作业。出口海参的利润非常惊人，据说一位美国船长曾以相当于3500美元的价格购入80吨海参，到广州后转手就以27000美元的价格卖出。

---

① ［美］赖德烈著，陈郁译：《早期中美关系史（1784—1844）》，商务印书馆1964年版，第23、25页。

第二十六章

天主教在中国的传播

明清之际，随着中西交通的发展，陆续有耶稣会士等传教士东来，出现了基督教在中国传播的第三次浪潮。如果说，唐代的景教尚属于流亡的异端教派，元代的也里可温教只是教廷派遣的少数人的活动，那么，在明清之际来华的传教士，则是以耶稣会为主体的有组织的、大规模的传教活动。他们深入中国内地，得到明清朝廷的宽容，得到上层社会部分知识分子的理解，因而他们的传教事业得到了相当大的发展。与此同时，他们作为当时欧洲知识分子的代表，大部分是饱学之士，向中国知识阶层介绍和传播欧洲的近代科学知识和学术、艺术，对当时中国文化的发展产生了一定的影响，并为19世纪西方文化在中国的传播提供了一定条件。所以，在基督教的中国传教史上真正有大建树并"留下较明显印记"的，是晚明三度入华的天主教。对于明清之际天主教在中国的传播，孙尚扬、钟鸣旦指出：

> 明末清初，由耶稣会输入中国的天主教第一次与中国文化、社会、制度发生实质性的、和平的、平等的交流、融合与冲突。这一时期的经验和教训在天主教以及整个基督宗教的在华传播史上，在中西文化交流史上都具有典范意义，故梁启超称这段历史值得大书特书。它不像唐元时期的基督宗教那样仅与中国社会、文化发生肤浅短暂之关系，也不像19世纪的基督教传教史那样充满着刀光血火，伴随着中国人的屈辱、血泪和仇恨。在这一时期，既出现了建构汉语基督教神学的尝试，天主教在华的组织宗教礼仪也有较完备的建置和确立。而且中国教徒们在理解、接受天主教方面，为排除各方面的障碍，做了很多理论和实践方面的尝试，阐发了一些颇有意义的乃至光辉的思想。①

关于基督教在中国的名称，前面说的景教和也里可温教，是在中国语境下各方面所用的名称。罗马公教是原始基督教会的直接延续和继承者，也就是普世大公教会。利玛窦结合中国教友的信仰习惯，将中国的罗马公教教友称为天主教徒。因此，"天主教"一词也是在中国语境中出现的名称。基督教在中国有广义和狭义两个概念，广义指包括东正教、天主教、新教在内的，以基督耶稣为救主的宗教，狭义则指宗教改革以后出现的基督教新教各派别。

---

① 孙尚扬、钟鸣旦：《1840年前的中国基督教》，学苑出版社2004年版，第105页。

从本卷起，按照约定俗成，将"基督教"一词特指 19 世纪以后来华的新教教派，对于以罗马教廷为首的罗马公教所属各来华修会的传教士，则用天主教的名称。

一 耶稣会来华传教的先行者

1. 耶稣会来华传教的缘起

明清之际来华的传教士所进行的传教活动，与欧洲教会势力的消长有密切关系。从 16 世纪初期开始，欧洲爆发了大规模的宗教改革运动。1517 年 10 月 31 日，德国维登堡大学神学教授马丁·路德（Martin Luther）发表《九十五条论纲》，抨击罗马教廷出售赎罪券，矛头直指罗马教皇，拉开了宗教改革的序幕。1520 年，路德又发表《关于教会特权制的改革致德意志基督教贵族公开信》，敦促教廷和教会恢复使徒时代的廉洁和简朴。此后宗教改革运动迅速在欧洲展开，并且形成一些派别。1536 年，法国宗教改革家加尔文（John Calvin）出版《基督教原理》，认为人得救与否全凭上帝预定，主张废除主教制，并且在日内瓦建立政教合一的共和政权。英国国王亨利八世（Henry VIII）在 1534 年与罗马教廷决裂，英国国会通过《至尊法案》，宣布国王为"英国教会在世唯一最高元首"，有权确定教义和任命神职人员，并规定脱离天主教的英国基督教为英国国教。北欧各国世俗君主，也相继摆脱教皇控制，置本国教会于自己的控制之下。运动的直接结果是产生了包括路德宗、加尔文宗和安立甘宗三大宗派的基督教新教，各种民族语言的《圣经》也相继出版。

针对宗教改革运动所造成的严重局面，天主教高层进行了一系列重要的改革，被称为"天主教改革运动"或"反宗教改革运动"。1545 年至 1563 年间，在奥地利的特兰多城连续召开了几次大规模的宗教会议，从理论到实践上，对天主教的改革做出了许多具有方向性的决议。"反宗教改革运动"的一个重要内容就是修会的复兴，对原有的修会进行了整顿，又创立了一些强调虔修生活和社会服务的新的修会组织。其中影响最大的是西班牙人伊纳爵·

罗耀拉（SaintIgnacio de Loyola）于 1534 年在巴黎创立的耶稣会。该会于 1540 年得到教皇保罗三世批准，在意大利、西班牙、葡萄牙、比利时、奥地利、波兰等国迅速发展。到罗耀拉去世时，耶稣会有会士 1000 人，分布于欧洲、亚洲、非洲和美洲，1626 年会士增至 15544 人，1749 年达 22598 人。1773 年，教皇克雷芒十四世发出解散耶稣会的赦令。1814 年，教皇庇护七世又通令恢复耶稣会。

耶稣会在当时的活动为上层统治阶级所重视，能够左右世俗当局，形成了一股政治势力，对新教的改革运动形成了有力的遏制。"在这次天主教的复兴运动中……没有一个机构发挥的作用比耶稣会更大。"① 美国历史学家拉尔夫（Philip Lee Rerner）等人所著《世界文明史》指出："耶稣会是迄至那时由 16 世纪天主教改革运动培育的一个最具战斗性的一个宗教修会。它不仅是一个隐修会，而且是由一群发誓捍卫信仰的战士组成的团体。他们的武器不是枪弹和长矛，而是雄辩才能、劝说和用正确的教义教导人们，同时，如有必要，就采用更世俗的办法施加影响。"②

耶稣会的一项主要活动，是向海外派遣传教士，扩大天主教在欧洲以外的地方如非洲、美洲和亚洲的势力范围。耶稣会成立数月后，便开始了规模巨大的海外传教活动。众多耶稣会士以及其他修会的传教士梯航蹈海，克服重重困难来中国传教，正是出于他们内心的信仰和天主教自身发展的需要。澳大利亚学者秦家懿和德国学者孔汉思比较了佛教和天主教在中国传教活动的不同特点，并指出：

> 虽然两教的基本教义大不相同，它们传教的热忱是一致的。佛教徒来自较近的印度大陆，而且是应邀而来传教的。许多佛教僧人应邀来华是基于中国人对印度宗教的兴趣，而基督教传教士却是不请自来，他们的传教不是为了满足中国人的好奇心而是为适应自己的信仰的要求。③

---

① ［美］G. F. 穆尔著，郭舜平等译：《基督教简史》，商务印书馆 1981 年版，第 273 页。

② ［美］菲利普·李·拉尔夫等著，赵丰等译：《世界文明史》上卷，商务印书馆 1998 年版，第 927 页。

③ ［澳］秦家懿、［德］孔汉思著，吴华译：《中国宗教与基督教》，生活·读书·新知三联书店 1990 年版，第 178—179 页。

　　耶稣会一开始就把亚洲特别是中国作为主要的传教目标。"亚洲成为主要目标，因为那里人口众多，也因为西方人坚信印度教、佛教和儒教均非正统宗教或根本不算正规宗教，因而应该能够轻易屈服于基督教的优秀教义。"①

　　耶稣会的海外传教活动也是与葡萄牙、西班牙等国家的海外扩张殖民活动密切相关的。墨菲指出："传播罗马天主教教义一开始就是葡萄牙人和西班牙人涌向海外的重要动机，他们把这看成新十字军东征。"② 这时的葡萄牙已把他们的势力伸展到东方，并着手建立他们的海外领地。葡萄牙出于海外扩张的需要，从教廷获得了在东方的"保教权"。所谓"保教权"，亦即"王室代理权"。按照教皇格列高利十三世和克莱门八世的敕书规定，"其一，任何从欧洲前往亚洲的传教士，必须取道里斯本，并获得里斯本宫廷的批准（该宫廷有权批准或加以拒绝），肯定国王有保教的特权。其二，葡萄牙国王不但有权建筑教堂，派传教士和主教掌管领地内的教会，而且有权分派神父和劳作者，到建在独立于葡萄牙之外的亚洲异教国家的教会去工作"。这样，在亚洲的范围内，由受葡萄牙国王派遣、必须由里斯本出发的耶稣会士负责葡属海外领地的传教事务，国王以保护者的身份，向他们提供传教经费、交通运输、信息传递等各种形式的后勤保障。作为交换，教皇承认国王对其征服地区内的主教任命拥有推荐或指名特权。换句话说，在这一交易中，教廷与王室各取所需，罗马下放了权力，赢得传播福音的机会与保护；里斯本承担了义务，换来在征服之地排他性的法定特权。正因为如此，有人将当时葡萄牙国王的海外政策概括成"为了胡椒与灵魂的拯救"。汤因比指出："葡萄牙人和西班牙人首先掀起西方征服世界的浪潮，他们不只为了寻求财宝和权力，而且一心要传扬征服者先辈的西方基督教。他们传播基督教的热情是狂热的。"③ 赫德逊也指出："由于得到世俗的西班牙和葡萄牙征服者的大力支持，

---

　　① ［美］罗兹·墨菲著，黄磷译：《亚洲史》，海南出版社、三环出版社 2004 年版，第334 页。

　　② ［美］罗兹·墨菲著，黄磷译：《亚洲史》，海南出版社、三环出版社 2004 年版，第332 页。

　　③ ［英］阿诺德·汤因比著，晏可佳、张龙华译：《一个历史学家的宗教观》，四川人民出版社 1990 年版，第 173 页。

教会大有希望赢得亚洲和美洲对天主教的信仰，作为对欧洲宗教改革的补偿；宗教反改革不仅是要赶走新教异端，而且也要发动对伊斯兰教的战争和攻克迄今尚未被触动的异教的堡垒。中国是最大的非基督教和非伊斯兰教的帝国，是一个以人口众多而闻名的国家，它自然成为吸引宗教反改革的宣教野心的一块磁石。"①

葡萄牙的海外扩张和殖民势力的延伸，是耶稣会在海外传教的客观基础和保障。葡萄牙国王约翰三世（John Ⅲ）在教皇批准成立耶稣会后，立即向教皇请求派传教士到东方传教。耶稣会派出了一批又一批传教士赴海外传教，实践其创始人罗耀拉"为基督征服世界"的誓言。印度教省是耶稣会东渐传教的最大教省，以印度的果阿为中心，北至伯塞恩、第乌、达曼、拉合尔；南至科钦、奎隆、特拉凡哥尔海岸；东至渔业海岸、锡兰、圣汤美、马六甲、马鲁古、中国、日本；西至霍尔木兹、埃塞俄比亚。1581 年，为便于治理，将中国及日本教区均设置为副教省。以上传教范围之广阔，实为空前，所以称为耶稣会传教的"庞大集团"。英国学者艾兹赫德说："耶稣会士是第一批影响世界的人，他们最先在某种程度上让世界网络变成了世界体系。"②

2. 沙勿略：耶稣会传教士的开路人

中国是当时耶稣会海外传教的重点地区之一。耶稣会成立不久，根据教皇的旨意，罗耀拉派遣他最初的同事、耶稣会的创办者之一方济各·沙勿略（St. Francis xavier）到东方传教。

方济各·沙勿略生于西班牙纳瓦拉的哈维尔城堡，他的父亲是国王的顾问，母亲为当地的贵族。他从小就进入神学院学习，1528 年，年仅 22 岁的沙勿略以优异的成绩从巴黎的圣巴尔贝学院毕业，被任命为博韦学院经院哲学的讲师。1535 年 8 月罗耀拉成立耶稣会时，沙勿略响应罗耀拉的号召，加入耶稣会。

沙勿略于 1541 年 4 月 7 日从里斯本启程，翌年 5 月 6 日到达印度果阿，在那里创办了一所培养传教士的学校，并在印度南部传教。他在写给罗耀拉

---

① ［英］G. F. 赫德逊著，王遵仲等译：《欧洲与中国》，中华书局 1995 年版，第 268—269 页。

② ［英］艾兹赫德著，姜智芹译：《世界历史中的中国》，上海人民出版社 2009 年版，第 268 页。

的信中，说果阿已经俨然是一座基督教化的城市，那里有一所培养当地土著传教士的学院。1549 年，他带着两名修士、两名仆人，在一位日本朋友弥次郎（安日禄）的引介之下，辗转抵达弥次郎的家乡日本南部九州的鹿儿岛，成为第一位踏上日本国土的天主教传教士。到年底，鹿儿岛已经有 150 人、附近地区有 450 人领洗入教。

沙勿略在日本创建的传教团对后来在中国的传教产生极大的影响。沙勿略在和日本人的接触中，认为日本正是他寻求的实现基督教千年王国的理想之地。沙勿略还在弥次郎的帮助下用日语写了一份简略的祈祷书。他意识到不能把在印度使用的传教方法搬到日本，在这里首先必须学习日本语言，认识日本文化和哲学思想，并采用日本人的风俗习惯，而且要花费很长的时间才足以使一个人皈依基督。掌握当地的语言，这成为沙勿略东方传教策略的重要基点之一。

在日本期间，他遇到许多有文化的中国人，这促使他决心向中国开展传教工作。他认为，中国是地大物博的古文明大国，一旦中国人真心皈依，则日本人必会随之归化。1552 年 1 月 29 日，沙勿略写信给罗耀拉，报告远东的传教情形，其中说道：

> 中国幅员广大，人民爱好和平，政治清明，全国统于一尊，臣民对皇上非常顺服。中国是一个富庶的国家，各种物产非常富饶。中国和日本相距不远。中国人民都很勤奋，聪明好学，长于政治，重视伦理道德。中国人肤色白皙，不蓄须，忠厚温良，不好私斗，境内无战争。如果在印度并无棘手的事情羁身，我计划本年前往中国开教，然后回日本。原来日本现行各教派，无一不来自中国。如果日本知道中国业已接受了救主的福音，自必起而追随，放弃现有各教。我很希望中国和日本都能生活在真正的信光之下，舍弃偶像崇拜，通国恭敬事奉我等主耶稣基督，普世的救主。①

沙勿略在信札中一再说明中日两国需要饱经风霜、意志坚强的神父，又因中日两国人民博学好问，审思明辨，需要学术修养高深，笔谈流利而长于撰述的神父。沙勿略于 1551 年 12 月从日本回到果阿，组织了一个赴中国的

---

① 顾卫民：《中国天主教编年史》，上海书店出版社 2003 年版，第 58—59 页。

使团。他认为只要能获准进入中国，参见皇帝，就可以在中国传教了。1552年4月，他由果阿赴中国，这年8月抵达离广州仅30海里的上川岛，当时该岛为葡萄牙商人与沿海居民进行走私贸易的据点。但因当时明朝海禁甚严，沙勿略终未能踏上中国内陆，而滞留在上川岛上。但这并没有动摇沙勿略到中国内陆传播福音的决心。他精心安排秘密潜入中国内陆的计划，同时考虑好了应急措施，即于次年当暹罗向中国派出进贡使团时，他想与该国使团一起进京。但他传染上了疟疾，于1552年12月2日在上川岛去世，终年46岁。

到沙勿略在上川岛去世时为止，西方文化和中国文化还只是隔岸相望。新局面的打开，还有待其后继者范礼安、罗明坚和利玛窦等。

沙勿略是耶稣会来华传教的先驱者。利玛窦把沙勿略称为在中国传教事业的"创始者和奠基者"①。沙勿略没能实现进入中国内陆传教的理想，但他提出的"使整个古老的中华帝国基督教化"的设想却成为西方传教士一代又一代为之奋斗的重要目标，"耶稣会自此开始将精神狩猎的目标转向据说是'文明鼎盛'而又神秘莫测的中华帝国"②。他在日本传教过程中总结出来的策略思想更被他的继承人奉为典范，他的历史功绩就在于为"适应"策略确立了一系列的原则。"沙勿略的工作不算深入，只能说是一种探索，称不上建造，但他树立的榜样很有感染力，产生了深远影响。"③

沙勿略的事迹对于后继者是一种巨大的精神鼓舞，特别是沙勿略那些反复刊印的书信，大大激发了天主教对亚洲的兴趣。传教士们以沙勿略为效仿的榜样，以去远东及中国传教作为人生最大的希望和令人羡慕的使命。罗明坚就说，他自己那种不畏艰难险阻的精神，"只是继承我们方济各·沙勿略所有的热诚、所有的遗志，能进入中国，归化那里的人民"。利玛窦则说道："我们深信，当他（沙勿略）向他的同道打开中国的大门时，他从他在天国的地位所成就的事业，远超过他在人间奋斗一生中出于热忱而所产

---

① ［意］利玛窦、［法］金尼阁著，何高济等译：《利玛窦中国札记》上册，中华书局1983年版，第127页。

② 孙尚扬、钟鸣旦：《1840年前的中国基督教》，学苑出版社2004年版，第111页。

③ ［美］威利斯顿·沃尔克著，孙善玲等译：《基督教会史》，中国社会科学出版社1991版，第482页。

生的影响。"①

3. 早期传教士入华的努力

早在 16 世纪初，葡萄牙人就开始在东南亚地区进行殖民活动。1513 年，葡萄牙商人来到中国沿海活动。到 1557 年，葡萄牙人获得了在澳门居留的权利，从此以澳门为据点，展开了对中国的大规模贸易活动。与此同时，天主教的传教士们也纷纷来到澳门，并以此为基地做进入中国的试探和准备。在沙勿略病逝不久，有一些来自欧洲的传教士企图进入中国开展传教活动。据荣振华统计，"从 1552 年到利玛窦 1583 年到达中国止，共有 32 名耶稣会士、24 名方济各会士、2 名奥斯定会士和 1 名多明我会士都试图在中国定居"②。利玛窦也说道："虔诚的、富有品德和学识的方济各和戴密微两派教士，在沙勿略死后极力促成这次基督教远征中国之行。他们当中有的随葡萄牙人来自印度，另一些则随西班牙人来自远西；可是尽管他们有着非凡的热诚，却未获得持久的成功。"③

不过，他们都没有成功，但他们的努力并不是没有价值，特别是其中有些人写下了他们对于中国的观感和游记，对于当时与中国隔绝的欧洲人，以及其他后继来华的传教士们了解有关中国的文化、风俗等均有助益。

1554 年 12 月，一篇没有署名的文章在马六甲发表了，题目是《中国的风俗和法律》，全称为《一位在中国被囚禁 6 年之久的正人君子在马六甲神学院向贝尔西奥神父讲述中国的风俗和法律》④。这篇文章以西班牙文、意大利文和法文等，分别在 1555—1561 年刊行，在 16 世纪的欧洲很有影响。标题中的贝尔西奥神父（P. Melchior）是葡萄牙耶稣会士，多次到过广州，但他没有提过向他报告的人的名字。据研究，这位讲述人可能是与伯来拉一起来中国并且后来被监禁，几年后逃到了上川岛的曼内奥·德·夏维斯（Manuel de

---

① ［意］利玛窦、［法］金尼阁著，何高济等译：《利玛窦中国札记》上册，中华书局 1983 年版，第 127 页。

② 荣振华：《在华耶稣会士列传及书目补编》下册，中华书局 1995 年版，第 794 页。

③ ［意］利玛窦、［法］金尼阁著，何高济等译：《利玛窦中国札记》上册，中华书局 1983 年版，第 139 页。

④ ［葡］费尔南·门德斯·平托著，王锁英译：《葡萄牙人在华见闻录》，海南出版社、三环出版社 1998 年版，第 9—27 页。

Chaves)，他在上川岛见到过在东方开辟传教事业的沙勿略。

1555 年，耶稣会省会长巴莱多（Melchior Nunez Barreto）在广州度过了两个月的时间，以谋求在那里释放 6 名被囚禁的基督徒，其中 3 人为葡萄牙人。巴莱多在广州巡抚衙门受到礼遇。接待他的中国官员劝告他先学好中文再来谈他们的宗教，然后将他送回澳门。

1556 年冬季，葡萄牙人、多明我会教士克路士（Gaspard de Cruz）到广州逗留了几个星期。他撰写的《中国志》介绍了中国的疆域和行政区划，广州城的情况，内地的建筑，百姓的行业，中国人的服饰、仪节、风俗、法律等以及在中国传播天主教的困难。这部著作被认为是欧洲出版的第一部专述中国的著作，欧洲学术界把克路士的著作称为是《马可·波罗游记》之后又一部有价值的历史文献。

1565 年，耶稣会士佩雷斯（Francisco Péréz）到广州，请求当局允许他在中国居住，但被拒绝。

1567 年，西班牙人、耶稣会士雷贝拉（Juan Bautista de Ribera）和两位同伴到澳门，于 1568 年 9 月到达广州，他计划前往南京，但不久就被迫返回澳门。

1569 年，耶稣会士卡内路（Melchior Carneire）在广州逗留一段时间。

在西班牙殖民者进入菲律宾之后，在菲律宾的传教士梦想建立一个包括中国在内的"东方天主教王国"，力图进入中国内陆传教。有一些西班牙天主教人士主张像在美洲那样，用武力征服中国，否则无法进入中国传教。1575 年 6 月，西班牙传教士马丁·德·拉达（Mardin de Rada）作为菲律宾的西班牙殖民政府总督拉维扎列斯（Guido de Lavezares）的代表，启程到福建，往返一共用了 4 个月零 16 天（1575 年 6 月 12 日至 10 月 28 日）。与他同行的还有奥斯定会修士哲罗尼莫·马任（Jeronimo Marin）与两名军人洛阿卡（Miguel de Loarca）和萨尔密安托（Pedro Sarmiento）。拉达一行于 7 月 5 日抵达厦门，7 月 11 日下午到达泉州，官府组织了欢迎队伍，鼓乐队充当先导，由 400 名武装士兵护送进城。他们在泉州住了两个星期，后又到福州逗留了 38 天，最后于 9 月 14 日启程回菲律宾。拉达在中国逗留期间与地方官员交往接触，购买百余种中国图书典籍，内容涉及政治、科技、法律、医术等。拉达在返回马尼拉后写了出使报告，记述他和同伴在福建停留两个月内的见闻。

拉达也主张用武力征服中国，并提出了征服中国的设想。

1579 年，由比埃尔·阿尔法罗（Pierre Alfaro）率领的 6 名方济各会士在菲律宾乘船前往中国。他们在广州靠岸，但不久即被地方当局投入监狱，两个月后被驱逐。1584 年，即在罗明坚和利玛窦已经在肇庆安顿下来的时候，澳门耶稣会会长卡布拉尔（Franciseo Cabral）还向西班牙国王菲利普二世进言，主张武力征服中国。他们的这些设想当然是无法实现的。

4. 澳门：向中国传教的据点

在沙勿略去世后不久，澳门成为耶稣会向中国传教的据点。1557 年葡萄牙人获清政府批准在澳门建立居留地，不久便有传教士来澳门传教。可以说，持续 200 多年的在华传教事业，经由传教士而进行的大规模的中西文化交流，正是从澳门开始的，并且在很多时候是以澳门为中转的。

按照"保教权"的规定，来自欧洲的传教士大多经里斯本，乘船前来东方。他们要到中国内陆传教，首先到澳门，在澳门停留，进行传教准备，如学习中文、中国习俗，筹备经费，准备传教物品等。

葡萄牙人进入澳门后，耶稣会士也移居澳门进行传教，开始修建教堂，广收教徒。据第一个在澳门传教的贡撒维斯（Gregorio Goncalves）在 1570 年写给西班牙大使唐·波尔登（Don Juan de Borja）的信中说：当索扎（Leonel de Sousa）和中国人立约的同一年，他正留在岸上，用稻草搭起一座教堂。葡萄牙船走后，他和几名中国信徒被中国官员逮捕，并且"被分发到不同的地方去，彼此不知下落。中国人嚷叫说我留在岸上是要策划阴谋，他们把我拘留到第二年。后来我们又聚会一起，我建了一座教堂，葡人盖了几间房"①。1563 年 8 月 24 日，耶稣会士佩雷斯、谢特拉（Manuel Teixeira）一同来到澳门，在澳门建立耶稣会的小会所。自此以后，天主教的力量才开始在澳门扎根，开展其漫长的传教活动。但当时的传教方式，要求凡入教者都要"学习葡国语言，取葡国姓名，度葡国生活，故不啻进教即成葡国人也"②，所以收效不大。当时在澳门入教的中国人分为两种，一种是澳门居民直接入教，一

---

① ［英］C. R. 博克舍编注，何高济译：《十六世纪中国南部行记》，中华书局 1990 年版，第 14 页。

② 徐宗泽：《中国天主教传教史概论》，上海书店 1990 年版，第 165—166 页。

种是广东各县的人赴澳门入教。1566 年卡内罗（Melchior Carneiro）任澳门主教，陆续修建仁慈堂、辣匝禄麻风院、拉法医院，以收容弃婴孤儿、为人治病为手段，吸引当地华人信奉天主教。据贡撒维斯说，1570 年澳门有基督徒5000 人。①

1576 年 1 月，罗马教皇下令正式成立澳门教区，于是大批耶稣会士东来澳门传教，其他各教会的教士如方济各会士、奥斯定会士、多明我会士等也进入澳门传教。到 1644 年，澳门已有天主教徒 4 万人，澳门已成为天主教在远东传教的中枢。

1578 年，范礼安到澳门主持耶稣会在远东的传教事务。1594 年，范礼安在澳门圣保禄教堂建立了神学院，作为培训传教士的基地。圣保禄教堂被当地中国人称为"三巴寺"，始建于 1565 年。学院除设拉丁文、神学、哲学、数学、医学、物理、音乐、修辞学等外，还专门把汉语作为一门必读课程，因为它是东方传教必需的工具。学生毕业后获授学位，也就意味着拥有了入华传教的资格。圣保禄学院是远东的第一所西式学院，培养了大批欧洲来华的传教士。据统计，由葡萄牙启程来东方的传教士中，有 200 人在这里学习过，占明清时期入华传教的会士的 50% 左右，其中 130 人被派到中国内陆传教，② 著名的有郭居静、熊三拔、金尼阁、艾儒略、邓玉函、汤若望、南怀仁、郎世宁等。艾儒略、毕方济、汤若望还担任过该学院的教师。实际上有许多传教士是在澳门为进入中国内陆传教做好准备，比如学习汉语、熟悉中国文化和习俗等。有回欧洲的传教士，也是在澳门登船返欧。有西方学者指出："整个 17 世纪上半叶，圣保禄学院的教师、学生以及休假前来澳门学习语言或过境的传教士来来往往，川流不息。"③ 清人张汝霖曾两任广东香山县令、两任澳门同知，他在《澳门纪略》中说："相逢十字街头客，尽是三巴寺里人。"

为了打开在中国内地的传教局面，圣保禄学院还吸收一部分内地中国教徒来学院学习，然后派往各地协助西方传教士工作。这些教徒有 30 人以上，

---

① 参见［英］C. R. 博克舍编注，何高济译：《十六世纪中国南部行记》，中华书局 1990年版，第 14 页。

② 参见郑炜明、黄启臣《澳门宗教》，澳门基金会 1994 年版，第 41、45 页。

③ 转引自张西平编：《欧美汉学研究的历史与现状》，大象出版社 2006 年版，第 40 页。

其中除了澳门籍以外，还有广东新会、香山，江苏常熟，上海华亭，河北等地的教徒。①

澳门还专门建有供澳门华人和广东华人做礼拜的教堂。1746年张汝霖向朝廷上奏《请封唐人庙奏记》。这份奏疏真实地反映了澳门华人"久居澳地，渐染已深，语言习尚，渐化为夷"的状况，他们绝大多数是天主教徒。而珠江三角洲地区的南海、番禺、东莞、顺德、新会、香山等县"赴拜者接踵而至"，可见在清政府长期在全国范围内严禁传教的形势下，广东地区的传教活动却禁而不止。

传教士以澳门为基地，向东亚和东南亚地区开展传教活动。"澳门已成为葡萄牙在远东势力的中心。而中国、日本和马来亚的传教事业，就以澳门为补给站。"② 在以后的来华传教士中，有大部分人是先来到澳门，然后从这里进入中国内陆的。由此，澳门便成为整个远东天主教的中心、传教士的集散地，甚至被人称为"东方的罗马""东方梵蒂冈"。裴化行指出：

> 澳门城确实是基督教的"圣城"……每条大街都有教堂：圣拉撒路主教堂，圣安东尼和圣洛朗佐两教区，耶稣会的、方济各会的、多明我会的、奥古斯定会的、圣堂会的、元老院的、中国人圣马丁堂的小教堂，还不算上虔诚的澳门人私人设立的圣殿。封斋节头一个礼拜日的圣像游行引来群众如潮。③

由于葡萄牙始终坚持保教权，欧洲传教士很难不经澳门与欧洲联系。据统计，1581—1740年，有483名耶稣会士从澳门进入中国，此外，还有其他教派的传教士也云集在澳门。传教士经由澳门进入中国内陆，其中一些前往北京宫廷，在明末清初中西文化交流中起了重要作用。耿昇指出："澳门在明末清初的耶稣会中国传教区草创之始，曾起过非常重要的作用，扮演过无法

---

① 参见郑炜明、黄启臣：《澳门宗教》，澳门基金会1994年版，第41页；黄鸿钊：《澳门在中西文化交流中的地位——论基督教的传入与澳门的关系》，《文化杂志》（中文版）1994年第21期。

② 高龙倍：《江南传教史》，顾长声：《传教士与近代中国》，上海人民出版社1991年版，第2页。

③ ［法］裴化行著，管震湖译：《利玛窦评传》下册，商务印书馆1993年版，第464页。

取代的角色。若没有澳门这块跳板，天主教要想进入严格执行闭关锁国政策的中华帝国，则是非常困难的，至少要克服更大的困难和滞迟更长的时间。"①

5. 范礼安："耶稣会传教团之父"

范礼安（Alexander Valignani）是继沙勿略之后，对天主教在中国传播有重要影响的人物。范礼安 19 岁时获得巴度大学（University of Padua）法学博士学位，之后在教廷服务数年，获得亚尔坦（Altemps）总主教的器重。他于 1566 年加入耶稣会，后入圣安德学院，攻读神学以及数学、物理、哲学等。1573 年，范礼安被任命为耶稣会远东观察员视察澳门教会，从此开始了长达 32 年（1574—1606）的东方传教生涯。

1574 年 3 月，范礼安神父率领 38 位耶稣会士，由里斯本搭船东来。当年 7 月在非洲东岸的莫三鼻给遇到由澳门返回的利贝拉神父（S. J. Juan Bautista Ribeira），听到不少有关中国的报告，同年 9 月到达果阿。1578 年 7 月，他来到澳门，遇到守护沙勿略临终的华人安多尼（Antonius），听他叙说沙勿略临终的情景和生前的嘉言懿行，非常感动。范礼安留澳门 9 个月之久，听到许多有关中国的传述和报告，认为过去了解的中国历史悠久、文化崇高、幅员广大、物产丰富、人民温文有礼等称誉，都是确实的。范礼安充分肯定中国的古老文明，认为它在"已发现的国家中，是最和平、治理最好的国家"②。正是范礼安，"再度点燃了沉睡之中的远征中国的热情。"③ 但是，中国的"大门关得紧紧的，对于上帝的一切闭目塞听"，而且中国的官员们"根本不肯同外国人有任何交往"，他们"对一切其他国家都极为藐视"。④ 曾德昭记载，范礼安曾凭着窗户看着中国内陆方向，大声呼喊："岩石！岩石！汝何时得开？"

范礼安认为，此前传教士向中国传教的努力收效甚微，原因之一在于他们的传教方法"不能深切'入境而问俗'之情；盖欲中国人归化，必须合乎

---

① 耿昇：《中法文化交流史》，云南人民出版社 2013 年版，第 407 页。

② ［法］裴化行著，管震湖译：《利玛窦评传》上册，商务印书馆 1993 年版，第 67 页。

③ ［意］利玛窦、［法］金尼阁著，何高济等译：《利玛窦中国札记》上册，中华书局 1983 年版，第 142 页。

④ ［法］裴化行著，管震湖译：《利玛窦评传》上册，商务印书馆 1993 年版，第 70 页。

中国风俗习尚为第一"①。他认为要争取到中国传教，传教士们应当改变作风，应从学习中国的语言、文字、国学和礼俗开始，应有中国的心肠，应当避免自视过高的殖民主义作风。当时澳门的一些耶稣会传教士要求他们的中国信徒一律要学葡萄牙语，取葡萄牙名字，生活方式也葡萄牙化。范礼安认为，这种方式不符合传播宗教的原则。他认为应该是传教士中国化，而不是中国人葡萄牙化。他认为应当由果阿遴选数名杰出的既富有学识又具有德行的青年会士前来澳门。这些会士一定要学好中国语言和文字，不仅能说，还要能念、能写。根据范礼安的意见，耶稣会选派巴范济（Franciscus Passio）、罗明坚和利玛窦三名青年耶稣会士到澳门学习中文，研究中国情况，以伺机进入中国内陆开展传教活动。美国学者邓恩（George H. Dunne）指出："范礼安给予天主教的进取事业以全新的指导。……他给耶稣会带来了非凡的智慧与精神财富。"②范礼安提出的文化适应策略成为以后利玛窦在中国开展传教事业的基本指导方针。"范礼安的这种新的，也可以说是相当古老的用以解决传教难题的方法，是具有革命性的。"③

1579 年，范礼安来到日本，当时日本的布道长卡布拉尔在日本实行和澳门相同的传教方式，范礼安深感失望，于是命其转往澳门。1580 年，范礼安制定了《日本布教规定》，其中最重要的是在各地设立神学校，教育日本人并培养司祭。范礼安对基督教在日本的传播作出了巨大的贡献。他划定日本的传教区为 3 部分，每部分设立会长神父，在有马郡设立修院，在府内和丰后境内设立初学院和学院，并且使日本教区成为副省。1580 年，日本教徒已达 13 万人。

1583 年，罗马任命范礼安兼任耶稣会印度省会长。1588 年，范礼安来到澳门，编成《日本使者旅行记》，译成拉丁文，用罗马教廷赠送的印刷机在澳门印行。此外，他利用这架印刷机 1588 年在澳门出版了玻尼法爵神父（Juan Bonifacio）著的《天主教儿童教育读本》。这两部书是在我国境内出版的最早

---

① 徐宗泽：《中国天主教传教史概论》，上海书店 1990 年版，第 170 页。

② ［美］邓恩著，余三乐、石蓉译：《从利玛窦到汤若望——晚明的耶稣会传教士》，上海古籍出版社 2003 年版，第 3 页。

③ ［美］邓恩著，余三乐、石蓉译：《从利玛窦到汤若望——晚明的耶稣会传教士》，上海古籍出版社 2003 年版，第 4 页。

西文书籍。

1583 年利玛窦和罗明坚到中国内陆开展传教活动后，范礼安用信件不时给予他们清晰适宜的指导。他要求罗明坚，尤其是利玛窦研习中国经典，把它们译成拉丁文，更深地加以理解，以便能够在护教和教理著作中加以引用。他要罗明坚学习汉语经典并写出第一本汉语教理书，即 1584 年出版的《天主实录》，它由一本在日本出版过的书的要点编写而成。后来范礼安要利玛窦重写这本教理书，要求尽量多地参考中国经典。范礼安清楚教会必须当地化，而国外传教士根本无法仅凭自身来承担这个宗教事务。他还试图在北京设一公使馆，但最终采纳利玛窦的建议而放弃了这个沙勿略设想过的旧计划。他也希愿进入中国内陆传教，但是重任在身和中国海禁的森严，使他多年的憧憬不能如愿以偿。

1606 年，即利玛窦进入北京传教的 6 年后，正当范礼安准备进入中国时，却身染重病，在澳门去世。范礼安为耶稣会进入中国传教作出了巨大的贡献。利玛窦称范礼安为"耶稣会传教团之父"。利玛窦说：范礼安的去世，犹如"我们的传教团失去了父亲，我们从此成了孤儿"。他还说："这个无可比拟的人，不仅我们的人都这样认为，不少外界人士也这样看，无论从他的热情来看还是考虑他处事的慎重，我们的神父得以进入中国都要归功于他，仅次于上帝。"① 意大利学者柯毅霖指出："他的伟大历史贡献在于实现了沙勿略的宿愿，即找到了适应中国的方法，在中国开始了传教活动。"柯毅霖还引述另一位学者的话说："若无范礼安，便无利玛窦。"②

6. 罗明坚："三年水路到中华"

罗明坚（Michael Ruggieri）是和利玛窦一起进入中国开展传教活动的耶稣会士。

罗明坚早年获民法与教会法博士学位，在意大利那不勒斯政界服务多年。29 岁才加入耶稣会，获准来东方传教。在起行之前，罗明坚获得耶稣会总会长麦古里（Mercurianus）神父的特别许可，在未读完神学前，就得以晋升铎品。1578，罗明坚与耶稣会士阿瓜未哇·罗多福（S. J. Rodolph Aquaviva）、巴

---

① ［法］裴化行著，管震湖译：《利玛窦评传》下册，商务印书馆 1993 年版，第 517 页。
② ［意］柯毅霖著，王志成等译：《晚明基督论》，四川人民出版社 1999 年版，第 47 页。

范济、利玛窦、斯皮诺拉（S. J. Nicholas Spinola）等传教士由里斯本登船东来。他们先到印度停留，1579 年 7 月来到澳门。罗明坚等人抵达澳门时，正逢范礼安已前往日本巡视。范礼安临行前留下信件，嘱咐罗明坚和以后来华的传教士务必学习并精通中国语言，明了中国的风土人情。罗明坚遵照范礼安的要求努力学习中国语言。

1580—1583 年，罗明坚来广州小住 4 次，在这时期，广东地方长官准许葡商每年来广州贸易两次，每次逗留数日，日间在市区贸易，夜晚返船休息。罗明坚便伴随葡商来到广州，不久认识了数位官员，取得他们的信任，获准在暹罗一商馆内居留并献祭。罗明坚返回澳门后，在耶稣会修院的附近建造了一座圣玛定经院小学校，他在这所学校为新入教的中国青年讲授教理。

1582 年，罗明坚利用觐见两广总督陈瑞的机会，申请留居肇庆，获得默允。当年 12 月 18 日，罗明坚偕巴范济和几位随员从澳门起身，27 日抵肇庆，不久获准留居东关的天宁寺中。第二年，罗明坚和巴范济随风就俗，改穿僧服，并且刮须剃发变成僧人模样。但是不久，两广总督陈瑞被黜，罗明坚等失去官府的庇护，不敢久留肇庆，于是返回澳门。巴范济按范礼安的指示立即乘船去日本传教。

当年夏天，新任两广总督郭应聘到任。他整理批答案上留下的公文时注意到罗明坚呈请"拨地建寺筑舍"的呈文，他和肇庆知府王泮议定，批准这项请求，并且委派使者，携带肇庆知府的函件，召请传教士回到省垣。1583 年 9 月 10 日，罗明坚和利玛窦抵达肇庆，受到肇庆知府王泮的盛情款待。此后耶稣会士便在中国内陆正式建立圣堂和会院。罗明坚终于实现了耶稣会在中国内陆设立传教点的梦想。"那么多年面对正面的进攻仍然是紧密关闭的大门，开始在同情、理解和文雅的作用下打开了。""天主教教会从这一天起，就再没有停止过在中国的存在。"①

从沙勿略去世到罗明坚等在肇庆建立第一个基督教传教居留点的这 30 多年中，西方传教士并没有放弃进入中国内陆传教的努力。然而，由于明朝海禁甚厉，他们没有能够有效地在中国内陆传教。而正是罗明坚作为耶稣会士

---

① ［美］邓恩著，余三乐、石蓉译：《从利玛窦到汤若望——晚明的耶稣会传教士》，上海古籍出版社 2003 年版，第 5、7 页。

第一个走进了中国的大门。

罗明坚对天主教能够进入中国开展传教事业，贡献巨大。过去宗教史和学术史都认为天主教在华传播利玛窦贡献巨大。"如果说罗明坚对打开中国大门所做的贡献被人们忽视了的话，那是因为它被利玛窦的重要成就所荫盖了。"① 可以说，"从许多方面来说，利玛窦是从罗明坚开的门户进入的"②。裴化行也说，利玛窦是"踏着罗明坚神父的足迹前进的"③。

罗明坚和利玛窦初到肇庆时，肇庆知府王泮给予了很大的支持。王泮从各个方面给予了传教士支持和帮助，是我国较早引进西方文化，促进中西文化交流的地方官员。罗明坚等抵达肇庆后，罗明坚与利玛窦暂住在天宁寺附近的儒生陈理阁家，他们佛服佛装，自称"西僧"，每天在寓所举行弥撒。王泮委人领他们到东关郊外，在江边附近寻觅土地，以备建堂筑舍之用。不久获得总督的批准，在西江滨的"小市石顶"九层崇禧宝塔附近的空地上，开始兴建圣堂和会院。王泮又立定让地的契照和给予传教士随意来往广州、澳门及沿途各地的路照。

万历十三年（1585）夏季，中国内陆第一间天主教堂正式在肇庆落成。王泮为教堂送来他亲笔题字的两块匾额以示祝贺。一块上书"仙花寺"，挂于教堂门首；一块上书"西来净土"，挂于当中圣堂，利玛窦则自署"圣童贞院"。利玛窦说：

> 肇庆长官采用这种特别的方式来荣宠他给予保护和支持的那些人，因为他认为由于他们的成就，他们值得这种荣誉，同时也为促进百姓的尊敬和友谊，他知道百姓会照他的榜样对待他的好友的。两块这样的匾按传统的盛况和游行送到教堂……这两块匾大大提高了神父们在各阶层百姓中的声望。④

① ［美］邓恩著，余三乐、石蓉译：《从利玛窦到汤若望——晚明的耶稣会传教士》，上海古籍出版社 2003 年版，第 9 页。

② ［英］崔瑞德、［美］牟复礼编，杨品泉等译：《剑桥中国明代史（1368—1644 年）》下卷，中国社会科学出版社 2006 年版，第 340 页。

③ ［法］裴化行著，管震湖译：《利玛窦评传》下册，商务印书馆 1993 年版，第 72 页。

④ ［意］利玛窦、［法］金尼阁著，何高济等译：《利玛窦中国札记》上册，中华书局 1983 年版，第 172—173 页。

利玛窦在札记中这样描写这间教堂："房子本身很小，但很中看，中国人一看就感到惬意。"裴化行做过考证，说这座两层的房子是用青砖白灰筑成的，看上去并不太像西洋建筑。下层有五间房，中间的当客厅，客厅两边各有两间房间。楼上则给神父住。

他们初来中国，以为中国社会本土的"教士"就是佛僧，传教士穿上僧服，以便适应民情，取得中国官方、士大夫和普通百姓的同情。罗明坚有一句著名的话说："为把中国基督化，我们已变得像中国人。"为了避免中国人的怀疑，传教士起初并不明言来华的目的是宣传天主教，他们仅展览一些欧洲的新奇物品，如望远镜、棱镜片、油画圣母像、意大利花边、绣织物品等，希望借此引起人们的兴趣。他们自称为"僧"，来自天竺国。当他们觐见总督时，声称是由罗马大僧（教皇）派来中国，学习中国语言，希望与华民共处，并能自由恭敬造物主、天主。在肇庆期间，他们虽然困难重重，但利玛窦认为"播下了未来的丰收"的种子，因为"教堂里经常满是客人，他们不是出自对稀罕事物的好奇，而是受到更有用的东西即灵魂得救的吸引而来的。教堂四周的街上常挤满轿子，河上拥塞着小艇和官员们的大船……官员们和知识分子的这些访问，马上把我们宗教和教士的名声传到肇庆境外，甚至传遍广东和广西两省的边界，直到它开始名闻全国。……这样就逐渐地而又不知不觉地为那些后来在中国其他地方宣讲福音的人开辟了道路"①。

罗明坚在中国生活了9年，其间除了在澳门和广东两地奔走之外，还到浙江、广西、湖南等地活动。罗明坚在到杭州活动时写了《寓杭州天竺诗答诸公》诗二首云：

僧从西竺来天竺，不惮驱驰三载劳。
时把圣贤书读罢，又将圣教度凡曹。

一叶扁舟泛海涯，三年水路到中华。
心如秋水常涵月，身若菩提那有花。
贵省肯容吾着步，贫僧到处便为家。

①［意］利玛窦、［法］金尼阁著，何高济等译：《利玛窦中国札记》上册，中华书局1983年版，第217页。

诸君若问西天事，非是如来佛释迦。

两首诗表明罗明坚在中文学习上已经达到了一定的水平。他在这期间还创造了许多汉文诗，据 1993 年重新公之于世的罗明坚《中国诗集》，共有诗作 58 首，分 34 个标题。其中"不少诗涉及天主教的教导：教义的和道德的教导，我们在天堂或地狱里最后的命运，天主的圣德，圣母玛利亚和天主降生成人"①。

在肇庆期间，罗明坚就谋划进入北京朝见中国皇帝一事，作为在中国发展传教事业的重大举措。利玛窦在 1586 年 11 月 8 日的一封信中说："至论圣座给中国皇帝送的礼物，不必太贵重，只要是中国没有的便可。上言礼品与给大明皇帝的国书——已由我们（聘肇庆某官吏）拟妥——如全备妥，将携往朝廷，以求皇帝恩准神父们进入并安居帝国，这为归化中国人是应行之道，因为地方官如无皇帝的准许是不能随便容许洋人进入传教的。""奉耶稣会总视察员之命，利玛窦神父在一位中国学者的协助下撰写了教皇致中国皇帝的信函，还有致广东总督的信，以及教皇赐给他的使臣的证书。这些信都用中文写成，将从欧洲发出。"②

这里说到的给大明皇帝的国书，即《教宗西师都五世致中国皇帝书》，是中国天主教史研究者们很重视的一份文件。研究者认为，此信是罗明坚、利玛窦二人授意，由一位肇庆官员笔述，在 1586 年 11 月 8 日之前草拟的。这封信中所透露出的内容，其实是一次罗马教廷遣使明朝的计划。

早在 1581 年，罗明坚就辗转建议教皇派遣正式使团来华，与明朝交涉传教事务。他在 1581 年 11 月 12 日《致麦尔古里亚诺神父书》中写道："假使我在罗马，定会跪到圣父面前，要求他颁给我一张国书，以便呈献给中国皇帝，求他准许我在中国传扬福音，让凡愿意奉教而不用强迫手段者皆可领受洗礼，我知道教宗是多么看重这个传教工作，多么希望中国人归化于基督。"③

---

① ［意］柯毅霖著，王志成等译：《晚明基督论》，四川人民出版社 1999 年版，第 114 页。

② ［意］利玛窦、［法］金尼阁著，何高济等译：《利玛窦中国札记》上册，中华书局 1983 年版，第 208—209 页。

③ ［意］利玛窦著，罗渔译：《利玛窦书信集》下册，台北光启出版社、辅仁大学出版社 1986 年版，第 433 页。

万历十六年（1588），罗明坚受范礼安委派，回欧洲向教皇报告在华传教的情况，商请教皇派遣使臣来华。12 月 20 日，罗明坚离开中国，由澳门登船回欧洲。1590 年 6 月，罗明坚到达罗马。但是，当他抵达罗马后，正逢四易教皇，遣使来华之事被延搁甚久。加以西班牙无敌舰队于 1588 年遭到英海军击败，西班牙国王的注意力更集中在保卫海外殖民地的安全，对推动教宗遣使来华之事无暇采取主动的态度。罗明坚见出使中国事遥遥无期，加以多年在华奔波，健康不佳，遂奉命赴那不勒斯撒列诺耶稣会公学服务，担任诺莱学院的教师，再也没有机会回到中国了。

7.《天主实录》：第一部中文教义书

在中国期间，罗明坚用拉丁文写成《天主实录》（又名《天主圣教实录》），由一名福建人翻译，又请利玛窦和在肇庆住的一位福建儒士郑郏润饰，万历十二年（1584）十一月印刷出版。这是第一部以汉文撰写的天主教教义的书。罗明坚在华传教生涯中有两件事值得大书特书：其一，罗明坚是外国教士中首先到中国内陆居住的，并且在肇庆与绍兴奠定了传教事业的基础，他还说服两广总督郭应聘的父亲入教受洗；其二，罗明坚首先以汉文出版有关天主教教义的书，即《天主实录》。①

早在澳门期间，罗明坚和高麦斯（S. J. Pedro Gomez）神父着手编写一册问答式的拉丁文要理。罗明坚在广州把"天主十诫"译成中文，取名《祖传天主十诫》，1853 年在肇庆出版。张西平指出："《祖传天主十诫》在中欧早期宗教、哲学交流史和中国基督教史上有两点重要的意义：首先，它首次用汉语表述了基督教的概念，如'天主'概念的确定就十分重要和有意义，以后的'礼仪之争'就是因为这个概念引起的。另外，它也确立了罗明坚在中国传教史上的地位。其次，它在文体形式上已达到较为成熟的程度，说明罗、利两人在对中国文化的理解上有了新的进步。"②

罗明坚第一次提到《天主实录》这本书是在 1584 年 1 月 25 日所写的信中，他说："我已经完成于 4 年前开始用中文写的《天主圣教实录》。这本书

---

① 参见徐宗泽：《中国天主教传教史概论》，上海书店 1990 年版，第 172 页。

② 张西平：《中国与欧洲早期宗教和哲学交流史》，东方出版社 2001 年版，第 150—151 页。

使那些中国官员感到非常满意，他们已经同意我去出版。"① 这本书初次印刻1200 册，是在华天主教的第一部中文教理书籍。不久这本书又刻印第二版，题名《天主圣教实录》。这年年底，利玛窦也出版一本题名《畸人十规》的教义书。后来利玛窦自己研读"四书"，对中文及中国文化有了进一步的了解，又对《天主实录》作出了大量的修订，所以书中的部分内容明显接受了中国传统的儒家思想，将天主教教义和儒家思想加以汇合。《天主实录》对16—18 世纪天主教在中国、日本等国家的传播起到了很大的作用，特别是其内容适应了儒家的伦理概念，比较容易被中国士大夫阶层所接受。它不仅流传于中国，而且还远及菲律宾、安南、日本等国家，并且它的样本还远达欧洲。

《天主实录》书首，有一篇罗明坚的序文。序文强调，蒙受中华大国恩赐安居之恩，无以为报，只有将西方之圣教介绍给中国，以期人人得救，共沾天恩。《天主实录》全书共 16 章，可以窥见全书的内容大概情形。

《天主实录》是明代欧洲人首次用中文表述西方宗教观念的著作。据裴化行研究，《天主实录》的内容并非罗明坚所独创，他的中文本写作摹本是他过去读书时使用过的一个教理讲义，即《要理问答》，是莱代斯马（Ledesma）神父编写的一本简约易懂的小册子。虽然在总的内容上罗明坚的中文版和拉丁文版"差不多完全一样"，但这并不能说《天主实录》只是一个译稿，罗明坚还是努力用自己的语言来表述天主教思想。由于罗明坚在中文本中做了不少改动，以至于裴化行抱怨说："拉丁文所有美妙清高的意趣，在中文内渺然无存。"② 但正是这本书在晚明时期向中国人首次介绍了天主教的基本观念。柯毅霖指出："本书最大优点在于：它首次试图在中国表达天主教信仰。"③

《天主实录》也是大航海以后西方人会通中西文化的最早尝试。罗明坚在介绍天主教时，努力使它适应中国文化，首次尝试会通中西方哲学与宗教。他是第一个把"Deus"译为"天主"的西方人。最初，由于找不到与拉丁语原文适当的汉译词，只好音译为"徒亚斯"，然而，这个译音听起来很不顺

---

① ［美］霍·林斯特拉著，万明译：《1583—1584 年在华耶稣会士的 8 封信》，《国际汉学》第二辑，大象出版社 1998 年版。

② 参见罗马耶稣会档案馆藏本《新编天主教实录》序言。

③ ［意］柯毅霖著，王志成等译：《晚明基督论》，四川人民出版社 1999 年版，第 113 页。

耳，又难于理解。其后，罗明坚和利玛窦初在肇庆寄居的房东儒生陈理阁向他们建议以"天主"一词代替"徒亚斯"，并说这个词是儒家词汇，是由"天帝"一词转化而来的。"天主"源自《史记·封禅书》所载"八神，一曰天主，祠天齐"。我国古人称"天"为老天爷，这个"天"指按正义赏善罚恶的上神（人格神）。为了与中国传统宗教所信奉的神灵相区别，根据中国古典和儒家"最高莫若天，最尊莫若主"之句而称所信仰的神为"天主"，取意为"天地真主，主神主人亦主万物"。罗明坚和利玛窦为了使教义更为中国人所接受，而且"天主"两字与原文意思也贴切，接受了陈理阁的意见。罗明坚讲述了他采用"天主"这一概念的原因，他说："中国民族不认识上主，以及原始的和最高的主，因他们把一切的一切都归之于天，在他们的心意中，这是一种最高的表现。他们把天看作父，一切的需要都是由天所赐予的。"①

在论证的方法上，罗明坚也尽力贴近中国人的思想和习惯，如在讲天主存在时说："如此乾坤之内，星高乎日，日高乎月，月高乎气，气浮于水，水行于地，地随四时而生花果草木，水养鱼虾，气育禽兽，月随潮水，日施光明。予忖度之，诚知天地之中必有一至尊无对之天主。"② 这完全采取自然神学的论证方法，非常符合中国人的思维方式。利玛窦以后在《天主实义》里将这种方法大大完善和丰富了。《天主实录》已具有了"补儒易佛"的倾向，如序言说："尝谓五常之序，仁义最先。故五伦之内，君亲至重"，首先从肯定儒家入手，尔后再讲天主教神学；又如在讲到天主教戒规时，尽量向儒家伦理靠拢，寻找共同点。该书说人死后升天堂要有两条，一是要信天主，二是"使人存一推己及人之心，如不欲以无礼加诸我，则亦不敢以此加于人之类。人若能遵此诫则升天堂受福而与主同乐矣"。从这里可以看出罗明坚不仅熟悉儒家"推己及人"的伦理思想，而且还把这种"内在超越"的道德思想同"外在超越"的基督教思想并列相提，作为升天堂共同的条件。

---

① ［法］裴化行著，萧浚华译：《天主教十六世纪在华传教志》，商务印书馆 1936 年版，第 191 页。

② ［意］罗明坚：《天主圣教实录》，吴湘相编：《天主教东传文献续篇》，台北学生书局 1966 年版，第 767 页。

《天主实录》刻印后受到中国士大夫们的欢迎。罗明坚在一封信中说："现在广州的官吏凡是和我交往的都称我师傅，他们都肯定我写成的《教义览要》。"① 参与修改和出版这部书的利玛窦在一封信中说："我的同伴罗明坚神父嘱咐我给您一本我们用中文编写的《天主实录》，托天主的圣宠的协助，今已印妥，且在中国很受欢迎。内容是一位中国教外学人询问种种问题，一位欧籍神父——回答。条理分明，文词相当优美，对做教友应具有的知识无不网罗其中，当然是经我们的挚友润色过，我们且设法适应中国主要宗派的思想而编译。"他还说："希望这本《天主实录》能使天主的圣教在这块土地上传播。""这本书在此颇受欢迎。"②

二　利玛窦：沟通中西文化第一人

1. 从罗马到北京：利玛窦的旅程

沙勿略、范礼安和罗明坚等人，为耶稣会进入中国开展传教事业付出了艰巨的努力，最终开启了通向中国的大门。但是，真正把这一事业开展起来并且取得突出成就的是利玛窦。

在明清之际来华传教士中，利玛窦是最杰出的、最有成就的代表。实际上可以说，明清之际欧洲各国传教士在中国的传教事业，正是从利玛窦才真正开始的；这一时期中西文化的实质性接触和交流，也正是从利玛窦才开始的。利玛窦是明清之际沟通中西文化第一人。而在整个中西文化交流的历史上，"马可·波罗和利玛窦是最为人们所熟知的两个名字"。"他在多方面奠立了中西文化的交流，他的历史影响也是深远的，可以说一直影响及于近代。"③

---

① ［法］裴化行著，萧浚华译：《天主教十六世纪在华传教志》，商务印书馆 1936 年版，第 193 页。

② ［意］利玛窦著，罗渔译：《利玛窦书信集》下册，台北光启出版社、辅仁大学出版社 1986 年版，第 59、64、84 页。

③ ［意］利玛窦、［法］金尼阁著，何高济等译：《利玛窦中国札记》上册，中华书局 1983 年版，"中译者前言"，第 1、16 页。

邓恩指出，利玛窦书写了"文化关系史和传教史中那最为辉煌的章节之一"①。方豪也指出："利玛窦，恐怕是从古以来，所有到过中国的外国人中，最出名的一个……明清之际，教外人有时简直称天主教为'利氏之教'或'利氏学'；其他外国教士则被称为'利氏之徒'。甚至所有十六七世纪传入的西学，一律归之于利氏。"②

教皇若望·保禄二世（Ioannes Paulus PP. II）于 2001 年在罗马宗座额我略大学关于利玛窦到北京 400 周年纪念会的开幕词上，对利玛窦的事业做了一个高度的评价和肯定：

> 利玛窦神父最大的贡献是在"文化交融"的领域上。他以中文精编了一套天主教神学和礼仪术语，使中国人得以认识耶稣基督，让福音喜讯与教会能在中国文化里降生。由于利玛窦神父如此道地的"做中国人中间的中国人"，使他成为大"汉学家"，这是以文化和精神上最深邃的意义来说的，因为他在自己身上把司铎与学者，天主教徒与东方学家，意大利人和中国人的身份，令人惊叹地融合在一起。

> 利玛窦神父确信信奉基督，不会损害中国文化，相反会使中国文化更加丰富完善……今天，利玛窦的形象以及他的著作，重新呈现到中国人民的现实生活中，象征着中国现代化步伐发展的进程。③

利玛窦（Mathew Ricci）出生在意大利的中部教皇邦安柯那省的马塞拉塔城。1561 年，他进入该城的耶稣会学校学习，16 岁时到罗马学习法律。1571年，他在罗马加入了耶稣会，并继续在耶稣会主办的学校学习哲学和神学，同时从著名数学家克拉维乌斯（Christopher Clavius）学习数学。后来，他自愿到远东传教，于 1577 年参加耶稣会派往印度的传教团。在葡萄牙候船期间，他在高因盘利大学学习，这所大学是由葡萄牙国王约翰三世和耶稣会创

---

① ［美］邓恩著，余三乐、石蓉译：《从利玛窦到汤若望——晚明的耶稣会传教士》，上海古籍出版社 2003 年版，第 7 页。

② 方豪：《中国天主教史人物传》，宗教文化出版社 2007 年版，第 53 页。

③ 罗光主编：《纪念利玛窦来华四百周年中西文化交流国际学术会议研究文集》，辅仁大学出版社 1983 年版，第 9—10 页。

立人罗耀拉（Ignatius of Loyola）联合建立的，是耶稣会训练东方传教士的学术中心。1578 年 3 月 24 日，利玛窦、罗明坚和同会的会士 14 人，从里斯本乘船前往东方，于同年 9 月 13 日到达印度的果阿。利玛窦在果阿居留了 4 年，1582 年，根据范礼安的要求，耶稣会从在印度的传教士中挑选巴范济、罗明坚和利玛窦 3 人到澳门学习中文，并拟派往中国进行传教。

1582 年 8 月，利玛窦抵达澳门，从此开始了他在中国长达 28 年的传教事业，也开始了他在沟通中西文化方面所做的历史性工作。这一年他刚满 30 岁。

利玛窦在澳门停留了一年，主要是研习中文，获得关于中国语言文字的初步知识。1583 年七八月间，利玛窦与罗明坚到了广州，但未能驻足。后来得到新任两广总督郭应聘的邀请，9 月 10 日，利玛窦和罗明坚到达肇庆。他们"请求一块小小的空地建造一处寓所和一座教堂，以便在那里念经和祈祷，隐居和默想。因为在商贾云集喧嚣杂沓的澳门是无法进行的"。他们的请求得到同意，遂在肇庆开始建造了一座教堂，"从是时起西士在中国传教之事业可谓奠基矣"。①

自从 1583 年 9 月利玛窦在罗明坚的率领下抵达肇庆，在将近 5 年的时间里，利玛窦一直是以助手的身份协助罗明坚工作。1588 年罗明坚回欧洲后，仅留利玛窦一人在肇庆从事传教活动。利玛窦在与当地官员和文人的交往中，"深觉欲归化中国民众，先该从中国儒士入手；其与中国儒士交际当以学问为工具"②。所以，他利用与中国文人交往的机会，详细介绍西方的天文、算学、理化知识，将自鸣钟、地图、天象仪器、棱镜片等陈列室内，供人参观。利玛窦带来的各种西方的新事物，特别是他带来的地图，吸引了众多好奇的中国人。利玛窦行事小心谨慎，主要精力花在学习汉语和中国的礼节习俗，以博得中国人尤其是官员们的信任。他身穿佛教僧侣的服饰，认为这样能够博得人们的好感，而且他也觉得这与天主教神父的装束相差不大，也使中国人更加相信他们是远道而来的僧人。1584 年，利玛窦制作并印行《山海舆地全图》，这是中国人首次接触到了近代地理学知识。利玛窦利用解释各种西方事

---

① 徐宗泽：《中国天主教传教史概论》，上海书店 1990 年版，第 172 页。
② 徐宗泽：《中国天主教传教史概论》，上海书店 1990 年版，第 173 页。

物的机会，同时介绍了天主教信仰。他翻译了《十诫》《主的祈祷》和《圣母赞歌》，以及《教理问答书》。利玛窦开始派发罗明坚撰写的《天主实录》，以中文解释天主教教义。一些中国人对这部书产生了兴趣。但是无论如何，无论是"仙花寺"的创立，还是《天主实录》的刊行，中国人始终是把它当做佛教流派而已，中国人对于基督教还没有多少实质性认识。

利玛窦在肇庆生活了 6 年。在这 6 年里，利玛窦取得了在中国社会生活的经验，赢得了当地官僚和知识分子阶层的尊重，基本打开了局面。裴化行指出：

> 6 年来取得的进展又是多么巨大！简言之，1579 年设想的计划已诸项实现：神父们学习中国话和方块字，赢得了某些官员的好感和敬重；西方珍物的展示和欧洲文明的初步表现，使若干士大夫感觉到基督教人文主义的深湛。于是，在他们明确表示的庇护下，少量从居留地仆役到肇庆小人物的中间征得的望教者开始过教徒的生活，定期望弥撒，听礼拜日和节日的布道。①

1589 年，广西巡抚刘继文接任两广总督，他上任后要求利玛窦离开肇庆。1589 年 8 月 15 日，利玛窦等乘船离开肇庆，8 天后抵达韶州。利玛窦在韶州仍旧像在肇庆一样，广泛结交当地官员和士大夫，以便为传教创造条件。他在肇庆结识的士人瞿汝夔成为他的好友和弟子，借着瞿汝夔的宣传，以及将自己制作的天体仪、地球仪和计时用的日晷等西洋物品赠送高官，利玛窦的名声逐渐在当地的达官贵人中传开，其间他还被瞿汝夔的朋友邀请去了一趟南雄。与利玛窦有交往的地方官员中，南雄同知王应麟与利玛窦的关系最为密切。利玛窦 1610 年在北京去世后，王应麟撰《钦敕大西洋陪臣葬地居舍碑文》，这是关于利玛窦行迹的第一篇汉文传记资料。

在这之前，利玛窦一直身穿佛教僧侣的服装。根据瞿汝夔的建议，利玛窦改穿儒服。1592 年年底，利玛窦往澳门会见耶稣会远东视察员范礼安，范礼安同意了利玛窦关于改换装束的意见。回到韶州后，利玛窦等便开始留须蓄发，改穿儒士所穿的丝绸长袍，改称"道人"。利玛窦等传教士装束的改变使得他们更便于与士大夫阶层接触，有利于他们的传教。

---

① ［法］裴化行著，管震湖译：《利玛窦评传》上册，商务印书馆 1993 年版，第 115 页。

利玛窦"易服"是天主教进入中国的一个标志性事件，对他以后的传教活动以及整个耶稣会在华传教事业都有着重要影响。"穿僧服还是穿儒服的问题，实际上是接近佛僧还是接近士大夫的问题。整部中国基督教史都说明，如何选择对这一问题的解决方案可谓'兹事体大'，会直接影响基督宗教在中国的命运。"① 利玛窦在写于 1595 年 11 月 4 日的一封信中解释了他"易服"的原因。②

利玛窦在着装方面为明清之际来华的西方传教士树立了一个榜样。在他之后进入中华的传教士，也采取这样的装束。这种对包含丰富文化和社会内涵的中国服饰的认同，在一定程度缩小了西方传教士和中国士大夫之间的距离。

利玛窦等入华传教士不仅在服饰上体现认同中国文化，还体现在他们变欧式姓名为中式姓名上。费赖之指出："至是（1585）麦安东、孟三德二神父至（肇庆），玛窦遂变欧罗巴姓名为华姓名，嗣后诸传教师皆从之。"③ 自利玛窦以后，传教士几乎没有例外都有一个很地道的中国名字，而且绝大多数传教士的中国名字后面还有"号"，有的甚至还有"别号"。这些中国名字绝不仅仅是他们的西式名字中文译音，因为他们在给自己取中文名字时，对所用汉字绝对是有讲究的，其名字的字义要么显其典雅，要么暗示德行，且多富有音乐性。他们所取之中国名姓往往兼顾字形、字义、字音，以求得中国人的认同感。

不仅如此，利玛窦还请人为他讲解中国经籍，认真研究中国儒家思想。张尔岐《蒿庵闲话》说："玛窦初至广，下舶，髡首袒肩，人以为西僧，引至佛寺，摇首不肯拜，译言我儒也。遂僦馆延师读儒书，未一二年，四书五经皆通大义。乃入朝京师。"陈受颐指出："蓄发称'儒'事，很足以表征利玛窦对于中国文化的态度……他知道要想天主教根植于中国，传教的人应该知道中国的传统信仰。……1600 年他到北京后，与中国士人结交和译述合作的机会更多了，一班文士都对他注意。这时同会教士陆续来到中国，都佩服他

---

① 孙尚扬、钟鸣旦：《1840 年前的中国基督教》，学苑出版社 2004 年版，第114 页。

② 参见［法］贝西尔：《〈利玛窦中国札记〉1978 年法文版序言》，［意］利玛窦、［法］金尼阁著，何高济等译：《利玛窦中国札记》上册，中华书局 1983 年版，第 679—680 页。

③ ［法］费赖之著，冯承钧译：《在华耶稣会士列传及书目》上册，中华书局 1995 年版，第 33 页。

的学识，都在他的指导和鼓舞下，竭力去学习中国语言文字。"①

利玛窦在韶州的活动得到范礼安的大力支持，范礼安写信鼓励利玛窦，"他劝他们尽一切努力建立一个新的中心，不要中断一件其声名已经传到欧洲教廷、西班牙国王和其余基督教世界的工作，只要有可能他们的期望就必须加以实现"②。范礼安还把两名葡萄牙教士从印度招来，在澳门学习中国语文，准备在条件允许时随时派往韶州。1590 年，利玛窦在韶州设立耶稣会初学院，范礼安把两个在澳门学校受教育和培养的年轻人派给他们，这两个年轻人即钟明仁、黄明沙。第二年，他们两人正式加入耶稣会，成为最早的中国籍耶稣会士。萧若瑟《天主教传行中国考》中说："有中国两热心少年：一名钟明仁，一名黄明沙，有志修道，亦来追随利公，厥后二人均蒙选入耶稣会，帮助传教诸事，颇著贤劳，为当时西士所依畀。"③

利玛窦在韶州待了 6 年多。但此地山高林密，民风驳杂，且拘于一隅，交通不便，并非扩大基督教影响的合适区域。"从肇庆仙花寺推进到韶州城关，在佛门弟子的地皮上盖房子，花了 6 年左右时间，以后的第二步，从韶州到南昌，花的时间也差不多，5 年又 8 个月。可谓黯淡而又艰辛的 14 年，只是间或天开云霁，稍得慰藉，但主要还是终日耐心等待时机，散播上帝真言。"④

1595 年，利玛窦借口为一位北上任职官员之子治病，而获得了去南京的机会。但是到了南京以后，陪同利玛窦的官员对他逐渐失去了兴趣，利玛窦只好自己设法留在南京。然而这一次失败了。他只好折返南昌，并获得批准在此居住。在南昌的几年生活，利玛窦进一步了解中国的士大夫阶层和中国精英文化。南昌历来是南方的重要文化中心之一，有明一代，江西有"进士三千"，南昌独得 694 人，比广东全省之进士都要多。有明以来，南昌还涌现了解缙、杨士奇、夏言、严嵩等内阁高层并孕育了汤显祖、宋应星等文化名

---

① 陈受颐：《明末清初耶稣会士的儒教观及其反应》，《中欧文化交流史事论丛》，商务印书馆 1970 年版，第 10 页。

② ［意］利玛窦、［法］金尼阁著，何高济、王遵仲、李申译：《利玛窦中国札记》，广西师范大学出版社 2001 年版，第 171 页。

③ 方豪：《中国天主教史人物传》，宗教文化出版社 2007 年版，第 64 页。

④ ［法］裴化行著，管震湖译：《利玛窦评传》上册，商务印书馆 1993 年版，第 132 页。

人。初始被视为"异端"的王阳明，也正是在南昌最终确立其心学思想，并形成中国思想史上著名的"江右王门"。其时，南昌府治范围内的书院不下20所，文人士子时有聚会、论辩，而每逢科考之日，更是蔚为壮观。在一封长信中，利玛窦这样叙述南昌："人山人海，考生都带着佣人和书童，应考的秀才多达两万……街道为之充塞，连走路也不可能。"裴化行在论及利玛窦在南昌的行迹时说道："南昌及其附近地区……是一处天然适合于可称中国'人文主义'发育的土壤。"①

利玛窦在南昌努力与当地官员和士大夫交往。他的儒生装束和对中国文化的熟悉，他的天文数学知识，以及他所带来的棱镜片、自鸣钟等欧洲物品，使南昌的官员和士大夫愿意与他交往。他还与住在南昌的明王室建安王朱多㸅和乐安王朱多㷿有相当多的交往。利玛窦在南昌期间以罗明坚写的《天主实录》为基础，撰写了《天主实义》一书。《天主实义》于1596—1597年在南昌初次刻印，以后多次重刻。客居南昌期间，他还出版了中文著作《交友论》。而与南昌儒学泰斗、白鹿洞书院山长章潢亲密交往，则为他赢得了"西儒"的美名。

1596年，利玛窦被范礼安任命为耶稣会中国教区的负责人，由利玛窦全权负责在中国的传教活动。范礼安还指示利玛窦想办法到北京去觐见中国的皇帝，以获得在中国传教的有力保障，还从澳门送去了许多准备送给中国皇帝的礼物。

利玛窦从进入肇庆起，就希望有朝一日能进入京城，设法使皇帝批准他们的传教活动。1593年，利玛窦在肇庆时结识了由北京返乡途经韶州的南京礼部尚书王弘诲。利玛窦精通的西方天文历算使王弘诲很感兴趣，王弘诲表示他回北京时要带利玛窦一同去北京参与修历。1598年6月，王弘诲应皇帝之诏赴北京，利玛窦得知这一消息后去拜访途经南昌的王弘诲，并提出想去北京进贡方物给神宗皇帝。王弘诲看过贡物以后同意了他的要求，决定带他去北京。利玛窦与郭居静（Lazzaro Cattaneo）随王弘诲途经南京，于1598年9月7日进入北京城。但当时中国正派兵去朝鲜与日本作战（即"壬辰之

---

① 引自刘东黎：《月涌大江流——历史深处的江古土风》，现代出版社2014年版，第166、171页。

役"，中国史称"万历朝鲜之役"）。所有外国人有被当成间谍的可能，所以利玛窦虽然在北京逗留了约两个月，但进贡礼品之事毫无进展，于是他们只好启程返回南京。

利玛窦回到南京的时候，中国与日本的战事已基本结束，因而对外国人的怀疑已经减轻。回到南京后，王弘诲对利玛窦很友好热情，并建议利玛窦在南京买房子定居下来。由于礼部尚书王弘诲与利玛窦的亲密来往，南京的官员和士大夫也纷纷与利玛窦交游。当时在南京与利玛窦交游的官员和士大夫主要有：刑部尚书赵参鲁、刑部侍郎王樵、户部尚书张孟男、礼部侍郎叶向高、吏科给事中祝世禄、翰林焦竑、理学大儒李心斋、思想家李贽等。利玛窦与南京官员和士大夫的交游为他的传教活动创造了一定的条件。由于南京的官员和士大夫对利玛窦的友好态度，利玛窦决定把南京作为传教的重要地点，再向周围地区发展。利玛窦在城西罗寺转湾买下一所住宅，并将主厅设为教堂，这可以说是南京的第一座天主教教堂。这些活动使南京成为中国天主教史上最重要的传教中心之一。

利玛窦在南京施洗的第一位天主教徒姓秦，是位70多岁的贵族。随后，他全家人以及一些亲戚也入教。利玛窦经常在各种场合宣讲基督教教义，他还在住所展示他要进贡给中国皇帝的贡品和他绘制的《山海舆地全图》，并利用讲解这些物品的机会介绍西方国家的各种情况，包括基督教的情况。

1600年3月，郭居静和庞迪我（Didacus de Pantoja）从澳门赶到南京，协助利玛窦筹备前往北京向中国皇帝进献的礼品。1600年5月，利玛窦和庞迪我离开南京去北京以后，郭居静继续留在南京传教。在此后的十几年里，耶稣会传教士罗如望（Jean de Roche）、王丰肃（Alphonsus Vagnoni）、林斐理（Feliciano da Silva）和黎宁石（Pietro Ribero）也先后来到南京传教。17世纪初，南京每年大约有100人入教，天主教徒中有不少人是官员和士大夫。1610年，由教徒捐资，在南京洪武冈建成一座西洋风格的教堂，教堂顶上竖立一座汉白玉的十字架。

中国与日本在朝鲜的战争结束后，利玛窦决定再去北京进贡礼品，设法觐见神宗皇帝。1600年5月18日，利玛窦和庞迪我以及中国修士钟鸣仁和游文辉搭乘由一位姓刘的太监押运丝绸赴京的船离开南京。

1601年1月24日，利玛窦一行抵达北京。利玛窦呈递一份奏疏给万历皇帝。利玛窦向万历皇帝进赠礼物的清单有：《时画天主圣像》1 幅，《古画天主母像》1 幅，《时画天主圣母像》1 幅，《天主经》1 部，圣人遗物，各色玻璃，珍珠镶十字架 1 座，自鸣钟大小 2 架，《万国图》1 册，映五彩琉璃石 2 方，大西琴 1 张，玻璃镜及玻璃瓶大小共 8 个，犀角 1 个，沙刻漏 2 具，乾罗经 1 个，大西洋各色锁袱 4 匹，大西洋布并葛 5 匹，大西洋行使大银钱 4 个。

万历皇帝收下了各种礼物，对利玛窦进贡的礼物很满意，并派太监询问利玛窦等人的要求以及欧洲国家的情况。由于万历皇帝已多年不上朝，不接见大臣，因此他也不会破例接见利玛窦。但他命令宫廷画师去画利玛窦和庞迪我的画像给他看，以代替接见。由于利玛窦的奏疏与贡品是由宦官进呈的，没有通过礼部的正常渠道，引起礼部官员的不满。利玛窦被礼部软禁在供外国贡使居住的会同馆内。礼部右侍郎朱国祚为如何处置利玛窦等人的事向神宗皇帝连上 5 疏，前面 4 疏都建议将利玛窦等送回广东或江西，不让他们在北京居住，但神宗皇帝一直不批复。直到上第五疏时，礼部建议让利玛窦等在北京择地居住。礼部还让利玛窦向皇帝上一份奏疏，表达想居留北京的愿望。利玛窦又给皇帝上了一份奏疏：

> 臣本远夷，向慕天朝德化。昔跋涉而来，傥居圣朝。下至庶人，上至巨卿，咸与晋接。先年携带方物，进京朝贡。物虽不足为珍，稍效芹曝之私，所献天主圣像，以祝圣上万寿无疆，以佑天朝国泰民安。臣惟事奉天主，不婚不娶，孑然一身，无所望幸。惟仰天恩浩荡，俯赐京都弹丸之地，供臣栖身。臣不胜感激屏营待命之至。谨奏。[1]

结果万历皇帝让太监口头传谕："钦赐大西洋利玛窦等安居顺天府。禁绝一切遣回南方和大西洋之言。钦此。"同意让他们居住在北京城。礼部还按月给他们一定的供给。

自此以后，利玛窦取得了在中国传教的合法地位，便在北京从事传教活动。直至逝世前，他一直住在北京。从利玛窦抵达澳门算起，到最终获准在北京定居，整整经过了 20 年。邓恩指出：

> 历史中的利玛窦是一位极为勇敢、有良好的判断力、处事不惊、

---

① [韩] 李宽淑：《中国基督教史略》，社会科学文献出版社 1998 年版，第 45 页。

有无可动摇的信念和伟大博爱精神的人。①

利玛窦等到达北京后，尤其是获得皇帝的批准合法居留北京后，便开始了他的传教和文化事业。"从此，利玛窦的传教事业以北京为中心向四外辐射。这一过程是双向的。一方面，天主教的影响逐渐地在知识阶层中扩展开来，对一个变化缓慢的社会，这种方式营造了一种恰当的气氛，也为扩展皈依天主教的运动做好了准备。与此同时，利玛窦在各省都有不少的朋友，他们都是掌权的官吏，对于根基不深的中国教会，这些人可以保护教会不受伤害和摧毁。"②

1603 年，范礼安召集在南京传教的郭居静和在南昌传教的李玛诺到澳门述职。他们讨论了中国传教会的事务及利玛窦在北京的活动等问题。范礼安对中国传教会的工作非常满意，决定向中国增派神父，增加经费。到 1604 年，北京有利玛窦、庞迪我、费奇规，南京有罗如望、黎宁石、王丰肃、林裴理，南昌有李玛诺，韶州有龙华民、杜禄茂。范礼安决定成立耶稣会中国与日本副省区，隶属印度省区，中国传教会直属副省区。利玛窦负责中国传教会的工作。

利玛窦等在北京起先一直是租房子居住，教堂也设在租来的房子里。1605 年 8 月，利玛窦等在宣武门内购得一所房子，8 月 26 日迁入了这所新购的房子，并在其中修缮设置了一个礼拜堂。1610 年，利玛窦等在所购的房屋地皮上建筑了一座新的小教堂。

2. 利玛窦与中国学者的交往

利玛窦是一位学识渊博和具有很高才华的学者。他把自己获得巨大名声的原因归纳为 5 个方面，其中包括：能相当正确地说和写汉语；有惊人的记忆力，能背诵"四书"；有数学知识；有钟表、棱镜片等西方奇物，可以示人或馈赠；最后一个原因才是他所传播的基督教教义。

利玛窦在中国期间，无论是在北京还是在外地，都十分注重与中国官僚

---

① ［美］邓恩著，余三乐、石蓉译：《从利玛窦到汤若望——晚明的耶稣会传教士》，上海古籍出版社 2003 年版，第 69 页。

② ［美］邓恩著，余三乐、石蓉译：《从利玛窦到汤若望——晚明的耶稣会传教士》，上海古籍出版社 2003 年版，第 77 页。

和士大夫阶层的交往，结交了许多知名士大夫。实际上，明清时期中西文化间的这一伟大接触在一定程度上是以传教士和中国士大夫面对面的人际交往为开端的。张星烺指出：利玛窦"以其所知之欧洲科学交接士大夫。利氏并利用余暇，极力攻读中国四书五经。宣彼教时，极力引用中国经典，以博中国士人信仰。因之中国达官显宦，多与之游。为之请于朝廷，给禄赐第。利玛窦及其徒在北京之优越地位，对于全中国有良好影响。自是各处皆开放门户，欢迎天主教教士。多年所希望之结果，竟如愿收获矣"。"利氏实为外交家。其在中国传教成功甚大，留印象于中国人甚深。"①

利玛窦蓄发留须，身着儒服，以"西儒"身份迎来送往，谈吐风雅，谦谦君子，这种特有的人格魅力与渊博学识使他赢得当时中国知识分子阶层的普遍好感和钦佩，甚至把他称为"畸人"②。叶向高说利玛窦等传教士"学以敬天为主，以苦身守诫为行，大率与吾儒同，而辟佛尤甚。其人皆绝世聪明，于书无所不读，凡中国经史译写殆尽。其技艺制作之精，中国人不能及也，士大夫多与之游"（《西学十诫初解序》）。谢肇淛在《五杂俎》中不仅认为利玛窦辩才好，而且认为他所著的《天主实义》比佛老之说亲切："天主国在佛国之西，其人通文理，儒雅与中国无别。有利玛窦者，自其国来，四年方至广东界。其书有《天主实义》，往往与儒教互相发明，而于佛老一切虚无若空之说，皆深诋之。余甚喜其说为近于儒，而劝世较为亲切，不似释氏动以恍惚支离之语，愚骇庸俗也。与人言恂恂有礼，词辩扣之不竭，异域中亦可谓有人也已！"王应麟《钦敕大西洋陪臣葬地居舍碑记》说：他"殚其底蕴，以事天地之主为本，以信望爱天主为宗，以博爱诲人为功用，以悔罪归诚为入门，以生死大事有备无患为究竟。视其立身谦逊，履道高明，杜物欲，薄名誉，澹世味，勤德业，与贤智共知，絜愚不肖共由。玄义象纬，学究天人，乐工音律，法尽方圆。正历元以副农时，施水器以资民用。翼我中华，岂云小补。于是赞成皇上，盛治熏风，翔洽遭际，真夐绝千古矣"。

方豪说："利玛窦的道德学问，极受当时人敬佩，连反对天主教的人士也

① 张星烺：《欧化东渐史》，商务印书馆 2000 年版，第 24 页。
② "畸人"语取自《庄子·大宗师》："畸人者，畸于人而侔于天"，意即"奇特之人"。利玛窦亦以此自称，著有《畸人十篇》。

不例外，且有称之为'圣人'的。"① 陈侯光在《辨学刍言》说："近有大西国夷，航海而来，以事天之学倡，其标号甚尊，其立言甚辨，其持躬甚洁。辟二氏而宗孔子，世或喜而信之，且曰圣人生矣。"应撝谦著有《天主论》反对天主教，但他在书中谈到利玛窦时说："其国人往往有至者，大抵聪明才辩，多有俊士。窦初入中国，一字不识，数年之后，能尽通经史之说。"

利玛窦在中国士大夫中有着广泛的声誉，与其交游，能够到他那里拜访，成为当时士人的一种时尚。"利玛窦居住南京时，他的住所成为南京士大夫聚谈之处，士人视与利玛窦结交为荣。官吏陆续过访，所谈者天文、历算、地理等学，凡百问题悉加讨论。"②

利玛窦定居北京后，利玛窦与士大夫们有着广泛的交游，"公卿以下，重其人，咸与晋接"（《明史·外国列传》），得到不少中国知识分子的尊重。《正教奉褒》说："在京硕彦，翕然景从，时诣玛窦宅，相与论道。"据黄一农考证，利玛窦在北京的 9 年间，常来常往的学者和官员，有姓名可考的，约有 50 人，其中不乏阁部官员。在北京与利玛窦交游的官员和士大夫，除了徐光启、李之藻之外，还有李戴、冯琦和冯应京等。利玛窦于 1608 年撰成并刻印的著作《畸人十篇》的第一篇《人寿既过误犹为有》，就是利玛窦与李戴讨论宗教和伦理问题的记录。礼部尚书冯琦对天主教神学十分向往推崇，《畸人十篇》的第二篇《人于今世惟侨寓耳》记载了冯琦向利玛窦请教天主教神学思想的经过，文中说："大宗伯大有志于天主正道，屡求吾所译圣教要诚，命速译其余。又数上疏，排空幻之说，期复事上帝之学于中国诸庠。"湖广佥事冯应京早就风闻利玛窦的名声，于万历二十八年（1600）派弟子到南京向他请教，但当时利玛窦已离开了南京。后来，冯应京又派那位弟子到北京去向利玛窦请教，因而利玛窦对冯应京就有了一定的了解。万历二十九年（1601）四月，冯应京因反对在湖广横征税赋的太监陈奉而触怒了万历皇帝，被逮捕关押到北京，利玛窦与他多次见面，对他宣讲天主教教义。冯应京对天主教十分向往，他于万历二十九年重刻了利玛窦写的《交友论》和《天主实义》，并作序。1604 年冯应京出狱，原拟回故乡盱眙后到南京去受洗入教，

① 方豪：《中国天主教史人物传》，宗教文化出版社 2007 年版，第 54 页。
② 张维青、高毅清：《中国文化史》，山东人民出版社 2002 年版，第 169 页。

但他不久即因病去世。

利玛窦在北京的居所宾客盈门，每日接待少则 20 人多则百余人。"利玛窦难得自己清净地待上一会儿，来看他的人蜂拥而至。来的人中间，有的是在南方就认识的朋友，还有的是南京朋友介绍的一些有地位的官员。他们都不再害怕了，都来拜访他。从早到晚，利玛窦住的那条街上，引人注目的马车和轿子来来往往，络绎不绝。"① 他虽然名闻朝野，但无论何人来访，他都坦诚相待，虚心讨教，不敢懈怠。徐光启说："自是四方人士，无不知有利先生者。诸博雅名流，亦无不延颈愿望见焉。稍闻其绪言余论，即又无不心悦志满，以为得所未有。"（《跋〈二十五言〉》）陈仪在为艾儒略的《性学觕述》所作的序中说到利玛窦："当时都中缙绅，交许可其说，投刺交欢，倒屣推重，倾一时名流。"方豪在引述这句话后说："试想当时他的会客室中应该是怎样的热闹。"②

在利玛窦去世那一年，即万历三十八年（1610）的三、四月间，恰逢全国各地有 5000 余人齐聚北京朝觐听候考察，同时又有四五千名各省举人来京参加科举考试。这上万名官员举子在京停留期间，争先恐后地到利玛窦的驻地前去拜访。当时与利玛窦一起在北京的熊三拔在一封信中说："今年如您所知道的，在中国是'会试'之年，每三年举行一次，以甄选新的'进士'，它等于西欧的'博士'。再加本年为各省官吏入京面圣之年，很多官吏或考生早闻利玛窦神父大名，趁机愿和他会面，有些故交，更要与他畅谈不可；因此日夜访客不停，连吃饭的时间都没有。"③

利玛窦与京城内外的士大夫建立起广泛的友谊。"他们的关系是建立在相互尊重、敬佩的基础上的。这种友谊就像一座跨越东西方的桥梁，并且充满了温情与人性。"④ 谢和耐指出：

---

① ［美］邓恩著，余三乐、石蓉译：《从利玛窦到汤若望——晚明的耶稣会传教士》，上海古籍出版社 2003 年版，第 79 页。

② 方豪：《中国天主教史人物传》，宗教文化出版社 2007 年版，第 54 页。

③ ［意］利玛窦著，罗渔译：《利玛窦书信集》下册，台北光启出版社、辅仁大学出版社 1986 年版，第535 页。

④ ［美］邓恩著，余三乐、石蓉译：《从利玛窦到汤若望——晚明的耶稣会传教士》，上海古籍出版社 2003 年版，第 46 页。

利玛窦以其长长的大胡子以及儒士服装，引起了所有那些与他打交道者的赞赏。他的谦虚和谨慎、对中国民俗的尊重、使用汉语汉字、"四书"和其他中国经典的知识、论述伦理学的小著作、有关外国哲学的巨著及其数学知识，所有这一切都有助于他在中国文人和统治阶层取得成功。

许多文人都被那名"西儒"所征服，他们欣喜若狂地认为，在他的教义与中国传统之间发现了相似性。中国人怎么会不欣赏他施行颇难学会的中国礼仪准则的做法、他的中国经典和文言文知识、他那令人震惊的记忆力、他对孔子的赞同、他对释道二教以及中国迷信的抨击、其斯多葛主义的伦理和格言、他随身携来的珍异物（绘画、书籍、钟表、天文仪器……）、他的数学知识和世界舆图呢？①

有学者对利玛窦的交游规模进行过详细研究。据此研究表明，利玛窦在广东、江西、南京、北京来往过的士大夫总计129人，另有道士1人，高僧2人，太监2人，还有8名中国籍耶稣会士。在这129位士大夫中，仅有29人在利玛窦结识之时为布衣学者，其中有一位举人、一位医生，其余100人则是从县丞到六部官员的各级官吏，其中还包括2位公侯和3位皇族。

在利玛窦交游的人物中，有王公贵族、朝廷宰臣、六部各卿、地方名宦、学者、僧侣、商贾，直至黎民庶人，几乎包括了当时各界的知名人物。王应麟的《利玛窦墓碑记》有一份与利玛窦交往的重要人物名单："是时大宗伯（礼部尚书）冯公琦，讨其所学，则学事天主，俱吾人醒躬缮性，据义精确。因是数数疏义，排击空幻之流，欲彰其教。嗣后李冢宰（吏部尚书）、曹都谏（给事中）、徐太史（翰林院）、李都水（工部郎中）、龚大参（布政使）诸公问答，勒版成书。至于郑宫尹（詹事府）、彭都谏（给事中）、周太史（翰林院）、王中秘（翰林院）、熊给谏（给事中）、杨学院（学政）、彭柱史（御史）、冯金宪（按察使副史）、崔铨司（吏司部员）、陈中宪（按察使副史）、

---

① ［法］谢和耐著，耿昇译：《中国与基督教——中西文化的首次撞击》（增补本），上海古籍出版社2003年版，第4、10—11页。

刘茂宰（知县）同文甚都，见于叙次，衿绅秉翰墨之新，槐位贲行馆之重，斑斑可镜矣。"

瞿汝夔是利玛窦在华最亲近的中国友人之一。美国学者邓恩说，利玛窦在韶州期间，与瞿汝夔的关系是他"最富有成果的友谊"①。利玛窦在中国传教的活动中，瞿汝夔发挥了重要的作用。

瞿汝夔，字太素，后加入耶稣会，领洗时取教名为依纳爵。《利玛窦中国札记》对青年时期的瞿汝夔作了这样的描述："瞿太素……是一个被称为尚书的第二级高官的儿子，苏州人，是受过良好教育的知识分子。他的父亲因据有官职而知名，但更因他是三百名应博士学位考试中的魁元而著称。"② 瞿汝夔十分聪颖，但却不求上进，在其父过世后，更交结败类，沾染种种恶习，尤其沉迷于炼金术，以致其所承继的遗产均遭荡尽。穷困潦倒的瞿汝夔携妻带仆离乡背井，靠着其父亲在官场中的旧关系到处招摇敛财。利玛窦与瞿汝夔第一次见面是在肇庆，后来又在曹溪相遇，从此结下深厚的友谊。万历二十七年（1599）正月，瞿汝夔为利玛窦第一部中文著作《交友论》作的序言说："万历己丑，不佞南游罗浮，因访司马节斋刘公，与利公遇于端州，目击之顷，已哂然异之矣。及司马公徙公于韶，予适过曹溪，又与公遇。"瞿汝夔跟从利玛窦学习数学，旁及其他。《交友论》序说：自再遇利玛窦于曹溪后，"从公讲象数之学，凡两年而别"。所谓"象数之学"，就是把数学的原则应用到实验科学上去，从而发现自然界的客观法则。两年之中，瞿汝夔不知餍足地学习着那些新奇的东西，还自己动手制作了诸如天球仪、六分仪、测像仪、星盘、罗盘这类仪器。瞿汝夔还在利玛窦的指导下对《几何原本》作过深入的研究，裴化行甚至认为瞿汝夔已经把书译为中文。裴化行指出："他这个人奋勉学习，急于探索这些用不可理解的文字写成的书籍所蕴藏的、神秘掩盖的宝库；心灵的真知和华饰就在那里面，从别处是不可能找到这样完备的。对'泰西国'着了迷，这位中国士子纵驰想象，心领神往。"裴化行还说："真正开始有用而又谦虚的中介人，把西方文明的成就系统引入远东世界

---

① ［美］邓恩著，余三乐、石蓉译：《从利玛窦到汤若望——晚明的耶稣会传教士》，上海古籍出版社2003年版，第20页。

② ［意］利玛窦、［法］金尼阁著，何高济等译：《利玛窦中国札记》上册，中华书局1983年版，第245页。

的，是瞿太素。"①

在韶州期间，瞿汝夔将利玛窦介绍给当地的上层人物，引介入士大夫的交游圈中，与他们结成好友，受到他们的欢迎和支持。后来在南昌，利玛窦与瞿汝夔的儿女亲家、建安王朱多㸆结成朋友。建安王向利玛窦询问西方人的交友之道，利玛窦为此撰译了小册子《交友论》。

瞿汝夔的另一重要贡献是建议利玛窦脱去僧袍改穿儒服，从而使之更易为儒教中国所接纳。美国学者邓恩指出："在瞿汝夔身上，利玛窦看到了一种勇于向前看，善于接受新思想的典型的中国人文主义者的形象。虽然有科举考试的八股文僵死的桎梏，和明儒学派传统的古典主义，一起沉重地压制着中国知识分子的精神生活，但仍然有很多人，具有聪慧的头脑和将自己从沉闷的旧式影响中解放出来的非凡能力。这就是瞿汝夔带给利玛窦的启示。在后来的岁月里，利玛窦一直努力寻找这样的人，并且和他们结交朋友。"② 利玛窦提起瞿汝夔感激之情便溢于言表："所有的神父和基督教在中国的事业都大大受惠于此人，即使他还是个异教徒的时候；因为无论在广东或江西省所取得的成就，大部分都是由于他的合作。……全靠了他的努力，南京的驻地才得以建立，而且也主要是靠他的关切，神父们才得以第二次从水路去京城。"③

在南昌期间，利玛窦结识了当地的著名学者章潢。章潢，字本清，是明代著名的理学家、易学家。他建"此洗堂"于东湖之滨聚徒讲学，并主持白鹿洞书院讲席，是当地的文坛领袖人物。利玛窦与章潢成为非常好的朋友，他在一封书信中写道："有一位大文人，名叫章本清，他写作并出版了将近30部各种出名的书籍，他是一位很受人尊敬的人，因他本人品德好，并且是一位儒学家的老师……他有许多学生，也有许多文人和官员与他往来，又因为他不是官员，或更好说，他表示不要做官，众人都特别称颂他、礼遇他。"④

---

① ［法］裴化行著，管震湖译：《利玛窦评传》上册，商务印书馆1993年版，第140页。

② ［美］邓恩著，余三乐、石蓉译：《从利玛窦到汤若望——晚明的耶稣会传教士》，上海古籍出版社2003年版，第21页。

③ ［意］利玛窦、［法］金尼阁著，何高济等译：《利玛窦中国札记》上册，中华书局1983年版，第506—507页。

④ ［意］利玛窦著，罗渔译：《利玛窦书信集》上册，台北光启出版社、辅仁大学出版社1986年版，第211页。

章潢通过利玛窦接触到许多西学知识，他在其所编纂的地理学著作《图书编》中，大量地参考利玛窦所提供的天文学、制图学等方面的知识。《图书编》卷二九收录了《舆地山海全图》6 幅。为与收录的这 6 幅地图相配合，章潢撰有《舆地山海全图叙》和《舆地圆图考》等条目，表述他从这世界地图中所了解的知识。

章潢还邀请利玛窦到白鹿洞书院宣讲西学。"这位可尊敬的老人的许多学生，效法他的榜样，都被利玛窦的学说征服了。……这些道德文章堪称师表的书长，都以邀请利玛窦来家叙谈为荣，每每合家接待他。"① 而"利玛窦通过章潢接触到当时中国的知识分子，了解了中国社会知识阶层的生活。这种接触对耶稣会士的传教带来了久远的影响"②。

在南京期间，利玛窦也与许多文人学士结下了友谊。其中有影响的是内阁大学士叶向高。叶向高因是朝中清流的代表，被列为东林党首魁。万历二十七年（1599），叶向高在南京任礼部右侍郎时，第一次结识了利玛窦，并与利玛窦切磋围棋技艺，双方围绕围棋问题展开过探讨。万历三十五年（1607），叶向高升任内阁首辅后，又在北京私宅中款待利玛窦。《利玛窦中国札记》中对围棋之事做了记载。据说，这些文字是欧洲历史上第一次对中国围棋进行记录。叶向高写下《诗赠西国诸子》一诗赠与利玛窦。

在利玛窦交往的中国知识分子中，最有影响的是当时的著名思想家李贽。万历二十七年（1599），时年 72 岁的李贽在南京与利玛窦相识。利玛窦将自己刚刚再版的中文论著《交友论》赠送给李贽。李贽在纸扇上题诗给利玛窦：

> 逍遥下北溟，迤逦向南征。
> 刹利标名姓，仙山纪水程。
> 回头十万里，举目九重城。
> 观国之光未，中天弖正明。

李贽还让人抄写利玛窦的《交友论》多份，分赠给在湖广的众多弟子。

---

① ［法］裴化行著，管震湖译：《利玛窦评传》上册，商务印书馆 1993 年版，第 201 页。

② ［美］邓恩著，余三乐、石蓉译：《从利玛窦到汤若望——晚明的耶稣会传教士》，上海古籍出版社 2003 年版，第 21 页。

"因了这位大文人对《交友论》的推重，神父们的名声便也在湖广一带传开了。"① 翌年，利玛窦从南京北上途经济宁，李贽在刘东星的漕署内再次与利玛窦会晤，对宗教义理等问题进行讨论。事后，友人问李贽对利玛窦人格与才识的看法，李贽在一封信中写道："承公问及利西泰（利玛窦），西泰大西域人也。到中国十万余里，初航海至南天竺，始知有佛，已走四万余里矣。及抵广州南海，然后知我大明国土先有尧、舜，后有周、孔。住南海肇庆几二十载，凡我国书籍无不读，请先辈与订音释，请明于'四书'性理者解其大义，又请明于'六经'疏义者通其解说，今尽能言我此间之言，作此言文字，行此间之礼仪，是一极标致人也。中极玲珑，外极朴实，数十人群聚喧杂，雠对各得，傍不得以其间斗之使乱。我所见人未有其比，非过亢则过谄，非露聪明则太闷闷瞆瞆者，皆让之矣。"（《续焚书·与友人书》）

李贽本人自负清高，如此盛赞利玛窦，绝非溢美之词，应是有感而发，衷心之语。利玛窦论及李贽，则说他精通中国的事情，是一个著名的科学家，已经弃官致仕，剃发出家，由儒林而入禅林。

利玛窦与中国士大夫的交往不仅仅停留在交游论道，他们还有许多亲密的合作。利玛窦的不少中文著作是与徐光启、李之藻等人合作而成的。利玛窦最密切的朋友还是徐光启、李之藻等士大夫。他在《几何原本》的序中说到与徐光启的合作："东西文理，又自绝殊，字义相求，乃多阙略，了然于口，尚可勉图，肆笔为文，便成艰涩……吴下徐太史先生来，太史既自精心，长于文笔，与旅人辈交游颇多，私计得与对译成书不难。"在这个过程中，一个"口传"，一个"笔受"，两人"反复辗转，求合本书之意，以中夏之文，重复订政，凡三易其稿"才最终成书。同样的情况还有《浑盖通宪图说》，《四库全书》收入子部"天文算法类"之中，说《浑盖通宪图说》为"明李之藻撰"，而李之藻在序中则说"昔从京师，识利先生……示我平仪，其制约浑……耳受手书，颇亦镜其大凡"，说明此书仍是利氏口授，李氏笔演。《同文算指》亦是"西海利玛窦授，浙江李之藻演"。此外还有《测量法义》《勾股义》《圜容较义》等书，都是利玛窦与中国士大夫合作完成的。

---

① ［意］利玛窦著，刘俊余、王玉川合译：《利玛窦中国传教史》下册，台北光启出版社、辅仁大学出版社 1986 年版，第 307 页。

利玛窦在中国传教事业的成功，部分取决于他与中国社会各阶层特别是与知识分子阶层的广泛交游，部分取决于他所采用的传教策略，即介绍西方科学知识和利用中国儒家经典。这两种策略是明清之际传教士在华传教的基本方法，而正是利玛窦开创了采用这种新传教方法的传统。法国汉学家伊莎贝尔·席微叶（Isabelle et Jean-Louis Vissiere）指出：

> 利玛窦神父，他是传教事业中的勇敢改革者。他在中国的长期居住期间，为耶稣会传教区确定了一直保持了两个多世纪的基本方向、一种传教政策、一种很高的科学水平、一种灵活的适应中国习俗的做法。他清楚地知道，为了长期地定居于中国，必须博得儒生、王公，最后是皇帝本人的友谊。这种珍贵的友谊应归功于他的才能——才华横溢的数学和天文学知识。他在中国官吏中享有使人得意的威望。在中国的优秀知识分子开始关心西方技术的时代，欧洲学者们自然收到了友好的欢迎。在这样的背景下，耶稣会传教士们便使科学为传教事业服务了。①

实际上，利玛窦能与中国社会各阶层广泛交游并受到欢迎，也是因为他采用了这种策略。然而，也正是因为如此，虽然他本意在于传教，但却成为中西思想文化正面接触的第一个媒介者，他在多方面奠定了并促进了中西文化的交流。

3. 身后哀荣与钦赐墓地

顾裕禄指出：在利玛窦初到中国"这一时期，以利玛窦为代表的外国传教士得以在中国居留和传教。一是随风随俗，使天主教适应当时中国的国情；二是结交上层人士；三是耶稣会传教士中有为中国朝廷服务的科学家。至于中国教徒方面，他们从传教士手中受洗信教，主要是在思想认识上接受了天主教信仰"②。

利玛窦在中国的二十几年中，饱经挫折，但矢志不渝，持之以恒，终

---

① ［法］伊莎贝尔·席微叶、［法］约翰-路易·席微叶：《入华耶稣会士与中西文化交流》，［法］安田朴、［法］谢和耐等著，耿昇译：《明清间入华耶稣会士和中西文化交流》，巴蜀书社1993年版，第3页。

② 顾裕禄：《中国天主教的过去和现在》，上海社会科学院出版社1989年版，第179页。

于得其所愿，揭开了天主教在华传教的序幕。艾儒略《大西利先生行迹》中说："传道中华，百般艰阻，利子一以宽和谦忍，不以事顺而傲，不以事逆而悲，故所遇人士咸相敬爱，时愿亲炙。"这种宽容大度、与人为善的精神确保了天主教在与中华古老文明的最初碰撞中基本上相安无事，润物无声，为后期加深认识打下了良好的基础。经过利玛窦等人的努力，天主教在中国的事业已经有了一定的进展。到利玛窦逝世时，已开设教会的，有下列几处：

（1）肇庆府，于 1583 年建一住宅。

（2）韶州府，于 1589 年建立教堂与住宅。郭居静于 1594 年到此工作，到 1606 年已有教友 800 人。

（3）南昌府，于 1595 年，以 60 金买一小房作教堂；1607 年，李玛诺又以百金买一较大之屋立堂；1609 年有教友，三四百人。

（4）南京，于 1599 年建造堂宇。

（5）北京，于 1605 年以 500 金购一屋建立圣堂，即为南堂。

（6）上海，于 1608 年由徐光启、郭居静开教，建立堂宇，两年中受洗者有 200 人。

（7）杭州，于 1611 年由李之藻、郭居静开教。

经利玛窦等传教士的富有成效的传教工作，在这些地方，此时已经吸收了信徒约有 2500 人。当时受洗的知名人士有瞿汝夔、徐光启、李之藻、杨廷筠等。

由于利玛窦为传教事业奠定了良好的基础，在利玛窦去世后，传教事业仍取得了显著的成绩。如原有的传教中心和杭州、上海等新的传教基地，继续得到巩固和发展；阳玛诺、金尼阁、艾儒略、毕方济、谢务禄和史惟真等耶稣会士成功地进入中国内陆，成为上述传教区的核心人物；朝廷主张吸纳传教士参与修订历书的活动，也在积极地筹划之中。

1610 年 5 月 11 日，利玛窦在北京去世。临终前，利玛窦对围在身边的教友说："我把你们留在一个大门洞开的门槛上，它可以引向几代的报偿，但必须是经过艰难险阻才行。"接任利玛窦中国耶稣会会长职务的龙华民在一封信中写道："利玛窦神父的去世，使我们成了孤儿，正像阁下您能想象的，他的权威和声望对我们所有的人来说，就是遮风挡雨之所。我们希望他在天堂里还能给我们更多的帮助。"①

利玛窦从 1583 年来中国传教，到 1610 年 5 月 11 日在北京去世，在中国共 28 年。依照明朝的惯例，客死中国的传教士必须迁回澳门神学院墓地安葬。利玛窦去世后，其他传教士和利玛窦授洗的教徒希望可以得到皇帝的恩准，让利玛窦安葬于北京，借此来认可教会和天主教在中国的合法存在。为此，耶稣会士庞迪我向万历皇帝上呈奏疏，希望能破例赐地埋葬利玛窦。

在庞迪我等人的极力斡旋下，礼部同意庞迪我所请，"赐给葬地，以广圣泽"。礼部在给皇帝的上疏中写道，赐给利玛窦一块墓地对于树立明朝大国形象十分有利。在文渊阁大学士叶向高及李之藻等人的帮助下，万历皇帝下旨同意赐地安葬利玛窦。据称有内官对叶向高说："诸远方来宾者，从古皆无赐葬，何独厚于利子？"叶向高不无感慨地说："你见从古来宾，其道德学问，有一如利子者吗？姑且不论其他，即其所译《几何原本》一书，即宜钦赐葬地矣。"万历皇帝赐北京西郊"二里沟佛寺，房屋三十八间，地基二十亩，畀葬利子"，"立石为文记之"。最后选定的地点是位于北京城西北阜成门外二里沟的一座寺院，庞迪我等将其改建为利玛窦的墓地。在传教士们的眼里，由皇帝赐予墓地，无异于中国最高统治者赞成了基督教的律法，所以认为"这个成就或许比前三十年漫长而艰难的奋斗所做出的任何事情都更重要"②。在他们看来，"从此，在复活了的中国天主教会起源上有了一座墓地，而在这个大国，死者传统上一向有非常重大的影响，已故利玛窦的庇护无异于一份对基督教给予官方承认的执照"③。

利玛窦的安葬仪式于 1611 年 11 月 1 日（天主教的万圣节）举行，徐光启等许多教徒参加了葬礼。利玛窦墓地正门上挂有匾额，上书"钦赐"二字。墓为土丘形，前立螭首方座石碑一座，碑额十字架纹饰，碑身正中刻中西文合璧"耶稣会士利公之墓"，左为拉丁铭文，右为中文铭文，文意略有不同。墓地以砖砌花墙围绕。墓碑的形制与常见的一样，只是碑额雕龙花纹的中心，

① 参见［意］利玛窦、［法］金尼阁著，何高济等译：《利玛窦中国札记》上册，中华书局 1983 年版，第 620—621 页。

② ［意］利玛窦、［法］金尼阁著，何高济等译：《利玛窦中国札记》上册，中华书局 1983 年版，第 648 页。

③ ［法］裴化行著，管震湖译：《利玛窦评传》下册，商务印书馆 1993 年版，第 623 页。

镌有代表天主教的十字徽记，表明墓主是一位虔诚的天主教徒。碑高2.7米、宽0.94米，为明万历三十八年（1610）立。石碑后面是灰身黑顶圆拱式的长方形砖砌坟墓，墓高1.5米、长2.4米、宽1.3米。利玛窦的墓碑上的碑文是："利先生讳玛窦，号西泰，大西洋意大利亚人。自幼入会真修，明万历壬辛年航海首入中华衍教，万历庚子年来都，万历庚戌年卒。在世五十九年，在会四十二年。"

关于安葬时的墓地情况，《帝京景物略》有概略的记述："玛窦卒，诏以陪臣礼葬阜成门外二里，嘉兴观之右。其坎封也，异中国，封下方而上圜，方若台圯，圜若断木。后虚堂六角，所供纵横十字文。后缘不彫篆而旋纹。……墓前堂二重，祀其国之圣贤。堂前碣石，有铭焉，曰：'美日寸影，勿尔空过，所见万品，与时并流。'"

利玛窦安葬后，这里就成了耶稣会士们的专属墓地，称"栅栏墓地"。后来，陆续去世的传教士邓玉函、罗雅谷等就安葬在利玛窦墓前。后来清顺治皇帝将利玛窦墓地一侧的一块土地赐给汤若望作为墓地，这样栅栏墓地就扩大了一倍。现在，"明清传教士墓地"共保留63名传教士的墓碑，其中14人来自葡萄牙，11人来自意大利，6人来自德国，9人来自法国，2人来自比利时，2人来自瑞士以及奥地利、斯洛文尼亚各1人，不明国籍者1人。这些人中包括担任过钦天监监正的纪理安、戴进贤、刘松龄和参与圆明园设计的画家郎世宁等。

4. 利玛窦在传播西方科学文化方面的贡献

利玛窦把与中国士大夫交往和传播西方科学文化知识作为传教的策略之一，同时，他本人也是一位学识渊博的学者，对近代欧洲许多科学学科都有着丰富的知识和修养。在旅居中国的28年间，利玛窦翻译和著述了许多西学书籍，广泛地传播西方最新的科学知识，对中国近代科学的先驱者徐光启、李之藻研究西方天文、历算、地理、测量等科学都具有直接的启蒙作用。利玛窦向中国广泛地介绍西方科学知识，为中国学术界带来了清新的空气。对西方绘画、音乐、建筑、文学等艺术领域和哲学、伦理学、逻辑学等学科知识的介绍也起到了一定的作用。近代以来，西学东渐，利玛窦有开风气之先的首创之功。

利玛窦留下的历史遗产，在中外文化交往史上突显的效应，远过于他对基督教入华的影响。就跨文化研究的角度来看，不论中外学界关于利玛窦其人其学的价值判断多么分歧，大都承认由历史所昭示的两点事实：他用中文撰述的论著和译作，使中国人开始接触文艺复兴以后的欧洲文化；他用西文记叙的中国印象和在华经历的书信、回忆录，以及用拉丁文翻译的"四书"，也使欧洲人初步了解传统正在起变化的中国文化。①

利玛窦对中国传统学术思想特别是儒家学说有较深入的研究，他是第一个直接掌握中国语言文字并对中国典籍进行钻研的西方学者。利玛窦深知，要在中国传教，首先必须了解中国的文化。通过十余年的勤奋学习，他对中国经典精通有余，令中国士人大为叹服，"西儒"之称随之而来，甚至被日本学者平川佑弘誉为"人类历史上第一位集欧洲文艺复兴时期的诸种学艺和中国四书五经等古典学问于一身的巨人"②。赫德逊说，利玛窦"本人对中国文学和思想造诣极深，以至于在许多方面他几乎都具有一种中国的观点"③。1595年，利玛窦在南昌刊刻了《天主实义》一书，在书中广引中国古典经籍，用儒家思想论证基督教教义，是所谓"合儒""补儒"的典范性著作。与此同时，他还将"四书"译成拉丁文，最早向西方介绍中国儒家学说。另外，在中国生活的28年间，他还写了大量的书信，向欧洲广泛介绍他所了解的中国人和中国文化，介绍他在中国的传教经历。不过，在中华文化西传史上具有特别重要意义的，是在他去世后由金尼阁整理编纂出版的《基督教远征中国史》，即《利玛窦中国札记》。利玛窦是"开始把中国历史和文化正式介绍给西方这一潮流的创始人；从他以后，历代传教士，包括著名的曾德昭、卫匡国等人相继介绍中国历史和文化的书籍在欧洲流传，从而引起一场中学西渐的热潮，开阔了西方学者的眼界。……在大约两三个世纪的历史时期中，传教士成了中西文化交流的独家媒介；在这方面，利玛窦的筚路蓝缕之功是

① 朱维铮：《走出中世纪》（增订本），复旦大学出版社2007年版，第63—64页。

② ［日］平川佑弘著，刘岸伟、徐一平译：《利玛窦传》，光明日报出版社1999年版，序言第3页。

③ ［英］赫德逊著，李申、王遵仲、张毅译，何兆武校：《欧洲与中国》，中华书局1995年版，第278页。

不可没的"①。

利玛窦一生著作宏富，有 20 多种，除天主教教义、教规、西方伦理学和奏疏外，还编译多种学术著作。利玛窦生前并未系统整理和出版自己的著作。明崇祯元年（1628），李之藻编《天学初函》，将利玛窦的《交友论》《天主实义》《二十五言》《畸人十篇》《辩学遗牍》《几何原本》《测量法义》《同文算指》《浑盖通宪图说》《乾坤体义》10 部著作收入其中，这大概是第一次较为系统地整理和出版利玛窦的著作。清代乾隆时期的《四库全书》共收录西学书 22 部，其中利玛窦的书有 7 部，即《乾坤体义》《测量法义》《测量异同》《勾股义》《浑盖通宪图说》《同文算指》《几何原本》。

利玛窦的中文著述，根据费赖之（Louis Pfister）《入华耶稣会士列传》所记载的约有 20 种。利玛窦的这些著述涵盖了西学的主要门类，举凡宗教、伦理、语言、天文、地理、数学、艺术，均有涉及，还有以口头传授而未形成文字的西方力学、建筑、印刷等知识。自 1584 年起，利玛窦绘制了一系列世界地图，使中国人惊奇地认识到"天下"之外的世界。《乾坤体义》等天文学著作，虽然介绍的是当时正在被淘汰的水晶球宇宙体系，但在很大程度上帮助中国人塑造了明确的宇宙结构，清中后期尚有士人祖述其说。数学译作尤其是《几何原本》，使演绎逻辑的方法在中国逐渐落地生根，影响深远。利玛窦的著作还不同程度地波及日本、朝鲜、越南等国，在中华文化圈中兴起一股西学风气。1608 年，利玛窦完成了《畸人十篇》，这是欧洲学术史上第一部对中西文化进行全面比较研究的著作，他通过 10 封书函的答问形式，把中国的儒学、佛学和道学，与欧洲哲学家和神学家的思想进行比较研究。

德国汉学家、耶稣会士基歇尔（Athanasius Kircher）在 1667 年出版的《中国图说》一书中，概括了利玛窦在向中国介绍传播西方文化方面的主要贡献。基歇尔主要列举了 14 个方面的内容。②

利玛窦不仅著述宏富，而且在中国士人的帮助下创造了许多术语，至今

---

① 何兆武、何高济：《读利玛窦的〈中国日记〉》，《中国文化研究集刊》第 2 辑，复旦大学出版社 1985 年版，第 139 页。

② 参见［法］安田朴：《礼仪之争及其对中西文化交流的影响》，［法］安田朴、［法］谢和耐等著，耿昇译：《明清间入华耶稣会士和中西文化交流》，巴蜀书社 1993 年版，第 36—37 页。

仍广为采用，如数学中的"几何""点""线""面""角""弧""平行""比例""面积""体积""直角""钝角"；天文学中的"天球""地球""月球""半球""阴历""阳历"；地理学中的"经度""纬度""赤道""测量"等。有些是新造的词汇，有些则是赋旧词以新义。利玛窦等人充分考虑了语汇相互之间的统一性和系统性，不仅使这些术语具备传承下去的生命力，也为以后新术语的形成奠定了空间，还对日本、朝鲜等国的思想界产生了很大影响。从翻译学和传播学的角度来看，这些术语的形成，更体现了新观念和新知识的产生以及东西方两种文化之间的互动。

关于利玛窦在中西文化交流史中的地位，方豪指出：

> 利玛窦实为明季沟通中西文化之第一人。自利氏入华，迄于乾嘉厉行禁教之时为止，中西文化之交流蔚为巨观。西洋近代天文、历法、数学、物理、医学、哲学、地理、水利诸学，建筑、音乐、绘画等艺术，无不在此时期传入；而欧洲人之开布迻译中国经籍，研究中国儒学及一般文化之体系与演进，以及政治、生活、文学、教会各方面受中国之影响，亦无不出现于此时。①

5. 关于《天主实义》

前文提到罗明坚的《天主实录》一书，是第一部用中文撰写的介绍天主教教义的著作，在初步传播天主教教义思想方面发挥了一定的作用。后来，范礼安认为罗明坚的《天主实录》太简略，希望利玛窦重编一部更完备、更适合中国文化思想的教理著作。于是，按照范礼安的要求，利玛窦着手编写了《天主实义》一书。1595 年，他在南京时期完成了这部著作。但由于当时没有得到上级的许可，还因为许多神学名词尚未找到适当的译名，所以没有能够正式出版。1597 年，利玛窦将此书译成拉丁文，呈请范礼安批准，范礼安令孟三德审阅，后因孟三德病逝，审查工作不得不中止。直到利玛窦抵达北京后，约在 1601 年获得批准，并且在冯应京、徐光启等人领洗后，确定了神学名词的翻译，才于 1603 年在北京正式出版。由于在这段时间内，利玛窦与中国士大夫们有了更多的接触，对中国文化的精神蕴含有了更为深入的了解，他在出版前将《天主实义》的内容再详细地进行整理，特别增补了他在

---

① 方豪：《中西交通史》下卷. 上海人民出版社 2008 年版，第 487—488 页。

南京和三淮和尚及黄辉学士等人的问答。

《天主实义》是利玛窦来华后的第一部重要的著作，也是他一生诸多中文著作中最为重要的一部，更是明清之际在华耶稣会士适应儒家最具代表性的著作。利玛窦认为，要向中国人介绍基督教，有必要先将教理分为两部分。一部分是人的理性可以探求得知的真理；另一部分是人的理性不能探求知道，而要等接受天主的启示之后才可能明白的真理。他认为向中国人介绍天主教教义的第一个步骤应当是向他们讲述天主教教理中人的理性可以探求得知的那部分。《天主实义》主要讲述的是天主教教义中理性的内容，刻意剔除了神秘的有关天主启示的内涵。利玛窦认为，对尚不了解基督教为何物的中国人而言，不可能"先信后知"，宣讲天启神学毫无意义。传播基督教的第一步工作应当是打下基础，使其"先知后信"，吸引更多的中国人皈依基督教。《天主实义》这部著作的宗旨就是介绍天主教，引起读者对它的兴趣，因而进一步向神父们请教写在别的书上的耶稣基督的教训。利玛窦自己说：

> 这本书没有涉及我们神圣信仰的所有奥秘。所有的奥秘只有慕道者和天主教徒才需要解释。书中只讲了几条用不深奥的、依靠自然的判断就能证实和理解的基本概念。因此这本书适用于天主教徒，也适用于非天主教徒。[1]

邓恩指出了《天主实义》这部著作的特点，他说："这本书是为那些根本没有福音概念的人讲述浅显的预备性的知识。"[2]

《天主实义》一书是利玛窦借助儒学经典，以对话形式撰著的天主教"教义问答"，分上下两卷，8篇，共4万余字，以文言文写成，文笔通畅，论辩时则采用了西方经院哲学的架构来表达，清晰且具有逻辑性。同时利玛窦更仿用中国古文论语式的问答体裁编写，在"中士"与"西士"的对答中，阐明了天主教的重要教义。《天主实义》的文体具有中西合璧的特点。对话文体既常被晚明讲学者采用，也多见于西方文艺复兴时期人文主义者的作品。该

---

① ［美］邓恩著，余三乐、石蓉译：《从利玛窦到汤若望——晚明的耶稣会传教士》，上海古籍出版社2003年版，第81页。

② ［美］邓恩著，余三乐、石蓉译：《从利玛窦到汤若望——晚明的耶稣会传教士》，上海古籍出版社2003年版，第80—81页。

书在论述过程中，为照顾中国人的思维习惯，采用了直观比附的论证方法，从生活经验出发，再上升到形而上的结论，使人容易接受。同时该书也采用了西方经院哲学中常用的逻辑证明法，层层演进，推理严谨。该书在论证过程中，还不时穿插一些故事，将抽象教义寓于形象之中而不显得枯燥乏味。此外，语言的雄辩风格也强化了该书的劝化功能，容易给人留下深刻印象。

《天主实义》的拉丁文名为 *Dei Vera Ration*，它充分地反映利氏的著作动机："吾将译天主之公教，以征其为真教。姑未论其尊信者之众且贤，与其经传之所云，且先举其所据之理。"《天主实义》第一次系统地向中国人介绍了上帝存在、灵魂不朽、死后必有天堂地狱之赏罚等基督教的基本观念，并指出了个体救赎之路，有利于基督教在中国的传播。

《天主实义》的内容体现了利玛窦联合儒家以反对佛道两家的传教策略。利玛窦说："这本书还批驳了所有中国的宗教派别，只有像圣哲之师孔子所发挥的那种根据自然法则而奠定并为士大夫所接受的教派除外。"① 在他看来，佛教和道教是基督教在中国传播的障碍，因此作品中用了不少篇幅来批驳两家的主张。利玛窦在对道佛两家进行批判时，经常采用的方法是以基督教教理为出发点，大量征引中国先儒们的说法，加以引申发挥。但他所肯定的儒家思想，是已经成为经典的古代儒学中的宗教成分，尤其是其中与基督教伦理有近似之处的部分，即他所谓的"以自然律为基础的"宗教元素。在他看来，孔子的许多思想是有利于国家的安定团结，正确处理家庭和个人关系的，合乎自然理性，与他要传播的基督教真理并不形成尖锐对立。相反，对孔子等中国先贤言论的调和折中有助于扩大基督教在中国的影响。

《天主实义》除了宣传天主教的基本教义思想外，还对西方文化风俗，天主教的组织、仪式以及耶稣会的基本情况作了介绍。《天主实义》的最后一章标题是《总举大西俗尚，而论其传道之士所以不娶之意，并释天主降生西土来由》，专讲天主教政情民俗。书中说天主教国家的本质是服从教皇。"教化皇"的权威是"继天主"而来，这是罗马教会强调的一以贯之的"传统"。

中国传统把每月三分为上、中、下旬，或二分为朔望。基督教把每月分

---

① ［意］利玛窦、［法］金尼阁著，何高济等译：《利玛窦中国札记》上册，中华书局1983年版，第485页。

为四星期，每星期有固定的宗教文化生活，对信徒的日常生活影响很大。

在介绍耶稣会时，利玛窦说："间有敝会，以耶稣名为号。其作不久。""敝会之趣无他，乃欲传正道于四方焉耳。苟此道于西不能行，则迁其友于东。于东犹不行，又将徙之于南北。"他还把耶稣会士"梯山航海九万里"与儒家士大夫"不远游"比较："婚配之身缠绕一处，其本责不越于齐家，或迄于一国而已耳，故中国之传道者，未闻其有出游异国者，夫妇不能相离也。吾会三四友，闻有可以行道之域，虽在几万里之外，亦即往焉，无有托家寄妻子之虑，则以天主为父母，以世人为兄弟，以天下为己家焉。其所涵胸中之志如海天然，岂一匹夫之谅乎？"

在谈到中西方道德观差异时，利玛窦认为西方人有更严格的伦理修行标准："大西法称人以圣，较中国尤严焉。况称天主耶？夫以百里之地君之，能朝诸侯得天下，虽不行一不义，不杀一不辜以得天下，吾西国未谓之圣。亦有超世之君，却千乘以修道，屏荣约处，仅称谓廉矣。其所谓圣者，乃其勤崇天主，卑谦自牧，然而其所言所为过人，皆人力所必不能及者也。"天主教的"圣人"名录都是在人死后，由罗马教廷经过严格考察，一级级地册封定下的。"圣人"塑像放在教堂里，能起到和上帝沟通的作用，因为他们活着的时候身上都有神迹显现，能"医不可医之病，复生既死之民，如此之类人力不及，必自天主而来，敝国所称圣人者，率皆若此"。天主教的"圣人"，是那些被认为因为信仰坚定，而能够与上帝直接沟通的人，而未必是一生不犯错的人。而儒家的"圣人"，取凡人修行标准。因立功立德立言而"三不朽"的儒生，受当时推崇，由皇帝册封，可"配享"文庙，作孔子门徒，与孔圣同列。

李之藻认为，欧洲天主教徒从来没有分享过三代圣人之遗泽，没有"六经"之教，也不知道程朱以来儒家对古经的诠解，但是他们的部分教义却与三代的"天学"道理不谋而合。耶稣会士的学问，虽然和汉以后的儒家经解不同，但却和先秦遗下的《素问》《周髀》等相合，这由不得人不信"王学"代表人物陆象山的名句"东海西海，心同理同"了。

《天主实义》于1595年在南昌出版，1601年在北京出版，1605年在杭州出版，此后一版再版，一时风行全国，引起了明清文化界的广泛关注。不少人受该书影响而加入了天主教，为天主教在华传教打开了局面。徐宗泽指出：

"是书之言论深得当时士大夫之赞许，其观念又浸润人心，有极大之威权，有阅之而感动，因而皈依圣教者不一其人。"① 1604 年，《天主实义》还被译为日文，除在日本刊印两次外，范礼安又重印于澳门。1630 年越南亦有重印本，此后更有朝鲜译本、法译本、英译本和意译本等各种译本。

《天主实义》在中西文化交流史上具有很重要的意义。此书确立了明清之际天主教援儒排佛的传教策略，为明清之际的中国天主教信徒撰写传教护教著作奠定了基础。同时，该书也被反天主教人士称为"第一妖书"。天主教在华传教史上长达百年之久的中国"礼仪之争"也与《天主实义》有关。学者们普遍认为："利玛窦的《天主实义》是中西文化史上第一部比较哲学的著作，也是中西文化的第一次实质性的对话。"② "是书之意义在于它是中西文化史上第一部根据所谓自然理性以耶释儒，同时又以耶（天主教）批判儒释道的比较宗教学、哲学著作。"③

《天主教要》是一部供新信徒学习天主教的经言和要理的读本，《天主实义》则是向非信徒宣传天主教的读物。据张西平研究，《天主教要》最初部分内容是由罗明坚完成，利玛窦协助，早在 1585 年《天主教要》就有了它的最初刻本。此后《天主教要》不断再版，最后在 1605 年由利玛窦出版了统一的修订稿。"《天主教要》从内容上有别于罗明坚的《天主实录》和利玛窦的《天主实义》，它在写作形式上不是对话体，而是叙述体，内容上简洁明了易懂易背，从其成书过程和书的性质来看，它虽不能算来华传教士的第一本中文著作，但可以说它是来华传教士的第一本中文经书，在耶稣会早期的传教活动中产生过重要作用。"④

6. 关于《利玛窦中国札记》

晚年的利玛窦除继续主持耶稣会在华教务、从事传教活动之余，也开始撰写他在中国传教经历的回忆录。到他去世时，这份记录已告完成，仅留下一些空白以待补充。回忆录手稿是用利玛窦的母语意大利语写成的，封面上除了有"耶稣""玛利亚"几个字外，没有做其他说明。据耶稣会教士金尼

① 徐宗泽：《明清间耶稣会士译著提要》，上海书店出版社 2006 年版，第 109 页。
② 张西平：《中国与欧洲早期宗教和哲学交流史》，东方出版社 2001 年版，第 3 页。
③ 孙尚扬：《基督教与明末儒学》，东方出版社 1994 年版，第 33 页。
④ 张西平：《中国与欧洲早期宗教和哲学交流史》，东方出版社 2001 年版，第 162 页。

阁（P. Nicolaus Trigault）说，利玛窦本打算先把它送给耶稣会会长审阅，然后公开传阅；他希望借此向欧洲人介绍有关中国的情况和在中国的传教事迹，使同会教友及有关人士从中获得教益。

金尼阁为保存和出版《利玛窦中国札记》做出了重要贡献。金尼阁1611年来华传教时，利玛窦已经去世。1613年春，金尼阁受新任耶稣会会长的龙华民派遣，回欧洲向教廷汇报中国教务。金尼阁在此次旅行中把利玛窦的手稿携回罗马。在漫长单调的旅途航行中，金尼阁着手把利玛窦的手稿从意大利文译为拉丁文，并增添了一些有关在华传教和利玛窦本人生平的内容，还附有利玛窦死后哀荣的记述。

金尼阁翻译、增补和编纂的拉丁文本第一版于1615年在德国奥格斯堡出版。它的封面题字是："耶稣会士利玛窦神父的基督教远征中国史—会务记录五卷—致教皇保罗第五—书中初次精确地、忠实地描述了中国的朝廷、风俗、法律、制度以及新的教务问题—著者同会比利时人尼古拉·金尼阁。"

拉丁文本的《利玛窦中国札记》刊行后，在欧洲陆续出现根据原文本翻译的各种译本，在第一版之后又有4种拉丁文本，分别于1616、1617、1623和1648年出版；法文本3种，出版于1616、1617和1618年。与此同时还出版了德文本、西班牙文本和意大利文本各1种。1625年"普察斯朝圣者丛书"中收有一个英文摘译本。在7年内就出版了17个版本。可以说，《利玛窦中国札记》一面世，立即引起了广泛的关注，迅速在欧洲各国传播开来。

《利玛窦中国札记》共分5卷：

第一卷主要介绍中国的状况。首先介绍中国的地理位置、版图的大小、所跨越的经度、纬度和行政区域的划分；其次介绍中国丰富的物产，接着重点介绍中国的制度和文化，包括中国的文字、书法、哲学、天文、历算、教育、科举制度、政府机构、君主制度、官阶制度和法律制度，以及中国人交往的礼节和习俗等；最后介绍中国的儒教、佛教和道教。

第二卷至第五卷记载了耶稣会传教团在中国传教的过程。

第二卷从1552年沙勿略试图进入中国传教写起，接着记载了范礼安派罗明坚从澳门进入中国内地，后来利玛窦也被派遣进入内地，终于在肇庆得到了第一个立足点。

第三卷记载利玛窦等从肇庆迁移到韶州，利玛窦首次北上，经过南昌，到达南京，后又退回南昌，在南昌与建安王、乐安王等人交游，在南昌建立传教基地的经过。

第四卷记载利玛窦等再次从南昌去南京，然后从南京两次去北京，终于得到皇帝的批准在北京定居，与士大夫官员交游，以及传教的过程。

第五卷记载利玛窦在中国建成了独立的传教区，利玛窦的中文著译，利玛窦与徐光启、李之藻等中国士大夫天主教徒的合作译书活动，韶州、南昌、南京等地教会的发展情况。

利玛窦以一个外国人的敏感，把他在中国的见闻详尽地记录下来。他的这部札记同时是一部晚明大动乱前夕的中国游记。这部著作的重要价值更在于，它的撰写者是一个在中国生活多年而且熟悉中国的欧洲人。利玛窦在札记开头就说，他的叙述与此前其他欧洲著者对中国叙述的不同之处在于：他是以亲身经历为依据，其他人则只能依靠道听途说的第二手材料。他说：

> 我们在中国已经生活了差不多30年，并曾游历过它最重要的一些省份。而且我们和这个国家的贵族、高官以及最杰出的学者们友好交往。我们会说这个国家本土的语言，亲身从事研究过他们的习俗和法律，并且最后而又最为重要的是，我们还专心致意日以继夜地攻读过他们的文献。这些优点当然是那些从未进入这个陌生世界的人们所缺乏的。[①]

金尼阁也说："到现在为止，有两类写中国的著者：一类想象的太多；另一类听到很多，不假思索就照样出版。我很难把我们自己的某些神父排除在这后一类之外，他们信任中国的商人，不知道商人们的普遍习惯是夸大一切事情，把那些根本莫须有的事情说成是真的。"金尼阁还指出：

> 十分显然，谁也不能指望不经过多年的接触就透彻了解欧洲的生活。对中国也一样，为了完全了解这个国家和它的人民，一个人就必须花费多年时间到各个省份去旅行，学习讲方言并阅读他们的

---

① ［意］利玛窦、［法］金尼阁著，何高济等译：《利玛窦中国札记》上册，中华书局1983年版，第3页。

书。所有这些我们都已做到了，因此唯一合情合理的就是相信我们最近的这部叙述将取代在它以前出现的那些撰述，它所记录的事应该被当作是真实的……①

《利玛窦中国札记》是一部当时最有权威的、认真而全面地介绍中国文化的力作，对于促进欧洲人了解中国起到了重要作用，是"欧洲人叙述中国比较完备无讹之第一部书"②。方豪指出："这是欧洲人第一部有系统叙述中国情形的书，亦可说是第一部称得起'汉学'的著作。"③ 加莱格尔（Louis J. Gallagher）在为 1942 年英文版《利玛窦中国札记》写的序言中说道：

> 1615 年金尼阁书的出版轰动了欧洲。它重新打开了通往中国的门户，三个世纪以前，这扇门首先由马可波罗打开，后来多疑的公众又在他的后面把门关上了，他们把它神话般的记述大部看成是一位想入非非的旅行家骗人的故事。

> 自从三个世纪以前金尼阁的书首次问世以来，没有任何国家的哪一个汉学家不曾提到过利玛窦，中国的史学家也无不引用金尼阁的书，它打开了中国与欧洲关系的新纪元，留给了我们一份世界上最伟大的传教文献，假如它不是唯一最伟大的话。

> 它对欧洲的文学和科学、哲学和宗教等生活方面的影响，可能超过任何其他 17 世纪的历史著述。他把孔夫子介绍给欧洲，把哥白尼和欧几里得介绍给中国。它开启一个新世界，显示了一个新的民族……这部著作总的主题是 16 世纪耶稣会士对中国的发现。④

---

① ［意］利玛窦、［法］金尼阁著，何高济等译：《利玛窦中国札记》上册，中华书局 1983 年版，"金尼阁致读者"，第 41 页。

② ［法］费赖之著，冯秉钧译：《在华耶稣会士列传及书目》上册，中华书局 1995 年版，第 150 页。

③ 方豪：《中国天主教史人物传》，宗教文化出版社 2007 年版，第 126 页。

④ ［意］利玛窦、［法］金尼阁著，何高济等译：《利玛窦中国札记》上册，中华书局 1983 年版，"英译者序言"第 29、31、31—32 页。

三 相继而来的传教士

1. 耶稣会传教士

利玛窦自 1583 年踏上中国大陆,经过艰苦的努力,终于在 1601 年到达北京,打开了向中国传播天主教的大门。与利玛窦同时,还有一些传教士陆续来华,协助利玛窦在澳门、肇庆、南京、杭州、北京等地开展教务活动。其中有:

麦安东(António de Almeida),葡萄牙人。1585 年偕孟三德到澳门,协助罗明坚、利玛窦在内地开展传教工作,随罗明坚至绍兴,并与利玛窦在肇庆和韶州共事,1589 年病殁。

孟三德(Edouard de Sande),葡萄牙人,号宁寰。1572 年至印度,后到澳门,经罗明坚带往肇庆,与利玛窦一起至韶州。不久他返回澳门,1600 年病殁。

石方西(Francois de Petris),意大利人,号镇宇。1590 年至澳门,后赴韶州,协助利玛窦开展传教,未 3 年病终。

郭居静(Lazarus Cattaneo),意大利人,字仰凤。石方西去世后,郭居静到韶州协助利玛窦。利玛窦第一次赴南京时,郭居静留韶州管理教务。曾随利玛窦第一次赴北京。利玛窦最后离开南京时,郭居静留居南京,管理南京、南昌、韶州等处教务。范礼安病逝后,郭居静到澳门继其视察员之职。后来到上海和杭州传教,至 1640 年以 80 岁高龄去世。

龙华民(Nicolas Longobardi),意大利人,号精华。1597 年到中国,先在韶州传教。1603 在韶州靖村建立教堂,此为中国首建立之教堂。1609 年被召至北京,接任利玛窦的耶稣会中国传教会会长。1616 年"南京教案"后被驱逐至澳门,及至 1622 年与阳玛诺(Emmanuel Diaz Junior)同至北京做传教工作,并常至山东泰安传教,最后以 95 岁高龄去世。

罗如望(Jean de Rocha),葡萄牙人,号怀中。1595 年被派至韶州,后至南京。"南京教案"后避难建昌,后来从建昌至福建漳州开教,又至江苏嘉定传教,并建有一所教堂。1622 年接任龙华民耶稣会中国传教会会长,次年去世。

庞迪我（Diego De Pantoja），西班牙人，号顺阳。1599 年至澳门，范礼安遣往南京与利玛窦会合，利玛窦第二次入京时同往。"南京教案"后被驱逐至澳门，在澳门病逝。

熊三拔（Sabbathino de Vrsis），意大利人，号有纲。1606 年被派至北京。"南京教案"后被驱至澳门，1620 年病殁。

李玛诺（Emmanuel Diaz Senior），葡萄牙人，号海狱。1685 年至印度，1596 年任澳门耶稣会团长，并视察韶州、南昌、南京教务。1604 年至北京，与郭居静南下。4 年后重返澳门任团长职，1639 年病殁于澳门。

费奇规（Gaspard Ferreira），葡萄牙人，号揆一。至北京协助利玛窦，后与阳玛诺共管韶州教务，在建昌建有一所教堂，清兵入关后，退回广州进行传教活动。

在当时的交通条件下，从欧洲来中国只能走海路，搭乘往来欧洲和中国的商船。虽然当时从欧洲通往远东的海路已经比较畅通，商船的往来比较频繁，但其路程遥远，时有海盗洗劫或海难发生。以耶稣会士为代表的明清间来华传教士，其来华的路途实际上是一段充满着风险和艰难险阻的旅程，也是一段极为悲壮的旅程。

据意大利耶稣会士杜奥定（Agustin Tudeschini）回忆，他于 1626 年 9 月从欧洲启程东行，同船的有 35 名会士，还有其余教士 600 余人。后遇风浪触礁，船毁人亡，幸存者 200 余人。他们不得已在荒岛上留居，直到 1631 年才到达中国，前后用了 5 年时间。据教会史学家费赖之统计，在 1655—1659 年的 4 年间，来华耶稣会士死于途中的有姓名者有 18 人。从 1581—1712 年，死于海道途中的有 127 人，占同期来华耶稣会士总数的 1/3。1657 年，卫匡国从里斯本返回中国，同行的还有南怀仁等 17 人。他们从欧洲启程来中国时，途中遭遇海盗抢劫，钱物尽失，所幸保住了性命。后再度搭船东来，又遇到狂风暴雨，有的人在途中病死，有的人精神失常，最后只剩下 5 人。当他们一行于 1658 年 7 月抵达澳门时，前来迎接的柏应理等人不禁感叹说："看到南怀仁神父和吴尔铎神父，真叫人喜出望外！他们浑身污垢，衣衫破烂，必是历尽了千辛万苦。"[1]

---

① 引自吴孟雪：《明清时期欧洲人眼中的中国》，中华书局 2000 年版，第 106 页。

1680 年，柏应理返回欧洲，在此期间他专心致力于估算从欧洲各地出发前往中国的耶稣会士人数。"他发现自从中国向我们的修会开放以来已有 600 人登船前往那里，但仅有 100 多人到达了目的地，其他所有人都在途中因病或翻船而结束了一生。"① 1692 年 3 月，柏应理从里斯本出发来中国，同行的修士有 15 人，而安全抵达中国的仅有 5 人，包括柏应理在内的其他 10 人则遇大风暴身亡。所以，有学者估算，派往中国的传教士中途遇难者的比例，可能在 1/3 至 1/2 之间。那么，经欧洲动员选拔并奉命登上开往东方远洋航船的传教士，实际上应为 2000 人至 2500 人。②

尽管旅途艰难困苦，充满风险，仍然挡不住他们前来的步履。从利玛窦开始，欧洲各国的传教士来华，就前赴后继，不绝于途。

关于来华耶稣会士的人数，费赖之《在华耶稣会士列传及书目》一书，共收录自沙勿略（1552）以后到乾隆年间在华的耶稣会士 489 人，其中，中国人 77 人，日本人 1 人，马来人 1 人，交州人 1 人，高丽人 1 人，国籍不明者 5 人，又有 1 人或以为是中国人，或以为不是中国人，明确为欧洲来者 401 人。其中，葡萄牙籍最多，随后依次是法国、意大利、比利时、德国、西班牙、奥地利、波兰、瑞士籍的。荣振华的《在华耶稣会士列传及书目补编》对费赖之的研究进行了增补，收录 1552 年到 1800 年间在华耶稣会士 975 人的传记。该书所附"入华耶稣会士国籍统计表"，共记录了 880 人的国籍。③

2. "国王的数学家"

在 17 世纪末和 18 世纪来华的耶稣会士中，最有影响的是由法国政府派遣的传教团。当时来华的法国传教士中，有不少人是法国科学院的成员，因而有"一个真正的科学教会"之称。

17 世纪晚期，耶稣会中国传教会会长南怀仁看到了中国教区人才凋零，为了扩大天主教的影响，推动传教事业的进一步发展，于 1678 年 8 月 15 日上

---

① ［法］荣振华著，耿昇译：《在华耶稣会士列传及书目补编》上册，中华书局 1995 年版，第 5 页。

② 参见沈定平：《明清之际中西文化交流史——明代：调适与会通》，商务印书馆 2001 年版，第 141 页。

③ 参见［法］荣振华著，耿昇译：《在华耶稣会士列传及书目补编》下册，中华书局 1995 年版，第 956—997 页。

书罗马教廷，希望增派耶稣会士来华。他提出，"由于在中国的传教士们相继去世或陆续回国，以致使在中国的传道事业日渐衰微"，希望有更多的传教士能投入到在华传教事业中。他在信中极力宣传中国皇帝的开明与慷慨："凡是擅长天文、光学、力学等物质科学的耶稣会士，中国无不欢迎，康熙皇帝所给予的优厚待遇，是诸侯们也得不到的！他们常常住宫中，经常能和皇帝见面交谈。"① 他还在信中说：

> 康熙皇帝需要招聘您的臣民——熟悉科学和艺术的耶稣会士，其目的是为了让他们同已在宫廷中的耶稣会士一起，在宫中建立起一个像附属法国皇家研究院那样的一种研究院。康熙帝的这一英明设想，是在看了我们用满文给他编写的介绍皇家研究院职能的一本小册子之后就已经产生了。他打算编纂介绍西洋各种科学艺术的中文著作，并传播到全国，希望能从尽善尽美的源泉——法国皇家研究院中汲取可供此用的资料。因此，他从法国招聘耶稣会士，就是要在宫中建立研究院。②

这封信于 1681 年到达巴黎，被广泛传阅，1681 年《文雅信使》杂志刊登了部分节选，次年又被全文出版发行，在欧洲引起了各界人士的广泛关注。南怀仁的这封信引起了法国国王路易十四以及法国朝野的重视。据说路易十四读过这封信后，"就决定采取一个能够提升自己在教会眼中的声望，同时能有机会在中国建立贸易基地的举措"③。

当时正值法国科学事业蓬勃发展，1666 年，在法国财政大臣科尔伯（Jean-Baptisite Colbert）的支持下，创立了法国皇家科学院以推动法国科学事业的迅速发展。此后，科学院在世界各地开展了大规模的地理考察活动。但是，派往东方的考察却遇到了困难。洪若翰神父在给拉雪兹神父（Père-

① ［法］白晋著，冯作民译：《清康乾两帝与天主教传教史》，台北光启出版社 1966 年版，第 24 页。

② ［法］白晋著，《康熙帝传》，《清史资料》第 1 辑，中华书局 1980 年版，第 250—251 页。

③ 张国刚：《明清时期在华耶稣会传教区的发展》，《李埏教授九十华诞纪念文集》，云南大学出版社 2003 年版，第 171 页。

Lachais）的一封信中说道："当时在法国，人们正根据国王的诏令，为改造地理学而工作。皇家科学院的先生们奉命负责此事，他们派遣了其团队中最精明能干的人赴大西洋和地中海各港口，英国、丹麦、非洲和美洲诸岛屿，在那里从事必要的考察。大家对遴选将被派往印度和中国的人员感到最为棘手，因为这些地区在法国较少被人所知，且科学院的先生们还认为，在那里可能会有不受欢迎以及使执行计划的外国人感到不安的危险。"① 塔查尔在《暹罗行纪》中也说到这种情况。他写道："自从国王在巴黎建立了皇家科学院来完善法国的科学和艺术以来，科学院的院士们找到了为完成这项使命的最好的方法就是派遣一些学者到国外从事考察，以便修正地图，为航海提供便利并完善天文学。出于这个目的，这个精干团队中一些最博学的人奉国王之命被派往不同的国家。一些人去了丹麦，一些人去了英国，还有一些人被派往卡宴岛及美洲的其他岛屿、佛得角，甚至是王国的港口和海岸；而另外一些人留在巴黎天文台，共同协作，和他们保持着必要的信件往来。并伺机继续派人员前往欧洲的不同地方，前往被定为本初子午线的铁岛，东印度，特别是中国。"② 维吉尔·毕诺强调了法国政府在派遣传教士上的科学动机。③

在这种情况下，南怀仁的信件就成了法国人所期待的一个天赐良机。巴黎天文台的台长卡西尼（Giovanni Domenico Cassini）向科尔伯建议，派人去东方进行天文观测。由于当时的耶稣会士具有广博的科学知识，科尔伯于是向路易十四提出一个派遣耶稣会士到中国的计划。恰巧路易十四为了扩大海外影响，发展海外贸易，也很想与远东建立直接的联系，与已在中国设有传教团的葡萄牙相抗衡，所以科尔伯的计划深得国王的赞赏。拉雪兹神父说道："国王陛下热心科学，竭尽全力从外国获得科学知识，他下令选择一些懂数学的传教士前去进行必要的考察，以便修正海图和地图，这些传教士尤其应该学懂中国人的主要工艺和科学，搜集足够的书籍充实我们的图书馆，培养翻

---

① ［法］杜赫德编，郑德第等译：《耶稣会士中国书简集：中国回忆录》上卷，大象出版社 2005 年版，第 251 页。

② 吕颖、闫国栋：《路易十四派遣"皇家数学家"传教士来华的背景》，《史学集刊》2012年第 2 期，第 76 页。

③ 参见［法］维吉尔·毕诺著，耿昇译：《中国对法国哲学思想形成的影响》，商务印书馆 2000 年版，第 488—489 页。

译人员……"① 于是，他们决定挑选"精通数学并擅长舆地工作，还要能掌握中国最基本的艺术和科学知识的优秀传教士"，最后派了 6 名耶稣会士准备赴中国执行传教和科研的双重任务。这 6 人是：洪若翰（Jean de Fontaney）、张诚（J. Fr. Gerbillon）、白晋（Joachim Bouvet）、李明（L. D. Le Comte）、刘应（C. de Visderou）、塔查尔（Guy Tachard）。他们来自巴黎耶稣会最有名的学校克莱蒙中学，洪若翰是这个使团的领队和组织者。

不幸的是，科尔伯不久就病逝了，这个计划暂时耽搁起来。

1684 年，在华传教的比利时传教士柏应理受南怀仁派遣从中国返回欧洲，在巴黎作了短暂停留，路易十四在凡尔赛宫接待了他。柏应理向路易十四陈述了派传教士去中国的种种好处，并介绍了传教士在中国受到的种种礼遇。受此鼓舞，路易十四决定马上将派传教士到中国的计划付诸实施，并决定由他的私人金库中出资，提供路费让他们踏上东去的征途。1685 年 1 月 28 日，路易十四下诏书，授予 6 位耶稣会士"国王数学家"的称号，以"国王的观察员与数学家"的身份去中国。②

1685 年 3 月 3 日，6 名"国王数学家"从法国的布勒斯特港起程，驶向中国。他们携带着路易十四给中国皇帝准备的丰厚礼物，包括当时欧洲最先进的天文仪器，还有一些数学仪器，装满了大大小小 30 个箱子。"这次出发的耶稣会士带走了许多希望，不仅有宗教统一的希望，也有发现一种此后仍令人质疑的、不大为人熟悉的古老文明的文化希望。"③ 这 6 名传教士除塔查尔在途经暹罗时，被暹罗国王留在那里传教外，其余 5 人，经过种种周折，于 1687 年 7 月 23 日到达浙江宁波。1688 年 2 月 7 日，洪若翰一行到达北京，而当年邀请他们来华的南怀仁神父刚刚在 10 天前去世了。3 月 31 日，康熙皇帝召见了他们，并将张诚、白晋留在宫廷服务。由"国王数学家"组成的这个科学考察团虽然并非法国国王派遣的正式使团，但在事实上起到使路易十

---

① 引自许明龙：《欧洲十八世纪"中国热"》，外语教学与研究出版社 2007 年版，第 32—33 页。

② 参见吕颖：《清代来华"皇家数学家"传教士洪若翰研究》，《清史研究》2012 年第 3 期，第 121 页。

③ ［法］维吉尔·毕诺著，耿昇译：《中国对法国哲学思想形成的影响》，商务印书馆 2000 年版，第 490 页。

四与康熙皇帝沟通的作用，可以视作路易十四与康熙皇帝的一种间接交往。用路易十四的话说就是：建立了凡尔赛—北京轴心。美国学者魏若望（S. J. John W. Witek）指出："这第一批人本质上是去履行一项王家使命。"①

在中国期间，这些传教士始终与法国皇家科学院和法国学术界保持密切的联系，为皇家科学院收集来自中国的各方面的知识和信息。他们以皇家科学院为依托，把它的指示看做是他们工作的方针，并试图为皇家科学院在东方建立一所"中国科学院"分院。洪若翰在给皇家科学院的一封信中写道：

> 向我们传授你们的智慧，为我们详细解释你们所特别需要的，为我们寄送示范，以及你们对同一课题将会怎样研究。在科学院为我们每一位配备一名通讯员，不仅代表你们指导我们的工作，而且在我们遇到困难和疑问时可为我们提供意见。在这样的条件下，我希望"中国科学院"会渐渐完善，会使你们非常满意。②

康熙三十二年（1693），康熙皇帝为招徕更多的法国耶稣会士，任命白晋为特使出使法国，招募更多的传教士来华。白晋于 1697 年 3 月抵达布雷斯特，5 月回到巴黎。白晋觐见路易十四，争取其对传教区进一步的财政和人力的支持，亦即派遣更多的耶稣会士到中国并支付年薪，路易十四同时授权白晋花一万法郎为康熙皇帝准备礼物。白晋很快招募了愿意来华的 13 位法国耶稣会士。同时，白晋说服了一位叫儒尔丹（Jourdan de Groussey）的商人。儒尔丹组建了自己的中国贸易公司，向法国政府购买了一艘名叫"安菲特利特"号的快速三桅帆船，专门负责对华贸易。1698 年 3 月 6 日，白晋与另外 8 名法国耶稣会士一起乘坐"安菲特利特"号，自法国西部港口拉罗舍尔出发前往中国，"安菲特利特"号于 1698 年 11 月 2 日抵达广州黄埔港，揭开了法国对华直接贸易的序幕。

与白晋同行的 8 位传教士是：雷孝思（Jean-Baptiste Regis）、利圣学

---

① ［美］魏若望著，吴莉苇译：《耶稣会士傅圣泽神甫传：索隐派思想在中国及欧洲》，大象出版社 2006 年版，第 67 页。

② 吕颖：《清代来华"皇家数学家"传教士洪若翰研究》，《清史研究》2012 年第 3 期，第 123 页。

（Jean-Charles Etienne de Broissia）、翟敬臣（Charles Dolze）、南光国（Louis Pernon）、马若瑟（Joseph Hennry Premare）、巴多明（Dominique Parrenin）、颜理伯（Philibert Geneix）、卫嘉禄（Charles de Belleville）。

在此之前，白晋已经安排另外几名耶稣会士先期离开，傅圣泽（Jean Francois Foucquet）和卜嘉（Gabriel Barborier）于 1698 年 1 月乘"拉泽兰"号离开布雷斯特，并在路易斯港换乘"拉邦"号舰船，与已经在该船上的其他 3 名耶稣会士会合。他们在印度停泊时，又碰到两名结伴前往中国的法国耶稣会士。这样，白晋此行共带回了 15 名耶稣会士，于 1699 年抵达北京。

1699 年，康熙皇帝又派遣洪若翰作为公使返回法国，答谢路易十四送来的礼物和人员，同时招募愿意赴华的科学家与艺术家传教士。1700 年 1 月 26 日，洪若翰在广州登船，携带康熙皇帝赠予路易十四的丝织品、瓷器和茶饼等大批礼物，同年 8 月他到达法国。他在法国招募了 8 位传教士，他们是：杜德美（Pierre Jartoux）、汤尚贤（Pierre Vincent de Tartre）、龚当信（Cyrile Constantin）、沙守信（Emeric Langlois de Chavagnac）、戈维（Pierre de Goville）、顾铎泽（Etienne-Joseph Le Cou- teulx）、卜文气（Louis Por-quet）、方记金（Jérôme Franchi）。

他们于 1701 年乘"安菲特利特"号前往中国，同年 9 月 9 日抵达广州。

这些随白晋和洪若翰来的传教士，以及之后来中国的法国传教士，和洪若翰、白晋等人一样，大多是长于自然科学的学者，其中有数学家、天文学家、自然史学家、地理学家、地图学家、生物学家、医生等，还有语言学家、哲学家、史学家等人文科学学者。在 200 年来华传教士的历史上，法国的传教士，尤其是法国耶稣会的传教士，在对中国的研究上取得的成果最多，对欧洲学术界的影响也是最大的，特别是对欧洲"汉学"的兴起，起到了重要的作用。法国的科学家对他们的研究成果给予了高度的评价，说"无论这些考察工作是在印度还是在中国进行的，他们都堪称为皇家科学院的骄傲，因为作者是在科学院的配合下或根据科学院的指示而开展工作的"①。与此同时，

---

① ［法］叶里夫撰，耿昇译：《法国是如何发现中国的》，《中国史研究动态》1981 年第 3 期，第 27 页。

他们与中国学者建立了广泛的联系，为西方科学技术和文化艺术在中国的进一步传播作出了很大贡献。利奇温指出："如果说法国在对华贸易的发展方面仅占微不足道的地位，但是作为中国和欧洲之间的文化媒介却具有宏伟的影响。"① 而在那个时代发挥了"宏伟影响"的文化媒介，主要是由来华的耶稣会士们承担的。

3. 其他修会的来华传教士

早期在华活动的传教士主要是耶稣会士。其他修会如多明我会、方济各会和奥斯定会等，由于大都依托西班牙的势力，按照当年保教权的安排，西班牙的势力范围在美洲，而远东地区则属于葡萄牙的势力范围。所以这几个修会要进入东方和中国传教是十分困难的。在16世纪初期，多明我会等修会也努力向东方发展，如前面提到的，最早来中国的传教士，克路士是属于多明我会，拉达则是奥斯定会的修士。但是他们都没有能够在中国立足，最后进入中国内地传教并且取得一定发展的则是以罗明坚、利玛窦等为代表的耶稣会的传教士。

到了17世纪的时候，这种情况有了变化。1608年，教皇保罗五世（Paul V）发布敕令，允许托钵修会士任意选择路线进入远东。1633年，乌尔班八世（Urban VIII）再发敕令，将这一路线自由扩大到所有修会和宗教团体，允许其他修会与耶稣会同享在中国传教的权利。这样，各托钵会士和其他修会成员才得以陆续进入中国，但已经比耶稣会士晚了半个世纪。

耶稣会是在15世纪反宗教改革运动中成立的修会团体。多明我会和方济各会的历史则要比耶稣会悠久得多。它们统称为托钵修会。托钵修会规定会士必须家贫，不置恒产，以托钵乞食为生。他们云游四方，活动在社会各个阶层。托钵修会主要有四大修会，即多明我会、方济各会、奥斯定会和加尔默罗会。在明清之际，前三个修会都进入中国进行传教活动，加尔默罗会则是在19世纪晚期才进入中国的。

奥斯定会是最古老的天主教托钵修会之一。该会原为凡根据教父神学家奥古斯丁于塔加斯得所倡导的隐修会会规而成立的各隐修会的总称。最初以

---

① ［德］利奇温著，朱杰勤译：《十八世纪中国与欧洲文化的接触》，商务印书馆1962年版，第15页。

隐修会的形式存在于北非。11—12 世纪传至欧洲，称"奥斯定隐修会"。1256 年，教宗亚历山大四世（Alexander IV）将意大利隐修会联合组成统一的奥斯定会，不久又放弃隐修制度而成为当时的四大托钵修会之一。16 世纪天主教改组修会运动时，多马·维兰诺凡（Tomás de Villanueva）于葡萄牙组成"奥斯定重整会"，又在西班牙改名为"重整奥斯定会"。

方济各会是拉丁语"小兄弟会"的意思，因其会士着灰色会服，故又称"灰衣修士"。1209 年，意大利阿西西城方济各（Franciso Javier）得教皇英诺森三世（Innocent III）的批准成立该会。1223 年，教皇洪诺留三世（Honorius III）批准其会规。方济各会提倡过清贫生活，衣麻跣足，托钵行乞，会士间互称"小兄弟"。16 世纪通过传教向外发展。该会重视学术研究及文化教育事业，著名学者如波拿文都拉、罗杰·培根、J. 邓斯·司各特等皆出于该会。元代，约翰·孟高维诺等从陆路到中国，在北京、泉州等地设立教区，建造教堂，时称"也里可温教"，就是来自方济各修会。

多明我会，又译为"道明会"，亦称"布道兄弟会"。会士均披黑色斗篷，因此称为"黑衣修士"，以区别于方济各会的"灰衣修士"、加尔默罗会的"白衣修士"。1215 年，多明我会由西班牙贵族多明我（St. Dominic）创立于法国图卢兹。1217 年，获教皇洪诺留三世批准。多明我会建会不久就受教皇委托，主持异端裁判所，职掌教会法庭及教徒诉讼事宜。多明我会以布道为宗旨，着重劝化异教徒和排斥异端。

16 世纪末 17 世纪初，耶稣会开辟了在中国的传教事业。到 17 世纪中期，其他修会的传教士也纷至沓来，如多明我会首批 10 人于明崇祯四年（1631）到福建传教，崇祯六年（1633）方济各会的 10 名传教士到山东传教，还有奥斯定会士、法国外方传教会士于清康熙十九年（1680）陆续来到中国。

多明我会进入中国是在 17 世纪 20 年代。在此之前，多明我会多次试图进入中国都没有成功。1626 年，西班牙人和荷兰人分别登陆台湾，西班牙人在台湾北部鸡笼（今基隆）外的社寮岛（今和平岛）上建造了"圣萨尔瓦多城"，1628 年在沪尾（今淡水）建造了"圣多明哥城"，即今日所称的"红毛城"。在同一时间，多明我会会士也来到台湾，建立了一所住院和一座教堂，开始了传教活动。1630 年，多明我会的高奇（Ange Cocchi）和多玛斯（Thomas de Sierra）带领 4 名会友从台湾准备乘船到中国大陆，但在途中遭到海盗攻击，只有高奇幸免于难。高奇于 1621 年在墨西哥晋铎后来到菲律宾，1627—1631 年在台湾传教。他在福建登陆后，得到耶稣会士艾儒略的帮助，在福建北部的福安找到栖身之地，并开始传教活动，3 年内分别在福安城和城南建立了一座教堂，据说他在福安附近使居民 5000 人入教。正是高奇奠定了多明我会在中国传教事业的基础。

高奇于 1633 年去世，接替他的是从菲律宾赶来的黎玉范（Juan Bautista Morales 或 Jean – Baptiste Morales）。正是他和同时抵达福建的方济各会士利安当（Antonio de Santa Maria Caballero）挑起了第一轮"礼仪之争"。后来他从中国前往欧洲向教廷声明反对耶稣会对于中国礼仪的立场，正式把"礼仪之争"的问题传到西方。

多明我会在中国的传教困难重重，屡遭迫害，但在 1632—1700 年期间，仍有 36 位多明我会传教士来华。他们都在马尼拉华人地区做过传教工作，在语言和中国人心理与文化上都有了足够的准备。在这 36 位传教士中出了 1 位总主教、5 位主教和 2 位监牧主教。除了传教工作之外，他们也写了不少有关中国文化、历史、当时牧灵问题（有关中国礼仪问题之类）等方面的书籍和文件。据统计，到 1664 年已经有 3 万名中国人受洗，全国有 25 座圣堂。从 1664 年到 1700 年，至少有 15000 人受洗。到了 1700 年，多明我会传教地区已有将近 45000 人受洗入教，建立了将近 50 座教堂。他们的传教范围分布于台湾、浙江、福建、广东、山东等地，主要在福建和台湾。他们在福建建立了福州、厦门、福宁（霞浦）、建瓯、汀州等教区。

方济各会与多明我会几乎是同时进入中国的。1633 年到福建的西班牙人利安当是最早到中国的方济各会士。1634 年 11 月，多明我会修士弗朗西斯·迪亚斯（Francisco Dias）和方济各会修士艾文德（Francisco de La Madre de Dios）一同进入福建。1634 年 12 月，多明我会和方济各会达成协议，根据这项协议，福安地区由多明我会负责传教，而方济各会则负责顶头地区，利安当施洗了第一位也是最有名的教徒罗文藻。不久因为"礼仪之争"，利安当只好离开中国，赴菲律宾征求神学家们的意见。后历经周折，于 1649 年重返中国，他来到晋江、泉州。1650 年他拟去朝鲜开教，但被疾病所阻。最后，他在汤若望的住处安顿下来。1650 年 10 月底，他来到山东济南传教。同他一起来的还有文都辣（Bonaventura Ibanez）等 3 位方济各会士和包括黎玉范在内的几位多明我会士。在 20 年里，利安当先后为 5000 名中国人施洗。在杨光先制造"康熙历狱"期间，1665 年，利安当与同在济南传教的耶稣会士汪儒望因"杨光先教案"而被捕入狱，并被游街示众。同年 9 月，二人被押赴北京，次年 3 月 25 日到达广州，被囚禁于耶稣会旧会院之中。1667 年 12 月 18 日至次年 1 月 26 日，他与同时被驱赶至此的传教士召开会议，对近百年的中国传教活动进行总结与讨论。他撰写了《论在华传教的几个重要问题》，表述了他在中国礼仪问题上对耶稣会的反对态度，该文在欧洲发表后产生过较大影响。1669 年 5 月 13 日，他在广州逝世。

与耶稣会主要把传教对象放在社会上层不同，方济各会主要把传教对象定位在社会下层普通民众。利安当在 1659 年 3 月 7 日写给上级会长的一封信中，谈到他在山东传教的经历，他将那里的民众划分为以下三个等级：第一等级为士大夫阶层，第二等级为农民，第三等级为商人、雇主和手艺人。他将方济会在华的传教对象转向为第二等级即农民。他说："第二等级为农民、士兵和衙役，至今在这里接受我们洗礼的都是这类人。从人性和谋生的角度看，他们都是有能力的人，但是在理解永生之路方面，这类人却非常的孤寒、贫乏和困惑。正如我前面所说，为他们进行神圣的洗礼很费气力，而随后让他们坚信真理则更加困难，因为每一个置身于异教徒当中的基督徒都像一朵生长在充满芒刺的蒺藜中的玫瑰，他们因成为基督徒而受到诅咒他们的异教徒、亲属或朋友的中伤、冷眼相待和责骂，一些基督徒还因此而被指堕落并受到人身的攻击。"[1]

利安当的观点还通过他写给上级会长的信函影响了方济各会领导层，而且也极大影响了在他之后入华的方济各会传教士。1678 年 5 月 17 日在马尼拉召开的方济各会传教士大会上，与会者一致赞同继续将方济各会在华的传教重点放在农村地区，把农民作为传教的主要对象，而且还将这一点写入大会一致通过的《方济各会中国教区会规》里，其中第 19 条这样规定："应告诫全体传教士要全心致力于乡村传教团的工作，因为很明显在那里能够取得更大的成果，可以摆脱各种各样的阻障，更好地撒播下福音的种子。"从方济各

---

① 崔维孝：《明清之际西班牙方济会在华传教研究（1579—1732）》，中华书局 2006 年版，第 406 页。

会在山东、广东、福建和江西等省份的传教活动和发展来看，方济各会传教士基本上是以某一个城镇为基地，以流动传教的方式，向周边的农村地区辐射发展。在山东省，他们以济南、泰安、济宁等城市为中心；在广东，以广州、东莞、潮州、惠州等城市为基地；在江西，以南安、赣州和吉安城所建立的会院和教堂为基地；在福建，以宁德、将乐、泰宁和建宁等市镇为依托，面向农村地区，在农民中开展传教活动。正是由于利安当神父和在他之后入华的方济各会传教士自始至终坚持以农村为基地，以农民为单一传教对象的策略，使得他们可以将财力和物力资源全部集中到这一对象上。

与来华耶稣会士人才济济的状况相比较，方济各会士显得比较单一。前者当中不仅有朝廷非常器重的数学家和历法家，而且有音乐家和画家等，后者则基本上是以从事传播福音为主的神职人员，他们更多专注的是从神学角度诠释天主教教义，讲解《圣经》，宣扬耶稣基督之精神。耶稣会传教士的整体素质高于方济各会传教士，特别是后来的法国传教士，他们当中的不少人来自法兰西科学院。而方济各会则主要由以愿意追随其创始人圣方济所提倡之"神贫"为宗旨的社会底层人士组成，他们以耶稣基督为楷模，实行使徒式的生活方式，以大众为他们最终解救的目标。

1672 年，又有 5 名方济各会士自菲律宾来华，在广州开辟教区，并在 1674、1675 和 1678 年各建一座教堂。1685 年，西班牙方济各会士传教区分布于山东、广东和福建，1687 年发展到江西和海南。1691 年，中国有 17 名方济各会士。截至 1698 年，共有 52 位方济各会士曾进入中国，除 6 人为意大利人，其余 46 人为西班牙人。据说 1723 年，方济各会士管理的教徒有 10 万人。

奥斯定会的修士进入中国较晚。1680 年，白万乐（Alvaro de Benevente）在江西赣州开始进行传教活动。此后直到 17 世纪末，奥斯定会定期增派人员，1687 年时奥斯定会有 1200 名信徒。1695 年有 5 位西班牙奥斯定会士，1701 年有 6 位，截至 1722 年曾有 17 名奥斯定会士进入中国。

1622 年，罗马教廷成立了传信部，意为"传布信仰圣部"，旨在专理全世界的传教事宜，从葡萄牙人和各修会收回海外宗教事务的权利，直接领导各传教区。1659 年，巴黎外方传教会在法国成立，1664 年得到教皇的批准。它与传统的天主教修会不同，基本上是一个世俗神职人员的团体，它的核心目标是向非基督徒传播福音，建立本地教会，培养能够自行延续的本地神职团。巴黎外方传教会直接听命于罗马教廷，肩负协助教廷传信部制衡葡萄牙保教权和建立远东土著教会的使命赶赴远东。巴黎外方传教会成立后就广泛深入地介入罗马天主教会在远东的活动，于 1680 年到达福建，1701 年中国已有 15 位外方传教会成员。禁教时期他们还在四川省坚持秘密传教。

1625 年创立于法国的修会遣使会也于 1699 年来到中国。该修会的第一座住院创建于巴黎的圣—辣匝禄（Saint-lazare），所以也被称为"辣匝禄会"；该修会的创始人是法国人味增爵（Saint Vicent de Paul），故而也被称为"味增爵会"。除供职朝廷外，并在河北、蒙古、河南、浙江等地传教。最早入华的遣使会士中的"三大台柱子"是毕天祥（L. A. Appiani）、穆天尺（J. Müllener）和德里格（P. P. T. Pedrini）。毕天祥先后希望在澳门、广州和北京建立遣使会的修道院与慈善机构，也希望赴四川去实现其愿望，但成效均不大。他积极配合教皇大使多罗出使中国的活动，筹划解决中国"礼仪之争"问题。穆天尺是教廷命令的坚定执行者，也是最早培养出 3 名华人司铎的人。

1773 年教廷下令解散耶稣会后，法国国王路易十四于 1783 年要求教廷传信部准许由遣使会士们取代耶稣会士们主持法国在北京传教区的事务，他们自此大举进入中国，接管了耶稣会在华传教区及其财产（教堂、设施、墓地），特别是接收了天主教在华的最大中西文文献中心北堂图书馆。遣使会也由此而在中国大规模地发展。

综上所述，从 17 世纪中期开始，除了耶稣会之外，多明我会、方济各会、奥斯定会以及其他修会都有传教士来华进行传教活动。据有关材料记载，自 1581 年到 1712 年，来华耶稣会士共 249 人（另有 127 人在赴华途中去世），多明我会士共 48 人，方济各会士 56 人，奥斯定会士 17 人，另有不入会教士 30 人。[①] "总括起来，在此期间有 1200 名至 1500 名西方传教士进入中国，当为较近实际的估算。"[②] 这些传教士来自欧洲 10 余个国家，包括葡萄牙、西班牙、意大利、法国、荷兰、比利时、德国、奥地利、瑞士、英国、

---

① 参见徐宗泽：《中国天主教传教史概论》，上海书店 1990 年版，第 244 页。

② 沈定平：《明清之际中西文化交流史——明代：调适与会通》，商务印书馆 2001 年版，第 138 页。

爱尔兰、波兰、捷克、斯洛伐克、南斯拉夫和立陶宛等国。"从欧洲所动员的传教士的数量（有二三千人之众），国籍（来自东西欧十余个国家）及其在中国活动的地域（不仅包括京城内地，也涵盖边疆地区）来看，具有相当的规模和一定的代表性。"①

四　本土化的传教策略

1. 耶稣会的传教策略

关于明清之际来华传教士对中西文化交流的贡献，国内外的学术界给予很高的评价，无论是西方文化在中国的传播，还是中国文化向欧洲的传播，传教士们的功绩是值得肯定的。之所以能取得这样的成就，与他们，尤其是耶稣会传教士的文化和科学修养有很大的关系。

传教士在华传教取得的成功，与他们采取的策略有很大关系。历史学家阎宗临指出利玛窦等人传教策略的实质，就是在与中国人打交道的时候，首先使自己成为"中国人"，适应中国社会、学习中国语言、沿用中国习俗、了解中国人的思想。所以，耶稣会士根据他们所了解的中国国情和文化的实际情况，得出的结论是，为了实现他们在中国传教的目的，就必须采取更世俗的办法。

美国学者邓恩对于耶稣会士们的"文化适应"，有比较清楚的界定，即："文化适应，是以尊重当地文化为基础的，它根植于谦虚的精神和对无论何方的人民都有同等价值的理解之中。"②

耶稣会自创始人罗耀拉起，就确立了两大传教原则：一是走上层路线，即与主流社会保持良好的关系；二是本地化方针，即一种倾向于以学习传教地区的语言和风俗为必要条件的灵活传教方法。在华耶稣会士的传教策略，

---

① 沈定平：《明清之际中西文化交流史——明季：趋同与辨异》上册，商务印书馆 2012 年版，第 1 页。

② ［美］邓恩著，余三乐、石蓉译：《从利玛窦到汤若望——晚明的耶稣会传教士》，上海古籍出版社 2003 年版，第 3 页。

既是两大原则的延续，又是他们对自身所处环境做出的反应，因此是上述两大原则的深化和具体化。

沙勿略通过对东方国家文化特点和传统价值观念的观察了解，总结出一套被称之为"适应"策略的做法。他主张：不要借助军事暴力手段强行用基督教文化同化土著文化，而是要了解当地的文化，进而适应这种文化，最终通过展示基督教文化的优越性，把当地居民吸引到基督教皈依者的行列中来。沙勿略还提出一些颇具操作性的做法：学会当地的语言，以便了解当地的文化，并运用当地的语言文字来宣传基督福音；借助馈赠礼品来与当地权贵人士进行对话；传教士必须是品学兼优的"读书修士"，使传播科学知识成为宣传福音的先导；佛教在东方国家有着广泛的影响，只有批驳佛教学说才能为传播基督福音扫清道路；在东方各君主专制的国家，应把争取最高统治者皈依基督教当做传教的中心工作，只要最高统治者信奉了基督教，他所统治的整个国家也将会基督教化。

在沙勿略之后，耶稣会在东方传教的负责人范礼安进一步制定了"适应路线"。当时澳门的一些耶稣会传教士要求他们的中国信徒学葡萄牙语，取葡萄牙名字，生活方式也葡萄牙化。范礼安认为，这种方式不符合"适应"策略。他认为应该是传教士中国化，而不是中国人葡萄牙化，才有利于天主教在中国的发展。于是，他要求传教士们学习中国语言，遵循中国风俗。在他看来，这样做"不仅有利于了解过去，而且有利于明智地预见未来"[1]。范礼安在给耶稣会总会长的一封信中说："对于中国传教，唯一的方法是要绝对避免以前往别国去的传教士所遵照的路程（方式）。"[2] 1578 年，他从印度调来了几位年轻的传教士，让他们学习中国语言，这里面就有罗明坚、巴范济和利玛窦。

沈定平概括范礼安在贯彻"适应"策略方面主要做了 4 项工作："从组织上选拔、培养和派遣进入中国的传教士；指示传教士悉心学习中国语言文字；通过对全局性重大问题的正确决策，保证了传教团最初的成功；开展多方面

---

① ［法］裴化行著，管震湖译：《利玛窦评传》上册，商务印书馆 1993 年版，第 60—61 页。

② ［法］裴化行著，萧浚华译：《天主教十六世纪在华传教志》，商务印书馆 1936 年版，第 176—177 页。

的筹款活动，在资金上基本满足了传教团的需要。"①

从沙勿略到范礼安，他们都强调东方传教必须"适应"当地的文化和语言。罗明坚和利玛窦进入中国后，创造性地落实了范礼安的适应性方针。可以说，从罗明坚、利玛窦开始，"适应"策略便成为耶稣会士在中国传教的基本方法。②

2. "利玛窦规矩"

沈定平指出："明清之际适应性传教路线的形成过程，犹如一条不断延伸的链条，一环紧扣一环。自沙勿略在思想上提出设想以来，历经范礼安的具体谋划和组织，罗明坚义无反顾的实践与推行，一些适应性传教策略和方法在摸索中逐渐积累经验，但该思想路线的核心部分却并未确立。……无论对传教新思想的认识，还是具体策略的实践方面，中国传教团都需要有一个质的飞跃，并最终形成适应性传教路线的整体结构。这个继往开来的历史使命，是由意大利传教士利玛窦完成的。"③

利玛窦在去世前一年写给耶稣会远东副省会长巴范济的信中，全面阐述了他认为传教事业最终能在中国取得成功的几点基本经验。他认为，在华传教士应该始终保持"盛德之士"和"有学之士"的形象，争取中国士大夫对传教士们的信任，这是中国人皈依基督教的先决条件；传教士应当善于著书立说，中国人非常注重学问，只要使中国人认识到基督教的信仰是合情合理的，士大夫就会接受传教士的学说并会影响到更多的人信教；基督教教义若都记录成书，那么基督教的影响可远及传教士尚未涉足的地区；应通过传授科学知识树立传教士的威信；若利用中国古代圣贤崇高德行在社会上的影响，再灌输以天主仁慈所赐的恩典，中国人最终会信服天主；只要宣扬基督教化"战乱不睦"为"祥和"的功效，就能迎合中国人永享太平和万世一系的心理，从而使基督教在中国受到推崇；在中国的传教士必须小心谨慎，应以学

---

① 沈定平：《明清之际中西文化交流史——明代：调适与会通》，商务印书馆 2001 年版，第 197 页。

② 沈定平：《明清之际中西文化交流史——明代：调适与会通》，商务印书馆 2001 年版，第 283 页。

③ 沈定平：《明清之际中西文化交流史——明代：调适与会通》，商务印书馆 2001 年版，第 288 页。

者、贤者的面目出现，尤其要通晓中国的学问，应借助书籍称赞儒家学说而批判佛家和道家学说，不在中国士大夫中树敌。① 在这封长信中，利玛窦"为耶稣会传教区确定了一直保持了两个多世纪的基本方向、一种传教政策、一种很高的科学水平、一种灵活的适应中国习俗的做法"②。

在中国生活了十几年后，利玛窦认识到，要想让整个中国皈依基督信仰，必须最大限度地使信徒成为在这个国家社会生活中居主导地位的士大夫，而不是被官员们轻视的佛教僧侣。为达此目的，就不允许传教士以不太受人尊重的身份出现在中国。利玛窦刚到中国时，按照罗明坚的方法，穿和尚服戴和尚帽，以为采用与中国佛教接近的办法，以"西僧"的身份和面目出现在中国，可以使天主教在中国的传布找到支点，在中国站住脚。但是，在广东十余年的经历告诉他，佛僧在这个国家不受重视，于是，利玛窦采用"易佛补儒"策略换上儒服，以"西儒"的面目出现。穿上儒服后的利玛窦与有影响力的士大夫结交，并且钻研儒家经典，向人们表明他既是神学家也是儒者，以此增加士大夫对他宣讲教义的认同感。在利玛窦看来，有地位、有影响力的士大夫可以为传教士在中国的活动提供官方的支持。因士大夫在道德生活、宗教生活中的示范作用极大，争取一名士大夫信教，便可影响其周围的平民。

利玛窦认识到有比宗教更能引起上层人物兴趣的东西，因而制定向中国派遣耶稣会最聪颖的成员的策略。于是，自利玛窦之时直到耶稣会解散，耶稣会士数学家、天文学家、建筑家、宫廷画家、舆地学家、机械学家等接踵而至。另一方面，利玛窦认识到中国人的世界观"是圆形的"，是一种将科学、技术、伦理和哲学教义有机融为一体的意识形态，于是利玛窦等传教士们采取的一个手段，就是介绍西方的科学知识和器物发明，以达到在宫廷立足和传教的目的，即所谓"学术传教"。于是，中国学者的语汇中出现了"西学"或"天学"的概念，而天主教文化也确实凭借这种形态，在一定程度上进入中国人的生活。这一策略决定了传教士在中国的活动中，有相当多的精力用在传播西方科学文化知识，因而对这一时期西方文化大规模传播到中国

---

① 参见张铠：《庞迪我与中国》，大象出版社 2009 年版，第 190 页。

② ［法］伊莎贝尔·席微叶、［法］约翰－路易·席微叶：《入华耶稣会士和中西文化交流》，［法］安田朴、［法］谢和耐等著，耿昇译：《明清间入华耶稣会士和中西文化交流》，巴蜀书社 1993 年版，第 3 页。

做出了有价值的贡献。

传教士采取的另一个重要策略，就是利用中国文化典籍特别是儒家经典来论证基督教教义。正如法国汉学家谢和耐所说，在利玛窦看来，赢得中国人同情和兴趣的最佳方法，就是使基督教义附会儒家思想的同时进行科学讲授。①

传教士采取这样的策略，是因为他们已经认识到，儒家思想在中国具有深厚的基础和巨大的权威。要在中国成功地传播基督教教义，必不能与儒家思想发生正面冲突。利玛窦"采取与早年教会的神父们接受希腊思想同样的态度来面对孔子的思想：尽量保存它所包含的自然真理的全部基本观点，增加它所缺少的有关自然界的其他科学原理，介绍包含在天主教中的、由其教义所揭示的超自然真理的全部新秩序"②。他们以"合儒"的面目出现，用儒家经典来附会、论证基督教教义，如宣称儒家经典的"上帝"和"天"即基督教的"天主"；主张基督教的敬天爱人即同于儒家忠孝廉节，基督教的"爱"即儒家的"仁"，等等。同时，传教士们还身着儒服，头戴儒冠，在服饰上模仿当时的中国士大夫阶层。通过一系列"合儒"的方式，逐渐争取中国人对他们的好感和信任。

传教士还在礼仪问题上迎合儒家思想，允许入教者维持传统的祭祖祀孔习俗，认为这些礼仪与基督教宗教仪式不相妨碍，不必视作异端而禁止。利玛窦在中国传教的过程中，分别将"敬孔"和"祭祖"解释为"敬其（孔子）为人师范""尽孝思之诚"的非宗教礼仪。这样就使得当时的中国教徒，特别是那些具有一定政治、社会地位的天主教徒，在需要参加"敬孔"和"祭祖"仪式时不致产生宗教伦理上的阻滞和困难。后来，康熙皇帝把这种做法称为"利玛窦规矩"。

在利玛窦来华传教之初，他们制定的传教策略是比较成功的。梁启超指出："该会初期的教士，传教方法很巧妙。他们对于中国人心理研究得极深，

---

① 参见［法］谢和耐著，耿昇译：《中国与基督教——中西文化的首次撞击》（增补本），上海古籍出版社2003年版，第8—9页。

② ［美］邓恩著，余三乐、石蓉译：《从利玛窦到汤若望——晚明的耶稣会传教士》，上海古籍出版社2003年版，第19页。

他们知道中国人不喜欢极端迷信的宗教，所以专把中国人所最感缺乏的科学智识来做引线，表面上像把传教变成附属事业，所以信教的人，仍许他们拜'中国的天'和祖宗。这种方法，行之数十年，卓著成效。"①

3. 利玛窦传教策略的争论与继承

从天主教在中国的传教史来看，由沙勿略、范利安确定的，并且由罗明坚特别是利玛窦贯彻执行并进一步发挥的"适应策略"是正确的、成功的。从16世纪后期利玛窦来到中国，开始在中国进行传教活动，一直到18世纪初康熙皇帝禁断天主教，在这100多年的时间里，虽然也很艰难，虽然也有"南京教案""康熙历狱"这样对天主教极端的迫害事件，但总的来说，天主教在中国的传播还是在稳步地进行着，并且取得了一定的成就，在中国的知识阶层产生了一定的影响，教会事业也有一定的发展。17世纪末，全国已有15万名左右的天主教徒、200多座教堂。如果考虑到这个时代的中国传统文化已经是很成熟、很完备的体系，天主教作为一种完全陌生的外来文化和外来宗教，其传播能取得这样的成就是很不容易的。而这样成就的取得在相当大的程度上得益于利玛窦等人坚持的文化适应传教策略。

然而，1610年利玛窦去世后，这种传教策略引起了争论。接任耶稣会总会长的意大利耶稣会士龙华民（NicolasLongobardi），早就对利玛窦的思想和传教方法有不同看法。龙华民1597年前来中国传教，首先到达澳门，主持广东地方的教务。在传教方式上，他采取了与当时大多数来华传教士不同的道路。他主张公开走向社会，发展教徒，要求入教者必须抛弃传统的中国习俗。龙华民"对于利玛窦和庞迪我苦心推行的'适应'策略的必要性和必然性同样缺乏深刻的认识"。龙华民继任会长后，"怀着宗教狂热和反对'异端'的'决心'和'勇气'向利玛窦和庞迪我推行的'适应'策略进行全面挑战"。② 他提出不同于利玛窦适应策略的传教路线，主张废除"天""上帝""天主""灵魂"等词，一律采用译音，主张将"Deus"译为"陡斯"。龙华民等人还禁止祭祖拜孔，以为这与佛、道诸宗教的拜偶像无异，违背天主教

教义。不久，耶稣会士产生两种意见，一派仍坚持利玛窦的主张，另一派追随龙华民。

1628 年，在华的耶稣会传教士于江苏嘉定召开会议，对敬祖及"Deus"的译名问题进行讨论。这次"嘉定会议"在中国天主教传教史上是很重要的一次会议。参加会议的不仅有与争论密切相关的传教士，还有奉教的中国士大夫。据记载："1628 年 1 月教士在嘉定曾经开过一个会议，讨论 Deus 究当译'上帝'或'天主'，或音译'陡斯'。当时参议者共有 11 位，即：阳玛诺、高一志（王丰肃）、龙华民、金尼阁、毕方济、郭居静、李玛诺、曾德昭、费奇规、艾儒略、黎勃劳（黎宁石），他们的意见并不一致，各有相当的理由。"① 这样，除了已在澳门去世的庞迪我、熊三拔外，两派争论的主要人物都到场了。中国奉教的士大夫有徐光启、杨廷筠、孙元化、李之藻 4 人参加。据说徐光启等 4 人与会是罗马耶稣会总会的要求，希望听到他们的意见。虽然与会者意见很不一致，但会上充满了调和与折中的气氛。会议的最后结果是废除"上帝"与"天"两译名，保留"天主"这一个没有在儒家经典出现过的新名词，以厘清天主教与儒教之界限。在祀孔祭祖这个问题上，会议决定遵守利玛窦的决定。

1633 年，耶稣会士再次集会，最后达成协议，"上帝""天"或"天主"的称呼都被接纳。后来，1635—1641 年任耶稣会中国副省会长的傅泛际下令焚毁所有反对利玛窦传教策略的作品，以求结束这场拖宕 20 年的争论。利玛窦之后，虽然在传教策略上出现了分歧和争论，但在总体上，耶稣会士们继承了他的传教策略，使得耶稣会的传教事业得以继续发展，并在具体的传教实践中，他们也尝试进一步发展和改造传播方式，使天主教能为更多的中国人所了解和接受。

在继承和发展利玛窦传教策略方面，与利玛窦同时期的庞迪我，比他稍晚一点来华的金尼阁、艾儒略、汤若望等人都做出了很大贡献。龙华民派遣金尼阁回到欧洲，向罗马耶稣会总会汇报在中国的传教工作，并对传教中遇到的一些问题向总会请教。金尼阁在这次出访之中，很好地介绍了利玛窦的

---

① 徐宗泽：《中国天主教传教史概论》，上海书店 1990 年版，第 327 页。

传教策略以及所取得的成果，得到耶稣会总会的支持，使得利玛窦的路线得以继续执行。

金尼阁完成使命后，1618 年 4 月，他率领 20 余名新招募的传教士搭船离开里斯本，再次踏上来华旅途。次年 7 月抵达澳门。在艰苦的旅途中有 7 名传教士染病死亡，包括金尼阁的弟弟。同船来华的邓玉函、罗雅谷、汤若望、傅泛际等人都有很深的学术造诣，他们为日后在中国传播西学做出很多贡献。在中国天主教传教史上，金尼阁是第一位重返欧洲又从那里率领大型传教团重来中国的传教士。他在澳门停留时，正值"南京教案"期间。稍后不久，教案平息，金尼阁进入内陆，先在南方进行传教和译著工作，较长时间住在杨廷筠家，并以杭州为中心，到嘉定等地活动。1621 年春金尼阁往南昌，旋又赴建昌、韶州，视察教务。1623 年，往河南开封开教。1624 年由开封来到山西，在绛州定居，并建一小教堂，这是山西最早的天主教教堂。因此金尼阁也被誉为山西天主教的首任本堂神父。金尼阁在绛州仅一年，1625 年调往陕西。1626 年在王徵的协助下，完成中文书《西儒耳目资》3 卷。他大部分的著作为拉丁文，这是他唯一的一本中文著作。据他自述，《西儒耳目资》的目的是为了使中国人能在 3 天内通晓西方文字体系。1627 年，他再度被召回杭州，从此就在这里专心传教和著述。他还和中国学者张赓一起，将拉丁文本《伊索寓言》选译成《况义》（即寓言）出版，这是这部欧洲古典名著在中国最早的译本。

庞迪我是最早随着利玛窦到北京的传教士，他对于利玛窦的传教策略有着深刻的理解。庞迪我比利玛窦小 15 岁，比利玛窦晚 28 年来华。1599 年，他到达澳门，第二年春天在南京与利玛窦会合，然后随同利玛窦抵达北京，此后一直作为利玛窦的助手在北京工作。1602 年 3 月 9 日，庞迪我从北京给他远在托华多的导师古斯曼主教（Luis de Gusman）写了一封长信，即《一些耶稣会士进入中国的纪实及他们在这一国度看到的特殊情况及该国固有的引人注目的事物》，该信是传教士最早对中国基本国情做概括性介绍的文献之一。他在利玛窦去世后为争取万历皇帝赐给墓地付出了巨大的努力，而皇帝赐给墓地，不仅仅是利玛窦个人的荣誉，而且对于天主教在中国活动的合法性是一个有力的保障。利玛窦去世后，庞迪我继续从事传教活动，还著有

《七克》一书，在中国士大夫中他很有影响力。韩国学者金胜惠指出："《天主实义》着重向中国人传入基督教的上帝观念，《七克》则着力于自我修养的伦理学主题。结果是两书互补，深受东亚知识界的重视。"① "南京教案"后，庞迪我被驱逐到澳门　不久就在那里去世了。

概括地说，"南京教案"的发生，与龙华民等人的冒进，背离利玛窦传教策略有很大关系。其中王丰肃在南京过于招摇的活动是"南京教案"的导火索之一，他也成为"南京教案"的主要当事人和受害者。

王丰肃是明万历三十三年（1605）抵达南京的。由于郭居静神父去杭州负责该地教务，南京的教务即交由王丰肃主要负责，与他在一起工作的还有阳玛诺与谢务禄二位神父。王丰肃积极宣传教义，发展教友。在教友中不仅有上流的士大夫阶层，也有平民阶层各行各业的人士。利玛窦对王丰肃在南京的工作业绩颇为赞许，并给他很高的评价。萧若瑟神父在《天主教传行中国考》中描述："王司铎传教热心，又长于演说。有许姓及张姓两进士，亦闻道信主。而平民之被化奉教者更多，以至于利玛窦昔年所设之经堂，已不能容。瞻礼日，教友登堂祈祷常有拥挤之患。王司铎乃倡议改建洋式大教堂，商于教众，莫不赞成。教众慷慨解囊，不数日，凑成巨款。所奇者，外教之人亦乐于捐输，人心踊跃，指日兴工，不数月，堂工告竣。顶上高悬白玉十字架，阖城望见。中国前此未有也。"1611 年 5 月 3 日，南京"圣十字教堂"终于落成。王丰肃在南京划出 3 个区域，并规定每个区域的教友前往教堂参与弥撒和祈祷的具体时间，后来这 3 个区域又各自设立了教友聚会祈祷的地点。此时王丰肃受到龙华民的影响，开始出现激进的情绪，过于招摇，因而导致"南京教案"的发生。

"南京教案"时，三丰肃首当其冲，其后被羁押在澳门。他在澳门的 5 年多时间，一方面在澳门圣保罗神学院教授哲学，另一方面则对他在南京 12 年的传教工作做了一番深刻的反思与全面的总结，重新回归利玛窦的传教路线。他还写了许多中文著作。为后来的传教做积极的准备。

泰昌元年艾儒略到山西绛州开教，受到绛州知名士绅韩霖和段衮的盛情

---

① ［韩］金胜惠：《对〈七克〉的研究：基督教修养观与新儒家修养观的早期交汇》，《世界宗教资料》1993 年第 1 期。

款待，首先为韩霖、段衮的家属 18 人授洗，这是山西最早的教友。此后，艾儒略奉命前往陕西。天启四年（1624）金尼阁继艾儒略至绛州开教。不久，金尼阁奉命转至陕西传教。天启四年（1624）底，王丰肃改名高一志，转到山西传教。高一志在绛州结识了韩云、韩霖兄弟，及段衮、段裔、段袭三兄弟。之后段、韩两大家族对高一志在当地的传教活动鼎力相助。天启七年（1627）韩霖资助高一志在绛州城东南建教堂；崇祯元年（1628），韩云又在绛州教堂旁另为修建一所妇女专用的圣堂。在高一志的影响下，韩霖把天主教的伦理道德原则，与中国传统儒家文化含有的关于天主自然启示的因素，有机地整合在一起，写出了《铎书》。该书是一部在利玛窦文化适应与学术传教策略指导下，由中国文人教友所写的一部重要伦理作品。段衮带领儿子与侄子刻印艾儒略的《圣梦歌》并作序，附以诗歌。这些行动正是文化适应策略在本土教会的具体实践。黄一农在《明末清初天主教绛州教区的发展及其反弹》一文中说，后来绛州教区在历经多次教难后，教会信仰传承主要靠段氏家族薪火相传。

绛州知州雷翀与高一志交往甚密，也给他的传教事业以很大的支持。雷翀有感于高一志的圣德与渊博的学识，称高一志为"圣人中的圣人"。他于崇祯八年（1635）六月发表《山西绛州知州雷告示》一文，公开劝说民众接受天主教信仰。蒲州出身的宰相韩爌也给教会以大力支持。韩爌在京居官多年，与徐光启、汤若望过从甚密，向慕圣教道理已久。他荣归乡里后，即派人邀请高一志神父到蒲州传教，不久，全家都领洗奉教。他全力支持神父们传教，并劝该城的士大夫及家人都信奉天主教。经过数月，高一志神父又建立了一个善会，成员是官吏和韩爌的家属。崇祯七年（1634），山西发生大饥荒，饿死的人数以千计。高一志以救贫济困、救死扶伤为己责，四处奔波，尽力救助难民，为病重垂危的人及时付洗。仅崇祯七年，高一志为绛州和蒲州两地授洗 1530 人。

高一志在山西传教 15 年，授洗 8000 余人，内有功名中人二三百人，建教堂 50 余座。他于 1640 年 4 月 9 日在绛州离世，享年 74 岁。

在来华传教的耶稣会士中，高一志是一位多产作家，所撰写的中文作品有 25 部。《达道纪言》是一本以修辞学方式来讨论伦理哲学的书，由高一志与韩云合著。该书汇集了一些西方政制人伦的语录，取自古希腊和古拉丁文学，编译成中文共 356 条。在体裁上，以中国伦理传统的"五伦"为原则，编排为 5 类，其中，着墨最多的是君臣（158 条），其次是朋友（122 条），再次是家庭伦理：父子 21 条，兄弟 31 条，夫妇 23 条。高一志的译著《圣母行实》是第一部把圣母神学引进华语学界的书，是高一志所有出版的书籍中影响最大的一本，也是在同一时期教会圣母神学方面的权威之作。

4. 艾儒略在福建的传教事业

在"第二代"来华耶稣会士中，艾儒略在继承利玛窦的传教路线、发展传教事业方面取得了显著的成绩。

艾儒略（Giulio Aleni）是中西文化交流史上的一个重要人物，他学识渊博，对天文、历学均有研究。他不仅是一位神学家，而且是一位数学家和地理学家。方豪指出："在中国天主教外来传教士中，再也没有比艾儒略更受学者欢迎的。《圣教信证》说他被目为'西来孔子'，这样崇高的尊称，连利玛窦也没有获得。"①

艾儒略，字思及，1582 年出生于意大利北部的布里西亚。1600 年他进入耶稣会见习，1602 年经发愿后被送到帕玛耶稣会大学学习哲学。1607 年 12 月，艾儒略进入著名的罗马学院。当时罗马学院正处于最辉煌的时期，有来自各个国家的 20 名耶稣会士。艾儒略于 1609 年被派往中国，1611 年 1 月到达澳门开始学习中文。1613 年初，艾儒略进入中国内陆，这一年他 31 岁。艾儒略在北京期间遇到了徐光启，不久就同徐光启一起赴上海，其间前往扬州为进士马呈秀讲授教理，最后他为马呈秀施洗，使之皈依天主教，扬州也成为他的第一个开教点。明万历四十四年（1616）发生"南京教案"时，艾儒略和其他耶稣会士一起到杭州的杨廷筠家里避难。后来他短暂到陕西进行传教，但主要还是在杭州进行传教和文化活动。当时的杭州是北京以外另一个传教中心地，一南一北相互辉映，除了艾儒略以外，杭州尚有阳玛诺、金尼阁、傅泛际等耶稣会士。在杭州时期，艾儒略发表了大量中文科学作品，包括《职方外纪》5 卷、《西学凡》、《性学觕述》8 卷以及与杨廷筠合作的《万国全图》。

天启四年（1624），东阁大学士叶向高退职归里，途经杭州时，在杨廷筠

---

① 方豪：《中国天主教史人物传》，中华书局 1988 年版，第 155 页。

寓所认识了艾儒略，一席之谈，相见恨晚，遂力邀艾儒略入闽。1624 年 12 月 29 日，艾儒略到达福建，从此开始了在福建长达 24 年的传教和文化事业。

由于叶向高的引见，艾儒略在福建与士大夫阶层建立了广泛的联系。他精通汉字，能讲一口流利的官话，还经常参加当时一所著名的地方书院举办的学术研讨会、辩论会，即席发表演说介绍西方科学文化知识。他以"天命之谓性"为主题，介绍天主教，与许多福建士人讨论天学。因叶向高的关系，何乔远、苏茂相、黄鸣乔、林欲楫、曾樱、蒋德璟等人都参与其中。讲学时，叶向高亲自提问，让艾儒略解答、诠释，其实就是在宣传天主教教义。艾儒略后来将与福建士人的论辩汇编成《三山论学记》一书。

《三山论学记》主要内容是"辨究天主造天地万物之学"，大致可分为 4 个部分：第一部分论述天主唯一，是创造天地万物的全能者；第二部分是对世间善恶祸福问题的解答；第三部分是对灵魂不灭，死后审判的论述；第四部分是对天主降生的考证和释疑。其目的在于教人"尊崇天主""遵行教诫"。《三山论学记》初刻本在福州，后来又在杭州和绛州分别刊刻，流传很广，并且有较大的影响。

艾儒略的博学多识和君子风度被闽中士人誉为"西来孔子"。同时，艾儒略还十分注意结交省城官吏和地方乡贤。当时的福建巡抚张肯堂和督学周之训，以及曹学佺、曾异撰、孙昌裔、翁正春等名士与艾儒略有所交往。据考证，艾儒略在福建一地交游过的人有 205 人，超过利玛窦在各地所结交的总数。这 205 人中不乏卿相宦官，但以青衿儒士和地方缙绅居多（如儒学教官、贡生、庠生之类）。正是在他们的帮助下，艾儒略才能在福建建立传教基地，这些人还在教案期间为艾儒略向福州知府说情，以求解除教禁以及提供避难场所等等。

福建自南宋以来讲学之风盛行，有明一代更是文人的集中地，出版业也相当发达，艾儒略进入福建后也出版了许多书籍作为传教工具。艾儒略在福建的教友多是仕途不顺的年轻人，他们尊称艾儒略为"西来孔子"，他们和艾儒略建立了师徒关系，并成为艾儒略与平民百姓的中介，帮助他将天主教带进民间。艾儒略的著作特色与传教策略随着所接触福建人的特点而有所修正，这也表明艾儒略的传教策略已从"文化适应"走向"文化本地化"。

除了在文人学士中传教外，艾儒略也注意在普通百姓中发展信徒，他根据福建社会的实际情况，支持当地皈依者建立教会。为了淡化教会的外来色彩，艾儒略不仅允许皈依者模仿中国传统的组织形式，他还提议要把城镇、村庄和家庭崇奉民间信仰中的杂神看做是护卫天使，他们是遵照天主命令来保护城镇、村庄和家庭的。同时，艾儒略还尽可能以基督教方式来影响信徒所持的传统仪式，如在葬礼中，他同意信徒在祖宗牌位边上放十字架，前面供奉食品，到第七天，在赐福祈祷之后把食品分给在场的人。

艾儒略贯彻和发展利玛窦的传教路线，采用适应中国文化并逐步本地化的传教方式，很快取得明显成效，教堂和信徒日渐增多，叶向高的 2 个孙子、1 个曾孙和 1 个孙媳也入教。福州第一座天主教堂——三山堂，就是叶向高长孙高州君捐资兴建的。到明崇祯八年（1635），福州城内教徒已达数百人，传教范围扩展到福州府属各县。这时的福州成为在华耶稣会刻印出版汉文著作的中心之一，耶稣会士在这里刻印了许多在国内外颇有影响的汉文著作，仅天主教读物就达 10 余种。

崇祯十年（1637），荷兰殖民者侵占澎湖，激起福建士民对外来势力的强烈不满，爆发了波及八闽的针对天主教的“反邪教”浪潮，即著名的“福建教案”。“福建教案”也使艾儒略在福建的传教活动遭到严重打击。所幸不久，崇祯皇帝赐“钦褒天学”之匾发到福建，“福建教案”也就结束了，艾儒略又继续开始公开的传教活动。崇祯十二年（1639），艾儒略首次在福州教堂做公开的弥撒。1641—1648 年，艾儒略任耶稣会中国南部教区副主教，管理南京、江西、湖南、四川、浙江、福建教务，辖下共有教士 15 人。在闽期间，他除了在福州及郊县（如福清）外，还到莆田、仙游、永春、德化、建州（瓯）、福安、建宁、延平、邵武、汀州、泉州、漳州等地建教堂开教，足迹几遍八闽，共建大堂 22 座，小堂不计其数，受洗礼的达万余人。艾儒略九进泉州传教。崇祯七年（1634）艾儒略赴泉州、兴化时，受洗礼者 257 人，以后人数逐渐增多，每年受洗八九百人。

1644 年甲申之变后，清兵一路南下。1645 年，南明隆武帝于福州登基，赐匾予福堂。1646 年 10 月清军攻入福州，至少 4000 人在海口遭清兵杀害。艾儒略逃至莆阳，1647 年欲转移阵地往杭州一带发展教务，不料却受困延平，同年，延平也被焚毁。由于极度贫困，艾儒略严重营养不良，经常生病，但他依然坚持走诊基督徒家庭。1649 年 6 月，艾儒略离开人世，其灵柩被移往福州，葬于城外十字山。

艾儒略在中国 30 多年，其中一大半时间是在福建度过的。他不仅为天主教在中国的传播做出了突出的业绩，也为西方科学文化在中国的传播作出了重大贡献。在来华传教士中，艾儒略是著述最多的一位，存世的中文著作有 22 种。其中包括 1623 年在杭州出版的《万国全图》《职方外纪》《西学凡》，这三本书介绍了西方地理、耶稣会士的教育制度，因其内容多为中国人"旷古旷未闻"的知识，受到许多中国士人的欢迎。他在《职方外纪》自序中说，他介绍世界地图的目的在于使人"溯流穷源、循末求本"，进而昭事创造万有的主宰，而这位主宰就是他所介绍的"天主"。

5. 艾儒略在福建的积极追随者

艾儒略在福建传教 20 多年，取得了显著的成绩，使天主教在福建许多城市和乡村得到了传播，并产生了一定的影响。明清时期，福建一直是天主教活动比较活跃的地区。即使在百年禁教时期，天主教也在福建暗中流传，并且得到了持续的发展。艾儒略传教策略有一重要特点，就是发挥中国教友和士大夫的作用。艾儒略在福建的传教活动，首先得益于当地士大夫的支持。其中有些人在艾儒略的影响下入教，成为中国最早的一批天主教信徒。艾儒略在各地教友中，培养出一批忠于教会事业，愿为教会奉献的骨干分子。他们为天主教在明末清初福建的开教和传播作出了至为重要的贡献。其中以福清的李九标、泉州的张赓和建宁的李嗣玄最为突出，研究者把他们称为福建天主教的"开教三柱石"。

李九标，字其香，明末福清海口人。其家族是当地的一个大家族，祖父是颇有名望的儒家学者。李九标从小就深受儒家文化熏陶，投身追求科举功名的行列。万历四十五年（1617）考上秀才，此后则累年参加在省城的举人考试。崇祯元年（1628），李九标偕其弟李九功前往福州参加乡试，在这一年，他们遇到并结识了艾儒略，聆听艾氏的讲道后受其感召，兄弟二人受洗入教，教名分别为"诺望"与"多默"。在接受天主教信仰后，李九标逐渐经历了思想的转变，崇祯十年（1637）他彻底放弃了科举考试，从此认真钻研天主教义理，坚定自己的信仰，追随艾儒略并任其助手，协助传教。

李九标还引导李氏家族及家乡人民接受天主教信仰。在艾儒略的指导下，他与其弟在海口镇积极开展传教工作并努力营建天主教社区。在他们努力下，李氏家族中的许多族人受洗皈依。至崇祯十二年（1639），海口镇建立了粗具规模的天主教社团，信徒 200 人左右，成为明末福建天主教一个重要基地。艾儒略与其他耶稣会士几乎每年到此视察，作短暂的逗留。

李九标对教会的重要贡献是记录并辑轶了艾儒略与另一位传教士卢安德（André Rudomina）的言行及谈道，汇集成《口铎日抄》。据方豪《中国天主教史人物传》记载，该书是艾儒略与卢安德的谈道集，时间自崇祯三年（1630）至崇祯十三年（1640），由 6 位听道人笔录，大部分为李九标所记，并由他出资在福州印刷。

李九标之弟李九功也是一位在明末福建天主教史上具有开教性质的人物。他不仅与其兄在家乡大力弘扬、传播天主教，成为艾儒略身边得力的开教助手，还撰述了多部著述，如《励修一鉴》《文行粹抄》等，向人们宣扬、展示天主教事迹和精神。后来在中国礼仪之争中，他还偕其子撰文著书为中国礼仪辩护，维护耶稣会士在华传教采用"调和""适应"策略的立场。

张赓，字夏詹，又字明皋，明末清初泉州晋江人。明万历二十九年（1601）举人，曾任平湖教谕，后补河南原武县令，数年后调任广东某县令。万历三十五年（1607），张赓在北京遇到利玛窦，初闻天主教。天启元年（1621），张赓在杭州结识了艾儒略并于这一年从艾氏受洗入教。张赓时为杭州教谕，奉教后与杨廷筠一道协助传教士着手翻经译传工作。张赓致仕归里后，恰逢艾儒略入闽传教，从此，张赓紧随艾氏，成为艾儒略身边最得力的助手之一。

张赓引艾儒略到泉州传教，并积极协助艾氏在泉州建教堂。在传教过程中，张赓还常替艾氏解答信徒提出的疑难问题。正是在张赓的牵引下，艾儒略在泉州的开教减去了不少阻力，泉州也逐渐成为当时天主教传教的又一中心。张赓不仅自己信教，还积极引领家人皈依天主教，其三子张识和四子张就也成为教内颇具名声的教徒。在张赓父子影响下，张赓的姐姐、内弟、女婿、亲家等成为天主教徒，张氏家族成为一个基督教大家庭，并逐渐以其家族为中心，在泉州形成了一个天主教社群。

张赓著有《天学证符》《圣教信证》二书。《天学证符》是一部用天主教教义阐述儒家学说的著作，即用天主教代表的"天学"对儒家经典进行注疏，该书同时也以儒家经典论证天主教教义，实际上即天学与儒学的互证。《圣教信证》是张赓与山西儒家天主教徒韩霖等人合作写的，该书成于清顺治四年（1647），是中国第一部记述天主教传教士传略与著作之书，带有浓厚的护教色彩。他还频频撰文为教内师友的著述作序、写读后感和参与校订。这些"序"中，不仅有天主教教义的宣传，还记录了传教士及教友之间的言行事迹，具有重要的文献价值。

李嗣玄，字又玄，明末清初建宁县人。他出身于文人官宦家庭，是宋代名相李纲的后裔，祖父和父亲在朝为官。在家庭环境熏陶下，李嗣玄从小接受的是儒家文化的教育，他博览群书，通晓古今，文采十分出众，著有《息轩诗文集》《元珠领异》及《经史外观》等作品，还校订了《李忠定公全集》等。

明天启六年（1626），李嗣玄与艾儒略于福州天主堂相遇。初见艾氏时，李嗣玄便得到了他送的《天学初函》一书，并表现出极大的宗教热情。此后，在与艾氏的交往中，因折服于艾氏的品学和天主教教义的奥妙，李嗣玄皈依天主教，成了艾儒略的得意弟子。

李嗣玄积极支持艾儒略的传教活动，在其家乡大力传播天主教教义，劝导当地民众奉教。作为地方颇有名气的士绅中的一员，李嗣玄领洗对当地的儒士文人及民众起到了一种示范作用。建宁的教会事业在李嗣玄的热心支持下颇有发展，建立了该地的第一座天主教堂。时任建宁县令的左光先与李有较深的交情，在李的影响下，左光先对天主教也充满好感，并采取支持和保护的政策。正是在李嗣玄的影响下，地处闽北山区的建宁县成为明末清初天主教又一块传教阵地。

李嗣玄对教会最大的贡献是撰写《泰西思及艾先生行》一书，此书是在教友沈嘉禄和李九功的草稿基础上编写而成的，由于李嗣玄与艾儒略相知最深又善于写作，所以笔撰工作由其完成。在这本小书中李嗣玄用精炼简约的文笔介绍了艾儒略在华传教的经历及功绩。他还摘引艾儒略的言论汇编成集，题为《泰西思及艾先生语录》，保留了许多艾儒略的经验之谈。

五 儒家基督徒

1. 所谓"儒家基督徒"

天主教在中国的传播，离不开中国知识分子的合作。历史上，外来的佛教在中国传播的成功，很大程度上得益于魏晋南北朝以至隋唐时期中国知识分子的参与、信仰与弘扬。中国的高僧大部分是当时有学问、有影响的知识分子。即使那些没有进入佛教教团的士大夫们也表现出对佛教的浓厚兴趣。这两部分知识分子相互砥砺和交流，共同促进了佛教在中国的发展及其中国化的进程。有鉴于此，天主教进入中国的适应性策略，不仅是寻找天主教信仰与中国文化的契合点，也是在寻找与中国知识分子的合作，寻求中国知识分子的理解、支持与参与。利玛窦等人在中国与知识分子阶层广泛交游，以"西儒"的面貌和广博的知识学问赢得许多知识阶层人士的尊重，并且有些人开始接受他们传播的天主教信仰。正是在他们的帮助下，利玛窦等传教士的传教事业才得以开展和有所发展。

晚明的一些高层士大夫对刚刚进入中国的天主教表现出浓厚的兴趣，他们和利玛窦等耶稣会士交往密切。其中比较重要的人物有：

沈一贯：浙江宁波人。万历二十二年（1594）任礼部尚书、东阁大学士。万历三十一年（1603）任首辅。利玛窦在北京拜见了他，并在日后与他的儿子成为朋友。

叶向高：福建福州人。万历三十五年（1607）任礼部尚书、东阁大学士。天启元年（1621）晋任首辅。天启四年（1624）邀请艾儒略到家乡福州传教。其家人很多入教。

吴道南：万历四十一年（1613）任礼部尚书、东阁大学士。万历三十八年（1610）利玛窦逝世后，他和部员林茂槐、洪世俊、韩万象等上奏乞赐葬地以安葬利玛窦。

韩广：山西蒲州人。万历四十八年（1620）任礼部尚书、东阁大学士；后迁户部尚书，文渊阁大学士。崇祯二年（1629）任首辅。在他致仕的时候，邀请耶稣会士高一志到家乡传教。他的两个儿子成为当地著名的天主教徒。

郑以伟：江西上饶人。崇祯五年（1632）任礼部尚书、东阁大学士。万历三十二年（1604）在北京结识利玛窦，为利玛窦所著作序。利玛窦死后，作《利子碑记》。

徐光启：江苏上海人。崇祯五年（1632）任礼部尚书、东阁大学士。万历三十一年（1603）入教。万历三十五年（1607）邀请郭居静到家乡传教。

刘宇亮：四川绵竹人。崇祯十年（1637）任礼部尚书、东阁大学士。他邀请利类思（Luigi Buglio）住在成都刘家传教。

蒋德景：崇祯十年（1637）任礼部尚书、东阁大学士。他与耶稣会士讨论天文学，赞同"上帝论"。

上述诸人位居权力中枢，在中国政坛占有举足轻重的位置。他们中有的加入了天主教，有的人虽然没有入教，但为传教士提供了一定的帮助。史学界将明代首批入教的士大夫称为"儒家基督徒"。他们对传教事业的发展发挥了重要作用。有研究者认为，明代儒家士大夫信基督教，对基督教文化感兴趣，可以说是一种"文化天主教徒"现象。"儒家基督徒"不只是指那些已经入教的士大夫，其实还有许多人，包括没有入教但对天主教和"西学"有浓厚兴趣的上述内阁大臣们，他们也是所谓的"文化天主教徒"。

在当时，士大夫入教往往带来本族几百个成员入教。明万历三十六年（1608），徐光启邀请郭居静到上海，在徐家的讲堂上有200多人受洗。天启七年（1627），杨廷筠在杭州家里建造了当地最早的教堂，请郭居静住在家里，两人一起讲道。他的父母随之入教，两年（1634—1635）里共有324人在他的堂里入教。常熟瞿氏是当地望族，瞿汝夔在韶州与利玛窦结识，天启三年（1623）邀请艾儒略来讲道。本族的新科进士瞿式耜入教后几个星期里就有220人入教。瞿式耜是瞿氏家族的后起之秀，是钱谦益的学生，在"复社"中居关键角色，所以跟风者甚多。

明末的"儒家基督徒"不只是把基督教看成宗教信仰，还看作是一种文明体系。他们把基督教与西方文明联系在一起，实际上他们更感兴趣的是利玛窦等人传播的西方文明，传播的西方科学技术文化。他们是第一代以全球眼光看世界，企图会通东西方文明成果的中国知识分子。没有他们的理解与合作，传教士们"学术传教"的策略就没办法实行，那些代表西方文明最新成果的知识和技术也就不能进入中国人的视野。

"儒家基督徒"现象，说明在当时的奉教士大夫中，虽然他们接受了天主教的信仰，但他们对于天主教的理解和接受还没有离开本土文化的立场，还是从儒家思想文化出发来理解和接受天主教文化的。所以，他们对传教士们会通天儒事业作出了积极的回应。"他们不仅同情、理解天儒会通，甚至直接参与其事，通过撰著、作序、刊印等方式，附和且传扬耶儒相合、以耶补儒的主张。……清初奉教徒大都是从儒学的立场出发接受西学，并且怀着以耶补儒与融合耶儒的理想来赞扬与附和天儒会通。他们在清初刊传了一批独自撰写或与西教士合作的会通天儒之作。"[1] 徐海松概括了这些奉教士大夫从儒家文化的立场接受天主教文化的几个方面：

（1）他们接受了西教士鼓吹的天儒相合的主张，宣扬天儒之间"心同理同"，甚至称西学为中国古已有之。

（2）他们从中国儒士的角度阐述了引进天学、补充儒学的必要性，并通过比较天儒之间的异同，指出天学可以补益儒学之处。

（3）他们认为西学在理论和技术上均可弥补儒学之不足。他们以儒学传统中的道器论对西学进行类分，指出不仅西学中的形上之道，即西方神哲学，可补儒学之阙，而且其形下之器，即西方科学技术，也可资吾儒利用。

（4）他们对妨碍中国士大夫接受天儒会通的最大思想障碍——"夏夷之辨"论进行了批驳。[2]

2. 徐光启：中国天主教徒的最早形象

在明末的"儒家基督徒"中，徐光启、李之藻、杨廷筠被称为教会的"三大柱石"。邓恩说：杨廷筠和徐光启、李之藻等人一样，"是有远见的、思想开放的知识分子，他们不想被狭隘的、正统的宋明理学所束缚。这些有洞察力的、没有国家或地方偏见的人，感触到了东西方文化的融合将给中国未来的发展带来的潜能"[3]。沙百里也说："这三个人描绘出了后来中国天主教

---

① 徐海松：《清初士人与西学》，东方出版社2000年版，第140页。

② 参见徐海松：《清初士人与西学》，东方出版社2000年版，第141—144页。

③ ［美］邓恩著，余三乐、石蓉译：《从利玛窦到汤若望——晚明的耶稣会传教士》，上海古籍出版社2003年版，第100页。

徒们的最早形象。"①

"三大柱石"中又以徐光启的作用和影响最大。《剑桥中国明代史（1368—1644年）》说："徐光启乃是与西学相关联的最为杰出的文士，这不仅在同时代人的眼中是如此，而且在后来研究者的心目中也是如此。"②

徐光启，字子先，号玄扈，教名保禄，上海县人。嘉靖四十一年（1562）徐光启出生于太卿坊。少年时代的徐光启在龙华寺读书，万历九年（1581）应金山卫试中秀才后，他在家乡教书。万历二十一年（1593），徐光启赴广东韶州任教，并结识了耶稣会士郭居静，这是徐光启与传教士的第一次接触。在郭居静那儿，他第一次见到世界地图，第一次听说地球是圆的，还第一次听说意大利科学家伽利略制造了天文望远镜，能清楚地观测天上星体的运行。所有这些，对他来说是闻所未闻的。从此他开始接触西方近代的自然科学。

万历二十四年（1596），徐光启转至广西浔州任教。万历二十五年（1597），徐光启因考官焦竑赏识而以顺天府解元中举。次年会试他未能考中，便回到家乡教书。徐光启长期辗转苦读，深知流行于明中叶以后的程朱理学主张禅静顿悟、反对经世致用，实为误国害民。有人记述徐光启当时的变化说：他"尝学声律、工楷隶，及是，悉弃去，习天文、兵法、屯、盐、水利诸策，旁及工艺、数学，务可施用于世者"（《启祯野乘·徐文定传》）。徐光启思想上的转变，使他的后半生走上了积极主张经世致用、崇尚实学的道路。

万历二十八年（1600），徐光启赴南京拜见恩师焦竑，并首次与利玛窦晤面。徐光启与利玛窦相谈甚欢，临别的时候利玛窦送给他两本宣传天主教的小册子，一本是《马尔谷福音》，讲的是耶稣的故事，另一本是《天主实义》。

徐光启与利玛窦的这次会见，对徐光启后来接受西学、皈依天主教极为重要，在中国天主教传教史上具有重要意义。

三年之后的万历三十一年（1603），徐光启去了南京拜访利玛窦，然而利玛窦已赴北京。在天主教堂，徐光启由神父罗如望接引，领洗入教，教名保

① ［法］沙百里著，耿昇译：《中国基督徒史》，中国社会科学出版社1998年版，第111页。

② ［英］崔瑞德、［美］牟复礼编，杨品泉等译：《剑桥中国明代史（1368—1644年）》下卷，中国社会科学出版社2006年版，第780页。

禄（Paul）。徐光启受洗之后，便考虑在家乡开教，并引导家人信教。

万历三十二年（1604）徐光启中进士，入选翰林院庶吉士，开始步入仕途。他也是最早入教的中国士大夫之一。当时利玛窦已在北京居住，徐光启在公余之暇，常常去拜访利玛窦，建立起深厚的友谊。为了方便与利玛窦交往，徐光启还在利玛窦的住宅附近租一房屋居住读书，以便向利玛窦请教。

《利玛窦中国札记》记载，徐光启到达北京后，"第一件要务就是来拜访教堂，行忏悔礼以及领圣餐"①。与利玛窦的交游，最终促使徐光启服膺西学并且西学修养日渐提升。

万历三十四年（1606），徐光启开始与利玛窦合作翻译《几何原本》前6卷。次年春，《几何原本》翻译完毕并刻印刊行。此后，徐光启又根据利玛窦口述翻译了《测量法义》一书。

万历三十五年（1607），徐光启的父亲去世，他回乡丁忧守制。第二年他邀请郭居静至上海传教，成为天主教传入上海之始。

万历四十四年（1616）"南京教难"期间，徐光启致书家人要他们和杭州杨廷筠、高邮李之藻一起收容庇护教士、教友。同年七月，徐光启向皇帝呈上著名的《辨学章疏》，直言为教会、教士和教友辩护，大有铁肩担道义的气节，令当时的传教士们极为感佩。

在徐光启的影响下，他的家人和学生也多数归向天主教。徐光启的独子名骥，教名雅各布伯。徐骥育有五男四女，其中次女教名甘第大，嫁给松江县的许远度，史称许母徐太夫人。徐太夫人虔诚备至，于上海建教堂35座，别省9座，并且多次供养、周济传教士。她去世后，耶稣会士为夫人举行弥撒，柏应理神父用拉丁文写成《徐太夫人传略》，被译为多国文字，传扬欧洲。徐光启的学生孙元化、王徵等，是虔诚的教徒，也是当时的西学大家。

徐光启作为明末中国天主教"三大柱石"之一，热心教务工作，积极支持和维护耶稣会士的传教事业。他对天主教信仰也有深刻的理解。徐光启对天主教的认识集中表现在他的宗教赞美诗和《跋二十五言》《辨学章疏》中。在徐光启的心中，独尊上帝与尊祖敬宗并没有冲突。徐光启父亲的葬礼是按

---

① ［意］利玛窦、［法］金尼阁著，何高济等译：《利玛窦中国札记》上册，中华书局1983年版，第489页。

照基督教的礼节办的，但葬礼也保留了中国的习俗，徐光启也离京返乡守孝三年。

徐光启作为一个充满忧患意识和经世致用精神的知识分子，生活在明末动荡的社会环境之中，他努力寻找探索可以重振朝纲的新思想。徐光启把社会危机的根源归结为人的道德沦丧。他相信改造世界的关键在于改造人心，而天主教学说恰为改造人心提供了一把钥匙。传教士身体力行的模范榜样和他们对西洋诸国美好景象的描述使徐光启对天主教产生的道德教化作用的效果深信不疑。徐光启初见利玛窦时，就认定其为"海内博物通达君子"。在《辨学章疏》中称传教士为"圣贤之徒"，天主教教化下的西洋诸国"千数百年以至于今，大小相恤，上下相安，路不拾遗，夜不闭户，其久安长治如此。然犹举国之人，兢兢业业，惟恐失坠，获罪于上主"。此番景象俨然理想中的上古三代之治，这也正是徐光启竭力向皇帝证明的，"若以崇奉佛老者崇奉上主，以容纳僧道者容纳诸陪臣，则兴化致理，必出唐虞三代上矣"。

正是在这种认识基础上，徐光启提出："诸陪臣所传事天之学，真可以补益王化，左右儒术，救正佛法者也。"万历四十年（1612），徐光启在与熊三拔合译《泰西水法》的序言中说："余尝谓其教必可以补儒易佛。"许多学者认为"补儒易佛"是其入教的中心命题，把天主教思想精神作为一种假借力量，来抵制日益败坏的社会风气，有效地实现儒家入世的、积极有为的价值观念，使儒家重新振奋起来。"补儒易佛"说明了徐光启信仰的格局：儒学为根本，吸纳天主教的学说，摒弃佛老的虚无。

3. 李之藻、杨廷筠等奉教学者

除徐光启外，李之藻、杨廷筠、王徵等儒家基督教徒对天主教在中国的传播亦起到了推动作用。

李之藻，字我存，又字振之，号凉庵居士、凉庵逸民、凉庵子、凉叟、存圆寄叟等，浙江杭州人。万历二十六年（1598）进士，授官平禄寺少卿、知州、太仆寺卿、南京工部员外郎等职。

万历二十九年（1601），利玛窦获准入居北京后不久就与在北京工部任职的李之藻相见。此后，李之藻与利玛窦过从甚密。万历三十八年（1610），李之藻升为南京工部郎中。在赴南京上任前，李之藻在北京病倒。他在生病期间受到了利玛窦的悉心照顾，深为感动，最终受洗成为天主教徒，取名良。

万历三十九年（1611），耶稣会士郭居静、金尼阁和修士钟鸣仁应李之藻之邀，在李家举行第一台弥撒，这天被后人称为是杭州天主教开教日。

和徐光启一样，李之藻也是一位博学的学者，他与利玛窦合译的《同文算指》系我国编译西方数学的重要著作，与傅泛际合译的《名理探》为逻辑学在我国最初的译本。此外，他还赴京参与修历工作，为明清之际西学的引进和传播作出了重大贡献。

杨廷筠，字仲坚，号淇园，杭州仁和人。杨廷筠出身书香官宦之家。明万历二十年（1592）进士，任安福县令、监粮道、高邮与苏州等地学政，累官至监察御史、京兆少府。杨廷筠原信佛教，对杭州的寺庙赞助募化甚多，还研究佛教寺庙的历史，著有《灵庙志》《藏密斋笔记》。他大半生笃信佛理，又礼重僧人，常与和尚、尼姑往来谈禅论道，所以他亦有其他佛门的别号，如郑困居士、泌园居士。

万历三十九年（1611），李之藻父亲去世。杨廷筠因去李之藻家吊丧而结识郭居静、金尼阁两位神父，与之论道，娓娓不倦，继请领洗，两位神父因廷筠有妾而不同意。"廷筠问之藻，仆以御史事先生，讵不能容吾一妾耶？之藻叹曰，惟如是乃可挽颓俗。廷筠顿悟，终摒妾"①，于万历三十九年六月受洗礼入教，时年55岁，取教名为弥格尔。

此后，杨廷筠大力支持天主教的事业。他改家中佛堂为圣堂，并设祭台，备有祭衣。杨廷筠入教后即成郭居静的助手播教传道，给传教士们提供经费，并购房买屋作耶稣会修士住院，在住院内创办耶稣会初学院。至天启五年（1625），杭州天主教已发展有1600余人。杨廷筠感到圣堂设在家中做弥撒不便，就出资于天启七年（1627）在住宅西（天水桥附近）建设教堂一所、教士住家一所、修道院一所，让郭居静等居住其中，该教室乃杭州天主堂第一座圣堂。

杨廷筠改佛易教引起佛教徒的强烈反对，杭州高僧袾宏等书驳天主教为邪说歪道，对杨廷筠个人及其家庭攻击尤甚。杨廷筠著有《超性事略》，宣扬他入教的始末，还著《广放生说》《鸦鸾不并鸣说》反驳。一场佛教与天主教教义归宗之争在杭州拉开，双方论争激烈，甚至波及朝廷内部，杨廷筠、

---

① 盛闵春主编：《武林遗韵 口味下城之历史》，浙江大学出版社2006年版，第74页。

李之藻终以势单力弱而罢官削职，闲居杭州。

杨廷筠著《代疑篇》，为西学辩护，宣传天主教思想。他在这部著作中，先代"中士"质疑"天学"，再代"西士"回答质疑。"代疑"实际上就是转达中士对天学之质疑。方豪说《代疑篇》在当时所有护教书籍中流传最广。①

万历年间"南京教难"时，杨廷筠著《鸮鸾不并鸣说》为天主教辩护。天启七年（1627），杨廷筠病危，嘱其长子，将其宅后的十几亩房产土地，续建成教士住家一所、修道院一所。沙百里说："大家可以称杨廷筠为'穿高官服装的传教人'。这一称号很好地解释了他传信之热情。但他是以理学士人之身份而尽力设法想象和介绍启示。他以西方教团的某些护教者和神父们的方式，实施了中国文化和福音的结合。他根据耶稣会士们向他传授的和他可以从中理解到的神学，非常诚实地行事。"②

在明代天主教的传播过程中，王徵也是一位很有影响的人物，与著名的"天主教三柱石"徐光启、李之藻、杨廷筠一起被合称为晚明"四贤"。邵子力将王徵和徐光启并称为"南徐北王"。

王徵，字良甫，号葵心，皈依天主教后取教名斐理伯，晚年自号支离叟、了一子，卒后学者称端节先生。陕西西安府泾阳县人。王徵早年信佛，但在其母过世后，因偶见道书中有"一子成仙，九祖升天"之语，欲借悟道以报亲恩，乃转而笃信道教达20余年，并编撰有《周易参同契注》《百字牌》《辩道篇》《元真人传》《下学》《了心丹》等道教书籍。

王徵在入京赴试的数十年里，与传教士金尼阁、汤若望、龙华民、邓玉函等交往甚密，他还向传教士学习拉丁文和西方科学知识。万历四十二年（1614）十月，庞迪我刊行《七克》一书，阐述应如何克制天主所禁的骄傲、嫉妒、悭吝、忿怒、迷饮食、迷色、懈惰于善等七罪，每罪并在解说之后，列举圣师的言论以及先圣先贤修德的故事。王徵自友人处获赠一部，阅后深受感动，甚至"日取《七克》置床头展玩"。万历四十四年（1616），王徵与庞迪我相识，并与他时相过从，接着洗礼奉教。沙百里的《中国基督徒史》

---

① 参见方豪：《中国天主教史人物传》，宗教文化出版社2007年版，第94页。

② ［法］沙百里著，耿昇译：《中国基督徒史》，中国社会科学出版社1998年版，第111页。

和方豪的《中国天主教史人物传》都认为王徵为陕西省首先奉教之人。

王徵与西方传教士接触密切，学习掌握了许多先进的科学知识，成为中西文化交流史上一位重要的学者。天启六年（1626），王徵协助金尼阁完成《西儒耳目资》一书的写作，这是中国第一部用罗马字注音的语言学专著。天启七年（1627），由邓玉函口授、王徵译绘的《远西奇器图说》，是中国第一部介绍近代欧洲机械工程学、物理学方面的专著。据陈垣考证，王徵是中国第一个学习拉丁文的人。

王徵受洗后就邀请当时在山西绛州传教的金尼阁神父至陕西开教，金尼阁至陕西后为王徵全家付洗，王徵还将自己的房子捐出作为圣堂，名曰"崇一堂"，取"钦崇唯一天主"之意。此座圣堂为当时西北地区的第一座天主堂。1625 年至清雍正、乾隆禁教期间作为秦晋两省的主教府。后来王徵又在三原县北城购地建堂，供来陕西的传教士居住，来此居住的有耶稣会的汤若望、方德望、郭崇仁、南怀仁等，此堂为当时全省教务的管理中心。王徵后又在今西安市北门里的糖坊街购地置堂，为天主教在陕西的传播奠定了基础。

王徵作为儒家学者，采取了将儒学与天主教教义融合互补的态度。著有有关"天学"的著作 4 种，包括《畏天爱人极论》《仁会约》《杜奥定先生东来渡海苦迹》《崇一堂日记随笔》。他认为天主教教义教理可"补儒"，比如他解释儒学"仁"的概念说："仁之用爱有二，一爱一天主万物之上，一爱人知己。"这不仅为儒学"仁"的概念增加了爱天主的内涵，而且"仁者爱人"的儒学概念也突破了"亲亲而爱仁民"的局限，表现出一种超出血缘与政治从属关系的博爱精神。他把这种精神带到了其政治实践中。怀着这种救世的热忱，王徵不畏强权秉公执法，兴修水利，为民造福，无论在顺境还是逆境，始终没有放弃对人世苦难的关注。

崇祯四年（1631）二月，丁忧服满的王徵在登莱巡抚孙元化的荐举下获授辽海监军道，协助同为天主教徒的孙氏练兵。是年，孔有德率部在吴桥叛变，孙元化与王徵等遭叛军所掳。孙元化和王徵等人被释放后，被诬与叛军合谋叛乱，孙元化被杀害，王徵被发配充军。稍后，王徵遇赦还家。王徵归里后，正逢西安、关中、陕北大旱之年，他不顾年逾花甲之劳，首先于里中创立了"仁会"，以食饥、饮渴、衣裸、顾病、舍旅、赎虏、葬死七端为急务，办起了西北第一个天主教民间慈善团体。

传教士高一志等人在山西传教得到了韩氏家族和段氏家族的鼎力相助，使得传教事业在山西顺利开展。

韩霖，字雨公，号寓庵居士，教名多默，山西绛州人。天启元年（1621）中山西乡试。韩霖的父亲在京为官时就与传教士有所来往，回乡后为传教士开展传教事业提供过帮助。韩氏家族最早的皈依者可能是韩霖之兄韩云。泰昌元年（1620）年底，艾儒略应韩云之邀赴绛州宣教，随即为韩云之母和其二子二女授洗，韩霖应在此受洗者之列，据黄景昉在《鹿鸣咏·韩雨公幽香谷咏》中记载，韩霖为入教而休妾。约在天启七年（1627），金尼阁赴绛州为韩氏家族的其他人授洗。此种集体性的皈依行为，再加上韩氏家族奉教虔诚，积极弘教，极大地助推了天主教在当地的传播。据徐光启《景教堂碑记》记载，韩家于天启七年捐资在绛州城东南购置两栋房屋，改建为天主堂，此为中国天主教徒在地方捐建天主堂之首例。此外，韩霖还先后于崇祯十二年（1639）和崇祯十五年（1642）分别协助耶稣会士高一志与金尼阁在平阳府城和太原购屋建堂。高一志到绛州开教，借用韩霖等人的社会地位，与士大夫广交朋友，在绛州开展传教事业。

韩霖著有护教弘教著作多种，如与张赓合著我国第一部记述天主教传教士传略与著作的《圣教信证》，与段衮合著《辨教论》，还有《铎书》《耶稣会西来诸先生姓氏》《敬天解》（已佚）等。

韩霖奉教之虔诚与热心是教内人士交口称赞的。他与人合著的《圣教信证》和《辨教论》的主旨是论证天主教是唯一之正理正教。为了论证这一结论，韩霖与合著者提出了内外两方面的标准。所谓内在的标准，是就天主教的思想和教义而言的。以人类都禀有的自然理性为依据，说明天主教是建立在理性基础之上的没有矛盾之处的正理正教。这种护教策略明显地受到了当时传教士的影响，比如，利玛窦就明确主张，鉴于基督教的权威（圣经）对中国人没有什么意义，在中国传教不应求助于中国人一无所知的圣经，而应求助于自然理性和中国古代儒家的典籍。[①]

至于外在标准，在韩霖看来，耶稣会的传教士将生死置之度外，并且前仆后继地赴世界各地传教，足以证明天主教是唯一可信之真教。

---

① 参见孙尚扬：《基督教与明末儒学》，东方出版社1994年版，第67页。

为了论证天主教是"天下万世准的",韩霖与段衮在《辨教论》中提出了一条独特的辨别标准,即"有能言性原始,与其所繇乖偏,又能治偏反正,使人定心于善,而终能纳于真福之域,吾以知其教之正且真矣"。韩霖还呼吁教外人士超越民族地域之界限,接受和遵从天主教。

在《铎书》中,韩霖以伦理论述为中心,以西学印证儒学,以儒学来引进西学,融儒学与基督为一体。他认为,由于不同宗教的伦理一致性,使得基督教教义和儒家学说的互补互益,成为可能。儒家的道德准则,诸如修养仁慈、公正、节制、忠诚、谨慎等美德,为齐家所必需。而基督教也强调必须爱上帝胜过爱一切,爱他人如同爱自己,必须奉受十诫,以永生为人生的最终目的。这两种伦理准则并不矛盾,儒家伦理与基督教教义的相通是无任何异议的。

同时,韩霖接受了传教士对中国文化尤其是儒学或儒教的界定,即从自然法或自然理性的角度肯定儒教在伦理道德方面的积极价值,从救赎论的角度或从终极性的宗教问题的角度指出其不足。

上述 5 位奉教人士,是晚明接受天主教和西学的知识分子代表。到了清初,张星曜则成为奉教知识分子的代表。

张星曜,字紫臣,杭州府仁和县人。康熙十七年(1678)46 岁领洗,教名依纳爵,故其又号依纳子。据其所作《家学源流》,可知张星曜父亲张傅岩少时听讲于"杨漪园先生所"。方豪认为,这里的杨漪园先生概指杨廷筠。说明张星曜之父辈已与天主教徒有所往来。张星曜皈依天主教后,沿袭其父张傅岩从经史书籍中辑出有关佛道之内容,根据事实与义理来反驳佛、道二教。

张星曜还积极思考如何正确处理天主教与儒家之间的关系,撰写了《天教合儒》《天教明辨》等著作。"礼仪之争"爆发时,作为杭州信徒领袖的张星曜撰写了《祀典说》。在杭州各地兴起反教浪潮之时,张星曜与其他信徒一起撰写《钦命传教约述》,希冀通过皇权之影响给予传教之便利与天主教活动之认可。虽然"礼仪之争"使天主教的传播与发展受到一定干扰与影响,但由于康熙皇帝采取了"领印票"的政策,并在南巡中给传教士予以特别关注。因而在康熙早期,天主教发展依然迅猛。张星曜的晚年见证了中国天主教发展的一个高峰时期,正如其在《天教超儒》序中所说:"今天教行于我中国,如日月中天。"

张星曜进而认为，宋明理学受到佛老影响实际上已不是真正儒家，其皈依天主教实际上不是"尽弃儒学，而学西戎之学"，相反而是转向"真儒"。张星曜皈依天主教之动因实际上还是儒家士大夫之"修齐治平"理想使然，希冀作为"真儒"之天主教可致"唐虞三代之治"。正如他在《天教明辨》序言中所说："俟予书成梓以问世，使读之者知天主上帝救赎之深恩，西士远来之苦志，以救己灵魂，庶几生顺死安，遵吾夫子朝闻夕死之说，以迓永远无疆之福，而凡世之贫贱富贵，患难死生，皆无入而不自得，将见一道同风，可复唐虞三代之治于今日矣。"

张星曜的著作可分为两大类，其一是辟佛，另一是合儒（包括礼仪问题等等）。而在合儒中也包含了诸多辟佛之思想与目的。张星曜认为"俗儒"非"真儒"，而天主教乃"真儒"，主要因为天主教与佛教未入中国之前的儒家相符合，而且天主教也极力批判佛教。张星曜还认为，古代儒家经过佛道之破坏后，已经面目全非。造成此种境况的原因当归结至孔子本身。因为如果孔子之道法已备，那么今之儒家就不必借资于佛老。而皆借资于佛老，则表明孔子之道有疏略。因此，张星曜以天下人纷纷借资于佛老来表明，并非自己一人认为孔子之道有疏略，而是人人皆以孔子为疏略。张星曜认为自己说孔子有所疏略不是在谤毁孔子，更不是用天主教来代替儒家，用天主来代替孔子，而是可以用天主教来"辅助"孔子；而且只有在天主教之视域内才知道"孔子之圣"，才更能让孔子之主张得到体现。

张星曜从宗教教义的角度论述天主教可以补充孔子之疏略，与晚明以来护教作品的主旨相一致，也与利玛窦等传教士作品中的论述相一致。但张星曜比以前天主教传教士与信徒关注的范围更广、内容更丰富。诸如在宗教的角度"补儒"，不仅关注宗教义理方面，而且还关注宗教实践方面，包括修省方式和宗教礼仪等等。

张星曜认为，虽然天主教在诸多地方超越儒家，但天主教与儒家不存在冲突，并不是"非此即彼"的关系。也就是说，作为天主教信徒的张星曜，同时也可以是儒家士大夫。这两个身份在张星曜身上并行不悖。

六　天主教在晚明的挫折与发展

1. 天主教与佛教的碰撞

天主教在中国的传播，就其文化形态来说，是一种外来的宗教及其所包含的文化进入中国，并且对中国文化的发展产生一定的影响。这种情况早在一千多年以前就出现过，即印度佛教的传入。经过一千多年的发展，佛教已经融入中国的文化体系之中，成为中国本土文化的一部分。天主教进入中国之后，也面临着与中国传统文化碰撞的情况，而这时已经成为中国本土文化的佛教，也是天主教所要面对的一种文化势力。

佛教在唐代基本上完成了本土化的过程，到了宋代，特别是随着禅宗佛教的兴盛，已经渗透到中国人的日常生活中，是中国人宗教信仰世界的重要组成部分。但在明代晚期，佛教出现衰落的趋势。明代以重续汉宋文化正统自居，规定以"四书五经"为科考取士的唯一标准。士民为求闻达，莫不竞趋儒学，"户尊孔子，家慕尧舜"。作为钦定官学和整个社会价值取向的标准，儒学具有超越其他一切意识形态的崇高地位。虽然隋唐以来佛教已成为中国文化的重要组成部分，但它强烈的出世性格使它不可能成为国家的主导思想。因此，尽管有多位皇帝佞佛，但限制佛教发展一直是明王朝的基本国策，佛教始终没有取得其在南北朝和隋唐时那样鼎盛的势力。

另一方面，晚明佛教自身呈现衰落之势。佛教愈到晚近，愈趋于世俗化，唐宋时诸派争鸣的恢宏气势已然丧失，不仅华严、天台和净土各派气息奄奄，就连势力较盛的禅宗也是陈陈相因，禅门说法早已失去过去那种"直指人心，见性成佛"的震撼力。虽然出现了袾宏、真可、德清、智旭四大高僧，但他们在理论上创新无多，并且主张外融儒、道，内合禅、教，使佛教各派的理论差异日趋湮灭。一般禅僧则或以念代参；或乱摹禅机，将"种种无义味语，信口乱发"。这使它离重学理、轻宗教的士人阶层越来越远，在士人阶层中的影响力日渐淡薄。与此相应，由于大部分僧侣来自社会下层，成分复杂，无知无识，沙门风纪也日趋败乱。因此，佛教被一般士人的鄙弃和排斥，佛教的社会地位日益低落。

利玛窦等传教士初来中国时，对这些情况并不了解。他们刚入内地时，因人地生疏，势单力薄，"误认"佛教为"同路人"，并把教堂称作"仙花寺"，悬挂"西来净土"匾额于门楣上，此举意在表明自己的"方外"身份，消除地方官员对他们的嫌疑与警觉。利玛窦本人剃去须发，身着僧装，一副云游四方的"西僧"模样，自称是来自"西天竺"的僧人，天主教也被误认为是佛教的一支。不过，经过在肇庆几年的观察，利玛窦认识到僧众在中国人尤其是官吏心目中地位低下，已有意与之疏远。后来，在中国士人瞿汝夔的建议下，利玛窦重新蓄发留须，身穿儒装，头戴方巾，去"西僧"招牌，开始以"西儒"面目出现。

利玛窦把自己定位为"泰西儒士"，与士人阶层广泛交往，力图"以耶补儒"，用儒家学说阐扬天主教思想，同时对于佛教采取了排斥态度。利玛窦对佛教的批判，从根本上否定佛教理论的独创性。他认为天主教早于佛教产生，后者借用了前者的理论。他认为佛教的顿悟成佛、诵念成佛等修行方式太过简便易行，难免会导致善有恶报、恶有善报的不合理结局，使人们对今世积善、来世得福缺乏真诚信念，助长人类天性中为恶的倾向。

据《利玛窦中国札记》记载，利玛窦滞留南京的时候，在一位信佛官员李汝桢的安排下赴宴，与佛教名僧三淮展开了一场辩论。这场辩论是天主教与佛教碰撞中的一个重要事件，拉开了天主教与佛教旷日持久的辩论序幕。参与利玛窦与三淮和尚辩论中的一些佛教弟子，有的后来放弃了佛教信仰。

在晚明，佛教已经进入颓势，对各种文化均能持一种宽容态度，佛教僧众以"与世无争"自期，把耶稣会士视作"同根生"的法友，所以多以善意、友好的态度对待利玛窦等"西僧"的到来。当时有一位叫陈思淳的文人写了一本《天文学入门》的书，书中对天主教展开攻击。他把这部书的手稿寄给了济明和尚。济明和尚是当时知识界的名人，他回信说："我高兴地看到你的信和读了你的著作，由于我脱离了世俗生活，所以我不愿挑起争论。你说传教士极力攻击佛教，我可以告诉你佛是任何东西也毁不掉的。而且，目前佛教徒们不再恪守其本分了，他们保留的仅仅是形式而已。传教士们的攻击倒会使他们认识自己的真实处境，从而回到自己的真正使命上来。对于佛教来说，这是一种祝福。"① 这封信反映了当时佛教界对待天主教的一个基本态度。

但来自天主教的批评是如此激烈，以至于佛教徒不能不有所回应，起而为本教辩护，由此引发了二者间的论战和冲突。天主教在佛教势力一向较盛的南京和杭州发展迅速，对佛教的现实利益造成直接影响，故而双方的论争主要在这两地展开。在这场论战中，双方都有大量著作问世。天主教方面除利玛窦诸书外，还有庞迪我的《七克》、艾儒略的《三山论学记》和杨廷筠的《代疑篇》等；佛教界则以袾宏《天说》四则、圆悟《辩天说》三篇及智旭的《天学初征》《再征》等为主。双方的论争主要涉及宇宙本原或本体论，神与人及万物的关系，以及轮回、因果报应、天堂地狱等诸多问题。

在晚明佛教和天主教的论争和冲突中，士人阶层也扮演了重要角色。天主教欲传行中国并立足，必须获得官僚知识阶层的认可；而佛教在这一新来宗教势力的冲击下，要巩固其在中国文化中的固有地位，也得借助士林的帮助。因此，官僚知识阶层就成为二者争取的重点对象。马晓英将官僚知识阶层对待佛、耶二教的态度大体分为三派：②

（1）崇耶反佛派，包括部分皈信天主教的士人官僚，如瞿汝夔、李之藻、徐光启、杨廷筠等，以及一些虽未入教但接受了天主教观念的知识分子，如冯应京等。在佛耶论战中，他们积极出力，以辟佛为己任。

（2）崇佛黜耶派，指那些尊尚佛教、反对天主教的士绅官僚，较著名者有虞淳熙、黄贞、许大受等。杭州佛教居士虞淳熙是万历十一年（1583）的进士，出任过兵部职方司主事、礼部主客司员外郎等职。他是最早对利玛窦天主教进行正面批驳的中国士大夫之一。此外，还有一些人以维护儒学正统自任，也排抑过佛道，但在反天主教的立场上却与崇佛诸人保持了一致。如邹维琏在天主教入华后，联合居士僧徒共同反对传教士，他认为耶教活动比佛教对中国的危害更大。

（3）中间派，这是人数最众的一派，他们对天主教能持一种宽容和接纳的态度，对佛教也并不反对和排斥。如东林党党魁叶向高与耶稣会士多有接

---

① 阎宗临著，阎宗诚编：《传教士与法国早期汉学》，大象出版社 2003 年版，第 13 页。

② 参见马晓英：《晚明天主教与佛教的冲突及影响》，《世界宗教研究》2004 年第 4 期。

触，对天主教理论也有些了解，但更令其感兴趣的是由传教士带入的西洋科技和能与儒家经世观念相合的学理知识。李贽思想性格颇受佛学浸染，然而他对天主教士持相当友好的态度。

官僚知识阶层的宽容和支持，为天主教的顺利传播大开方便之门，也使它在佛耶冲突中获得了较为主动的地位。佛教对天主教的挑战虽然反应强烈，但总是被动而为；而且论争中很少有高明之士加入，其反耶没有提到一定理论高度。所以，天主教在与佛教的冲突中处于上风。但这种胜利只不过是暂时的。天主教终究未能取代佛教，成为中国文化之一翼。佛教在中土传衍已逾千年，它与儒、道二家鼎足而立，形成中国文化的三极稳定结构。一时的争辩并不能取代佛教在中国文化中固有的地位，而天主教初来乍到，要真正实现顺利传教并为中国文化所接受，其道路仍然是漫长的。

这场碰撞就其实质来说，是天主教与佛教这两大宗教之间一次大规模的、高层次的接触、照面和对话，也是西方思想与中国思想第一次比较对等的文化问题、人生问题以及世界观问题的对话，为寻求基督的福音和中国文化的契合做了许多有意义的开创性探索。

2. "南京教案"：对天主教的第一次打击

天主教传入中国之后，多次出现传教士受当地人排挤、殴辱、捣毁寓所，甚至出现被官府拘捕、囚禁、驱逐出境的现象。据曾德昭统计，从万历七年（1582）罗明坚第一次到肇庆至万历四十四年（1616）"南京教案"34年间，共发生了54起教案。不过这些仅属地方性教案，多因一些捕风捉影的流言而起，一经说明，即告平息。但是，这种矛盾冲突日益激化，终于在万历四十四年发生了"南京教案"。

利玛窦去世以后，龙华民接任中国耶稣会会长职务，他背弃了利玛窦的传教策略，主张尽可能多地公开发展教徒，将传教的对象从士大夫阶层急遽转向平民阶层，加之他使用的传教方法过于激进，希望短时间内在中国掀起一场轰轰烈烈的传教运动。这种态度对一些传教士也有一定的影响。万历三十九年（1611），传教士王丰肃在南京建了一座新教堂，由于太过张扬，引起士大夫的不满。美国学者邓恩指出，王丰肃在南京以完全公开的方式来宣讲福音，神父在教堂进行礼拜的仪式中穿着华丽的服饰，场面十分辉煌壮丽。天主教徒自然对此非常高兴，但很多佛教的僧侣将这一切视为对自己地位的威胁。

万历四十四年（1616）四月，南京礼部侍郎署礼部尚书沈㴶上《远夷阑入都门暗伤王化》疏，从而拉开了"南京教案"的序幕。他以崇正学、黜异端、严华夷之禁为根据，力主排斥天主教。

沈㴶列举的禁教理由有：西方教士散居中国，时有窥伺之嫌；劝人但奉天主，不可祭祀祖宗，是教人不孝；私习历法，有背律例私习天文之禁，恐创为邪说，混乱听闻；西教擦圣油、洒圣水，聚男女于一室，易败风俗，乱纲纪；传教士以小恩小惠收买人心，其财路不明，应早作防范，以免姑息养奸。沈㴶并指出天主教有逆儒道，堪为邪类。他还在奏疏中含沙射影地攻击信教的大臣。当时南京诸大臣多有附和，朝议哗然。

七月初，《邸报》有南京礼部参劾传教士庞迪我的奏疏，南京的礼部尚书同时呈上一份对沈㴶表示支持的奏疏。这两份文件同时送达朝廷。代表地方官员势力的南京礼部尚书所呈奏疏的内容，刊行于朝廷机构发布文件的《邸报》上。但当时的中央政府集中了以徐光启为代表的一批容教和护教的力量。徐光启上疏《辨学章疏》，直言为教会、教士和教友辩护。庞迪我及熊三拔也联名上疏，针对沈㴶指控逐一向万历皇帝辩白。万历皇帝虽觉得徐光启的论证无可辩驳，但经不住那些地方仇教势力的一再陈诉，便在这份奏章上批示"知道了"三字。同时，也把沈㴶的奏章搁了起来，开明地处理了这一"朝廷弹劾"。

由于"朝廷弹劾"未获成功，于是，中央部分官员与地方官员联手，采用了"武力介入"的手段。礼部尚书方从哲未等皇上批示，就授命沈㴶逮捕传教士。万历四十四年（1616）七月十九日午夜，庞迪我派人到达南京，通知王丰肃可能发生教案，让其做好准备。七月二十日，礼科给事中余懋孳上《辟异教严海禁疏》。同一天，龙华民与艾儒略自南京前往北京，晚上沈㴶派遣军队包围教堂。七月二十一日，教案发生，教徒被捕，教堂被封。一些地方仇教势力也被纷纷动员，王丰肃在前往监狱的路上被地方百姓侮辱、嘲笑和谩骂。生病的曾德昭被留在一间加上封条的房屋内。七月二十二日，南京地方官员派人搜查孝陵卫花园，将曾德昭送入监狱。龙华民与艾儒略到达高邮李之藻处，得知严峻的形势后，龙华民继续前往北京，艾儒略则到杭州杨廷筠家避难，李之藻派人前往南京给耶稣会士送钱和衣物。徐光启在家信中让上海的家人保护天主教传教士。

八月，沈淮再上《再参远夷疏》。北京礼科给事中余懋孳、南京礼部祭祀司郎中徐如珂等都纷纷加入。与此同时，南京都城诸大臣如晏文辉、徐如珂等应声附和。沈淮于十二月再次上疏，南昌也有 300 名秀才签署了一份请愿书，请求皇帝驱逐传教士，禁止天主教。结果，万历皇帝于十二月二十八日颁发了放逐外国教士出境归国的谕令。

十二月二十八日，旨意到达南京。沈淮称传教士本该处以死刑，但是由于皇帝的宽宏大量，免去他们的死罪，下令对他们每人杖刑十大板，曾德昭因为病得太重，被免去杖刑，王丰肃被拷打后一个多月，伤口才开始愈合。在华教士与中国信徒，大有风声鹤唳、处处荆棘之势。当时一些传教士被押解广州，回到澳门；一些则遁迹隐形，藏在民家避祸。教会财产全被没收，传教工作不能公开活动。

"南京教案"是中国天主教史上的第一次大教案，同时也是发生在明代最激烈的一次中西文化冲突。沈定平指出："表面上以政治权势和迫害为特征的'南京教案'，实质上是具有迥然不同的背景和风格的中西文化，在彼此交汇、碰撞和摩擦中，所触发的社会冲突。由于这是自利玛窦以来，第一次通过国家政权大规模介入而彰显的中西文化的差异性，势必对明清之际中西文化交流带来重要的影响。"[1]

在"南京教案"之后十多年，在福建又发生了一场教案，虽然其规模没有"南京教案"那么广泛，持续的时间也没有那么长，但也给天主教在中国的传教事业造成很大破坏，可以看做是"南京教案"的继续，也是儒家文化排斥天主教和西学的又一次激烈的反应。

3. 汤若望在晚明的活动

"南京教案"之后，传教士的活动不能公开，只能在暗中进行。但天启之后，明朝政府又再度对天主教宽容起来，甚至有求于传教士，因此天主教在明朝最后数十年间又盛行起来。

明万历四十七年（1619），明朝军队在与后金的战争中惨败，京师震动，

---

[1]　沈定平：《明清之际中西文化交流史——明季：趋同与辨异》上册，商务印书馆 2012 年版，第 131、190—191 页。

增强军力成为当时首要问题。天启元年（1621），李之藻上疏请耶稣会士协助赴澳门购买西洋枪炮，当年年底火炮运抵北京。天启六年（1626），袁崇焕镇守宁远，带去两门火炮。努尔哈赤率大军围攻宁远城，袁崇焕以火炮轰击，后金军队大败而退。宁远大捷是明朝对后金作战的第一次重大胜利，明帝将西洋大炮封为"安边靖虏镇国大将军"，从此明廷深感有必要学习西洋火炮的铸造和放施技术，便请避居澳门的传教士来京。此外，万历年间，历法失修，经常发生错误，朝廷决定修改历法。李之藻力荐传教士参与，后因"南京教案"而中途废止。崇祯二年（1629）五月钦天监又对日食推算失误。于是礼部主动奏请修改旧行历法，并令徐光启主持其事，徐光启先后请龙华民、邓玉函、罗雅各、汤若望等参与。"火炮"和"修历"两件事使传教士们获得了比较宽松的环境，他们又可以自由往来内地，立堂宣教。"传教士们在此在明帝国取得了半合法的地位。"①

对于明清易代之际天主教在中国的生存与发展来说，汤若望是一个非常重要的人物。汤若望（Johann Adam Schall von Bell）在华40余年，经历了明、清两个朝代，是继利玛窦来华之后最重要的耶稣会士之一，与利玛窦、南怀仁并列耶稣会在中国传教史上最为杰出的三人。

汤若望出生在德国科隆一个贵族之家，1617年以最优秀的成绩完成了在罗马学院的学业，晋升为神父。1618年4月16日，在金尼阁的带领下，汤若望、邓玉函、罗雅谷等22名传教士，以葡萄牙政府的名义派遣，从里斯本起航东渡。1619年7月15日，汤若望和他的教友们抵达了澳门，被安置在圣保禄学院里学习。其时正是"南京教案"不久，传教士们在中国内地几乎无立足之地。但正值明朝内忧外患，朝廷派人到澳门向葡萄牙人购买大炮，滞留澳门的传教士以军事专家的面目，得以进入内陆。1622年夏天，汤若望换上了中国人的服装，把的德文姓名"亚当"改为发音相近的"汤"，"约翰"改为"若望"，正式取名汤若望。

天启三年（1623），汤若望到北京后，仿效当年的利玛窦，将他从欧洲带来的数理天算书籍列好目录，呈送朝廷。又将带来的科学仪器在住所内一一

---

① ［美］邓恩著，余三乐、石蓉译：《从利玛窦到汤若望——晚明的耶稣会传教士》，上海古籍出版社2003年版，第171—172页。

陈列，请中国官员们前来参观。汤若望以他的数理天文学知识得到朝廷官员们的赏识。天启七年（1627），汤若望被派到西安接替金尼阁的传教工作。他在西安城内建立了一座小教堂，除了开展宗教活动外，他始终坚持科学研究。

崇祯三年（1630），因为参加历局修历工作的邓玉函去世，礼部尚书徐光启疏荐汤若望回京供职于钦天监，参与译著历书，推步天文，制作仪器等工作。

为谋取天主教在各省的合法地位，汤若望奏请崇祯皇帝赐"钦褒天学"四字，制匾分送各地天主堂悬挂。《正教奉褒》说："崇祯十一年，礼部题叙，汤若望等，创法讲解，著有功效，并道气冲然，颇资矜式，理应褒异。上谕传旨嘉奖。并御题匾额曰'钦保天学'，敕赐若望敬挂堂中。"崇祯十五年（1642），汤若望又因"监造战炮"有功，"帝旌若望勤劳，赐金字匾额二方。一嘉若望才德，一颂天主教道理真正。若望即将原匾，由驿转送于澳门西士。住澳门之西国官绅士商，鼓乐放炮，排导欢迎，送至天主堂悬挂"。至此，"南京教案"的阴霾尽然消散，迎来了西学传播和天主教发展的大好时期。

同时，汤若望利用向太监讲解天文的机会，在宫中传播天主教，受洗入教的有御马监太监庞天寿等。这位庞天寿后来在南明政权中传教并与罗马教廷联络方面起到重要作用。

在这个时期，天主教在各地都有传播和发展。据统计，"南京教案"后，万历四十五年（1617）全国的信徒总数增至1.3万人，崇祯十一年（1638）为3.8万人。于是，"半个世纪以来，开拓性的传教事业带来的成果，首先在各省不断皈依天主教的运动的形式呈现出来"①。

七　清初天主教的发展

1. 汤若望与顺治皇帝

1644年，清军进入北京，实现了明清易代的历史性转折。在这个特殊的

---

① ［美］邓恩著，余三乐、石蓉译：《从利玛窦到汤若望——晚明的耶稣会传教士》，上海古籍出版社2003年版，第209页。

历史时刻，汤若望为天主教在中国传教事业的存续和发展做出了极为重要的贡献。

在李自成军进入北京前夕，与汤若望同在北京的传教士傅泛际和已经上了年纪的龙华民乘时离开了这个危险地带，龙华民劝说汤若望一起避乱，但汤若望宁愿死守，亦不肯离开。在此危险之际，汤若望要留下保护教友的安全，更要保护教堂会所的图书、仪器和刻板的安全。当时贮藏于北京天主教堂会所者，除神像、礼器和龛座等宗教用品外，还包括以下 4 类物品：

（1）自利玛窦以来陆续积攒，尤经金尼阁在欧洲广为征集购置，内容涉及传教经典、道德修养和科学著作，总数达 3000 余部的西方书籍。

（2）由西洋偕来以用于测量天象的各种仪器，数量很多。

（3）《崇祯历书》虽编辑就绪，其雕镌印刷刻板的工作却尚未完成，板片全堆积于此。

（4）作为居全国印刷传教士中文译著三大中心之首的北京教会，保存着大量翻译已刻的书版。

李自成的军队进入北京后，并没有骚扰教堂，还颁发牌示保护教堂和传教士。但在李自成军队仓皇撤出北京城时全城出现了燃烧和械斗厮杀。在撤退中，士兵疯狂劫掠纵火，城中士民奋起狙击反抗。在这持续 7 天的恐怖日子里，汤若望一方面尽力保护逃入教堂的信徒和邻居，另一方面保护那些贮藏珍贵物品的教堂会所的安全，但最后仍有一部分房屋被烧毁，所藏仪器也有一部分被破坏。不过，总的损失还不算大。

随后，多尔衮统率清军进入北京。多尔衮下达命令，要求内城居民三日内迁居外城，以便旗兵居住。当时汤若望住在宣武门天主堂，属内城，应当迁出。汤若望冒着违令受惩的危险，向清廷上了一份请求留在城内的禀帖。

汤若望携带这份禀帖进宫，受到大学士范文程的接见。范文程对此极为重视，他深知传教士收藏的天文历法、书籍、仪器与王朝兴衰的关系。为了表明"新朝定鼎，天运已新"，清廷需要准确地观测天象，颁布历法，以新天下耳目。范文程当即派人到汤若望的住所查看是否与他禀帖中所说的相符。第二天，清廷便传谕："恩准西士汤若望等安居天主堂，各旗兵弁等人，毋许阑入滋扰。"对于汤若望与范文程的会见，学者们给予了很高的评价。美国学者魏若望认为："在早期汉—满史和在华的基督教框架中，最重要的转折点是汤若望和范文程的会见……他和范文程的会见被证明是那个历史时期的紧要关头。范对于华人的官僚政体的认识和支持就在新政权的最初几天里协助了汤若望。此后，其他一些清朝官员又给了汤若望荣誉。"①

不久，汤若望又上疏说："臣于明崇祯二年来京，曾用西洋新法厘正旧历，制测量日月星晷、定时考验诸器。近遭贼毁，拟重制进呈。先将本年八月初一日日食，照新法推步。京师日食限分秒并起复方位，与各省所见不同诸数，开列呈览。"② 多尔衮当即命汤若望修订历法。

顺治七年（1650），清政府赐地在宣武门内原天主堂侧重建教堂。汤若望将利玛窦建的一座经堂扩大，建成了北京城内的第一座大教堂（南堂），此处成为汤若望等传教士的起居地。

顺治七年（1650）年一月，多尔衮病逝。汤若望不失时机地为顺治皇帝选择了亲政日期，汤若望也得到了顺治皇帝和皇太后的好感和信任。

顺治皇帝非常钦佩汤若望的道德与学问，与之保持很好的关系。汤若望以他的医学知识治好了孝庄太后的侄女、顺治皇帝未婚皇后的病，为此皇太后对汤若望很感激，认他为"义父"，随后顺治皇帝也尊他为"玛法"（满语，尊敬的老爷爷）。汤若望经常出入宫廷，对朝政得失多所建言，先后上奏章300余封。顺治皇帝还打破尊卑上下的惯例，到汤若望所居住的馆舍去看望。顺治十四年（1657），钦赐汤若望"通政使司通政使"，顺治皇帝还亲笔题写了"通玄佳境"的门额，挂在教堂门上。另外还亲自撰写了《御制天主堂碑记》，褒扬汤若望治历之功，赞扬其宗教信仰。顺治十五年（1658），钦赐汤若望"光禄大夫"，为正一品，后又按清廷惯例加封其祖三代为正一品。陈垣认为，汤若望和顺治皇帝的关系，犹如唐朝勇于直谏的名臣魏征和善于纳谏的唐太宗。

汤若望是中西文化交流史、中国基督教史和中国科技史上一位不可忽视的人物。他以虔诚的信仰、渊博的知识、出众的才能，奠定了他在中西文化交流史上的重要地位。

① ［美］魏若望：《汤若望和明清之际的变迁》，《国际汉学》第11辑，大象出版社2004年版，第132－144页。

② 赵尔巽等撰，许凯等标点：《清史稿》卷二二六至卷三〇七，吉林人民出版社1995年版，第7903页。

汤若望在明清之际受到两朝皇帝的宠遇，为传播西学做出重大贡献，同时也为天主教的传播和发展创造了有利条件。法国汉学家安田朴说："汤若望神父完全是由于他的才能和著作而获得了胜利。""整个传教区都受益于天文学为这名老耶稣会士赢得的特殊荣威。"① 由于汤若望等一批传教士的努力，天主教在中国打开了传教的新局面，不少西方传教士接踵入华，遍布全国各省传教建堂，活动范围的扩大，信徒在不断增加，使天主教极一时之盛。据传教士卫匡国估计，1581 年（万历九年）到 1650 年（顺治七年），全国教徒为 15 万人，主要分布在北京、河北、山西、山东、陕西、江苏、浙江、江西、福建等地，还不包括福建的多明我会和山东的方济各会的教友。②

2. 历法之争与"康熙历狱"

顺治皇帝的去世，使汤若望失去了宫廷保护人，他个人的命运以及天主教在华传教的命运也发生了巨大的转折。

早在顺治时期，就有一些士大夫反对顺治皇帝信任汤若望等传教士，对汤若望等人竟然在中国发展了十几万天主教徒极其不满。顺治十六年至顺治十七年（1659—1660），杨光先撰写了《辟邪论》3 篇以及《摘谬十论》《正国体呈》《中星说》《选择议》等多篇文章，又多次亲自来到礼部、通政使司等衙门状告汤若望，上《为历关一代大典，邪教谬肆欺，据理驳政，仰祈睿断事》奏本，对汤若望及其所订历法多有指责，并视天主教为邪教。杨光先指出，天由二气结撰而成，并非天主所造。耶稣是彼国谋叛的罪魁，因事败露而被正法，绝非造天圣人。同时，又斥责汤若望在《时宪历》封面上题写"依西洋新法"5 个字，其目的是按照西洋的"正朔"来修造大清历法，即让大清奉西洋之正朔。

因为当时顺治皇帝尚在，汤若望仍受朝廷器重，而礼部又不理睬杨光先的状告，所以汤若望等人对杨光先的反教举动未加重视。

康熙二年（1663）冬，钦天监夏官正、天主教徒李祖白根据明崇祯皇帝所赐"钦褒天学"匾额的"天学"二字，撰写了《天学传概》一书，次年正月，又求国子监助教许之渐为该书作序。据汤若望、李祖白等人说，此书是

---

① ［法］安田朴著，耿昇译：《中国文化西传欧洲史》，商务印书馆 2000 年版，第 257 页。
② 参见［韩］李宽淑：《中国基督教史略》，社会科学文献出版社 1998 年版，第 75 页。

针对杨光先指责天主教为邪教的论点而作，以阐明天主教并非邪教，而是正教。《天学传概》全文 2500 余字，大致介绍天主教之起源、天主教如何传入中国以及传教士来华后所做的功绩。李祖白在文中提到，中华民族的人文始祖伏羲本是犹太人，自西向东来到中国，并且带来了天主教。

康熙三年（1664）三月二十五日，已经 68 岁的杨光先见到《天学传概》一书后，先写信给该书的作序者许之渐，指斥天主教是邪教，《天学传概》是妖书，敦促许之渐举揭汤若望，反对天主教。杨光先认为李祖白之意在于以天主教代替儒家，从而割裂道统，尊夷为正宗。许之渐当时为监察御史，在京期间与传教士多有交游。正是因为这篇序文而在历狱期间被罢官。

七月二十六日，杨光先又写《请诛邪教状》一文，再赴礼部呈递，正式控告汤若望有三大罪状：一是潜谋造反；二是邪说惑众；三是历法荒谬。要求剪除邪教，依律正法。由此揭开了史称"康熙历狱"或"杨光先教案"的序幕。

鳌拜等四大辅臣一贯主张效法太祖、太宗施政纲领，主张清朝应恢复到入关前的旧秩序。他们看不惯顺治皇帝对传教士的尊崇优渥，对其所重用的洋人早抱有敌意。他们听信杨光先等人，将传教士汤若望、南怀仁、利类思、安文思及赞成西洋历法的钦天监官员李祖白等人下狱。

清廷从康熙三年（1664）八月至康熙四年（1665）七月，用将近一年的时间审理此案，最后作出了禁止耶稣会士在中国传播天主教的决定。

与此同时，宣布废止西洋新历，仍用《大统历》，并授杨光先为钦天监监副。但杨光先知道自己实际上并不懂得历法，于是上疏请辞。清朝政府驳斥他的辞职要求，并任命他为监正，吴明烜为监副。

但此后不久，北京城连日地震，京师人心恐慌，认为是刑狱不公，上天示警所致。宫中大火，京城内更是议论纷纷。辅政大臣不得已将汤若望案呈报给孝庄太皇太后。由于孝庄出面干预，汤若望等传教士幸免于死，礼部、吏部请将京师两座教堂"交工部拆毁"的建议也未获批准。最后，汤若望无罪开释，但 5 名信教的监官李祖白、宋可成、宋发、朱光显、刘有泰却被冤杀，其他信教大员均遭革职。

"康熙历狱"是继"南京教案"之后天主教遭受的又一次重大打击。清廷决定，除汤若望、利类思、安文思、南怀仁 4 人仍留京师外，余者全部送到广东，并宣布无论在京在省，均禁止再行"传布邪教"。"康熙历狱"虽然是因历法而起，但本质上仍是两种文化的冲突尖锐化的表现。在清代初期，由于多尔衮和顺治皇帝的优待，天主教得以发展，但同时也酝酿着反对的风暴。杨光先代表着持有正统儒家思想的文化保守力量，对一种新进文化排斥和抵制。

康熙六年（1667），康熙皇帝亲政，重新采取了保护天主教传教事业的政策。此时汤若望已经去世一年多。

康熙皇帝为汤若望冤狱平反，起用南怀仁为钦天监监副，接续汤若望的事业，重新使用比较精确的《时宪历》。自此以后，被南怀仁援引入京的传教士多被安排在钦天监供职。南怀仁为汤若望的平反做出了重大的努力，也为此后天主教的发展作出了重大的贡献。

南怀仁如同来华的其他传教士一样，是一位矢志不渝、忠诚坚定的耶稣会士。在传播西方科学技术知识的同时，从未忘却来华传教的志向和职责。南怀仁尤其注意利用为康熙皇帝进讲科学的机会，宣传天主教，努力造就有利于传教的局面。

3. 康熙早期对天主教的宽容

南怀仁深得康熙皇帝的信任，为天主教的发展创造了良好的环境。在汤若望冤案彻底平反后，禁教令也告一段落。康熙九年（1670），南怀仁逝世后，康熙皇帝继续重用天主教传教士主持钦天监的工作，康熙皇帝对有专长的西洋人抱有求贤若渴的热情。不少具有科学知识、善造奇器的传教士在清廷中效力。康熙二十六年（1687）法国传教士洪若翰、白晋等人来华，康熙皇帝亲自接见了他们，并让他们在宫廷中工作，并请几位法国耶稣会修士为自己和皇子们讲授西方天文、地理、数学、科学、人文及宗教知识。这几位传教士在写回本国的书信中，乐观地认为康熙皇帝已经接受天主教信仰，他下令全中国人民皈信天主已然是指日可待的事。

在与南怀仁以及法国传教士白晋等人的交往中，康熙皇帝确实对他们给予了很高的信任，并且对于他们所传播的天主教给予了一定的肯定。但是，正如伯希和所说的："这种谅解实际上是一种误解。康熙对传教士神父们表现出了好感，因为他希望利用他们的科学知识。传教士们撰写学术著作以获得一种使他们发展其布道的权威。这样一来，对于一方来说是重要的事，对于另一方则是无关紧要的琐事。"①

康熙皇帝在亲政之初规定,只"许西洋人在京师自行其教",但随着对传教士们的信任加深,康熙皇帝对天主教的态度也逐渐发生变化。康熙三十一年（1692），"康熙保教令"颁布,解除了中国人不许信教的禁令。从这项敕令中可以看出,"清廷使天主教自由主要有以下理由：（1）治理历法,（2）用兵之际,制造火器,（3）随征阿罗素,促成条约之签订,（4）无为恶乱行之处。最重要的是前三项,故学者多以宽敕令为康熙对耶稣会士贡献之回报,因而乐于像容纳僧道一样正式认可天主教。也就是说,只要天主教自觉地将自身定位一种受传统政教关系准则约束的边缘宗教,不凌驾于王法之上,且不为恶作乱,清廷乐于使其自由传播"②。

康熙皇帝有时还赐地给传教士,让他们建造天主教教堂。例如,康熙三十二年（1693）白晋、洪若翰等为他治好疟疾后,为了感谢他们,便把坐落在皇城内蚕池口的原苏克萨哈的住宅,赐给他们修建了天主教北堂,成为法国传教士活动的据点,从而创立了"法国北京传教团"。康熙皇帝有时也到天主教教堂拜访,以示关怀。如他两次到过宣武门内的天主教南堂,御书"敬天"二字匾额,赐悬堂中。并谕曰："朕书敬天即敬天主也。"这一御书遂由各地教堂转抄。

在康熙皇帝对天主教的宽容政策下,康熙中期,天主教在一种和谐、融合的气氛中得到发展,是天主教在华传播的"黄金时代"。赫德逊指出："传教士们在 17 世纪最终获得有限的容忍,这件事本身就证明中国比当时天主教的欧洲在宗教问题上更为自由。"③

此时天主教的发展也很快,在康熙初年,全国建有教堂159座,奉洗入教的教徒有20多万。至康熙末年全国建有教堂300多座,教徒遍布全国15个省区,共计有30万人。

4. 第一位中国主教罗文藻

在清代初期,由于顺治皇帝对汤若望的优待崇信,也由于康熙皇帝对天

---

① ［法］谢和耐著,耿昇译：《中国与基督教——中西文化的首次撞击》（增补本），上海古籍出版社 2003 年版,第 118 页。

② 孙尚扬、钟鸣旦：《1840 年前的中国基督教》，学苑出版社 2004 年版,第 340—341 页。

③ ［英］G. F. 赫德逊著,王遵仲等译：《欧洲与中国》，中华书局 1995 年版,第 272 页。

主教的宽容政策，天主教的传教事业有了很大发展。也正是在这一时期，出现了中国的第一位主教罗文藻。

罗文藻，字汝鼎，号我存，拉丁名 Gregorioiopez，明万历四十五年（1617）生于福建省福宁府福安县罗家巷村。罗文藻自幼父母双亡，与兄嫂相依为命。8 岁即为人放鸭谋生，天主教传教士见他衣食不足，雇为教堂佣工，罗文藻天资聪慧，工余勤学教义。崇祯六年（1633）秋，多明我会士黎玉范与方济各会士利安当来福安宣教。罗文藻由利安当领洗入教，以"额我略"为洗名。

入教后，罗文藻以传道员身份，赴南京、北京等地传教。顺治二年（1645），又随安多尼神父到菲律宾马尼拉，获准入圣多玛斯学院深造，学习拉丁语和西班牙语，并攻读哲学。顺治四年（1647）回到福建协助艾儒略传教。同年，他在福安顶头购地筹建顶头教堂。顺治七年（1650），在顶头加入多明我会，成为中国第一位多明我会士。

顺治九年（1652）春，罗文藻第三次赴马尼拉，在圣多玛斯学院继续攻读神学、哲学。1654 年 7 月 4 日在马尼拉从鲍布来德主教（MonsPoblrte）手中接受了圣品，成为第一位中国神父，时年 40 岁。

"康熙历狱"期间，外国传教士被集中到广东，藏匿在各省的传教士亦不能公开活动。于是全国教务由罗文藻一人负责。外籍主教联名上书罗马教宗，要求提升罗文藻为主教，管理中国教务。1665 年，罗文藻第四次去马尼拉，筹措传教经费。返国时，他带回大量救济金到广澳接济与慰问被逐的传教士。耶稣会、多明我会和方济各会委托罗文藻视察各省修会所辖教务，他遍历闽、浙、赣、粤、晋、鲁、湘、川及江南、直隶诸省，两年内带领 3000 多人受洗入教。

1674 年 1 月 4 日，教皇克雷芒十世（Clement X）颁发《座堂之上》敕令，称罗文藻有虔诚、好学、明智、干练、清白、仁爱诸美德，任命罗文藻为巴杀利衔主教，出任南京教区代牧。此后经过一番周折，罗文藻终于在 1685 年 4 月 8 日，在广州城外的方济各会圣堂接受祝圣。当时，罗神父已年届 70 岁。自此，他成为中国第一任中国籍主教。

此时正是"礼仪之争"日趋激烈之时，作为第一位中国籍主教，罗文藻显然不能置身事外。罗文藻对"祭祖敬孔"问题做过深入的探究，撰成《论中国祭祖祀孔礼仪》一文，于康熙二十五年（1686）八月十六日，将拉丁译文送呈传信部参考。对于如何解决礼仪之争，罗文藻认为：既然没有一方面能够显然证明另一方面的错误，因此应当寻求共识，由地方基层以公议会的方式开始，将可行方案送呈教宗决定、实行，并非仅由罗马教廷神长议决。后因罗文藻的逝世，这种解决方案，无人继续推动。

康熙二十七年（1688），教皇亚历山大八世（Alexandre VIII）又颁发新谕令，宣布在中国成立北京及南京两教区，由伊大任及罗文藻任主教。罗文藻深知，欲扩展中国教会，单靠外来传教士是不够的，需要积极栽培本籍神父。于是呈请传信部准许"放宽办法"，就是中国司铎不必学通拉丁文，只需懂得以拉丁文来做弥撒就行了。传信部批准通行，但声明必须了解弥撒及各圣事的经文的意义。在罗文藻的努力栽培并亲自祝圣下的司铎有吴历、刘蕴德及万其渊三位神父，当时他们都是五六十岁的人了。

5. 关于《圣经》的早期翻译

利玛窦等人在中国传播天主教，非常重视以书籍的形式宣传天主教教义，为此他们撰写和翻译了大量的神学著作，同时也翻译了许多西方科学技术和哲学方面的著作，他们称之为"哑式传教法"。可以说，在明清之际来华传教士的努力下，形成了一次西方书籍在中国传播的高潮。

但是，一个引人注意的现象是，在如此重视书籍传教作用的当时，却没有《圣经》的译本。第一部天主教《圣经》的中文全译本到 1953 年才印行，新教的多种汉译本则是在 19 世纪出现的。

早在唐代景教流行时，就可能翻译了《圣经》的部分内容。《大秦景教流行中国碑》的碑文有"帝使宰臣房公玄龄总仗西郊宾迎入内翻经书殿"的记载，从敦煌发现的景教文献可以知道当年的汉译经文，比如"若左手布施，勿令右觉""梁柱着自己眼里，倒向余人说言汝眼里有物"等。元代时孟德高维诺主教于 1305 年 1 月 8 日从北京寄给教宗的信中提到："现在我已将全部新约和诗篇译成中文，并请人用最优美书法抄写完毕。"但他的译本并未见流传，而且也很可能他所翻译的并不是汉语，而是蒙古语。

在传教士来华长达两个多世纪的传教活动中，并未见《圣经》中文译本出版，只是在他们的中文著作和供信徒诵读的问答中引用了一部分经文。学者研究认为，其中原因之一是，17 世纪至 19 世纪初，天主教在亚洲蓬勃发展的时候，正值特兰托大公会议后的保守时期。传教士与当时普遍的见解一样，认为《圣经》只应被少数人小心谨慎地阅读；对于信仰而言，最重要的一部书并非《圣经》，而是教理。人们翻开《圣经》，只是为教义寻找证据，或为丰富讲道的材料；一般信徒并不能直接接触《圣经》，只能透过神职人员的传教工作或在礼仪中转达。

"然而，真正的《圣经》译本的阙如并不意味着根本就没有《圣经》的节译本。事实上，我们发现各种各样的节译本。几乎所有这类的著作都可以置于教牧实用的背景中：翻译的形式通常都与实用经文的方法相适应。福音书一方面被译成基督的编年体和概要性的生平传记，另一方面又被译成主日读物，这便是最好的说明。""《圣经》的接受史表明：《圣经》主要是被用于布道。在这一点上，它与中国乡约的相似性是可以确定的。"①

初期来华耶稣会士的中文著作，大多为阐释教会的基本要理，如天主的三位一体、原罪、救恩等，这时期的《圣经》翻译的动机多在于《圣经》在教会礼仪上的应用，其中诸如主日福音宣讲，日课经中的圣咏吟唱，对经唱颂等。1605 年利玛窦译有《圣经约录》。《圣经约录》篇幅精简，书中大部分译文，如"天主经""天主十诫""真福八端"等，由于译成时间极早，译笔简洁渊雅，在明清耶稣会士间流传广泛，转化为明清天主教界通用的词汇。

1636 年耶稣会士阳玛诺翻译《圣经直解》，根据《福音史义笺注》编译而成，书中正文实际上是《新约》四福音书的节译，供各主日及周年瞻礼诵读之用，正文中夹有双行小字注解，正文之后另有名为"笺"的解经部分，内容远比《圣经约录》丰富。《圣经直解》1636 年首刻于北京，颇受中国士人青睐，该书于明清两代多次翻刻，1790 年尚有北京刻本。现存资料表明，"圣经"一词出现在书名上，最早就出现于这部《圣经直解》。

18 世纪末，法国耶稣会传教士贺清泰（Louis de Poirot）完成了整个《圣经》新约的翻译，并翻译了部分《旧约》，其标题为《古新圣经》，是现存最早的白话《圣经》汉译本。该书根据天主教通行的拉丁文武加大本《圣经》译成，并参照解经家的注释，第一次比较系统和完整地把《圣经》译成中文，共 36 卷，150 万余字，堪称明清天主教传教士汉译《圣经》文献中篇章最突

---

① 孙尚扬、钟鸣旦：《1840 年前的中国基督教》，学苑出版社 2004 年版，第 402 页。

出的。

贺清泰《古新圣经》译本也未刊行，未得流传。但《古新圣经》并未因为不曾付印而在历史中尘封，后代的传教士《圣经》汉译者仍然借助不同渠道，窥见这个珍贵抄本的面目，并在译本中或保留了《古新圣经》的部分语汇，或传承了它采用白话翻译的方式。马礼逊在翻译《圣经》期间，很有可能获得过一份贺清泰翻译的福音书抄本，甚至可能是贺清泰本人寄给他的，因为此时贺清泰尚在世，居住在北京。马礼逊在一封信中没提名字地说到过这件事。在天主教方面，在 1968 年思高《圣经》问世之前，《古新圣经》一直是该教最完备的《圣经》汉译本。1935 年，思高《圣经》最重要的译者、意大利方济各会士雷永明（Gabrielle Allegra）着手翻译《圣经》时，专程前往北京天主教北堂查阅贺清泰神父那份著名的宝贵手稿，并用一个月的时间把这份手稿全部拍摄下来，以备日后翻译《圣经》之用。

八 “礼仪之争”与文化冲突

1. “礼仪之争”

在明清之际的来华传教士活动中，发生一个十分重要的事件，即“礼仪之争”。正是由于“礼仪之争”问题，康熙皇帝下决定禁断天主教，结束了从利玛窦开始辛勤经营的传教事业。而这场持续了近百年的“礼仪之争”，对于天主教在中国的传播事业，对中西文化交流史，都具有重大而深远的影响。所以，方豪说：“‘礼仪问题’是中国天主教史上一大事。”①

所谓“礼仪之争”，是从 17 世纪中叶持续到 18 世纪中叶，在中国的传教士之间及传教士与罗马教廷之间展开的、有关中国传统祭祀礼仪性质的讨论。“礼仪之争”包含两个方面的问题，一是在中文中选用什么词汇来表达基督教的“神”的概念，二是如何处理中国基督徒的祭祖祭孔礼仪。安田朴概括“礼仪之争”为 3 个问题，他指出：“中国礼仪之争……共涉及三个问题：大

---

① 方豪：《中国天主教史人物传》，宗教文化出版社 2007 年版，第 69 页。

家是否可以既成为天主教徒又举行尊孔的礼仪呢？大家是否可以同时成为天主教徒和依然忠于中国人那种对死者的崇拜呢？大家应该使用汉字中什么样的词汇术语来指三位一体（天、天主或上帝）的天主教之神呢？"① 《新天主教百科全书》给"中国礼仪之争"的定义有三方面的内容：一是士人祀孔；二是家人祭祖；三是中西文中间有关基督教上帝的语义和语源学的争议，称"译名之争"。这场争论在中国和欧洲逐渐涉及不同态度的四方人员：（1）为中国礼仪抗辩的耶稣会士，以及由他们带领的中国信徒；（2）强烈反对耶稣会的其他修会，包括多明我会、方济各会、奥斯定会、巴黎外方传教会；（3）对在华各派传教士的纠纷难下判断，而又必须做出裁决的罗马教廷；（4）因外国教士和教皇干涉中国事务而终致恼怒的康熙皇帝。这样，"礼仪之争"就不仅是近代基督宗教史上的一个影响重大的教案，而且是人类近代文化史上的一个影响深远的事件。

"礼仪之争"不仅仅是关于礼仪与名称的问题，实质上反映的是中西两种思想、宗教和文化上的对立和冲突。

方豪在谈到"礼仪之争"带给教会的灾难性后果时说："结果乃使雍正以后120余年间，天主教上为朝廷与地方官所禁止，下为民间所排斥。"② 朱维铮指出："康熙的接班人，乃子雍正帝和乃孙乾隆帝，对西教的态度，一个比一个严厉，直至将传教士变成宫廷弄臣而宣称西学皆属异端邪说。假如说17世纪是基督教三度'远征'中国的战果最辉煌的岁月，那么18世纪给它留下的却是相反的记录。"③

2. 禁教时期天主教的暗中流传

自康熙晚年禁断天主教后，在长达100多年的时间里，清廷实施了一系列措施，严厉禁止天主教在中国的传播。然而，天主教并未在中国绝迹。天主教此时已经在全国的大部分省份有了传播，建立了教堂和教会组织，并且有了一二十万信众。他们分散在全国各地，并且以家庭、宗族等形式建立起秘密传教网络，盘根错节，已经在当地扎下根来。许多教徒世代相传，自幼

---

① ［法］安田朴著，耿昇译：《中国文化西传欧洲史》，商务印书馆2000年版，第292页。

② 方豪：《中西交通史》下卷，上海人民出版社2008年版，第699页。

③ 朱维铮：《基督教与近代文化》，上海人民出版社1994年版，第8页。

入教。另一方面，西方传教士们经过 200 多年的磨合，已经与中国社会文化相适应，形成了比较成熟的传教经验，同时培养了许多中国籍的神职人员，纵使西方传教士被管制，教会的运转仍然能够进行。所以在百年禁教时期，天主教仍然在中国暗中流传。

在雍正初年严格禁教的急风暴雨中，在清朝天子的脚下，传教士以科学技术为掩护，进行了大量的秘密传教活动。与此同时，一些西方传教士不顾清廷的禁令，由澳门和广州潜入内陆，秘密传教。也有教徒甘冒风险，赴粤延请和护送传教士。

雍正十年（1732）六月，广东巡抚鄂弥达上了一道奏折，详细汇报了广东省城天主教暗中流传的情况，列举了各教堂所在地及堂主、入教人数等。据这份奏折，仅广州一城就有教堂 16 处，教徒近 2 万人。这个情况引起了广东当局的高度重视。六月二十七日，广东督抚发布文告加以严管。

乾隆后期，广州是唯一的通商口岸，也是除北京之外唯一允许西方传教士居留的地方。乾隆三十六年（1771），在京城的传教士汪达洪获得乾隆皇帝批准，恢复过去的惯例，由一位外国人常驻广州，负责传递京城传教士的信件。意大利传教士多罗（Carlo Tommaso Maillard de Tournon）从乾隆四十六年（1781）开始获准在广州居住。在中文史料里，他被称作"罗马当家"。他违反禁令，先后私自派遣多名传教士由广州进入内地秘密传教。乾隆四十九年（1784）乾隆朝大教案爆发后，他被逮捕，押解到北京。

当时各省教徒赴粤访求西洋神父，延请他们入内陆传教的情况极为普遍。这些教徒受家乡教友的重托，或利用赴粤贸易的机会，或专程前往，通过在广州的中国教徒和"罗马当家"，找到西洋传教士，将他们乔装打扮，沿途护送，引入内陆。

此时，广东的传教活动也相当活跃。据乾隆五十年（1785）广东督抚的奏折记载，大教案中在广东被捕的中国神父就有顾士效和艾球三。

虽然朝廷禁教严厉，但各省的秘密传教活动仍然相当活跃。嘉庆十六年（1811），据时任四川总督常明奏报，仅四川渠县、巴县地方因官府劝谕而出具改悔的天主教徒户数达到 2062 户；从嘉庆二十二年（1817）到嘉庆二十四年（1819），短短几年时间里山西各地查获习教案多起，其中传习天主教人数超过百人的就达 4 起。这里所举的四川、山西两省例子，只反映了清政府查禁天主教案中所发现的部分情况，所揭示的只是清前期民间社会天主教传习活动冰山一角而已。

由此可见，在雍正年间发布禁教令近百年后，民间信奉天主教者仍然很多。据有关记载，在乾隆晚期，全国教友在15万到20万之间。在嘉庆年间，此时已是清政府禁教后期，但中国天主教徒数量突破了20万人，如嘉庆十五年（1810）与嘉庆二十年（1815），中国分别有215000名信徒与217000名信徒，这个数字甚至超过了康熙三十一年（1692）容教诏令颁布后的传教黄金时期的信徒数目。此时期距离雍正元年（1724）清政府禁教已经将近一个世纪，但是，天主教徒的数量不仅未见减少，相反还出现了不小的增长。据一些教会史料记载，到道光十九年（1839），中国天主教徒的数量可能已经上升到前所未有的30万人。

九　余论：天主教在中国传播的文化意义

1. 天主教传播的挫折与文化冲突

从利玛窦进入中国开始，经过了将近200年的时间，从欧洲来了近千名各个修会的传教士，付出了极为艰苦的努力，在中国传播天主教的教义和思想，建立教会，发展教徒，并且在一定程度上得到了中国知识分子的理解与合作，得到了最高统治者的默许和支持，因而总体上来说发展还算顺利。特别是在康熙前期，得益于皇帝的保教令，天主教在中国进入黄金时代。

正当天主教在中国比较平稳发展的时候，却因为"礼仪之争"而最后导致了"康熙禁教"，使刚刚发展起来的天主教事业受到沉重打击。关于"礼仪之争"的原因，国内外学者进行了很多讨论。有许多学者批判教廷的顽固和固执，没有很好地理解利玛窦适应中国文化策略的重大意义，而使200年的传教成果毁于一旦。还有学者批评康熙皇帝的天朝大国立场，封闭保守，关闭了中外交流的大门，致使中国丧失了走进世界潮流的历史机遇。但是，教皇和康熙皇帝都不是一开始就态度强硬的，有进行沟通和对话的愿望。从教廷方面来说，一次次作出前后并不一致的决定，反映了他们在这个问题上的摇摆不定。教廷一再派出特使到中国来当面向康熙皇帝解释教廷的立场，还是想获得中国皇帝的理解。从中国方面来说，康熙皇帝也派遣特使到教廷去解释中国的立场，耐心地接待教皇的特使，一遍一遍地向他讲解"中国礼仪"问题的重要性。双方有沟通的愿望，但又固守自己的立场。这种立场的尖锐对立和不可调和正反映了两种文化冲突的尖锐性。

我们可以设想一下，如果天主教完全采用使用中国文化的策略，完全用中国文化的概念和礼仪来解释天主教，像佛教那样完全本土化、中国化，那么，最后在中国的天主教就只剩下一个外壳，本质上已经离开了天主教教义的原始意义，是一种中国文化了。这一点，是教廷绝不会允许的。

祭孔、祭拜祖先是中国传统文化的核心价值。尊孔、祭祖、敬天等礼仪习俗在很大程度上是中国传统文化得以延续的形式保证。天主教反对祭孔，反对祭拜祖先，就是从根本上否定了中国传统文化的核心价值，这也是中国的最高统治者所绝对不能允许、绝对不能接受的。

在文化交流中，有许多方面可以互相交流、互相对话、互相理解和接受，但涉及各自的文化底线，就不能再妥协了。如果冲破了这个文化底线，就会造成颠覆性、破坏性的影响，如我们将看到的在 19 世纪后期西方文化东传所产生的结果那样。而在我们讨论的康熙时代，中国文化还没有发展到需要大变革的时候。秦家懿说："从佛教的例子来看，我们可以想见如果基督教依循佛教的榜样，它可能会产生更深远的影响。"但是，"基督教本身的独特要求和中国人的文化优越感存在着基本矛盾，以致基督教和中国主流宗教的冲突在所难免"。① 如果没有"礼仪之争"，还会有其他的表现形式，如前面提到的"南京教案""福建教案""康熙历狱"等。

天主教在中国传播的是一种完全的异质文化，而且是涉及信仰、意识形态高层次的精神性的异质文化。它在与中国文化接触的时候，发生碰撞、冲突是不可避免的。但是，"礼仪之争"及由此反映的文化冲突，至少让西方人和东方人更为清晰地认识到彼此存在不同的文化传统和宗教理念，同时，也在争执和冲突中更为深刻地理解了自身的文化传统与社会特质。从这一角度

---

① 秦家懿、孔汉思著，吴华译：《中国宗教与基督教》，生活·读书·新知三联书店 1990年版，第 198—199 页。

上说，冲突也是一种交流，一种更高级别、更深刻的交流方式。

2. 天主教与佛教在中国传播之比较

汉唐佛教在中国的传播，明清天主教在中国传播，是外来宗教在中国传播的两大高潮，并且对中国社会生活和宗教信仰、对中国文化的发展产生了重大影响。佛教与天主教虽然在中国的传播的时机不同，影响的程度、性质也很不同，但也有许多相似和相同的方面，具有相当的可比较性。比较佛教和天主教在中国传播的异同，对于我们理解外国文化在中国的传播和影响、中国接受外国文化的一般规律，是有意义的。

首先，佛教和天主教在中国的传播过程中，特别注意在上层社会、统治阶层和知识分子中推广传播，很多佛教的高级僧侣，同时也是知识分子，魏晋南北朝乃至隋唐时期，与高僧交游成为士人的一种时尚。天主教的情况也是一样，最有代表性的明末天主教"三大柱石"，既是朝廷高官，又是知识分子。他们的合作对于天主教初入中国，具有重要的意义。这也是文化交流当中一个具有普遍规律的问题。一种文化传播到另一种文化，要被接受和推广，首先要取得这个文化系统中的主流阶层、精英阶层的理解和支持。

其次，在佛教与天主教向中国传播的过程中，都有大规模的译书活动。佛教是在汉唐时期的大规模佛经翻译，天主教是明清之际的译书活动，两次大规模的译书活动，所传播的不仅仅是佛教、天主教思想，还有印度的、欧洲的科学文化著作，对于丰富中国文化典籍宝库具有十分重大的意义。

这两次译书活动也有一些不同的特点。佛经的翻译从南北朝时期开始就是一种国家行为，是一种大规模的国家文化事业。后秦、隋唐乃至到宋代，都有由中央政府主持的译场，中央的高级官员直接参与翻译的组织工作，甚至皇帝直接过问，为之作序，这为佛经翻译提供了强大的物质和人力的保障。明清之际的西学译书活动则基本上是民间行为，除了历法书由朝廷设立历局引进编译外，其他书籍的编译大多是传教士和中国学者的个人行动或联合行动。其间虽经多次呼吁，并未得到朝廷的支持，也未成立专门的翻译机构。虽然这时的印刷业和出版业已经相当发达，比佛教典籍的传播有更好的条件，但由于没有国家力量的介入，所译西书的数量和传播的广泛性还是受到制约。

作为外来宗教，佛教和天主教进入中国都遇到与本土文化磨合的问题。天主教在中国最大的冲突是"礼仪之争"，佛教也遇到"沙门议敬"的问题。

在印度，出家沙门见到包括帝王在内的任何在家人都不跪拜，只是双手合十以示敬意。佛教初传入汉地时，沙门仍秉持这一礼仪传统，这与中国传统礼仪相悖。到东晋南北朝时，佛教势力大盛，沙门不跪拜帝王与封建皇权和儒家纲常之间的矛盾愈益突出，沙门是否敬王的问题成为佛儒之间矛盾的焦点。慧远做《答桓太尉书》《沙门不敬王者论》等文章，全面而有力地论证了沙门不应跪拜君王的理由，终于得到最高统治者的许可。利玛窦主张适应中国文化，接受中国人祭祖祭孔，尊重中国礼仪，却引起极大的争论，最后形成教廷与中国朝廷的分歧，给天主教的传播和发展造成很大的挫折。"沙门议敬"的圆满解决与"礼仪之争"的不欢而散，都说明外来文化能否处理好与儒家等本土文化的关系，是决定其能否在中国生存和发展的关键。

佛教和天主教都寻求避免与中国本土文化的冲突，适应中国文化，走本土化的道路。但佛教走通了这条路，完全本土化和中国化，成为中国文化的一个组成部分。天主教虽然有过本土化的努力，但却没有走通，始终是作为一种异质文化而存在。这也就决定了两种宗教传播和发生影响的广度和深度。实际上，佛教为了本土化也放弃了自己很多东西。梁晓虹说："印度佛教一传到中国，在许多地方就不得不与原来的伦理观念相背，溶进儒家思想成分，而佛教中国化最突出、最典型的表现就是伦理道德的儒学化。所以，我们可以说，佛教始来就不能保持它在印度的'本来面目'了，而是被深深打上儒家的烙印。"① 经过上千年的发展，佛教已经为中国大多数民众所接受，且不说有多少佛教徒和遍布全国的庙宇，佛教的理论、思想、概念以及仪式、仪轨和所提倡的生活方式，也已经渗透到中国文化之中。中国人已经不会认为佛教文化是外来文化，而是作为一种中国文化的代表形态。中国佛教僧侣还有许多去外国传播佛教，如唐朝的鉴真和尚，宋元明历代也都有中国高僧去朝鲜、日本传教。天主教虽然努力与中国传统文化相适应，但不是用天主教去适应儒学和中国传统文化，而是用儒学附和天主教思想，论证天主教思想。他们的策略是"自合儒到超儒"，"合儒"的内容就是适应中国文化的努力，即是采用中国传统的儒家哲学范畴来诠释天主教的教义。"超儒"则是维持天主教信仰传统的内容。还想用天主教思想"补儒"，实则想取而代之。他们的

---

① 梁晓虹：《华化佛教》，北京语言学院出版社1996年版，第48—49页。

文化融合策略始终是"两层皮"。虽然天主教有中国本地化的意向，但那种的意向和努力只能在天主教的传统和教义范围内进行，若不适合天主教固有的传统体系，则本地化的内容不能进行而须修正。对于这一点中国人也看得出来。所以，中国人始终没有把天主教文化作为中国文化的一部分，奉教的士大夫官员以及社会底层的普通民众，都把天主教称为"洋教"，且不说那些反教人士了。所以，佛教的本地化几乎没有遇到佛教内部的障碍，非常迅速顺利地进行本地化，当然有多样性的、积极的结果。天主教以维护传统和教义的政策来控制本地化的工作，导致缓慢的、消极的结果。明清时期是天主教在中国传播的高潮时期，最多时也就有二三十万名教徒。

第二十七章

西方科学文化
在中国的传播

前文介绍了明清之际来华的欧洲各国传教士，为天主教在中国的传播做出了巨大的努力，并且在一定程度上取得了成功。这些传教士，特别是耶稣会的传教士们，大多是具有很高文化素养的知识分子，也是一些专门领域的专家。他们把自己的学识和专长用于传教事业，贯彻了一种他们称之为"学术传教"的策略，把宣传介绍西方的科学文化作为吸引人们增加对天主教及其教义兴趣的方法，所以在开展传教事业的同时，他们还将这一时期发展起来的西方近代文化大规模地、全方位地介绍到中国，成为那个时代西方文化东传的载体。正是在他们的努力下，包括天主教及其思想文化，还有西方的数学、天文学与历算、地理学、制图法、医药、物理学、建筑学、文学和语言学、哲学与伦理学、美术、音乐等等，都陆续传播到中国。他们还在中国朝廷的支持下，与许多中国士大夫合作，开展科学文化活动。

正是从这些传教士开始，西学东渐出现了第一次高潮。而这一次的西学东渐，给中国文化的发展带来新的刺激因素，丰富了中国文化的内容，并且为19世纪西方文化更大规模的传播奠定了基础。正如萧萐父在《明清启蒙学术流变》中所说："从明末直到清初，是中西文化交流的第一次高潮。如果说汉魏隋唐的中印文化还只是亚细亚生产方式占主导地位的东方文化的内部交流，而唐代和元代基督教在中国的传播亦不过是昙花一现和过眼云烟的话，那么，明清之际的中西文化交流则是从真正意义上开始了中西文化的碰撞和交汇，揭开了中国文化史上的新的一页。"①

一　"学术传教"与传教士的学者品格

1. 传教士的"学术传教"策略

来华的传教士本质上是虔诚的天主教徒，他们不远万里，来到中国开展传教事业，首先是出于他们传播宗教信仰的坚定信念和文化理想。为了实现这一目标，他们采取了"学术传教"的路线，以传播学术文化作为他们进行

---

① 萧萐父：《明清启蒙学术流变》，辽宁教育出版社1995年版，第60—61页。

宗教传播的途径和方法。可以说，这种方法使得他们的传教活动取得了很大成功，或者说这种方法对于他们开展传教活动很有助益。

"学术传教"是耶稣会的一个基本的传教方针。耶稣会自从建立开始，就非常重视教育，它派往世界各地的传教士要接受严格的选拔和长达十几年的专门培训。在这期间，所学习的不仅仅是基督教的神学理论，还包括广泛的文艺复兴发展起来的科学文化知识。我们后面要多次谈到，耶稣会士们有许多专门领域的专家学者。因而，在一定意义上说，耶稣会是一个科学文化团体。最新的科学文化是他们进行传教的重要手段和方式。

来华的传教士对于执行"学术传教"策略的重要意义有充分的认识。利玛窦在晚年的一封信中说：

> 如果我们能给他们传授科学，不但可以使他们成为专家，而且因此也能使他们接受我们的宗教，他们自然会感激所受的大恩。这个方法我们已经顺利地开始了，虽然迄今我只不过教授他们一点数学与宇宙学，但已使他们佩服得五体投地……假使我教他们更深奥的学科，如物理、形上学、神学与超性学的话，不知他们会用何种话来表示他们的谢意了。
>
> 我们迄今和中国士大夫们交往谨小慎微，他们异口同声地称赞我们为学者、圣贤，我真希望我们能始终保有这个名誉。①

利玛窦初到肇庆，就介绍数学、地理、天文等方面的知识以引起人们的好奇心，然后取得接近的机会结交朋友，转而论证天主教教义，引人入教。他到了北京之后，继续采用介绍和翻译西方科学知识的方法结交宫廷中的王公大臣和知识分子。裴化行指出，利玛窦在中国"把全副的精力，都用在中国的学术研究上，直到死时为止。他用比别人清晰的辨别力，他知道为适应环境，最要紧的是和学术阶级相联络，为能彼此发生哲学的及博学的关系……他单是用博学者的活动，为开启纯正宗教的接近工作"②。

---

① 引自沈定平：《明清之际中西文化交流史——明代：调适与会通》，商务印书馆 2001 年版，第 448—449 页。

② ［法］裴化行著，萧浚华译：《天主教 16 世纪在华传教志》，商务印书馆 1936 年版，第 276 页。

执行"学术传教"策略，是来华传教士们的共识。较晚来华的法国传教士白晋曾经说道：

> 根据一个多世纪以来的经验，传教士体会到要把天主教传入中国并使之在那里发展，最好的办法就是宣传科学，这也是上帝的旨意。今后，上帝为从中国铲除异教，还必须更好地利用科学。[①]

白晋等人是法国国王派遣的"数学家"，他们来华所承担的任务更多的是在科学研究方面。他们承担着法国科学院交代的考察中国科学的任务，因此也参加了许多中国学者的科学文化活动。与其他耶稣会士相比，他们的传教任务则退居其次。这是白晋、张诚及以后陆续来华的法国传教士的一个特点。正因为如此，他们在传播西方科学文化知识方面所做的贡献更大。明清之际进入中国的西方传教士在科学技术上有所专长者并非少数人，而是一个群体。继利玛窦之后，来到中国的传教士也以介绍西方科学知识和参与修历为媒介传播天主教。例如利玛窦、熊三拔、金尼阁、邓玉函、汤若望、南怀仁、白晋等人译著了许多较为重要的科学著作。

关于耶稣会士传来的西学内容，徐光启认为包含了"修身事天"的道德、宗教，"格物穷理"的哲学、科学，以及作为其"余绪"的象数。顺治年间，天主教中国信徒韩霖、张赓等人的《圣教信证》记载："论明季以来，入中国诸修士，所著天教之书，不下百部，外讲格物穷理、性命历法等学，亦有数十部，久行于世……然此等学问，西士皆目为余学耳，惟所传天学教法，则为吃紧之要学。"[②] 南怀仁在其《欧洲天文学》中记述了在北京的耶稣会士于1668—1679年间，在与数学和力学等有关的各种应用科学的实践活动中的成就。南怀仁从14个方面进行叙述，包括日晷仪原理和制作、弹道学应用于造炮、输水技术、机械学、光学、反射光学、透视学、静力学、流体静力学、水力学、气体力学、音乐、钟表制造技术和气象学。南怀仁指出，在各个领域应用欧洲科学所取得的成就，是整个传教团在中国赖以生存的基础。

实际上，传教士们把西方的天文、历法、数学、物理、地理、音乐、美

<hr>

① ［德］G·G·莱布尼茨著，［德］李文潮、张西平主编，［法］梅谦立、杨保筠译：《中国近事——为了照亮我们这个时代的历史》，大象出版社2005年版，第98页。

② 《天主教东传文献三编》第1册，台北学生书局1972年版，第280—281页。

术、建筑、机械制造、火炮技术等相继传入中国，在不同领域产生了不同的影响，掀起了中西文化交流的高潮。其中，利玛窦、熊三拔、阳玛诺、邓玉函、龙华民、罗雅各、汤若望、南怀仁、徐日昇、安多、苏霖、白晋、张诚等传教士不仅更新了中国的天文学仪器，与中国的天文学家编译了一大批天文历法书籍，还培养了一批应用西法的天文学家，逐渐改变了中国天文学历法方面的落后面貌，也弥补了当时中国在天体认识上的空白。另外，像利玛窦、庞迪我、艾儒略、南怀仁、蒋友仁、雷孝思、麦大成、杜德美等在地理学上的成就，艾儒略、利玛窦、邓玉函、汤若望、南怀仁、白晋、穆尼阁（Jean-Nicolaus Smogolenski）等人在数学上的成就，汤若望、南怀仁、阳玛诺、龙华民、卫匡国、艾儒略、汤若望等人在医学上的成就，以及利玛窦、徐日昇、南光国、巴多明、白晋、利类思、马国贤等人在音乐学上的成就，对明清之际中国科学技术的发展和进步起了重要的作用。总之，"西方在 17 世纪初年及其以前取得的成果，基本都在明末传入了中国"①。朱谦之指出：

> 其影响使中国学术界在固有的知识之外增加了新的内容，使欧洲数理天算的科学变成了中国人的学识了。而且在新的西洋科学方法的影响下，"自然就可以把中国种种迷信思想之基础，暗自剥夺了"。中国人欢迎其破除迷信、反对其树立新迷信，吸收科学而反对其宗教，这么一来中国人便能在原有的科学技术基础上跃进一步，而与耶稣会士所带来站在欧洲学识之高峰上的科学文化两极相逢。②

传教士们的"学术传教"策略可以说是很成功的。金尼阁说，利玛窦是"以自己的数学知识震慑了中国人"，"用对中国人来说新奇的欧洲科学知识震惊了整个中国哲学界"。梁启超指出：

> 传教方法很巧妙。他们对于中国人心理研究得极深透。他们知道中国人不喜欢极端迷信的宗教，所以专把中国人所最感缺乏的科学智识来做引线，表面上像把传教变成附属事业，所有信教的人，仍许他们拜"中国的天"和祖宗。这种方法，行之数十年，卓有

---

① 童鹰：《世界近代科学技术发展史》上册，上海人民出版社 1990 年版，第 217 页。
② 朱谦之：《中国哲学对欧洲的影响》，上海人民出版社 2006 年版，第 118—119 页。

成效。①

法国学者谢和耐指出："几乎所有 17 世纪初叶受归化的文人，都是被传教士们传授的科学知识吸引到他们一边的。"② 孙尚扬和钟鸣旦指出："当以利氏为代表的传教士以科学作为传教工具时，他们不仅满足了部分士大夫对西方科学的兴趣，而且在某种程度上满足了一些士大夫甚至皇帝的需要。正是这种需要和被需要的关系，才使得以传教士和士大夫为中介的中西文明之间的和平对话成为可能。"③

明清之际传教士大量向中国介绍西方科学技术和文化知识，使中西两大文化首次发生了实质性的接触，对当时的中国文化发展产生了一定的刺激和激励作用，在中国文化的历史进程中留下了深刻的印记。李约瑟指出，尽管耶稣会士在科学上有一些错误，但是它们对科学的贡献，无论何时都是两种文明最高水平文化关系的例证，在这之前，这种关系是不存在的。耶稣会士们成功地完成了这一项工作，其成就超过了印度佛教的先行者们在唐朝的成功，是耶稣会士开启了中国与世界间的自然科学沟通的大门，而中国的自然科学成就将要以它为基点。李约瑟还指出："由于历史的巧合，近代科学在欧洲崛起与耶稣会传教团在中国的活动大体同时（如利玛窦，1610 年死于北京），因而近代科学几乎马上与中国传统科学接触。"④

对利玛窦的"学术传教"，研究者有不同声音，但有一点是值得肯定的，就是他们既传播了宗教，也留下了科学遗产。所以，西方文化的传播和天主教的传播，在传教士们那里是相辅相成的，对于那个时代的接受方中国文化来说，也是互为表里的。《剑桥中国明代史（1368—1644 年）》说："罗马天主教在明朝中国的传教事业在宗教、学术界、科学、文学与艺术等方面引起了富有魅力的相互作用。"⑤ 西方文化的传播和天主教的传播，实际上是同一

---

① 梁启超：《中国近三百年学术史》，商务印书馆 2011 年版，第 22 页。

② ［法］谢和耐著，耿昇译：《中国与基督教——中西文化的首次撞击》（增补本），上海古籍出版社 2003 年版，第 8 页。

③ 孙尚扬、钟鸣旦：《1840 年前的中国基督教》，学苑出版社 2004 年版，第133 页。

④ 潘吉星主编：《李约瑟文集》，辽宁科技出版社 1986 年版，第 196 页。

⑤ ［英］崔瑞德、［美］牟复礼编，杨品泉等译：《剑桥中国明代史（1368—1644 年）》下卷，中国社会科学出版社 2006 年版，第 339 页。

个过程，是明清之际即 17—18 世纪中西文化交流、西方文化在中国传播并发生一定影响的主要内容。

2. 传教士来华的科学文化背景

传教士来华传教，一个重要的背景是当时在欧洲兴起的宗教改革运动。作为维护罗马教廷权威的势力，耶稣会的海外传教活动是与新教的改革相对抗的"反宗教改革运动"的组成部分。另一个背景是大航海时代的到来，以葡萄牙、西班牙为开端的海外殖民扩张，殖民主义具有向海外传播宗教信仰的狂热。一个是天主教内部发展的需要，一个是外部具有的客观条件，共同促成了天主教海外传播的展开和发展。

宗教改革和殖民扩张，是同一个历史过程的两个方面，与此同时，还有欧洲社会文化的大变动和科学文化的复兴。起源于 14 世纪的意大利，到了 15 世纪末和 16 世纪波及全西欧的文艺复兴运动，是"人类从来没有经历过的最伟大的、进步的变革"①。文艺复兴运动是一场反对封建专制主义、反对基督教神学权威的影响广泛的思想文化运动。它培育了一大批宣传进步思想的先锋和文化巨匠，促进了欧洲科学文化的繁荣，为近代西方文学艺术、自然科学和哲学的形成和发展开辟了道路。17 世纪以后，随着近代自然科学的发展，世界交往的扩大以及社会生活领域变革的扩大，人们的视野不断扩大，人们的世界图景也发生了重大变化。信仰主义无可奈何地衰落下去，理性主义成为一面时代的旗帜。到 18 世纪中期，以法国为中心展开的启蒙运动，对中世纪的意识形态基督教神学进行了彻底的打击和批判，并且全面地论证了近代资产阶级的社会理想和政治理想，成为政治变革的思想先导。与此同时，欧洲的文学、绘画、建筑、音乐等艺术形式以及日常生活领域都发生了重大的变化和发展。

在这一时期，近代自然科学逐渐成长和发展起来。16 世纪中叶哥白尼创立"日心说"，标志着西方近代科学的诞生。到 17 世纪，近代科学的各个部门，如力学、数学、物理学、化学、生理学和生物学等部门都开始形成并取得了许多重要成果，特别是力学和数学，是 17 世纪自然科学所取得的最大成就。航海事业的发展推动了天文学和天体力学的研究，手工工场在生产中也

---

① 《马克思恩格斯选集》第 3 卷，人民出版社 1972 年版，第 445 页。

提出了许多力学问题，而机器的采用在实践上支持并刺激了近代力学的创立。伽利略发现了惯性定律、落体定律，提出了力学的相对性原理，为经典力学奠定了基础；开普勒提出了行星运动三定律，牛顿则进一步提出了力学运动的三大定律和万有引力定律，把天体力学和地球物理力学统一起来，完成了经典力学的科学体系。与力学发展的同时，数学也取得了辉煌的成果。纳皮尔发明了对数，笛卡尔创立了解析几何，牛顿和莱布尼茨几乎同时制定了微积分。当时人们已经能够准确地用数学形式描述机械运动的一般规律。

总之，在16—18世纪的西方世界，经历着一场全面的、历史性的伟大变革。这场变革的直接结果，就是创造了完全不同于中世纪传统文化的西方近代文化，创造了一种体现资本主义发展的物质文明和精神文明。近代西方文化的这一转折性变化，不仅对西方社会历史，而且对整个人类历史产生巨大的影响。实际上，虽然近代文明一开始是在欧洲萌发的，但资本主义所创造的不是一个地域的文明，而是一个世界性文明。正像马克思和恩格斯所指出的："资产阶级，由于一切生产工具的迅速改进，由于交通的极其便利，把一切民族甚至最野蛮的民族都卷到文明中来了。它的商品的低廉价格，是它用来摧毁一切万里长城，征服野蛮人的最顽强的仇外心理的重炮。它迫使一切民族——如果它们不想灭亡的话——采用资产阶级的生产方式，它迫使它们在自己那里推行所谓文明制度，即变成资产者。一句话，它按照自己的面貌为自己创造出一个世界。"①

从世界历史的宏观角度来看，利玛窦等人来华传教，就是处在这样一个欧洲文化的大背景之中。在首批传教士来华之际，文艺复兴运动已经接近尾声。换句话说，这些传教士充分地享受了文艺复兴运动的文化和科学成果。孙尚扬和钟鸣旦指出：

> 利玛窦在中国生活期间（1583—1601），正是近代之初，此时科学与哲学尚未完全分离，科学本身也尚未分化成众多的门类。近代科学初兴之时，中世纪信奉的一套希腊思想（亚里士多德）与近代科学先驱在一种复古倾向中信奉的另一套希腊思想（毕达哥拉斯精神）矛盾地共存于欧洲思想界。因此，受过严格的神学教育，同时

① 《马克思恩格斯选集》第1卷，人民出版社1972年版，第255页。

又吸收过一些人文主义学术成果的传教士传授给中国士大夫的既有中世纪托勒密体系中的天文学、宇宙观，如地球中心说，天有十重等，也有体现毕达哥拉斯精神的科学，如《几何原本》《同文算指》等；还有文艺复兴后期的地理学，如《坤舆万国全图》，也有从根本上改变了中国传统的近代天文学成果，如徐光启绘制的《见界总星图》等等。①

英国哲学家怀特海指出："现代科学诞生于欧洲，但它的家却是整个的世界……事情越来越明显，西方给予东方影响最大的是它的科学和科学观点。这种东西只要有一个有理智的社会，就能从一个国家传播到另一个国家，从一个民族流传到另一个民族。"② 利玛窦等早期来华传教士承载着文艺复兴以来的科学文化发展的成果。而到了18世纪来华的那些传教士，如法国的宋君荣、钱德明等人，则是生活于启蒙运动的时代，其中有些人还与启蒙运动的思想家和学者们有着直接的联系。他们所带来的，就是更先进的，体现着启蒙运动精神的科学文化成果。而更为重要的还不是那些具体的科学文化成就，而是代表着世界文化发展前进方向的启蒙运动锻造的文化精神。

3. 传教士的学术修养

"学术传教"是耶稣会既定的传教策略，但要贯彻执行这一策略，也与传教士特别是耶稣会士的个人修养有关。在欧洲中世纪时代，教会成为唯一的学术中心和文化中心，古代的文化典籍和文化传统大部分保留在教会和教会开办的学校里，那个时代的著名学者首先是天主教的神学家和科学家。宗教改革后发展起来的耶稣会士更是聚集了一大批优秀的知识分子。明清之际来华的耶稣会传教士虽然人数不多，但每个人都是学有专长的专家学者。

耶稣会与其他旧式修会的不同点之一，在于强调教育具有重要的意义。1599年耶稣会公布了《教育法令》，详细规定了学级编制、学校设备、课程内容和教学方法。耶稣会对教师的培养十分重视，实施了系统的师资训练，对师资的要求作出了严格的规定。这个法令在以后3个世纪中，成为世界各地耶稣会教育的最高准则。1551年罗耀拉创办的罗马学院，成为耶稣会最重

---

① 孙尚扬、钟鸣旦：《1840年前的中国基督教》，学苑出版社2004年版，第134页。

② ［英］怀特海著，何钦译：《科学与近代世界》，商务印书馆1989年版，第3页。

要的培训中心，也是世界上最领先的科学研究中心之一。意大利学者彼埃罗·科拉迪尼（Pierro Corradini）指出："罗马学院的教学不仅仅包括未来神父们所必需的哲学和神学，而且还学习古典作家（其中也包括，甚至主要是世俗的人）的著作。数学和自然科学同样也于其中起着重大作用。因此，在那里超越了过去的三年制和四年制的区别，实现了一种全面的文化培养，即一种真正的人文主义的培养。它不仅限于修辞学和宗教研究，而且还将其研究和考察阵地扩大到了精确科学界。"[①]

在西方教育发展史上，由于耶稣会教育的广泛影响，罗耀拉被称作"伟大的教育家"。而据有关资料统计，在 1580 年，整个耶稣会共有学校 144 所，1599 年 245 所；在 1608 年，世界各地的耶稣会学校共有 293 所，1626 年增加到 444 所。耶稣会学校一直是欧洲质量最高、最有效率的学校。耶稣会以"学识"为其传教手段，成为一名耶稣会士，必须经历不少于 14 年的系统训练，耶稣会的学习课程很丰富，包括诗、修辞学、逻辑、自然科学、伦理、形而上学、数学等等。只有在这个基础上，会士才真正开始神学的学习。罗素指出，耶稣会当时"所施教育在不夹缠着神学的时候，总是无可他求的良好教育"[②]。史景迁指出："在遍及欧洲 16 世纪各个学派的网络中，耶稣会加强了数学学科的地位……耶稣会士们借助强调对数学技艺的充分认定，证明自己正站在现代知识的前沿，而且成为晚期文艺复兴时期意大利人文主义的主要推动力量。"[③]

由于耶稣会的新式教育，很快吸引了欧洲各国青年精英到它的学校学习。学生想进入耶稣会，就得经历一个非常严格的选拔和训练过程。耶稣会士掌握了古代和近代的学问，在经院哲学的技能方面具有良好的基础，他们很快成了欧洲最有才能的人。所以耶稣会士自称属于"知识阶层"。耶稣会也能根据不同情况向其成员分派各种各样的重要工作。由于他们的家庭和教育背景优越，耶稣会学校的毕业生常常在政治界和知识界拥有很高的地位。西方哲学史上著名的哲学家如笛卡尔、伏尔泰、狄德罗等人，早年曾在耶稣会的学校学习。

---

① ［意］彼埃罗·科拉迪尼：《利玛窦与文艺复兴》，《国际汉学》第 4 辑，大象出版社 1999 年版，第 371 页。

② ［英］罗素：《西方哲学史》下卷，商务印书馆 1989 年版，第 43 页。

③ ［美］史景迁：《利玛窦传》，陕西人民出版社 1991 年版，第 183 页。

另一方面，耶稣会在向海外派遣传教人员的时候，也是进行严格的挑选。为了确保耶稣会在海外传教活动卓有成效，也为了确实"派遣精选而更可靠的人士前往"，罗耀拉制定的《耶稣会会宪》规定了5条遴选标准：（1）对要求更大体力的事，要派遣更健壮的；（2）对危险更多的地区，要派遣在德行上锻炼有素而更可信赖的；（3）为同管理神灵的明哲之士去办事的人，明智且长于应付的人更合适（只要内修无缺），且要仪表堂堂，这能增加权威，他们的建议也很重要；（4）为应付精明强干及思维敏捷的文学之士，也要派遣天赋交稿和对文学有特长的人。这在讲演和谈话上更有裨益；（5）为一般民众更合适的人选，是具有讲道及旁听告解的才能的人。①

早期来华的利玛窦等人，是当时的饱学之士。彼埃罗·科拉迪尼说，利玛窦是"文艺复兴中的人物"，"他不仅仅作为传教士和宗教人士，而且还以能为中国人传去他们过去不懂的地理学和数学知识的科学家面目，出现在中国人面前"。② 17世纪末和18世纪来华的法国耶稣会士，如洪若翰、白晋等人，因为本身就带有科学研究的任务，所以在科学修养上都具有很高的水平，每个人都有自己专长的研究领域。英国学者赫德逊指出：

> 作为受过高等教育的人（耶稣会士），他们的学识由于他们精通中国文献和具有自己的专长而得到确认，仅凭这一点，耶稣会士中的领袖人物便被一向尊重高深学识和仍对知识抱有好奇心的士大夫社会所接受。③

意大利学者柯毅霖（Gianni Criveller）也说："由于通晓古代和近代的知识且有良好的学术素养，耶稣会士通常是欧洲最有才华的人。""耶稣会士不仅向文艺复兴开放，而且他们自己就是文艺复兴精神的宣扬者和鼓动者，并且在他们之中产生了一批一流的科学家。"④

---

① 沈定平：《明清之际中西文化交流史——明代：调适与会通》，商务印书馆2001年版，第133页。

② ［意］彼埃罗·科拉迪尼：《利玛窦与文艺复兴》，《国际汉学》第4辑，大象出版社1999年版，第371页。

③ ［英］G. F. 赫德逊著，王遵仲等译：《欧洲与中国》，中华书局1995年版，第276页。

④ 柯毅霖：《晚明基督论》，四川人民出版社1999年版，第12、15页。

对于耶稣会士们的学识修养，中国的知识阶层也给予充分的肯定。徐光启赞扬他们说："其道甚正，其守甚严，其学甚博，其识甚精，其心甚真，其见甚定。"《明史》上说，耶稣会士"东来者，大都聪明特达之士，专意行教，不求禄利，所著其书，多华人所未道"。

耶稣会士的文化修养和科学修养，是他们在来华后进行人文历史和科学研究的基础，也是他们实现自己的传教使命和文化使命的必备条件。

由于传教士特别是耶稣会士具有很高的学术修养，掌握了他们那个时代先进的科学文化知识，这使得他们不仅以天主教传教士的身份，也以西方学者的身份与中国的知识阶层接触、交往和对话，把他们所了解的西方科学文化传播给中国，同时也使中国的知识阶层增加了接触、了解天主教及其教义和思想的兴趣。西方学者对于传教士在中西文化交流中所起到的作用给予很高的评价。德国哲学家莱布尼茨在 1697 年写给法国耶稣会东方传教负责人维利乌斯（Antoine Verjus）的信中说：

> 我十分赞赏和关心贵会在中国的传教活动，因为我觉得它是如今最伟大的事业，不仅为着上帝的荣耀，为着福音的传播，更有利于人类的幸福，有利于我们欧洲与中国各自科学与技艺的成长，这就像文明之光的交换，能在短时间内让我们掌握他们奋斗几千年才掌握的技能，也让他们学会我们的技艺，丰富双方的文化宝库。这都是超出人们想象的光辉伟业。①

由于耶稣会士大部分是学有专长的专家学者，他们在中国的活动也一直为欧洲学术界所关注，所以他们与欧洲的学术界保持着密切的联系。如邓玉函、汤若望、罗雅谷（Jacobus Rho）是意大利近代科学兴隆时期最著名的科学社团"灵采研究院"的成员。邓玉函还在灵采研究院与伽利略共事多年，而汤若望至少亲自聆听过伽利略的学术报告。邓玉函还与开普勒保持着通信联系。特别到 18 世纪时，在华传教士与欧洲学术界的联系就更紧密了。因为从 17 世纪末开始，清朝和俄国之间的陆上贸易之路已经开通，这为在华耶稣会士提供了方便，通过俄国定期到北京的商队，耶稣会士把一些信件、书籍

---

① ［德］G·G·莱布尼茨著，［德］李文潮、张西平主编，［法］梅谦立、杨保钧译：《中国近事——为了照亮我们这个时代的历史》，大象出版社 2005 年版，"中文本序"第 2 页。

和物品交给商队，由他们转交俄国、法国的科学家。这种陆路上的交流，在18世纪比海上的交流要频繁、快捷得多。当时由俄国圣彼得堡到法国巴黎的信件，快的时候，只要一个月就可到达。另外也有一些英国船在中国沿海贸易，有时也带回一些信件。在华耶稣会士的大量通信和观测报告就是通过陆路、海路传入欧洲的。

白晋、洪若翰等法国传教士以"国王的数学家"的身份前来中国，他们带着法国皇家科学院交代的科学考察的任务，与皇家科学院及其学者们保持着密切的联系，他们中有些人兼任各研究院院士或通讯院士。比如洪若翰、白晋、刘应列席法国皇家科学院；宋君荣1739年被推为俄罗斯圣彼得堡研究院常任研究员，1749年被推为伦敦皇家学会联合会会员，1751年被选为巴黎皇家科学院通讯院士和巴黎金石与美文学科学院通讯院士；汤执中1749年谢绝了伦敦皇家学会外国会员名义，但不久被选为巴黎科学院通讯院士；钱德明为法国金石与美文学科学院通讯院士；韩国英为圣彼得堡研究院通讯院士；徐懋德1736年为圣彼得堡研究院院士；卢若望1781年在里斯本当选为科学院院士，同时还是伦敦皇家学会会员。作为这些研究机构的成员，他们有责任向各科学院提交研究成果，保持经常性的联系。这些传教士在欧洲学术界很受关注、很受欢迎，与欧洲学术界人士保持长期的通信联系，在他们返回欧洲期间，更是与学术界的人士频繁接触交往，开展多方面的学术活动。

在这一时期，各个领域的专家学者思想家争先恐后地与耶稣会士建立交往和联系。启蒙运动时期的思想家，如马勒伯朗士、伏尔泰、孟德斯鸠、莱布尼茨等等，与耶稣会士或其他传教士建立了个人的友谊，保持了长时期的通信联系。法国汉学的奠基人之一弗雷莱（Nicolas Freret）在1731—1739年间与宋君荣、巴多明、马若瑟、郭中传、雷孝思、冯秉正等人都有过书信往来，傅尔蒙（Etienne Fourmont）与马若瑟在1725—1733年间有过不下10次的书信往来。法国物理学家和天文学家德·梅兰（Dortous de Mairan）先后担任过法国科学院院长和常任秘书，1728—1740年间与巴德明交换过许多信件。贝尔丹在1765—1792年间与北京的耶稣会士有几百封的"文学书信"往来。所谓"文学书信"，其实是要避免让外界有太多的政治意识形态方面的联想的说辞。与贝尔丹有通信联系的有钱德明、晁俊秀、汪达洪、梁栋材、贺清泰、潘廷章、蒋友仁、罗广祥等人。关于传教士与欧洲学术界的这些通信联系，维吉尔·毕诺指出："东印度公司的船舶每年携回的这些书简并不是简单地互通情报，而是进行学术讨论的著作。"①

英国皇家学会和在华耶稣会士也有许多联系。皇家学会的秘书们，特别是斯隆（H. Sloanc）、莫蒂默（C. Mortimelr）、伯奇（T. Birch）3 位秘书，在沟通英国皇家学会与在华耶稣会士的联系方面发挥了重要作用。从 1690 年至 1741 年，斯隆在皇家学会服务长达 51 年之久，担任秘书也有 9 年。1727 年牛顿去世后，斯隆接任皇家学会主席。斯隆和洪若翰有过接触，当洪若翰从中国回法国途经伦敦，参加了英国皇家学会的会议。另外一位秘书莫蒂默做过斯隆的助手，1730 年起担任秘书一职，并负责《哲学汇刊》的编辑工作直至 1751 年。从 18 世纪 30 年代起，莫蒂默和在华耶稣会士戴进贤、徐懋德等人就开始了通信来往。莫蒂默在 1746 年 2 月给在北京的耶稣会士写信，并寄去了《哲学汇刊》，还要求他们能够和皇家学会保持通信联系。1749 年刘松龄收到了《哲学汇刊》，作为报答，他在 1750 年 9 月 18 日给莫蒂默写了信，并送去了在中国出版的中文对数表以及根据牛顿原理编纂的日躔月离表（即《历象考成后编》的表），对傅作霖受乾隆皇帝之命测绘西北部地图之事作了介绍，并答应地图绘成后送给皇家学会。刘松龄在华期间，还在北京南堂设立了观象台，进行了大量的天象观测，由于仪器不够精确，故请皇家学会将英国制造的测微计带到广州。大约在 1750 年，莫蒂默写信给宋君荣等人，想代表皇家学会邀请耶稣会士宋君荣、刘松龄和汤执中担任英国皇家学会的外国会员。1751 年末，伯奇担任皇家学会的秘书，他也是大英博物馆最初的理事之一。他和在华耶稣会士来往密切，保持了莫蒂默时的一些做法，继续向耶稣会士赠送《哲学汇刊》，并设法为北京的耶稣会士提供带有测微计的望远镜。在华耶稣会士将大量的天文记录、书籍、植物种子等从中国寄给英国皇家学会。

4. 礼品：西方物质文明成果的展示

耶稣会士的自身科学文化修养，以及他们与欧洲学术界所保持的密切联系，使得他们在进行科学文化传播，贯彻"学术传教"策略方面具有明显的

---

① ［法］维吉尔·毕诺：《中国对法国哲学思想形成的影响》，商务印书馆 2000 年版，第 159 页。

优势。他们通过多种途径传播西方文化，交游、译著、携带图书与仪器等入华、制造仪器与火器等等是他们的传播方式。在这过程中，他们把给中国朝廷、官员、士大夫们赠送礼品作为展示西方物质文明成果的一种重要的方式。

传教士携带各种礼品，首先是要在中国建立自己活动的关系网络。他们认识到在中国的人际交往礼仪中礼品的重要性，如利玛窦注意到"士大夫之间从不会忘记相互进行习惯性的礼貌拜访或经常馈赠礼品"。馈赠礼品是礼仪交往中的重要内容：

> 当他们馈赠小礼品时也用这种小折子，送礼是他们的普遍习惯，一般要回赠价值相等的礼物。在这种情形，拜帖里不仅有馈赠人的签名，并且还以颇为华丽的辞藻描述那些礼物。如果礼物被部分或全部退还，人们不认为是失礼的举动，馈赠人一点也不会生气。发生这种情形时，退回礼物要附上一个小折子表示感谢和有礼貌地谢绝馈赠，或者说明收下的礼物并列举回赠的礼品。①

利玛窦认为士大夫之间的这种馈赠礼物行为，不仅礼节繁琐，而且还需要持续进行，以此来维系人际关系，"这样馈赠礼物是不断进行的，并且社交的繁文缛节又那么多，实在难以尽述"。② 利玛窦注意到明末社会中馈赠金钱的习惯，"中国人还有一种普遍的习惯，对我们是很新鲜的，那就是馈赠金钱，相当于十个或五个或更少的金币，这可以是上级赠给下级，也可以是下级赠给上级"。③ 珍稀物品尤其是来自异域的物品往往被当作贵重礼物赠送给重要的人物。利玛窦在肇庆时，传教士所带来的物品，所建造的教堂，甚至传教士本身都是引起中国人好奇的对象，"我们的到来和欧洲异物的出现，消息一经传开就把很多人吸引到教堂来，更多的人是来参观我们的教堂而不是拜谒总督的。一些人把面向道路的大钟当做新奇的东西，另一些人则把小钟

---

① 〔意〕利玛窦、〔法〕金尼阁著，何高济等译：《利玛窦中国札记》上册，中华书局1983年版，第66页。

② 〔意〕利玛窦、〔法〕金尼阁著，何高济等译：《利玛窦中国札记》上册，中华书局1983年版，第67页。

③ 〔意〕利玛窦、〔法〕金尼阁著，何高济等译：《利玛窦中国札记》上册，中华书局1983年版，第47页。

当做新奇的东西。欧洲的图画和塑像、数学计算法、浮雕地图，也吸引很大的注意"。①

前文列举了利玛窦到北京后送给万历皇帝的礼品清单。利玛窦等挑选的礼品显然带有强烈的意图。利玛窦给万历皇帝的礼物可以分成三大类：（1）宗教类，包括圣像、经典、十字架；（2）科技类，包括舆图、自鸣钟、乾罗经、玻璃镜；（3）西洋异物，包括西洋琴、西洋布、银钱等。但真正引起万历皇帝兴趣的却是被后来保守士大夫称之为"奇技淫巧"的自鸣钟。此种被视作"天下奇物"的自鸣钟不仅让利玛窦获得进京的机会，而且还得以获准进入紫禁城、进而获允留居北京。从某种程度上说，正是利玛窦所携带的礼物自鸣钟起到了至关重要的作用。其实一开始也是因为万历皇帝对自鸣钟的好奇，才下旨让利玛窦赍物进京。

利玛窦之后，传教士也利用各种机会向皇帝进献"方物"。崇祯十二年，皇帝圣诞之日，毕方济等进献星屏一架、舆屏一架，附贡西琴一张、风簧一座、自鸣钟一架、千里镜一筒、火镜一圆、西香六炷、沙漏一具、白鹦鹉一只。

到了清代，传教士进献的礼物就更多了。一方面是因为随着科学技术的发展，欧洲出现了许多新的产品，另一方面也是因为海上交通的畅通和频繁，来往的人员更多了，便于为传教士准备更多的物品作为礼物。

康熙皇帝在东巡及南巡期间，多次亲自或遣使拜访天主教教堂，各地的传教士也主动向康熙皇帝敬献礼物。根据《熙朝崇正集》记载，向康熙皇帝敬献的礼物多为西洋方物，少则四五种，多则十几种，传教士不仅向康熙皇帝敬献礼物，而且还向太子敬献。康熙二十三年（1684），汪儒汪、毕嘉敬献康熙皇帝方物4种，但康熙皇帝只收西蜡；康熙二十八年（1689），潘国良敬献方物6种，康熙皇帝只收下小千里镜、照面镜、玻璃瓶3种。由此可见，传教士所敬献的方物大体上是以欧洲的科学仪器（如千里镜、日月星钟、天文比例尺、日晷等）及土特产（如西蜡、玻璃球、玻璃瓶、水晶瓶、眼镜、西洋香、西药、西纸等）为主。而康熙皇帝尤其对西方的科学仪器感兴趣，

---

① ［意］利玛窦、［法］金尼阁著，何高济等译：《利玛窦中国札记》上册，中华书局1983年版，第216页。

传教士也投其所好，每次敬献礼品中或多或少有科学仪器。康熙二十八年，康熙皇帝南巡至南京，毕嘉、洪若径自敬献测量仪器。因为这些仪器携带不便，康熙皇帝命毕嘉、洪若送至北京，直到康熙二十九年（1690）孟夏，他们才将仪器从南京送至北京。

传教士带来的西洋"奇器"有钟表、乐器、天文仪器、火炮、望远镜、显微镜、温度计，此外还带来了西洋绘画、西洋药物等等。

传教士到中国来，给中国朝廷、官员和交往的中国友人的礼品是经过精心准备的，甚至可以说，他们赠送的礼品是他们的传教策略的一种具体表现。张铠在《庞迪我与中国》一书中，抄录了一份得自西班牙耶稣会档案的耶稣会士向中国友人赠礼的"礼单"：

> 日晷 1 具、星晷 1 具、西洋衣帕 1 方、西洋梭布 1 匹、绉帕 1 方、西洋剪刀 1 股、西洋眼镜 1 函、远视景镜 1 函、八角眼镜 1 函、玻璃面镜 1 座、玻璃巧箸 1 双、玻璃杯盘 1 套、玻璃细碗 1 对、西洋画景 4 幅、《万国全图》1 幅、《坤舆地图》6 幅、东洋巧扇 2 握、佳纸 4 张、东洋顺刀 1 鞘、东洋漆箱 1 座、东洋漆盒 1 具、佳制糖果数种、乳蛋糕几器、棕竹饭箸 2 把、龙涎扇坠 1 枚、百合高香 1 封、西洋佳画几幅。①

张铠认为，上述传教士向中方的赠礼显然是用心设计过的。像日晷、星晷、远视景镜、《万国全图》和《坤舆地图》，在于表现西方科学的先进性，西洋衣帕、西洋梭布、西洋剪刀、各类玻璃器皿以及东洋巧扇、顺刀、漆盒等，则为海外"奇器"，可以用来打动中方友人的好奇心。但通过赠送西方礼品最直接的结果，则正如庞迪我所总结的："用这些东西，我们结交了不少朋友，可以和他们谈及我们神圣的信仰和灵魂的拯救。"② 利玛窦将这样送礼的做法称为"给社会进步的齿轮里注润滑油"。③ 美国汉学家史景迁指出："从保存下来的利玛窦与罗明坚的信件可以看出，自着手于传教工作起，他们就

---

① 张铠：《庞迪我与中国》，大象出版社 2009 年版，第 121 页。

② 张铠：《庞迪我与中国》，大象出版社 2009 年版，第 121—122 页。

③ ［意］利玛窦、［法］金尼阁著，何高济等译：《利玛窦中国札记》上册，中华书局 1983 年版，第 378 页。

这样不倦地寻求着使传教事业获得成功的策略，这就是给中国人送去适合的礼物。他们看出，这可能是他们整个艰巨事业获得成功的关键……在他们还未能真正掌握足够的汉语，并用此来解释复杂的科学概念之前，这些耶稣会士把钟表作为赢得中国人民喜爱的一个关键宝物。这是一个更实际的决策，是把西方的钟表制造技术同中国古老钟表制造技术相比较后做出的抉择。"①

西洋的钟表最早引起中国人的注意，印度教区主教给利玛窦一块很精致的表，作为给中国传教团的礼物。在传教士赠送给中国宫廷和士大夫的礼品或带进中国的器物中，有不少科学仪器，而且从罗明坚、利玛窦开始，一直到十八世纪以后来华的传教士，把这些仪器作为重要的物件。汤若望和南怀仁先后主持钦天监时期，以及后来的戴进贤在钦天监工作时期，也先后制作了大型的天文仪器。他们通过这些仪器来显示西方科学的先进性的。

传教士带来的这些西方器物，不仅作为礼品馈赠，还在自己的居所和教堂内展示。如罗明坚、利玛窦在肇庆时，就把带来的世界地图、万花筒等在房间里摆放，供人们参观，也确实引起人们很大的兴趣。利玛窦在肇庆刊印《山海舆地全图》之后，用铜和铁制作天球仪与地球仪，把铜日晷之类的仪器送给与他交往的官员。据说，地球仪和天球仪肯定是按照罗马天主教长老会的式样制作的。在韶州（今韶关）、南昌、南京等地，他向官员赠送天球仪、地球仪、钟表、日晷、星盘、象限仪和纪限仪等，指导求教者制作天文仪器，还用星盘和其他仪器测定一些地方的地理位置，用象限仪测塔的高度和山谷的深度等。利玛窦在南京时，将钟表和棱镜片等准备进京献给皇帝的礼品放在屋内供人参观，一时间"大家都来看稀奇，看外国人穿中国衣服，讲中国语言，看西洋的自鸣钟和棱镜片，利玛窦从此便无安静之日了"。②

《帝京景物略》记载了北京南堂，将其描写成西洋奇器博物馆："其国俗工奇器，若简平仪（仪有天盘，有地盘，有极线，有赤道线，有黄道圈，本名范天图，为测验根本）、龙尾车（下水可用以上，取义龙尾，象水之尾尾上升也。其物有六：曰轴、曰墙、曰围、曰枢、曰轮、曰架。潦以出水，旱以入，力资风水，功与人牛等）、沙漏（鹅卵状，实沙其中，颠倒漏之，沙尽则

---

① ［美］史景迁：《利玛窦传》，陕西人民出版社 1991 年版，第 226—227 页。

② 罗光：《利玛窦传》，台北光启社 1972 年版，第 91 页。

时尽，沙之铢两准于时也，以候时）、远镜（状如尺许竹笋，抽而出，出五尺许，节节玻璃，眼光过此，则视小大，视远近）、候钟（应时自系有节）、天琴（铁丝弦，随所按，音调如谱）之属。"

史学家谈迁在顺治十一年（1654）到北京南堂造访汤若望，其中写到在南堂的所见所闻：

> 登其楼，简平仪、候钟、远镜、天琴之属。钟仪俱铜质，远镜以玻璃，琴以铁丝。琴匣纵五尺，衡一尺，高九寸，中板隔之。上列铁丝四十五，斜系于左右柱，又斜梁，梁下隐水筹，数如弦，缀板之下底，列雁柱四十五，手按之，音节如谱。其书叠架，蚕纸精莹，劈鹅翎注墨横书，自左而右，汉人不能辨。①

王铎与汤若望多有来往，他写了一组题为"过访道未汤先生，亭上登览，问海外诸奇"的4首七言律诗②，记录了他在北京南堂的所闻所感。传教士带来的这些先进的仪器引起中国士人的极大兴趣，当时就有人说："自鸣之钟，照远之镜，举重之器，不鼓之乐，莫不精工绝伦，我中土之技巧不如也。"

传教士带来的这些科学仪器主要目的在于引起中国人对于西方科学的兴趣和好奇心，进而他们就多方面地介绍、宣传近代西方的科学知识。更重要的是，通过这些新奇的东西，使他们在人们面前树立起博学的形象，引起人们的尊重，从而为传播天主教创造有利条件。美国学者墨菲指出："利玛窦及其后继者之所以取得成功，基本上是他们用欧洲文艺复兴的某些新成果当诱饵的结果。特别是早期自鸣钟、改进的历法、世界地图、天文学和玻璃棱镜。这些物件让中国人着迷，使得耶稣会士像博学之士受到欢迎。"③

5. 传教士所传之"西学"

对于明清之际来华传教士的文化传播活动，现在笼统称之为"西学东渐"。法国学者谢和耐说："对于明末的文士们来说，传教士们的说教（伦理、辩学、科学和技术诸领域）形成了一个完整的整体，这就是他们所说的'天

---

① 谈迁：《北游录》，中华书局1981年版，第278页。

② 参见张西平主编：《国际汉学》第26辑，大象出版社2014年版，第95页。

③ ［美］罗兹·墨菲著，黄磷译：《亚洲史》，海南出版社、三环出版社2004年版，第336—337页。

学'或'西学'。"①

明末清初逐渐流行开来的"西学"概念里的所谓"西",指的即是欧洲。"西学"概念是与传教士自称"西儒"的身份相对应的,他们为推广这个"西学"概念做了很多努力。自从利玛窦进入中国后,"西术""西法"乃至"西洋之学"或"天学"一类词,传教士和中国人开始使用,但起初并没有形成一种有系统的学问感。学者研究,"西学"概念的正式提出和公开传播,特别是作为一种传教士自塑宗教形象的命名行为,大体肇始于17世纪10—20年代,以高一志《西学》的完成和艾儒略《西学凡》的刻行为标志。

在中国,第一位以"西学"一词称呼西方学问的是高一志。方豪说:"在明末传教士中,高一志以著作宏富及文笔畅达见称。"② 高一志约在万历四十三年(1615)著有《西学》一文,介绍欧洲的教育体系和它背后的西方认识论。文章写成后,因"南京教案"发生,高一志被遣返到澳门,故《西学》一文一直没有正式发表。万历四十八年(1620),高一志在澳门刊印《幼童教育》,把《西学》原稿收入《童幼教育》下卷。天启四年(1624),高一志重返中国内地,《童幼教育》一书也随之传入。徐宗泽指出:《童幼教育》"自胎教以至成人,为完备一人人格之教育都言之矣"。③

《西学》专门介绍西方学问的整体结构及其讲求顺序。高一志率先使用了"西学"概念,还创造了其一系列的分支概念,展现出"西学"的整体结构及其进学次序,用他自己后来的话说就是:"然夫西学之规范及各学之序志,余已析详于《童幼教育》之卷耳。"在高一志看来,西学教育最初从"文学"开始,也即从语言文字修辞、文章议论之学入门打基础,"文学毕,则众学者分于三家而各行其志矣,或从法律之学,或从医学,或从格物穷理之学,三家者,乃西学之大端也"。所谓格物穷理之学,也就是"费罗所非亚"("哲学"),它"名号最尊",具体又分为5家:"一曰落热加,一曰非西加,一曰玛得玛弟加,一曰默大非西加,一曰厄第加",用今天的术语,也就是逻辑学、广义物理学、数学(几何、算学)、形上学和广义伦理学。高一志把伦理

① [法]谢和耐著,耿昇译:《中国与基督教——中西文化的首次撞击》(增补本),上海古籍出版社2003年版,第41页。

② 方豪:《中国天主教史人物传》,宗教文化出版社2007年版,第108页。

③ 徐宗泽:《明清间耶稣会士译著提要》,上海书店出版社2006年版,第166页。

学译为"察义理之学",认为它与中国儒家所谓"修齐治平"那类学说相对应。后来他译编《修身西学》《齐家西学》和《治平西学》,就是基于这一认识,高一志还将其称为"义礼西学"。以上这些学问,被高氏统称为"人学";但"人学之上尚有天学,西土所谓陡罗日亚也",也就是关于"天主"及其信仰天主的学问,即神学。高一志强调说:"天学已备,即人学无不全,而修齐治平之功更明且易,行道之力更强矣。故吾西大学之修从认己始,而至于知万有之至尊,正所谓复其初反其本也。"这样,"天学"就不仅成为"西学"的最高学问,而且还被视为所有学问的最终归宿。

大约与高一志同时,艾儒略也提出"西学"概念,并与高一志进行过讨论。天启三年(1623)季夏,艾儒略著成《西学凡》,对"西学"进行了系统的概述。

《西学凡》在中国首次导入了西方知识分类体系。中国古代,有两大知识分类体系:一是四库分类法,也就是经史子集;一是考据、辞章、义理(曾国藩后来加上"经济")。《西学凡》却在中国首次引入新的知识分类体系。这个体系包括文科、理科、医科、法科、教科、道科。文科着重语言与文艺,"大都归于四种,一古贤名训;一各国史书;一各种诗文;一自撰文章议论。又附有交接进退之规,有拊奏之乐,又合节之舞,有书数之奥、赞经之咏"。理科,即哲学,包括逻辑、物理、形上学、数学、伦理学共 5 个分科,逻辑为一切知识的根本,物理学、数学、形上学是理论科学的 3 个分支,伦理学属于实用科学,艾儒略称之为"修齐治平"之学,其间包括有伦理本位的政治学,故讲究"区别众政之品节,择贤长民,铨叙流品,考复政事,而使正者显,庸邪者进弃,所以治天下也"。医科(医学)、法科(世俗法)、教科(教规法)、道科(神学)都是分门别类的专门知识学科。对于这些学科,艾儒略总称之为"西学"。虽然艾儒略所谓的"西学"是欧洲大学的知识体系,但也大致接近于西方学术的知识体系。

《西学凡》在中国首次介绍了西方大学先博雅后专业的教育学程。《四库全书总目提要》说道:《西学凡》"所述皆其国建学育才之法……其教授各有次第","大抵从文入理,而理为之纲"。其论甚为准确。艾儒略述曰:西方大学学程,"先以文辞诸学之大路",即以文科为第一台阶。文科学习的内容包括经典、历史、文学、写作以及社交礼仪、音乐、舞蹈、数学、赞经。其意义在于培养学生的基本人文素养和能力。艾儒略特别提到，文科学成后，要经过三道考试，先"试其文笔"，次"试其议论"，再次"至公所主试者之前诵说之，或登高座与诸智者辩论焉"以及演讲或辩论。这些程序的设计，是对学生文科综合能力的全面检验。"文学已成，即考取之，使进于理学。"理学即哲学，是更高层次的思维培养和训练。哲学学习需要三到四年时间，第一年学习逻辑学，第二年学习物理学，第三年学习形上学，第四年学习几何之学以及伦理学。只有完成了理科的学习，方能进入医、法、教、道科的专业学习。

为了使中国士大夫能接受《西学凡》所介绍的新的知识门类，艾儒略融合中西文化，努力采用中国式的语言。"Philosophia"今译哲学，高一志在《西学凡》中称它为"格物穷理"之学。"格物穷理"四字，显然来源于程朱。艾儒略则进一步，把"Philosophia"释为"理学"，更称"理学者，义理之大学也"。和高一志比较，艾儒略把"哲学"译为"理学""义理之大学"，虽然同为中国士大夫熟知的概念，但更接近哲学形而上的学术特质。在介绍文科考试中"试其议论"环节时，艾儒略说：议论之法约有五端，"五者之中，又以实理为主，以致于用，决可见诸行事"，"不徒浮言散于空中而已"。这又是晚明士大夫喜闻乐见的语言。耶稣会士来华时，晚明思想界正兴起蓬勃实学思潮，以实理实行批判王学末流的空谈性理，耶稣会士敏锐地把握这一思想界的动向，突出实理、致用，因而易为士大夫所接受和欢迎。

在明清之际的学术话语中，还有与"西学"并用的"天学"的概念。传教士明确使用的"天学"概念的主要含义是天主教之学。《天主实义》一书最初就题为《天学实义》。但"天学"一词在当时的中国还有另外两种相关用法：一指天文历算一类关于天地的学问；一指以"天主教"信仰为核心的整个西学体系，包括一切格物致知之学在内，也即成为整个"西学"的代名词。李之藻所编的《天学初函》囊括了包含天文、地理、物理、数学等在内的整体西学。明末"天学之儒"邵辅忠在《天学说》一书中指出："我明国从来不知有天主也，自神宗朝泰西利玛窦始倡天主之教，其所立言，以天文历数著，一时士大夫争慕向之，遂名天学云。"

虽然《西学凡》所介绍的西方知识分类体系未能得到明末清初士人的回

应，但在研究近代中国知识转型的过程中，艾儒略的《西学凡》以及高一志的《西学》显然不可忽视。《西学凡》所表述的"西学"一词，从一开始就是一个综合了西方社会科学和自然科学在内的概念。如果旁参高一志的《西学》以及他在山西传教期间完成的《西学治平》《民治西学》《西学修身》《西学齐家》等著作，大致可以断定，明清间耶稣会士传入中国的"西学"，绝非如传统史论所言，只是天主教神学以及格致之学，而是一个全面的、完整的知识体系。《剑桥中国明代史（1368—1644 年）》说：对于晚明时期的士子来说，天主教传教士们传入的西学"提供了另一个文化传统的知识，这个文化传统在地理上距离甚远，并且在先前未曾为中国人所知。外族性和新奇性，对其崇拜者来说是明显的，并被其反对者所利用。但在晚明时期，它却被普遍地得到了宽容，而并不是简单地扫地出门"。①

二　传教活动与西书引进

1. "哑式传教法"与传教士的著译活动

在不同文化的相遇与交流的过程中，作为思想与文化的载体之一的书籍往往扮演了重要的角色。在佛教传入中国的时候，就有大批佛教典籍传入中国，形成了规模宏大、持续上千年的译经事业，极大地丰富了我国的经籍文献宝库。在中国文化向朝鲜、日本等国传播的过程中，有大批中国的典籍包括译成中文的佛教经典持续地、大规模地传入日本、朝鲜等国，成为中华文化传播的重要载体。明末清初，来华的传教士也将许多中国的儒家经典翻译成欧洲各国文字，在欧洲广泛传播，成为欧洲人特别是启蒙学者了解中国思想的一个重要渠道。也正是这些传教士来华的时候，带来了大量的西方神学、哲学和科学文化的书籍，他们还进行了大量的著译活动，把相当一部分西书翻译成中文，成为西方文化向中国传播的一个重要渠道和形式。

---

① ［英］崔瑞德、［美］牟复礼编，杨品泉等译：《剑桥中国明代史（1368—1644 年）》下卷，中国社会科学出版社 2006 年版，第 809 页。

传教士传播西书以及进行著译活动，首先是服务于传教的目的。耶稣会士等传教士在进行"学术传教"的过程中，重视书籍的撰著和翻译，即用著述中文的教理书籍的方法，使人接受教理而入教。这种通过"书籍传教"的方式，他们叫做"哑式传教法"。传教士了解到，对于中国人而言，宗教文学对一个宗教的传播所产生的影响，远比任何西方人所想象的重要。佛教通过佛经的翻译在中国的广泛传播就是一个明显的例证。法国学者谢和耐指出：

> 天主教知识和传教士们传入的其他新鲜事物，主要是通过书籍在中国传播的。中国的书籍由于木刻术而翻印迅速，而且价格低廉。它的这种作为传播思想和知识的特殊手段所起的突出作用，似乎曾使传教士们感到惊奇，他们立即就试图利用这种手段。①

在利玛窦看来，"哑式传教法"适合中国人的习惯，因为所有教派多以书籍，而非以口述做宣传。中国人对于新内容的书籍十分好奇，又因为象形的中国文字，在中国人心目中有一种特殊的力量及庄严的表达能力。"在他看来，中国人似乎是一个重视觉而轻听觉的民族，相信三不朽的传统又使书籍被神圣化，从而产生尽信书的心理习惯。"② 在中国，印在书本上的，往往被认为是真理，因而"关于基督教义，中国人比较相信书本，只是口头讨论是不够的"。利玛窦认为，在中国，以书籍传教的效果极大。他说：

> 在该帝国中，文化如此昌盛，以至于在他们之中只有很少的人不会读某种书。他们的所有教派都更应该是以书籍的手段，而不是以在民间的布教和讲演的方法来传播和发展的。这种做法曾为我们的人向基督徒传授必要的日课经提供了很大帮助。因为他们或自己阅读或让其亲属朋友为其阅读刊本基督教理书时，立即就能牢记心田，而且那里从来不缺乏能阅读书籍的人。③

在他看来，在中国许多处传教士不能够去的地方，书籍却能进去，且仗

---

① ［法］谢和耐著，耿昇译：《中国与基督教——中西文化的首次撞击》（增补本），上海古籍出版社 2003 年版，第 2 页。

② 孙尚扬、［比］钟鸣旦：《1840 年前的中国基督教》，学苑出版社 2004 年版，第125 页。

③ ［法］谢和耐著，耿昇译：《中国与基督教——中西文化的首次撞击》（增补本），上海古籍出版社 2003 年版，第 2 页。

简洁有力的笔墨，信德的真理可以明明白白地由字里行间渗入读者的内心，比用语言传达更为有效。

所以，利玛窦在给耶稣会总会长的信中要求获得出版书籍的许可权。耶稣会总会长很快批准了利玛窦的这一请求，将印刷书籍的许可权交给了中国传教团，为它们大量地翻译刊印书籍提供了方便。

其他传教士对于书籍在传教中的作用也有很清楚的认识。王丰肃说："在中国人中，书籍在有关我们的教法问题上比进行争论具有更大的说服力，也更容易使人理解教理。"① 明末山西奉教士大夫段衮在绛州刻印艾儒略的《三山论学记》，他说："唯书可以大阐天主慈旨，晓遍蒙铎。若处处有艾先生，从晤艾先生，且若时时留先生也。故著书大也。夫著书功如日，自具真光，施照万有。刻书功如月，无光而传日光，以照万有。"所以，正如方豪所说："当时西士华友，亦无不努力于译著，其成书者亦无不兼信、达、雅三长。"方豪还说："明末中国天主教三柱石：徐光启、李之藻、杨廷筠，皆视刻书为急务也。"②

因此，从利玛窦开始，来华的传教士，特别是耶稣会士，在从事传教和科学文化活动的同时，还大量翻译和撰写著作，并且都得到刊印，广为传播，成为他们在华活动的一个重要内容。如利玛窦在中国生活的近 30 年中，其中著作竟达 20 种之多。利玛窦也一再要求其他传教士"多读中国书，会编写中国书"。传教士根据利玛窦成功的经验，把译书和著书工作作为与中国文人交往，在中国传播福音之门径。在艾儒略传教活动的主要地区福建，耶稣会刊刻过大量天主教书籍。仅福州天主教教堂钦一堂在晚明刊刻过的作品，据法国国家图书馆所藏《福建福州府钦一堂刊书板目》记载，就有 51 种之多，其中包括艾儒略的《口铎日抄》《弥撒祭义》《降生纪略》《性学觕述》《西方答问》《三山论学》《万物真原》《西学凡》《五十余言》《圣梦歌》《四字经文》等，囊括了艾儒略的重要作品，可见艾儒略本人对刻书的重视程度。孙尚扬和钟鸣旦指出："利玛窦的'哑式传教法'引起的反响是较大的。与利玛

① ［法］谢和耐著，耿昇译：《中国与基督教——中西文化的首次撞击》（增补本），上海古籍出版社 2003 年版，第 2 页。

② 方豪：《中西交通史》下卷，上海人民出版社 2008 年版，第 686、687 页。

窦同时或稍后来的传教士都积极著书，而很多士大夫也都是在阅读他们的著作后投入了'天主'的怀抱，而另一些士子僧徒在研读利氏及其他传教士的中文著作后，感到'圣学道脉'有被'邪教'取而代之的危险，于是奋起批驳天主教。看来，在当时的中国这块较平静的湖面上，要想激起波澜，还非得投进几部著作不可。"①

来华传教士用中文撰述的著作不仅数量可观，而且涉及的知识领域相当广泛，其中不乏哲学、神学、历史、语言和逻辑等人文方面的论著，又有天文、历法、数学、地理、水利、机械、建筑、医药等科学技术及音乐、美术等方面的作品。

传教士在中国的著译活动，得到了中国士大夫阶层的支持和合作，他们的许多著作是在中国士大夫的合作下完成的，或者有中国士大夫们所撰写的序言，或参与校定刊刻。如最著名的译著《几何原本》就是利玛窦与徐光启合作完成的。李之藻明白地表示过他对科学的愿望："秘义巧术，乃得之乎数万里外来宾之使。……夫经纬淹通，代固不乏玄樵；若吾儒在世善世，所期无负霄壤，则实学更有自在；藻不敏，愿从君子砥焉。"1613 年至 1631 年中国出版的 50 余种西方译著大多经过李之藻之手，或作序或同译，或润色，涉及天文、数学、哲学等多门学科。通过初步统计，明清参与天主教书籍的编辑活动（校订、校梓、参阅、笔录、修润等）的士人共有 404 位之多，其中 89 人为进士，甚至有一些是位居高位者，如叶向高等。在一本由清初江西信徒刘凝所编辑的、专门收集天主教著作序跋的《天学集解》中，至少有 57 篇序跋由进士撰写。"南京教案"中的反教者文翔凤谓利玛窦等传教士"借润于山人文士之手，而文理贯穿经史矣"。文翔凤甚至提出了这样的担忧："天主教者亦以中国人润色之，而久之又安辨其非西洋之本文耶?"《明史》则认为，徐光启、李之藻等信徒所参与的编辑活动，对于推动天主教的发展有了积极作用。

此外，一些中国奉教人士也撰写了一些作品。这些中国信徒的作品大部分是在传教士指导之下创作的，同时也融入了信徒的宗教体验，以及中国的文化传统。一些著名的信徒，如徐光启、李之藻、杨廷筠、王徵、韩霖、张

---

① 孙尚扬、[比] 钟鸣旦：《1840 年前的中国基督教》，学苑出版社 2004 年版，第129 页。

赓、李九标、张星曜、朱宗元等有著作问世。

在翻译西书的过程中，中外的译者还对翻译过程进行了一些总结。徐光启在《历书总目表》中提出翻译西洋历书须分轻重缓急、循序渐进的见解，并提出了自己的翻译思想："欲求超胜，必须会通；会通之前，必须翻译。"意思是只有通过翻译才能"会通"，只有"会通"才能"超胜"。利玛窦与徐光启合作时，"反复辗转，求合书本之意，以中夏之文重复订政，凡三易稿"。利类思在《超性学要》的序文中说："自惭才智庸陋，下笔维艰，兼之文以地殊，言以数限，反复商求，加增新语，勉完第一支数卷，然犹未敢必其尽当于原文也。"李之藻在翻译时虽强调"借我华言，翻出西义"而止，不敢"妄增闻见，致失本真"，但他将自己的翻译称为"创译"。他在翻译过程中，坚持"辞能达意"的原则，所创译的不少术语译名至今沿用。同时，李之藻还对译者的思想修养发表了自己的见解，他提出译者要去除"浅学自奢""怠惰废学""党所锢习"和"恶闻胜己"四病。17世纪前叶，传教士强调的主要是"达意"，以使"经旨"能够流布，至于"言之不文"，他们自知难免，也是将它放在次要地位。如艾儒略在《万日略经说》中说道："会撮要略，粗达言义。言之无文，理可长思，令人心会身体。虽不至陨越经旨，然未敢云译经也。"随着译事经验的丰富，传教士在"粗达言义"的基础上，进而要求"兼通雅俗"，并重视在翻译中应用中国的"俗语常言"。为了使译文易懂，他们在翻译时添加了不少补充文字和注解。如法国传教士贺清泰在翻译《圣经》时虽强调完全按"本文文字"的直译，认为理重于文，"不图悦人"，但他在翻译中又添加了不少补充文字与注释。

钟鸣旦指出，明末清初中西文化相遇之时，西方和中国在印刷等文化再生产的方式上较为类似。中国在传教士到来之前就已经广泛使用印刷术。因此，当时中西方的造纸术与印刷技术的成熟，以及印刷品的自由流通，均为明末清初天主教中文著作的出版提供了基础与可能。明清时期是中国古代出版业的鼎盛时期，较著名的刻印出版中心有南京、北京、杭州、苏州、湖州、徽州、建阳等。另外还有分布各地的较为次要的出版中心，如江苏的常州与无锡、江西的南丰与婺源，以及湖南永州、陕西西安、贵州贵阳等地。许多天主教和西学著作在这些出版中心刻印。教会内部还常常请雕工雕刻书版，然后印刷出版。如杭州的钦一堂与天主超性堂、福州的景教堂、广州的大原堂、江西的翼翼堂等均刻印过天主教和西学书籍。除了刻本之外，还有大量未刊刻的稿本与抄本。传教士、信徒个人或家族也可以刻印书籍。如金尼阁在绛州、西安等地开设自己的刻书机构，其他一些传教士在北京、杭州等地也有自己的印书场所。

西学的刊刻有许多是个人赞助出版的，一类是与传教士有交往的士大夫赞助出版，另一类即是信徒的赞助。利玛窦的著作，如《交友论》《畸人十篇》《天主实义》等被士大夫资助出版。集体资助行为往往是某个教会信徒群体共同发起的，如福州福清教会在信徒领袖李九标的带领下刻印出版 8 卷本的《口铎日抄》；杭州教友重订梓《涤罪正规》等。在《利玛窦中国札记》中，作者多次提到了中国信徒及士大夫资助刊印天主教书籍的事例，如"新入教的若瑟成为上帝之道的先行，他已经刊布了各种介绍基督教的手册"。又提及李之藻自己出资刊印了"利玛窦神父的教义问答，分赠给友人，并公开发售给百姓。他一直赞助基督教"。冯应京重印了利玛窦《交友论》，还撰写了序言；冯应京还出资刊印了很多份《天主实义》。此外，还受到传教士、差会、教会以及西方国家的资金支持。在传教事业的花费中，编纂、刻印、出版、购买天主教中文书籍占据了一定的比例。比利时学者高华士指出："（鲁日满）账本中最常提到的是书籍印刷，这也是他花钱最多的地方。""鲁日满记录了书籍编写、印刷和在中国人中的派发，还反映了书籍印制的每个环节。这表明在有着舞文弄墨传统的江南省，印书业在那里业［也］相当发达。"①

2. 传教士著译活动的成果及书目

明清之际来华传教士在中国士人的帮助下，翻译和撰著了许多宣传天主教和西方科学文化的著作。最早的天主教中文著作书目是明末韩霖、张赓等著《圣教信征》所附的《耶稣会西来诸位先生姓氏》。在这个附录中，作者对传教士生平有简单介绍，还列举了传教士的中文作品，共收录了 92 位传教士、235 部著作。另一部类似的著作是《道学家传》，共收录 89 位传教士、224 部著作。明末杨廷筠《绝徼同文纪》所载著作为 26 部；清初教会内部书目《天主圣教书目》共载 122 部著作；《历法格物穷理书目》则录有 89 部著

---

① ［比］高华士：《清初耶稣会士鲁日满常熟账本及灵修笔记研究》，大象出版社 2007 年版，第 224 页。

作。清初刘凝所撰《天学集解》所载天主教中文著作 167 部。清代官方《四库全书》的采进书目中收入西书 23 部。到民国时，梁启超《中国近三百年学术史》指出："中外学者合译或分撰的书籍，不下数百种。"他在附表中统计传教士中文著作有 321 种。① 费赖之《在华耶稣会士列传及书目》统计 360 多种。侯外庐《中国思想通史》统计约 370 种，其中科技类占 120 种左右。② 美国学者钱存训《近世印书对中国现代化的影响》据费赖之《在华耶稣会士列传及书目》以及裴化行《欧洲著作汉译书目》统计，耶稣会士译著西书共 437 种，其中宗教类 251 种，占 57%；人文科学（地理、地图、语言文字、哲学、教育等）55 种，占 13%；自然科学（天文、数学、医学、生物、军事等）131 种，占 30%。③ 而徐宗泽认为，明清之际耶稣会士的译著有 700 多部，其中利玛窦的中文著作就有 19 种传世，艾儒略有 26 种传世，汤若望有 27 种传世。明末清初入华传教的耶稣会士共 400 多人，差不多有中文著作传世。以上诸家所统计的数目不尽相同，或许是所依据资料的来源不一，但总的来说，在明清之际来华传教士们所翻译和撰著的书籍数量是很大的。

目前，收藏在法国国家图书馆的明清天主教中文著作有 876 部；耶稣会罗马档案馆收藏的天主教中文著作有 451 部；梵蒂冈图书馆收藏的天主教中文著作有 557 部；徐家汇藏书楼有 284 部；北京北堂藏书楼有 109 部。

传教士翻译和撰写的著作以及他们与中国知识分子合作的著作，可以分为宗教和科学两部分。在宗教方面，涉及天主教教义的解释和宣传，教会史的相关内容等。主要可分为这样几类：

（1）传教士在传播天主教时所使用的小册子，包括教义问答、十诫以及相关著作。

（2）神学著作主要内容包括：证明天主存在、唯一、全知、全善、全能；从神学角度证明天主教是真教；介绍天主教的基本教义；托马斯《神学大全》译著；圣经故事，等等。

（3）护教作品。

_____

① 参见梁启超：《中国近三百年学术史》，商务印书馆 2011 年版，第 9、38 页。

② 参见侯外庐主编：《中国思想通史》第 4 卷下册，人民出版社 1960 年版，第1254 页。

③ 参见钱存训：《近世印书对中国现代化的影响》，《文献》1986 年第 2 期。

（4）传记作品，包括圣人、圣母行实类的作品，传教士或信徒的传记。

（5）圣事、礼仪作品。在科学方面，包括天文学、历法、数学、物理学、机械工程学、地理学、地矿学、气象学、生物学、医药学、哲学和伦理学等等诸多方面，几乎囊括了近代科学发展的各个领域。科学类作品大体可分为舆图、历法、水利、算术、音乐、机械、火器和几何等。舆图，如《万国舆图》《坤舆全图》《坤舆图说》《皇舆全览图》《职方外纪》；历法，如《崇祯历书》《时宪历》；水利，如《泰西水法》；算术，如《同文算指》；音乐，如《律吕正义》；机械，如《远西奇器图说》；火器，如《火攻挈要》；几何，如《几何要法》，等等。人文类作品主要是传教士将西方哲学译成中文，如《穷理学》《名理探》《空际格致》《寰有诠》《性学觕述》《裴录答汇》。传教士为了与士大夫对话而译述了一些人文作品，如《记法》《交友论》《二十五言》《求友篇》《西学治平》《民治西学》，等等。

3. 七千部西书入华

由于"学术传教"和翻译刊印西学书籍的需要，传教士希望欧洲能不断地给他们送来天主教以及其他西方科学文化的书籍。在欧洲方面，耶稣会和教廷以及其他团体机构也通过各种渠道，不断地给在华传教士送来有关天主教和科学文化的书籍。耶稣会早有藏书的传统。当年沙勿略离开葡萄牙时，教皇约翰三世送给他100克鲁扎多①的书籍，其中有一本每日祈祷文、一本马库斯·马鲁路斯关于"宗教生活方式"的著作、一本插图丰富的《圣经》、一本常用的精装《圣经注疏集》等。②

罗明坚到中国后，一开始就要求罗马总会给他送来"一本画册，它描述的是我主基督的生平事迹和《旧约》的某些故事；还有若干基督教国家的介绍……（还给他送来）若干改编的故事书，还有尤其是一大本插图精美的《圣经》"③。后来，罗明坚在一封信中说，他已经搞到了几箱子书，尤其是大厚本的教典法，可以在肇庆寓所里陈列，有一间房摆满了四壁。利玛窦谈到肇庆期间的情形说，他们有很多关于科学、律法方面的书籍，有些书很大，

---

① 克鲁扎多是葡萄牙的古重量单位，合1千克多。

② 参见［法］裴化行著，管震湖译：《利玛窦评传》上册，商务印书馆1993年版，第99页。

③ ［法］裴化行著，管震湖译：《利玛窦评传》上册，商务印书馆1993年版，第99页。

如《圣经》以及其他封面烫金而且装订很好的书籍。支允坚在《异林》中写道："大西洋国利玛窦入中国来……所挟异宝，不可缕数，最奇者有方金一块，长尺许，起之则层层可披阅，乃天主经也。"1601年利玛窦到北京进贡给万历皇帝一部"天主经"，应该就是这部烫金的《圣经》。

庞迪我在给古斯曼主教的信中说，中国人一向认为世界上只有他们才会读书写字，除了中国，没有别的国家能印书。当他们看到欧洲的书籍，虽然他们只是看了看书的外观，就已感到中国书的装帧远不如欧洲书的装帧精美，所以中国人感到羞愧。

西方书籍与纸张给中国人留下了深刻印象，顾起元在《客座赘语》卷六中记载："（利玛窦）携其国所印书册甚多，皆以白纸一面反复印之，字皆旁行，纸如今云南绵纸，厚而坚韧，板墨精甚。间有图画人物屋宇，细若丝发，其书装钉如中国宋折式，外以漆革周护之，而其际相函，用金银或铜为屈戍钩络之，书上下涂以泥金，开之则叶叶如新，合之俨然一金涂版耳。"

为了"学术传教"的需要，利玛窦把搜集更多的欧洲书籍乃至建立中国耶稣会图书馆作为一个重要的目标。经过不断的积累，万历三十三年（1605），在利玛窦的主持下，北京耶稣会图书馆组建起来。以后又有陆续到来的传教士，将随身携带的书籍充实其中，常年的积累使北京四个天主教堂的藏书很丰富，其中南堂的图书馆藏书最为丰富。主持北堂的法国传教士张诚写信给法国天文台，恳求多购买些书运来，因为南堂的藏书特别丰富而使北堂相形见绌。他说："他们（葡萄牙人的南堂）有一个很老的图书馆，有关历史、圣经诠释、神学、数学等的书非常齐全。还有许多关于医学、外科、拉丁或法文的自然史、物理、天文、几何方面的有价值的书。我们决心为这个国家建立一所完备的图书馆，花了很多钱从意大利、荷兰、法国和英国购买书。"[①]

据《明经世文编》卷四八三《李我存集》，在万历四十一年（1613）底，李之藻向皇帝上奏了《请译西洋历法等书疏》，希望皇帝"敕下礼部，亟开馆局"，将见到的精选之书，除历法"照依原文译出成书"外，还能"将其余

① 余三乐：《中西文化交流的历史见证——明末清初北京天主教堂》，广东人民出版社2006年版，第336—337页。

各书，但系有益世用者，渐次广译，其于鼓吹休明，观文成化，不无裨补"。李之藻在《请译西洋历法等书疏》中列出的西书的大类，是利玛窦和其他教士带进的和欧洲国家及科研机构馈赠朝廷的图书，可知当时入华的西书已有一定的规模。

1613 年龙华民派遣金尼阁赴罗马向教廷请示传教中的一些问题，同时交代给金尼阁的一个任务就是在欧洲广泛搜集各类图书。龙华民在给金尼阁拟定的备忘录中指示说：

> 现有图书馆及其书籍，即在欧洲亦为第一流者。吾人之目的乃希望在北京建一图书馆，俾在给一切官吏与学者得赖此图书馆而认识吾人，并了解吾教教义。因此，且可使彼等乘机请求吾人翻译此项书籍。翻译之书，虽为数不多，但已出版者，业在中国留下永久纪念矣。为此，吾人坚信此为诱引学人进入教会之良好方法……译书工作终将成为吾人在中国传布福音之门径……自吾人与中国学人周旋晋接以来，已证图书馆之需要，与吾人之最后目的及在各地建立会院，应不分轩轾也。

> 除为北京会院所筹备之图书馆外，尚需尽其他私人努力，劝募更多之书，为其他会院之用，俾各地均有敷用之书，盖需要之比例俱相似也。①

金尼阁到欧洲，把搜集书籍作为一项重要任务，通过各种方法获得了众多的书籍和科学仪器。其中，教皇保罗五世赠送了整整一库珍贵书籍。某主教捐助了价值 2000 金币的书籍，西班牙主教捐赠了 5000 册书籍，任凭金尼阁挑选。在德国巴伐利亚公爵家族的赠品中，也有一大批书籍。此外，金尼阁这次赴欧还有招募来华传教士的任务，其中就有饱学之士邓玉函。邓玉函陪同金尼阁遍访了里昂、法兰克福和科隆等当时欧洲著名的出版中心，购买新面世的图书，其中科学书的数量至为可观。此外，还有许多作家和出版家赠送的图书。最后金尼阁对这些书籍加以精心选择，"重复者不入，纤细者不入"。欧洲文艺复兴以后，各国收集书籍，努力扩大人类知识范围，流行建造

---

① 沈定平：《明清之际中西文化交流史——明季：趋同与辨异》，商务印书馆 2012 年版，第 115—116 页。

图书馆。金尼阁所收集的这些数量众多的书籍，是当时欧洲一个巨型图书馆的规模，包括了文艺复兴以后的神学、哲学、科学、文学艺术各学科的所有知识。

1618 年 4 月 16 日，金尼阁、邓玉函等人从里斯本起航，1619 年 7 月 12—15 日抵达澳门。当此之时，前来澳门洽购西洋大炮事宜的奉教官员孙学诗和张焘征躬逢其会，据说他们见到这一批书籍，大为惊奇。

金尼阁抵达澳门时，正值"南京教案"不久，传教事业受到打击，传教士纷纷躲避澳门。金尼阁见到了被驱逐到这里的王丰肃、谢务禄和熊三拔，得知有关"南京教案"的详情。在这种情况下，金尼阁带回的这批书籍也只得暂存澳门。后来，金尼阁采取分批北上、分散带进的方法，让去内地的传教士尽其可能随身携带，一部分赠送给中国人，另一部分收藏于教堂。有条件的，则根据传教需要，先摘要译成中文。据《辩学》载，这批带到澳门的 7000 本图书，被陆续带进内地去的"未有什之一二"。这批书籍在中国辗转流传，历经数次灾难，最终大多成为著名的新北堂藏书。1938 年北京天主堂北堂在整理藏书楼时，发现了"七千部"中残余的数百部。方豪《明季西书七千部流入中国考》援引北堂图书馆的早期法文目录说：这批藏书中"确知金氏携来教宗保禄五世所赠者合各种文字计之，凡 257 种，不能确定者，凡 156 种，两者共计 413 种"。1949 年，由法国惠泽霖神父主导完成的北堂藏书目录，把教皇赠书的数目提高到了 534 种，计 457 册。1958 年，北京图书馆（现为国家图书馆）接受北堂书后，未及清点。1987 年，北京图书馆迁入紫竹院新馆，使得这批珍贵的历史遗产得到最佳保护。

"西书七千部入华"是中西文化交流史上的重要事件，即使在当时的欧洲，如此规模的书籍，也堪称超大型图书馆。据研究，这些书都是精装本，无一重复，囊括欧洲古典名著和文艺复兴运动以后的神学、哲学、科学、文学艺术等方面的最新成就，仅科技类书籍就多种多样，有数学、建筑学、天文学、机械物理学、矿冶、医学、航海术等。《辩学》称"皆天人之学及历法度数之书"，即其中大量是宗教书和历算书。和早些年利玛窦及其他传教士带进的西书一样，七千部书中不少是希腊著作的拉丁文译本，也有希腊著作注释、复原本，还有欧洲人的研究专著，其中不仅有亚里士多德的伦理学著作和《安哲罗全集》这样的哲学经典，还有当时极其时髦的科学名著，例如哥白尼的《天体运行论》和开普勒的《哥白尼天文学概要》。耶稣会士拉马尔更是高度评价道：“金氏带往北京教会之书藏要为文学上及科学上最有价值之资源”，“实为中国天主教学术运动之泉源”。①

这些书流入中国后，引起当时知识界的高度关注。据方豪统计，在当时的许多文献中都提到这些西书，如《辩学》、杨廷筠《代疑篇》、行元《非杨篇》、杨廷筠序《西学凡》、杨廷筠《代疑续篇》、李之藻序《职方外纪》、李之藻《读景教碑书后》、王徵《奇器图书录最》、李之藻序《寰宇诠》、王徵《畏天爱人极论》、李之藻《天学初函题辞》、李九功序《历修一鉴》、佟国器《福州重建圣堂碑记》等，都提到“彼国图书七千余部”“西来七千卷”“西书七千余部”。② 其中李之藻说：金尼阁携“彼国书籍七千余部，欲贡之兰台麟屋，以参会东西圣贤之学术者也”。又说：“有异国异书，梯航九万里而来，盖旷古已然，于今为烈。”王徵称“阅其图绘，精工无比”，其中“专属奇器之图之说者，不下千百余种”。李九功说：“西儒接踵来宾，其远携缃帙七千余部，译者百有余种。而教中阐理记事诸书已具大凡。”方豪说：“从上面已知道的汉文资料，可见当时教中人津津乐道，是如何的兴奋。当利玛窦把《福音》带入内地，与文人学士接触后，中国教友第一次兴奋是景教碑的发现，这是第二次。”③

金尼阁为引进的西书拟定了一个庞大的翻译计划，联络艾儒略、徐光启、杨廷筠、李之藻、王徵、李天经等中外人士，准备共同翻译出版这些书籍，并于 1623 年首先以《西学凡》做提纲挈领的宣传。向达称这一举动“比之玄奘求经西竺，盖不多让；虽其书今不之知，然所成就，亦已灿然可观矣”。④杨廷筠在为艾儒略《西学凡》写的序言中提到这七千册书，说有七千册西方书籍从海外运抵中国。所有这些书都应该译成中文。如果我有 10 年的时间，同时有 20 个或更多志同道合的人，我们就能共同完成这一任务。⑤

---

① 陶希圣：《明代宗教》台北学生书局 1968 年版，第 57 页。

② 参见方豪：《中国天主教史人物传》，宗教文化出版社 2007 年版，第 127 页。

③ 方豪：《中国天主教史人物传》，宗教文化出版社 2007 年版，第 127 页。

④ 向达：《唐代长安与西域文明》，河北教育出版社 2001 年版，第 483 页。

⑤ 参见引自〔美〕邓恩著，余三乐、石蓉译：《从利玛窦到汤若望——晚明的耶稣会传教士》，上海古籍出版社 2003 年版，第 100 页。

不过，"西书七千部"介绍给中国知识界的计划没有能够实现。但有一小部分被李之藻和王徵等人翻译成中文。据学者研究，这七千部西书中，被中国学者了解、翻译或利用的约有15部：

（1）古罗马建筑学家维特鲁维（Pollio Vitruvius）的《建筑十书》；

（2）荷兰数学家、军事工程学家西蒙·史特芬（Simon Stevin，1584—1620）的《数学札记》；

（3）德国矿冶学家乔治·鲍尔（Georg Barter）的《矿冶全书》12卷，涉及采矿、冶金工序的每个阶段及其各种方法和管理；

（4）意大利工程技术专家拉梅里（Agostino Ramelli）的《各种精巧的机械装置》；

（5）1611年科隆版的《原本》拉丁文本，罗雅各的《测量全义》、邓玉函的《大测》都对其后9卷加以引用；

（6）哥白尼的《天体运行论》，是后来修订《崇祯历书》的重要参考书之一；

（7）开普勒的《哥白尼天文学概要》；

（8）1601年罗马版的《地中海航海术》；

（9）《比例规解》；

（10）《地球表周与其直径的关系》；

（11）雅克·贝松（Jacques Besson）著的《宇宙仪——雅克·贝松发明万能于天、陆、海上所有天文观测之仪器》；

（12）和《宇宙仪——雅克·贝松发明万能于天、陆、海上所有天文观测之仪器》合订在一起的《皮埃尔·勒孔特发明陆、海双用几何天文测辐仪制造与用法》；

（13）《磁石，测量法》，作者是纪尧姆·德·诺吨涅，依此全新方法即能推测可靠的各地地球经度和纬度；

（14）萨拉·安吉鲁的《神功催吐药》，同一册又装订德国作者用拉丁文写的医学著作，尚有德文一部分；

（15）克洛德·举雷的《大西洋、地中海等海洋盐度、涨落潮、海流流动因果实论》。

除了这七千部西书之外，以后来华的传教士也陆续带进大批欧洲图书。

徐光启有"经书万卷，今未得遍译"之说。方豪认为："除七千部外，全国西士带入者，亦必有数千部。"

4.《天学初函》及西学丛书

1629年，李之藻将近50年间所译西书别择精粗，汇为一函，名曰《天学初函》。《天学初函》是中国古代文献中的第一部新学丛书。但是，这部丛书的汇编并不是对当时中文西书的简单收辑，而是"编者李之藻试图借此对明末西学的引进作一个小结"。李之藻在《刻天学初函题辞》一文中说："天学者，唐称景教。自贞观九年入中国，历千载矣！其学刻苦昭事，绝财、色、意，颇与俗情相鏧，要于知天事天，不诡六经之旨。稽古五帝三王，施今愚夫愚妇，性所固然。所谓最初、最真、最广之教，圣人复起，不易也。皇朝圣圣相承，绍天阐绎，时则有利玛窦者，九万里抱道来宾，重演斯义。迄今又五十年，多贤似续，翻译渐广，显自法象名理，微及性命根宗，义畅旨玄，得未曾有。顾其书散在四方，愿学者每以不能尽覩为憾！兹为丛诸旧刻，胪作理器二编，编各十种，以公同志，略见九鼎一脔。其曰初函，盖尚有唐译多部，散在释氏藏中者，未及检入；又近藏西来七千卷，方在候旨，将来闻奇探赜，尚有待云。天不爱道，世不乏子云夹漈，鸿业方隆，所望好是懿德者，相与共臻厥成。若乃认识真宗，直寻天路，超性而上，自须实地修为，固非可于说铃书肆求之也。"

《天学初函》所包有20种，分理编、器编，每编10种，包括艾儒略《西学凡》《职方外纪》，利玛窦《天主实义》《辩学遗牍》《畸人十篇》《交友论》《二十五言》，庞迪我《七克》，李之藻《唐景教碑书后》，毕方济、徐光启《灵言蠡勺》，利玛窦《浑盖通宪图说》《圜容较义》《测量法义》《勾股义》，熊三拔《简平仪说》《表度说》，阳玛诺《天问略》，熊三拔、徐光启《泰西水法》，利玛窦、徐光启《几何原本》，利玛窦、李之藻《同文算指》。从所选书目来看，皆属于1625年以前出版的。《天学初函》刊刻问世之后，影响颇大。陈垣说："《天学初函》在明季流传极广，翻版者数次。"①

1683年，南怀仁向康熙皇帝进呈了一部《穷理学》60卷。"穷理学"即穷尽理学之意，是集当时传入我国西方科学大成之汉译著作。《穷理学》包括

---

① 引自张西平：《传教士汉学研究》，大象出版社2005年版，第173页。

逻辑学与方法论及形而上学、数学、天文学、测量、力学与机械、生物学与医学6个方面的内容，并按照5卷为一端的形式共形成60卷。在这部书中，南怀仁试图将传入中国的欧洲天文学、力学、逻辑学等知识构造成形而上的知识体系，将其摆在与儒学同等重要的地位，甚至希望将其纳入科举考试中。但南怀仁的这个设想受到康熙皇帝的否定。《康熙起居注》记载："上曰：'此书内文辞甚悖谬不通。'明珠等奏曰：'其所云人之知识记忆皆系于头脑等语，于理实为舛谬。'上曰：'部复本不必发还南怀仁，所撰书著发还。'"这样，《穷理学》这套完整汇集了西方科技译著的丛书，没有被刊刻，而且也没有能完整保存下来，只剩下残本。

在其他丛书中也有一些西书被选入。清康熙三十六年（1697），张潮辑刊《昭代丛书》，其中收入了利类思等人的《西方要纪》。同时期的曹溶也将《西方要纪》辑入《学海类编》。刊于康熙四十一年（1702）的吴震方辑《说铃》前集，收入了南怀仁的《坤舆外纪》。由于丛书在学界特有的影响力，为中国士人者提供了获取西学知识的一条便捷渠道。如康雍年间士人陆廷灿说自己就是通过《昭代丛书》而了解一些西学知识的。他在《南村随笔录》中写道："《昭代丛书》引泰西人言，以大地为圆球，上下四旁皆成世界，地下之人与中华脚板相对……按西儒南怀仁《西方要纪》云，舟师掌指南车定向、占风……其曰西洋乃西海也。泰西在西海之滨，地在极西，而中华在东耳。至其人颖异聪明，其器工巧奇妙，有非他国所能及者。"

在明末清初之际许多书目著录了各式西书。韩霖、张赓等人的《圣教信征》所附《耶稣会西来诸位先生姓氏（及书目）》实际上是最早的基督教中文文献书目。明末清初私人藏书楼很多，如著名的钱谦益的"绛云楼"、黄虞稷的"千顷堂"、徐乾学的"传是楼"、钱曾的"也是园"和"述古堂"等，收藏了一些西学书籍。在他们的藏书书目中均著录西书，如：《近古堂书目》、祁承爜《澹生堂藏书目》、陈第《世善堂书目》、赵琦美《脉望馆书目》、徐乾学《传是楼书目》、钱曾《也是园藏书目》《述古堂藏书目》、钱谦益《绛云楼书目》、黄虞稷《千顷堂书目》和董其昌《玄赏斋书目》等。一些文人的藏书目录也录入西书，如季振宜的《季沧苇书目》、赵用贤的《赵定宇书目》、徐渤的《许氏家藏书目》等。由此可见，当时西学书籍流传之一般。

三 西方天文学在中国的传播与历法改革

1. 明末援西法改历之议

梁启超指出："明末有一场大公案，为中国学术史上应该大笔特书者，曰：欧洲历算学之输入。"①

在中国古代，制定历法和颁布历法是皇权的象征，列为朝廷的要政。《史记·历书》说："王者易姓受命，必甚初始，改正朔，易服色，推本天元，顺承厥意。"历代王朝在政府机构中设有专门司天的天文机构，称为太史局、司天监、司天局、钦天监等，配备一定数量的具有专门知识的学者进行天文研究和历书编算。历法在中国的功能除了为农业生产和社会生活授时服务外，更要为王朝沟通天意、趋吉避凶。日月食和各种异常天象的出现，常被看做是上天出示的警告。所谓"天垂象，示吉凶，圣人则之"。

我国古代的天文历法本有较高的水平，历代政府十分重视历法的颁行和修订，历史上多次进行过历法的改革。中国在制定历书方面，自古就有与外国交流的传统，前文提到，在唐代有印度人参与制定历法工作，并常年主持钦天监。元代又有阿拉伯人主持司天监，并把阿拉伯历学引进中国。梁启超说："历算学在中国发达甚古，然每每受外来的影响而得进步。第一次为唐代之婆罗门法，第二次为元代之回回法，第三次则明清之际耶稣会士所传之西洋法。"②

明朝建立以后，由钦天监编算每年使用的《大统历》。洪武十七年（1384），漏刻博士元统上书，说明《大统历》其实就是元代《授时历》，且"年远数盈，渐差天度，合修改"，"以成一代之制"（《明史·历志一》）。但明太祖无意编制新历，只是擢元统为钦天监监令。元统仍以《授时历》为基础，略加修订，整理成《大统历法通轨》4卷，并将历元由元至元十八年

---

① 梁启超：《中国近三百年学术史》，商务印书馆2011年版，第9页。
② 梁启超：《中国近三百年学术史》，商务印书馆2011年版，第171页。

（1281）改到洪武十七年。此后，尽管多人多次上书请求改历未获准，终明一代使用的都是《大统历》。与此同时，明朝不仅仿效前代禁止民间学习和传授天文，更将其禁令扩展到整个天文学领域，尤其是禁止私习历法。明人沈德符《野获编》记载："国初学天文有厉禁，习历者遣戍，造历者殊死。"天文工作集中到司天监，但无研制历法任务，其日常工作就是按章编算每年的民用历书，监视天空有无入占的天象。从《授时历》到《大统历》，这一历法已经行用了多年，对二十四节气和日月食的测定，与实际情况常有很大差距，已不符应用。《明史》记载，"景泰元年正月辛卯，卯正三刻月食。监官误推辰初初刻，致失救护"；成化"十五年十一月戊戌望，月食，监推又误"；"弘治中，月食屡不应，日食亦舛"；"正德十二三年，连推日食起复，皆弗合"；嘉靖"十九年三月癸巳朔，台官言日当食，已而不食"；到了万历年间，依靠《大统历》推验日月食的误差愈来愈大，"二十年五月甲戌夜月食，监官推算差一日"。与此同时，用以作为《大统历》补充和参考的《回回历》"亦年远渐差"，推算也经常不验，"与中土无异矣"。

针对钦天监依据《大统历》推验天象屡屡失误的问题，明代不少官员也多次提出过改历的建议。成化十七年（1481），真定教谕俞正己上疏请求改历，遭到礼部尚书周洪谟的攻击，说他"轻率狂妄，宜正其罪"，俞正己也因此获罪下狱。钦天监和主管钦天监的礼部也经常以"祖制不可变""古法未可轻变"等理由阻挠改历。成化十九年（1483），天文生张升上言改历，但"钦天监谓祖制不可变，升说遂寝"。正德年间，漏刻博士朱裕的改历建议还遭到礼部对其历学水准的怀疑，"裕及监官历学未必皆精，今十月望月食，中官正周濂等所推算，与古法及裕所奏不同，请至期考验"，并将"古法未可轻变，请仍旧法。别选精通历学者，同濂等以新法参验，更为奏请"意见上奏皇帝"从之"。正德十五年（1520），礼部员外郎郑善夫又提出："今宜按交食以更历元，时刻分秒，必使奇零剖析详尽。"但建议一如以前未被采纳。甚至到了改历之议愈盛的明末，河南按察司佥事邢云路上疏倡议改历，"钦天监见云路疏，甚恶之。监正张应候奏诋，谓其僭妄惑世"。因此明廷改历之议持续多年，当官方希望征用通历法的人以备改历之用，然而竟无人应征。《野获编》说："至孝宗，弛其禁，且命征山林隐逸能通历者以备其选，而卒无应者。"

利玛窦到中国后，因为与中国士大夫阶层多有交往，已经充分理解天文历法在古代中国政治、文化中的特殊地位，因此他认识到，参与明朝官方历法的修订工作，是一条打入中国社会最高层的"通天捷径"。利玛窦刚到北京在向万历皇帝"贡献方物"的表文中就特别提出，他懂得西方的天文历法，希望皇上倾听一下他的见解。利玛窦说："又臣先在本国忝预科名，已叨禄位，天地图及度数，深测其秘，制器观象，考验日晷，并与中国古法吻合。倘蒙皇上不弃疏微，令臣得尽其愚，披露于至尊之前，斯又区区之大愿。"①虽然万历皇帝没有理会他的这项请求，但利玛窦仍为能参与修历工作做了充分准备。

利玛窦在北京期间，与徐光启、李之藻等人合作，先后翻译出版了《几何原本》《乾坤体义》《测量法义》《同文算指》《浑盖通宪图说》《圜容较义》《经天该》等多种西方天文、历法和算术方面的著作，介绍引进了地圆说、关于宇宙结构的九重天说（水晶球说）、关于宇宙的基本物质组成是水土气火四元素的四元行论、太阳大于地球、月亮小于地球等天文学理论，这些理论对当时中国的知识界产生过一定的影响。其中《乾坤体义》一书是当时欧洲著名数学家、天文学家克拉维斯（Christopher Clavius）《萨克罗博斯科天球论注释》（1561）的译编本，是利玛窦向中国介绍的第一部天文学著作，被《四库全书提要》称为"西法入中国之始"，清朝的《御制数理精蕴》也"多采其说而用之"。

利玛窦与李之藻合写的《浑盖通宪图说》是早期传入中国的欧洲天文知识。此书分两卷，第一卷主要是讲星盘的构造、原理及其中坐标网的绘制方法，第二卷主要讲星盘的使用方法，另有一篇介绍浑象的专文。在这本书中有不少对中国天文学家来说是新鲜的内容，如第一次传入完整的黄道坐标系，即没有考虑黄极的黄道坐标；明确晨昏蒙影的严格意义；讲述了中国古代极少论及的五星远近问题，并给出了数量结果；传入西方星等划分的概念，此外还讨论了地理经度的测量等。《四库全书提要》评论此书说："是书出自西洋简平仪法。盖浑天与盖天皆立圆，而简平则绘浑天为平圆，则浑天为全形。人目自外还，视盖天为半形，人目自内还视，而简平止于一面，则以人目定

---

① （清）黄伯禄：《正教奉褒》，上海慈母堂光绪三十年本，第5页。

于一处而直视之之所成也。其法设人目于南极或北极，以视黄道、赤道及昼长昼短诸规，凭视线所经之点，归界于一平圆之上。次依各地北极出地以视，法取天顶及地平之周，亦归界于前平圆之内。次依赤道经纬度以视，法取七曜恒星，亦归界于前平圆之内。其视法以赤道为中圈，赤道以内，愈近目则圈愈大而径愈长；赤道以外愈远目则圈愈小而径愈短。之藻取昼短规为最大圈，乃自南极视之，昼短规近目而圈大。其意以为中华之地，北极高，凡距北极百一十三度半以内者，皆在其大圈内也。卷首总论仪之形体。上卷以下，规画度分时刻及制用之法。后卷诸图，咸根底于是。梅文鼎尝作《订补》一卷，其说曰：浑盖之器，以盖天之法代浑天之用，其制见于《元史》扎玛鲁鼎所用仪器中。"

利玛窦和李之藻合写的《经天该》一书，是以西方星图为依据、仿造《步天歌》体裁的认星七言歌词，其中包含了中西星名的对照工作。方豪认为，利玛窦绘制西洋星图，李之藻依《步天歌》添加中国星名于图上，又参照其他西方星图，撰成新的认星歌诀。歌诀易于流传，但由于星的认证比较粗糙，又摒弃西名，故歌中常有无名星出现。但《经天该》确是开创了中西星名对照研究。《经天该》的歌词颇为上口，例如关于今天猎户座的"参宿"歌词为：

> 参宿七星明烛宵，两肩两足三为腰。
> 参伐下垂三四点，玉井四星右足交。
> 玉井下方曰军井，屏星二点井南标。
> 四颗厕星屏左立，屎星一点厕下抛。
> 丈人子孙各连二，老人最巨南望遥。

利玛窦还与徐光启合作将《几何原本》前6卷译成汉文。西方早期天文学关于行星运动的讨论多以几何为工具，《几何原本》的传入对学习了解西方天文学是十分重要的。利玛窦还亲自制作和指导瞿汝夔、李之藻等制作过地球仪、天球仪、浑仪、象限仪、日晷等小型的天文仪器。

利玛窦还要求罗马方面尽快派遣精通天文学的耶稣会士来中国。他在致罗马耶稣会总会的信中说：

> 中国人对之（指其他科技）并不重视，而对行星的轨道、位置

以及日月食的推算却很重视，因为这对编纂历书非常重要。我在中国利用世界地图、钟表、地球仪和其他著作教导中国人，被他们视为世界上最伟大的数学家……所以我建议，如果能派一位天文学者来北京，可以把我们的历法由我译为中文，这件事对我并不难，这样我们会更获得中国人的尊敬。①

由于利玛窦的建议，之后来华的耶稣会士如阳玛诺、熊三拔等人具有相当高的天文学造诣。熊三拔撰述《简平仪说》，阳玛诺撰述《天问略》，是天文历学方面的重要著作。

熊三拔依据星盘原理，制成专门测量太阳经纬度的简平仪，译著《简平仪说》讲述了这种仪器及其使用方法。例如根据测得的太阳赤经与赤纬，怎样定时间与地理纬度等。书中论述大地为球形的内容也是新鲜的知识。《简平仪说》被徐光启称"为言历嚆矢焉"。

阳玛诺撰述《天问略》对各种各样的天文问题逐条作了回答。在这本问答体裁的书中介绍了托勒密的地心体系，太阳在黄道上的运动，月相成因，交食及交食深浅的原因，其中最突出的贡献是介绍了伽利略用望远镜观测到木星有4个卫星，银河的许多恒星和金星也有圆缺现象等等。阳玛诺撰书虽然提到了日心说，但阳玛诺自己并未完全接受伽利略的观点，他仍然支持地心说。

随着传教士来华和西方天文、历算学的输入，"中国人从之游且崇信其学者颇多，而李凉庵（即李之藻）、徐元扈（即徐光启）为称首"。不仅如此，徐光启、李之藻、周子愚等人还向明朝政府积极推荐传教士参与历法修订工作。万历三十八年（1610）十一月壬寅日食，钦天监推测再次出现重大失误。这次重大失误致使请求改历的意见更加强烈。《明史·意大里亚传》说："其年（万历三十八年）十一月朔，日食，历官推算多谬，朝议将修改。"

在来华耶稣会士之中，不少人有相当高的天文学造诣。他们这方面的造诣已经使得不少中国官员倾倒，以至纷纷上书推荐耶稣会士参与修历。同西方天文、历算学有过接触的钦天监五官正周子愚奏闻："大西洋归化远臣庞迪

---

① ［意］利玛窦著，罗渔译：《利玛窦书信集》下册，台北光启出版社1986年版，第301页。

我、熊三拔等携有彼国历法，多中国典籍所未备者，乞视洪武中译西域历法例，取知历儒臣率同监官将诸书尽译，以补典籍之缺。"（《明史·历志》）推荐庞迪我、熊三拔参与修历。万历三十九年（1611），徐光启指出："杨子云谙历理，而以牺法言理，理于何传？邵尧夫未娴历法，而撰私理，法于何生？不知吾儒学宗传有一字'历'，能尽天地之道，穷宇极宙，言历者莫能舍旃。孔子曰'泽火革'，孟子曰'苟求其故'，是已，革者，东西南北，岁月日时，靡所弗革，言法不言革，似法非法也。故者，二仪七政，参差往复，各有所以然之故，言理不言故似理非理也……郭守敬推为精妙，然于革之义庶几哉？而能言其所为故者，则断自西泰子之入中国始。"（《〈简平仪说〉序》）

万历四十一年（1613），李之藻上《请译西洋历法等书疏》，请用西洋法修历，并起用陪臣庞迪我、熊三拔、龙华民、阳玛诺，以及开馆翻译西洋重要历法等。但此时由于"庶务因循，未暇开局也"。之后"南京教案"发生，传教士被勒令回国，改订历法之事一直未能提到日程上来。

崇祯皇帝继位后，"历法益疏舛"。崇祯二年（1629）五月初一日日食，徐光启依西法和钦天监官员依《大统历》《回回历》同时推算，"已而光启法验，余皆疏。帝切责监官"。崇祯皇帝在五月初三日又传谕内阁："钦天监推算日食前后刻数俱不对。天文重事，这等错误，卿等传与他，姑恕一次，以后还要细心推算。如再错误，重治不饶。"钦天监官员据实说，《大统历》承《授时历》已久，他们只是在开国260年后遵守旧法而已，若因循守旧下去，以后不能无差。徐光启抓住时机向崇祯皇帝详尽地叙述了采用西法修改《大统历》的必要性，他说："近世言历诸家，大都宗郭守敬旧法……至若岁差环转，岁实参差，天有纬度，地有经度，列宿有本行，月五星有本轮，日月有真会似会，皆古来所未闻，惟西国之历有之。而舍此数法，则交食、凌犯，终无密合之理。宜取其法参互考订，使与《大统》法会同归一。"（《新法算书·缘起一》）

崇祯二年（1629）七月二十六日，徐光启上《条议历法修正岁差疏》，推荐龙华民、邓玉函参与修历，疏中说："万历间西洋天学远臣利玛窦等尤精其术，（万历）四十等年曾经部复推举，今其同伴龙华民、邓玉函二臣，见居赐寺，必得其书其法，方可以校正讹谬，增补阙略。盖其术业既精，积验复久，若以《大统》旧法与之会通归一，则事半功倍矣。"

是时，李之藻也乘机进言："惟西法精密，悉合天象，历试不爽。昔年天学臣利玛窦最称博洽，其学未传，遽婴疾弃世，至今士论惜之。今尚有其徒侣邓玉函、龙华民等，居住赐宇，精通历法天文，宜及时召用，饬令修改。"

钦天监的官员由于担心受到崇祯皇帝的惩治，亦转而主动要求修改历法。礼部就此再奏请开局改历。崇祯皇帝此时也意识到不用西洋历法就不能纠正《大统历》的误差，于是就批准了礼部和徐光启等人的建议，同意开设历局修历，由徐光启督修。并根据徐光启的推荐，"诏西洋人龙华民、邓玉函、罗雅谷等推算历法"。崇祯二年（1629）九月一日，徐光启以68岁的高龄被朝廷委任为管理部事的礼部左侍郎，奉旨督领修历事务，筹建历局，开始编撰历书，开创了划时代的伟业——纂修《崇祯历书》。历局的成立意味着西方古典天文学系统传入中国，中西天文学交流沟通的正式开始。

2. 历局的创建与历法改革

徐光启自崇祯二年七月奉旨督领修历事务后，即开始紧张的筹备，并于同年九月二十二日正式"开局"工作。徐光启认为，西方天文学的许多内容是中国"古所未闻"的，"惟西历有之。而舍此数法，则交食凌犯，终无密合之理"（《明史·历志》），所以改历"宜取其法，参互考订，使与《大统》法会同归一"（《明史·历志》）。徐光启强调了"西法"的长处，认为这是改历中必须加以借鉴的："第令改历一事，因差故改，必须究其所以差之故而改正之，前史改历之人皆不其然，不过截前至后，通计所差度分，立一加减乘除，均派各岁之下，谓之改矣，实未究其所以然也。臣等昔年曾遇西洋利玛窦，与之讲论天地原始，七政运行，并及其形体之大小远近，与夫度数之顺逆迟疾，一一从其所以然处，指示其确然不易之理，较我中国往籍，多所未闻。臣等自后每闻交食，即以其法验之，与该监推算不无异同，而大率与天相合。故臣以为，今兹改历，必须参西洋而用之。以彼条款，就我名义，从历法之大本大源，阐发晰，而后可以言改耳。"

于是，徐光启制定了一个以西法为基础的改历方案和有条不紊的修历计划，主张启用西法，会通超胜，深究所以然，度数旁通。徐光启将制历步骤定为："翻译既有端绪，然后令甄明大统，深知法意者，参详考订。熔彼方之材质，入大统之型模。"徐光启委托李之藻召集邓玉函、龙华民参与修订历书。邓玉函、龙华民被召入历局，标志着"耶稣会传教在中国最富有神话般时代的开始"。赫德逊则说：："从此历法就成为耶稣会士在华战略的关键阵地。"①

起初历局的西方传教士只有龙华民、邓玉函两人，但龙华民的兴趣主要放在传教上，修历工作实际上落在邓玉函的肩上。方豪说："明末来中国的传教士中，邓玉函是最博学的。未来中国之前，他已经名满日耳曼，医学、哲学、数学以及希伯来、加尔代、拉丁、希腊、德、英、法、葡文字，无一不精，尤以医学为王公大人所器重。又富博物知识。"② 邓玉函是伽利略的朋友和同事，伽利略是罗马凯西学院的第六位院士，邓玉函是第七位，该荣誉"为当时第一流科学家方能获得的殊荣"。邓玉函在离开欧洲前与伽利略有过8年的直接往来。1618 年，邓玉函随金尼阁及其他 21 名新招募的传教士，携数千部书籍及仪器，搭船离开里斯本，于第二年抵达中国。

早在崇祯皇帝下诏设历局以前，邓玉函就在精心准备修历的前期工作。他向伽利略请教精确测量日食、月食的方法，在致好友法勃（Faber）的信中写道："正如我以前也曾写过，我很想从伽利略那儿获得他最新观察得到的日食、月食，尤其是日食的计算方法。因为这对于修改（中国）历书是极为必要的。假如我们有一个可以依靠的理由，使得我们不被赶出中国，这就是唯一的理由了（指帮助中国皇帝修历）。"当时，哥白尼的日心宇宙模式已在《天体运行论》（1543）发表，第谷·布拉赫（Tycho Brahe）的准日心体系也已在《论天界之新现象》（1588）公布，第谷体系的精确程度虽远胜于前者，但第谷体系与实际测得的日月食总有误差。然而，伽利略的天文学说被罗马教廷判为"异端邪说"，并逐出教会，因此，他不想再与罗马教廷甚至耶稣会发生关系，故此一再拒绝邓玉函的请求。邓玉函于 1623 年写信求助于当时在英戈尔施塔特大学执教的数学家和天文学家，请求他们寄给他推测日月食的资料，并打听是否有天文学方面新出版的书。此信在发出 4 年之后才转到约翰内斯·开普勒（Johannes Kepler）的手中。开普勒接信后，立即回答了邓氏在信中提出的所有问题，并寄了两册自己刚出版的"鲁道尔夫"测表。但是，当此两册测表于 1646 年到达澳门时，邓玉函已去世 16 年了，但它们对汤若

① ［英］G. F. 赫德逊著，王遵仲等译：《欧洲与中国》，中华书局 1995 年版，第 276 页。
② 方豪：《中国天主教史人物传》，宗教文化出版社 2007 年版，第 152 页。

望及后来者还是起到了很大的作用。

邓玉函一方面向欧洲打听最新的研究结果，另一方面他在中国翻译撰写有关天文学的书，并制作了 6 个四分仪，3 个测角仪，3 座浑天仪，1 架地球仪，3 架分别由铜、铁、木做成的望远镜等诸多观察及测量天文的仪器和装置，为修历工作作准备。邓玉函一共撰写了 4 本有关天文学方面的书，这 4 本书后来全部被编入《崇祯历书》：

（1）《测天约说》，收录了西洋历法的一部分，分两卷。第一卷讲静力学，即赤道、地平线；第二卷讲动力学，即黄道、天体的轨道以及它们每天的运行、太阳、月亮和恒星，并附有插图。该书后由汤若望修正并付梓刊印。

（2）《黄赤正球》，收录了西洋历法的一部分，分两卷。第一卷由邓玉函撰写，由龙华民修正刊印，书名为《黄赤通距度表》；第二卷由邓玉函撰写，汤若望修正刊印，只收录了大气数据，书名为《正球升度表》。

（3）《大测》，由邓氏、汤氏共同完成，邓氏负责画图。

（4）《八线表》，讲正弦、正切、正割，由汤若望和罗雅谷修正刊印。

1629 年开设历局后，邓玉函为修历和历书的编纂做了大量的前期工作，不仅参与设计了历书的总体框架，而且在半年时间里就撰述了《测天约说》2 卷、《大测》2 卷、《历书总目录》，编制各种换算表 10 卷，还指导历局人员制造七政象限大仪 2 座、测量纪限大仪 1 座。这些工作奠定了历书编纂的基础。徐光启对邓玉函很是器重和依赖，然而正当徐光启等人"方愁精力有限，岁月易销"之时，在修历初期发挥了重要作用的邓玉函于崇祯三年（1630）四月初二日病逝。

为了使修历继续进行下去，徐光启又上奏疏一道："四月初二日，臣邓玉函患病身故。此臣学历专门，精深博洽，臣等深所倚仗……臣访得诸臣同学尚有汤若望、罗雅谷二臣者，其术与玉函相，而年力正强，堪以效用。"在这一奏文中，徐光启高度评价了邓玉函的学术水平，并把汤若望等与之相提并论。很快崇祯皇帝便指示说："历法方在改修，汤若望等既可访用，着地方官资给前来。"

汤若望在进入历局之前就"曾预测月食三次，皆验，声望立即四播"。他和罗雅谷进入历局后，积极从事历书的编译工作，可谓是以身作则，不辞劳苦。罗雅谷就曾言自从他参加修历工作之后，"孜孜测验弗休，日月七政等书，次等翻译成帙，盖旦夕拮据，喘息靡宁；阅二年，如一日，未遑他务也"。历局中的其余中方成员则由汤若望、罗雅谷二人施以培训，从事辅助性工作。1633 年冬，徐光启因上疏陈奏历局工作人员之专长、功劳及升赏之建议，其中首叙汤若望、罗雅谷："撰译书表，制造仪器，算测交食躔度，讲教监局官生，数年呕心沥血，几于颖秃舌焦，功应首叙；但远臣辈守素学道，不愿官职，劳无可酬，唯有量给无碍田房，以为安身养赡之地……"继徐光启之后主持历局和历书编译工作的李天经上疏充分肯定传教士的贡献，称赞他们"融通度分时刻于数万里外，讲解躔度食于四五载中，可谓劳苦功高矣！"

在徐光启领导下，历局从翻译西方天文学资料起步，力图系统地和全面地引进西方天文学的成就。崇祯六年（1633）十月初七日，徐光启去世。徐光启在临终前推荐李天经接任他主持历局。他在逝世的前 8 天，向崇祯皇帝上了《历法修正告成，书器缮治，有待请李天经任历局疏》，说他自崇祯二年（1629）七月十四日奉旨督修历法事务以来，因广集众思，博采众长，已经进呈了历书 74 卷，尚有未成历书 60 卷，其中 30 卷，有的已经定稿，有的已经审阅，只要请人抄誊，就可陆续进呈。另外 30 卷，修历人员正在修改，请李天经赶快到任，加以润色定稿。

李天经，字长德，河北吴桥人，神宗癸丑进士，光禄寺卿。他于崇祯五年（1632）进入历局工作，在接任徐光启主持历局后，继续完成《崇祯历书》的编纂工作。清人阮元在《畴人传》中说："天经之学，亚于光启，其在西局，谨守成法，毕前人所未毕之绪，十年如一日。光启荐以自代，可谓知人矣。"方豪将李天经与徐光启、李之藻并称为"明末中国三大兼通中西之历家"①。萧萐父说："李天经不仅完成了徐光启未尽的修历事业，而且在科学哲学思想上，亦有其贡献。"②

在主持编纂历书的过程中，徐光启同时安排了观测计划。为了有效地进行观测和推算，介绍并试制了各种专业用途的西式仪器。开局伊始，徐光启便向朝廷提出《急用仪象十事》，请求制造下列仪器：七政象限大仪 6 座、列

---

① 方豪：《中西交通史》下卷，上海人民出版社 2008 年版，第 495 页。

② 萧萐父：《明清启蒙学术流变》，辽宁教育出版社 1995 年版，第 251 页。

宿纪限大仪 3 座、平浑悬仪 3 架、交食仪 1 具、列宿经纬天球仪 1 架、万国经纬地球仪 1 架、节气时刻平面日晷 3 具、节气时刻转盘星晷 3 具、候时钟 3 架、测候七政交食远镜 3 架。徐光启强调，小者全用铜铁，其余暂用木制，以后改用精铜铸造，"以垂永久"。这些仪器都是西式的。这个计划参考了传教士邓玉函、龙华民的建议。平浑悬仪应当是一种星盘。交食仪似乎是演示地、日、月等天体运动关系的三球仪。

1629 年年底，徐光启请求朝廷为仪器工料增拨经费。他说，本年九月七日就"选用知历人并匠役等制造仪器"，十一月七日前已经把制成的 3 架大仪安置到历局，余者在制造之中。这 3 架大仪是邓玉函和陈于阶等人制造的木铜混合装置。1632 年，徐光启在奏疏中报告，历局所用的日晷、星晷、窥筒"体制甚小，工作尤粗"，建议制造大的晷器，崇祯皇帝批准了他的建议。1634 年冬，日晷、星晷仪器告成，罗雅谷、汤若望在历局造象限悬仪、平面悬仪、象限立运仪、象限座正仪、象限大仪、三直游仪 6 仪。

在整个编历过程中，共制造了新式仪器 10 多种。《新法表异》卷下称："新法曾置者曰：象限仪、百游仪、地平仪、弩仪、天环、天球、纪限仪、浑盖简平仪、黄赤全仪、日星等晷诸器，或用推诸曜，或用审经纬，或用测极，或用求时，尽皆精妙。而其最巧奇则所制远镜，更为窥天要具。"其中"黄赤经纬仪"或"黄赤全仪"是《急用仪象十事》中未列的仪器，但它常被传教士使用。

《崇祯历书》的编纂也受到传统势力的抵制。当时有个平民魏文魁写了《历元》《历测》两本书，献给朝廷，对徐光启任用西法进行指责，却未受到行政干涉。政府为他设立一个民间历法机构东局，与徐光启组织领导的西法历局，及原来的大统历局、回回历局四家机构平等、公开地辩论。与魏文魁的辩论，徐光启记在了《学历小辩》一书中，标题是《历局与魏文魁辩论文稿》。《明史·历志》中保留了当时历局方面与反对西法的保守派 1629 年至 1642 年双方 8 次较量的记录。这些较量有着共同的模式是，双方根据自己的天文学方法预先推算出天象出现的时刻、方位等，然后再在届时的实测中看谁"疏"（误差大）谁"密"（误差小），涉及的天象包括日食、月食和行星运动等方面。它们分别是：1629 年，日蚀；1631 年，月蚀；1634 年，木星运动；1635 年，水星及木星运动；1635 年，木星、火星及月亮位置；1636 年，月蚀；1637 年，日蚀；1643 年，日蚀。这 8 次较量都是以"密"为判据，双方预先公布各自推算的未来天象，届时由各地观测的结果来衡量谁的推算准确。这 8 次较量的结果竟是中国传统天文学方法"全军覆没"，而宣告了《崇祯历法》的正确性。在"言历四家"辩论的热潮中，有"钦天监在局习学官生"周胤等 10 人联名发表一篇与魏文魁论战的文章，其中谈到他们自己如何逐步被"西法"折服的过程："向者己巳之岁，部议兼用西法，余辈亦心疑之。迨成书数百万言，读之井井，各有条理，然犹疑信半也。久之，与测日食者一、月食者再，见其方位时刻分秒无不吻合，乃始中心折服。……语语皆真诠，事事有实证，即使尽起古之作者共聚一堂，度无以难也。"（《历局与魏文魁辩论文稿》）

李约瑟认为，当时耶稣会士所持西方天文学有以下 6 点较中国先进：（1）交食预报。（2）以几何方法描述行星运动。（3）几何学小日晷、星盘及测量上之应用。（4）地圆概念和球面坐标方法。（5）新代数学和计算方法、计算工具。（6）仪器制造。

上述 8 次中西历法的较量，有 3 次发生于《崇祯历书》编成之前，5 次发生于编成并"进呈御览"之后。到第七次时，崇祯帝"已深知西法之密"，下诏"西法果密，即改为大统历法颁行天下"。最后一次较量的结果使他下定决心，下令颁行天下。

3.《崇祯历书》及其历史价值

历局在徐光启和李天经的先后领导下，经过多年的辛勤工作，终于 1634 年 12 月完成了卷帙浩繁的《崇祯历书》。《崇祯历书》是在明朝政府组织支持下修纂的一部引进西方数学天文知识的大型丛书，被誉为"欧洲古典天文学百科全书"。《崇祯历书》共 46 种 137 卷，分 4 次向崇祯皇帝进呈。《崇祯历书》的内容分"五目""六次"。"五目"指的是：法原，即天文学基本理论，包括球面天文学原理；法数，即天文数表，附有使用说明；法算，即天文计算必备的数学知识，包括平面和球面三角学、几何学；法器，天文仪器知识；会通，指中国传统方法和西历度量单位的换算。"六次"指的是：日躔历、恒星历、月离历、日月交会历、五纬星历、五星交会历 6 种，包括日月五星运动、恒星方位、日月交食、节气、朔望等的中西换算。

徐光启在主持改历的时候，提出了一套发展天文学的方法，他说："欲明天事，只有深伦理，明著数，精择人，审造器，随时测验，追合于天而已。……除此之外，无他道焉。"在徐光启看来，修编《崇祯历书》不仅仅是为了修历，他说："事竣历成，要求大备，一义一法，必深言其所以然之故，从流溯源，因枝达本，兼能为万务之根本。此其书必愈数倍，其事必阅岁年。既而法意既明，明之者自能立法，传之其人，数百年后见有违离，推明其故，因而测天改宪，此所谓今之法可更于后，后之人必胜于今者也。"（《徐光启集·历书总目表》）

《崇祯历书》正是按此目标来编写的，作为基础理论部分的"法原"，用以介绍基本天文理论，讨论各天体运动的几何模型及其建立方式，并把这部分内容排在"五目"首位。"法原"占据了核心部分，共有40余卷，占《崇祯历书》的三分之一。在《崇祯历书》中，引入了本轮、均轮等整套小轮系统以及天统解释天体运动的速度变化，采用几何学的计算方法；引入地球概念和经纬度及其有关的测定计算方法；引入球面和平面三角学，大大简化了计算手续，提供了准确的计算公式；引入蒙气差的数值改正，区别了冬至点和日行最速点（即近地点）的不同；引进了欧洲天文学中的一些度量制度，如分圆周为360度，分一日为96刻，采用60进位制等等；引进了严格的黄道坐标系，采用从赤道起算的90纬度制和十二次系统的经度制；在历日制度上，彻底采用定朔、定气注历，并以无定中气之月为闰月。

《崇祯历书》所达到的成就，在当时的世界上是最先进的。《崇祯历书》不仅代表"西学东渐"的学术成果，还代表着中国对西方天文学的接纳，标志着中国天文学从此纳入世界天文学发展的共同轨道。尽管这部历书还有不完善之处，但在中国历法发展史上是一次划时代的进步。中国天文学史整理研究小组编著的《中国天文学史》概括了《崇祯历书》的基本特点：

（1）采用了丹麦天文学家第谷所创立的宇宙体系。这个体系是介于哥白尼的日心体系和托勒密的地心体系之间的折中体系。

（2）采用本轮、均轮等一整套小轮系统来解释天体运动的速度变化。这样，在计算上必须采用几何学。

（3）引入了明确的地球概念，引进了经纬度及其有关的测定、计算方法。从而使得在日月食计算和其他天文计算中较中国古代的传统方法前进了一大步。

（4）引入了球面和平面三角学。这就大大地简化了计算手续，提供了准确的计算公式，并且扩充了解题的范围。

（5）引入了蒙气差的数值改正；区别开了冬至点和日行最速点的不同，并且指出日行最速点每年前进约45°；引进了哥白尼、第谷等所测定的较精确的天文数据。

（6）引进了欧洲天文学的一些度量制度。①

关于《崇祯历书》的历史意义，沈定平指出：

《崇祯历书》对中国天文学的贡献，在于它促进了中国传统的科学范式的变革。即由基本上属于经验性和观测性的范式，向根本改变天体运行的意念、观测工具和方法的理论体系的转化，同时，传统的代数学程式，让位于几何学模型解释与预测天象。②

崇祯十四年（1641）末，《崇祯历书》完成。但在崇祯皇帝正准备将其颁布之时，明王朝就灭亡了。虽然明朝没有来得及行使《崇祯历书》，但其影响是很大的。清人阮元《畴人传》卷四五说："明季君臣以大统寝疏，开局修正，既知新法之密，而讫未施行。圣朝定鼎，以其法造《时宪书》，颁行天下。彼十余年辩论翻译之劳，若以备我朝之采用者，斯亦奇矣！……我国家圣圣相传，用人行政，惟求其是，而不先设成心。即是一端，可以仰见如天之度量矣！"梁启超说："自《崇祯历书》刊行后，治历学者骤盛。"③ 实际上，在《崇祯历书》编成的一个世纪中，它成了中国天文学家学习西方天文学的源泉。④

4. 徐光启的科学发展规划

徐光启在主持编纂《崇祯历书》的同时，还提出"度数旁通十事"，试图以历算变革为契机，将改革引向其他科学领域和国计民生部门，实际上是

---

① 中国天文学史整理研究小组：《中国天文学史》，科学出版社1987年版，第222—223页。

② 沈定平：《明清之际中西文化交流史——明季：趋同与辨异》上册，商务印书馆2012年版，第194页。

③ 梁启超：《近三百年中国学术史》，商务印书馆2011年版，第180页。

④ 参见江晓原：《开普勒天体引力思想在中国》，《自然科学史研究》1987年第2期。

一个庞大的中国科学事业发展的规划。

崇祯二年（1629），即成立历局同年的七月二十六日，徐光启给崇祯上奏《条议历法修正岁差疏》说道："盖凡物有形有质，莫不资与度数故耳"，提出"分曹"料理，即分学科研究的思想，并论述了数学和其他科学的关系，及数学在生产实践中作用。他认为数学是"从用之基"，提出"度数旁通十事"，分别是治历、测量、音律、军事、理财、营建、机械、舆地、医药、计时。

（1）历象既正，除天文一家言灾祥祸福、律例所禁外，若考求七政行度情性，下合地宜，则一切晴雨水旱，可以约略预知，修救修备，于民生财计大有利益。

（2）度数既明，可以测量水地，一切疏浚河渠，筑治堤岸、灌溉田亩，动无失策，有益民事。

（3）度数与乐律相通，明于度数即能考正音律，制造器具，于修定雅乐可以相资。

（4）兵家营阵器械及筑治城台池隍等，皆须度数为用，精于其法，有裨边计。

（5）算学久废，官司计会多委任胥吏，钱谷之司关系尤大。度数既明，凡九章诸术，皆有简当捷要之法，习业甚易，理财之臣尤所亟须。

（6）营建屋宇桥梁，明于度数者力省功倍，且经度坚固，千万年不圮不坏。

（7）精于度数者能造作机器，力小任重，及风水轮盘诸事以治水用水，凡一切器具，皆有利便之法，以前民用，以利民生。

（8）天下舆地，其南北东西纵横相距，纡直广袤，及山海原隰，高深广远，皆可用法测量，道里尺寸，悉无谬误。

（9）医药之家，宜审运气；历数既明，可以察知日月五星躔次，与病体相视乖和逆顺，因而药石针砭，不致差误，大为生民利益。

（10）造作钟漏以知时刻分秒，若日月星晷、不论公私处所、南北东西、欹斜坳突，皆可安置施用，使人人能分更分漏，以率作兴事，屡省考成。

徐光启提出在他掌管的历局内开展以数学为根本，兼及气象学、水利工程、军事工程技术、建筑、机械力学、大地测量、医学、算学及音乐等学科的研究工作，历局有了科学研究机构的雏形。崇祯皇帝对此积极支持，他下旨批示"度数旁通，有关庶绩，一并分曹料理，该衙知道"。此"十事"涉及自然现象、社会现象的研究和工程技术，就当时而言，中西方尚未形成自然科学、社会科学、工程技术学科的分化，徐光启能陈此十事相当不易。他希望借助演绎推理，寻求事物的数学规律，形成"有理，有义，有法，有数"，使中国的科学思想在质上迈进了一大步。萧萐父指出：

> 以上十个方面，几乎遍及 17 世纪的全部科学技术门类，包括气象、水利、乐律、兵器、经济、建筑、机械制造、测绘、医学和钟表制造业。他认为这十个方面与国计民生关系极大，因而主张"接续讲求""分曹述就"，以培养各方面的专门人才。这又是一个在中国建立科学院的构想了。[①]

5. 关于哥白尼学说的传播问题

在耶稣会士传播的西方科学技术知识中，天文学知识最为重要。《崇祯历书》系统地编译和介绍了近代的天文学说，为近代西方天文学的优秀成果传播到中国并发生作用影响，做出了很大的贡献。但是，后世的一些学者对此也有批评，认为传教士们没有引进更先进的哥白尼学说，或者是反映了传教士们科学知识的落后，或者是有意隐瞒最新的科学成就。甚至有学者认为："正是由于耶稣会传教士的阻挠，直到十九世纪初中国学者（阮元）还在托勒密体系与哥白尼体系之间徘徊。"[②] 并进而论定："近代科学在中国当时未能正式出现，那阻力并不来自中国科学家这方面，而来自西方神学家那方面。"[③]

其实这些说法是没有根据的，并且已经有许多学者提出反驳。哥白尼的《天体运行论》发表于1543 年，正如有的学者指出："哥白尼的体系经过了大半个世纪才在科学思想界牢固地树立起来。直到 1632 年伽利略发表拥护哥白尼学说的名著《哥白尼和托勒密两大世界体系的对话录》后，哥白尼学说才引起强烈反响。历史条件的限制使得卒于 1610 年的利玛窦生前只能'接触到

---

① 萧萐父：《明清启蒙学术流变》，辽宁教育出版社 1995 年版，第 244 页。

② ［意］利玛窦、［法］金尼阁著，何高济等译：《利玛窦中国札记》中译本序言，中华书局 1983 版，第 20 页。

③ 何兆武：《略论徐光启在中国思想史上的地位》，《哲学研究》1983 年第 7 期。

那最新科学的边缘',因而也就无从加以传播了。"①

在编纂《崇祯历书》时,学者们主要是采用第谷的体系。哥白尼"《天体运行》的杰出科学成就,主要在于它推翻了统治长达一千五百余年之久的亚里士多德—托勒密的地心体系,建立起了科学的日心体系"②,但是,哥白尼的日心说存在着天文观测资料不够完备和论证的数理基础不够精确的局限性。其日心地动说,有两种情形得不到科学说明:其一,如地球绕日公转,何以观测不到恒星年视差?其二,如地球自转,垂直抛体落地点何以不偏西?前者至1728年布拉德雷发现恒星周年光行差才得到科学说明,后者至1636年伽利略阐明运行相对性原理及速度合成概念才得到正确解释。在哥白尼日心地动说尚处于假说阶段的背景下,丹麦天文学家第谷折中地心说与日心说创立了自己的学说,于1588年公布新创之宇宙模型。第谷认为地球是宇宙的中心,月亮、太阳和恒星在不同的层次绕着地球转,而五大行星则绕太阳运行。第谷学说在当时历史条件下具有一定的先进性。第谷否定了亚里士多德的"水晶球"教条("水晶球"理论认为宇宙由一组同心球体组成,地球位于中心,月亮轨道以上诸天球层,皆由不生不灭、永无变化、完全透明、硬不可入的物质构成,故得名"水晶球")。第谷在《彗星解》中批驳了"水晶球"理论。第谷虽然不同意地动说,但对日心说也不满意,第谷的学说与坚持日心说的托勒密体系相比较是个进步,而他不同意的地动说尚处于假说阶段。第谷的宇宙新体系,在当时和此后一段时间里获得了相当一部分天文学家的支持。第谷以擅长观测享有盛誉,其精度前无古人,达到前望远镜时代的观测精度最高峰。《崇祯历书》采用的第谷体系,实际上是当时欧洲最流行也是最先进的体系。卜弥格在1646年将一套开普勒编的《鲁道夫星表》转送到北京,热情称赞此书"在计算日全蚀、偏食和天体运动方面是独一无二的、最好的"。该书是开普勒违背了第谷的意愿而按照哥白尼体系编成的,但其中仍大量采用了第谷的观测成果,是当时最好的星表。

在金尼阁从欧洲运到中国的七千部书籍中,就包括了哥白尼的《天体运行论》和开普勒的《哥白尼天文学概要》。在修撰《崇祯历书》的过程中,

---

① 孙尚扬、钟鸣旦:《1840年前的中国基督教》,学苑出版社2004年版,第135页。

② 童鹰:《世界近代科学技术发展史》上册,上海人民出版社1990年版,第43页

参考了当时在欧洲都很新甚至尚未被完全接纳的天文知识，如开普勒 1619 年的《宇宙和谐论》、1621 年的《哥白尼天文学纲要》，第谷弟子龙果蒙塔努斯（Longomontanus）1622 年的《丹麦天文学》等，译用了哥白尼 27 项观测记录中的 17 项，介绍了伽利略关于太阳黑子现象。用三分之一的篇幅阐述了第谷的太阳系结构系统，计算方法则使用了哥白尼和开普勒的西方近代几何学方法。《崇祯历书》引用了开普勒在《天文光学》一书中的研究成果，如确定日、月视直径的观测装置，确定食分的方法，小孔成像原理等。《崇祯历书》也提到了开普勒更为重要的著作《新天文学》（1609 年发表，又称《论火星的运动》），《崇祯历书》还专门介绍了开普勒在《新天文学》一书提出的关于用磁力来解释行星运动的学说。

伽利略的天文学成就传入中国较早，传教士阳玛诺在 1615 年刊刻的《天问略》中已经述及用望远镜观测月面、金星位相、土星，看上去像三体（实即土星有光环）、木星卫星、银河由众星组成等内容。这里述及的是伽利略的观察结果，但未提到伽利略之名，只说"一名士"。而此时距伽利略公布上述发现仅仅 5 年（伽利略公布其望远镜新发现的《星际使者》一书初版于 1610 年）。在罗雅谷、汤若望等人所撰写的中文科学著作中，都介绍了伽利略的天文学思想，而且在伽利略于 1609 年制造出天文望远镜之后不久，就把一架望远镜带来中国。汤若望在 1640 年所作《历法西传》中从天文学发展的角度肯定了伽利略在天文观测上所取得的巨大成就。他说："第谷没后，望远镜出，天象微妙，尽著于是。有加利勒阿（即伽利略）于三十年前创有新图，发千古星学之所未发，著书一部。""著书一部"即伽利略 1632 年的《天文对话》（即《关于托雷美和哥白尼两大世界体系的对话》）。

《崇祯历书》还对哥白尼在天文学史上的地位，以及《天体运行论》的内容，作了中肯的介绍和述评。《西洋新法历书·新法历引》说道："兹惟新法，悉本之西洋治历名家曰多禄某（即托勒密）、曰亚而封所即阿尔芳所、曰歌白泥（即哥白尼）、曰第谷四人者。盖西国之于历学，师传曹习，人自为家，而是四家者，首为后学之所推重，著述既繁，测验益密，立法致用，俱臻至极。"这里将哥白尼列为"四大名家"之一，给以很高的评价，而且指出他的学说已经成为欧洲最有影响的天文学说之一。《西洋新法历书·历法西传》说道："有歌白泥验多禄某法虽全备，微欠晓明，乃别作新图，著书六卷。"接着依次简述了《天体运行论》6 卷的大致内容。这里虽未谈到日心说，但指出了托勒密体系"微欠晓明"，有不及日心说之处。指出了哥白尼有一个新的宇宙体系，即"别作新图"；指出了日心说所在的《天体运行论》，即"著书六卷"。《西洋新法历书·五纬历指一》则直接介绍了日心地动说中的重要内容："今在地面以上见诸星左行，亦非星之本行，盖星无昼夜一周之行，而地及气火通为一球自西徂东，日一周耳。如人行船，见岸树等，不觉己行而觉岸行；地以上人见诸星之西行，理亦如此。是则以地之一行免天上之多行，以地之小周免天上之大周也。"这段话几乎就是直接译自《天体运行论》第一卷第八章，用地球自转来说明天球的周日视运动。

传教士介绍的哥白尼学说，已经部分地为中国学者所理解。据徐海松研究，黄宗羲之子黄百家已经对哥白尼日心地动说作了正确理解和完整描述。他在《黄竹农家可逆草》"天旋篇"中对哥白尼学说有过具体介绍："至明正德间，而有歌白尼别创新图，自外而内，作圈八重；外第一重为恒星，各系原处，永古不动，即天亦不动；第二重为填星道；三重岁星道；四重荧星道；五重地球道。地球日东旋于本道一周，地球之旁别作一小圈为月道（附地球之本体，其圈在八重之外），月绕地球周围而行；六重为太白道；七重辰星道；中为太阳，如枢旋转不移他所。歌白尼则以太阳居中，而地球循旋于外。"

黄百家在晚年写的《宋元学案·横渠学案上》中有一案语，再次明确地叙述了哥白尼的日心地动说："百家谨案：地转之说，西人歌白尼立法最奇。太阳居天地之正中，永古不动，地球循环转旋，太阳又附地球而行，依法以推，薄食陵犯，不爽纤毫。盖彼国立法有三家，一多禄茂，一歌白尼，一第谷。三家立法，迥然不同，而所推之验不异。究竟地转之法难信。"

黄百家很可能是中国第一位完整、公开地介绍哥白尼日心地动说的学者。对此，日本学者小川晴久在 1980 年发表的《东亚地动说的形成》一文中指出，黄百家在《横渠学案》中有关哥白尼学说的描述，表明了这样一个事实："中国的天文学们早在 17 世纪下半叶，就相当正确地知道了哥白尼的地动说。"小川晴久还对黄百家获悉哥白尼学说的来源作了推测，他认为"大概是从梅文鼎或者从耶稣会传教士那里直接听到的"。还有学者推测黄氏关于哥白尼学说的信息可能来自传教士穆尼阁、罗雅谷、汤若望、南怀仁、徐日昇、安多等人中的某人，也可能兼而有之。

到 18 世纪以后来华的传教士，则更多地向中国介绍了哥白尼学说。1761年，蒋友仁将手绘的《坤舆全图》进呈乾隆皇帝。此图的四周有许多文字和插图，文字多涉天文，插图均为天文图。文字与插图说明哥白尼日心说是唯一正确的学说，指出哥白尼学说"以太阳静地球动为主"。还介绍了开普勒行星运动三定律，并指出地球不是正圆球体。此外，有关太阳黑子、太阳自转、月面结构、金星位相、木星 4 颗卫星及土星的 5 颗卫星的绕行周期、土星环、太阳系天体自转及数据、恒星发光、彗星绕日运转等内容，也作了介绍。蒋友仁的《坤舆图说稿》手抄本，经何国宗、钱大昕润色，将图中解说文字以《地球图说》的书名刻印流传，受到中国学者的重视。阮元为此书作了序，但他斥日心说为离经叛道，说它"上下易位，动静倒置，则离经畔道，不可为训，固未有若是其甚焉者也"。

虽然哥白尼的日心说到清朝末年才系统地传入中国，但是，明末清初的传教士并没有有意封锁先进的哥白尼学说，而是为其传入中国做了一些铺垫性工作。

6.《时宪历》与《西洋新法历书》

明清鼎革之际，汤若望以极大的勇气留在北京，并得以与范文程会见，为天主教在中国传教事业的存续和发展做出了重大贡献。汤若望赢得清朝廷信任的重要努力就是推算日食及建议修历工作。

清顺治元年（1644）七月，礼部左侍郎李明睿上书，提出"查得明朝旧制，历名大统，今宜另更新名"。依照历代改朝换代另立新历的惯例，清政府迫切需要一部新历。此前不久，汤若望仔细推算了当年八月的日食，并上书说："臣于明崇祯二年来京，曾依西洋新法厘定旧历。今将新法所推本年八月初一日日食，京师及各省所见食限分秒并起复方位图像进呈，乞届期遣官测验。"汤若望的做法正好迎合了编制新历的需要。

八月初一日，清政府"令大学士冯铨同汤若望携窥远镜等仪器，率局监官生，齐赴观象台测验，其初亏、食甚、复圆时刻分秒及方位等项，惟西洋新法，一一吻合，大统、回回两法俱差时刻"。这次测验肯定了汤若望的预测结果，同时也肯定了西洋历法。此后，清廷谕示："旧法岁久自差，非官生推算之误。新法既密合天行，监局宜学习勿怠玩"，并决定由汤若望主持，按西法推算编制新历。新历完成后，摄政王多尔衮批准将新历定名《时宪历》，颁行天下，新法成为清政府的官方历法，并任命汤若望为钦天监监正。据《清世祖实录》记载，顺治元年清廷颁布正朔，"七月丁亥，礼部启言，定鼎燕京，应颁宝历。据钦天监咨称新法推注已成，请易新名，伏候钦定，以便颁行。摄政睿亲王谕：治历明时，帝王首重，今用新法正历，以迓天休，诚为大典，宜名为《时宪历》，用称朝廷宪天义民至意。自明岁顺治二年为始，即用新历，颁行天下。监局各官，仍公同证订新法注历，作速缮写装潢呈览"。

"时宪"一词取自《书·说命中》"惟天聪明，惟圣时宪"句。《时宪历》是一部应用西洋法数，保留旧历结构的历法。这部历法的天文计算方法是建立在比较科学的宇宙理论基础之上的。我国的传统历法虽然也有理论，但往往偏重计算，没有达到自觉地建立天文理论的地步。古代改历，重在修改数据和计算公式，而《时宪历》所依据的是第谷体系，它对天体运行规律的解析，要比我国传统的宇宙模型更为合理和科学。在计算方法上，新历完全采用了欧洲几何学的计算系统，引进了经纬度、球面三角学、蒙气差、时差等新观念。分周天为三百六十度，改一百进位制为六十进位制，用二十四小时九十六刻记时。这和我国传统历法所用的内插法经验公式的代数学体系完全不同，在二十四节气的规定方法上，它采用了定气注历制度，也就是以太阳在黄道上实际移动的位置做标准来判明节气。它废弃了我国传统历法所使用的"平气"注历制度，从而使节气的安排更符合太阳运动的实际规律，有利于农事的安排。近代所用的旧历就是《时宪历》，通常叫做夏历或农历。这是我国历法史上第五次亦是最后一次大改革。

在随后的一两年里，汤若望将原有137卷的《崇祯历书》删改压缩成103卷，更名为《西洋新法历书》，进呈给清政府。《西洋新法历书》是当时钦天监官生学习新法的基本著作和推算民用历书的理论依据。汤若望对《崇祯历书》所做的修订，主要有两个方面。一是删并。《西洋新法历书》顺治本只有28种，康熙本有27种90卷，删并主要是针对各种天文表进行的，而对于《崇祯历书》的天文学理论部分，几乎只字未改。这样的删改使《西洋新法历书》较《崇祯历书》显得更为紧凑完备。二是增加了新的作品，增入10种由汤若望所撰之小篇幅著作。

《西洋新法历书》具有重要的历史意义和深远的影响。实际上，如果没有汤若望修订的《西洋新法历书》，当年徐光启等人费尽心血的《崇祯历书》恐怕就没有可能得以流传了。而正是通过汤若望的《西洋新法历书》，这个中西文化交流的重大成果得以保存并发生作用和影响。江晓原指出："以西方天文学方法为基础的《崇祯历书》（《西洋新法历书》）是中国天文学从传统向现代演变，走上世界天文学共同轨道的转折点。而这部'西方古典天文学百科全书'在中国的广泛传播，和耶稣会士在清朝钦天监二百年的工作，无疑为这一演变作出了贡献。"①

　　《西洋新法历书》秉承《崇祯历书》，将西方的天文学数学系统化地介绍到了中国，使明末清初的中国文化学术界能够见到 16 世纪及 17 世纪初期的西方近代科学较完整的一个方面，在中西文化交流上起了重要的作用。这以前，徐光启与利玛窦合译欧几里得《几何原本》前 6 卷及《测量法义》……西学在中国开始发生影响。到《崇祯历书》完成，中西新旧两种历法的争端始终未息。待《西洋新法历书》再刊，清顺治初按西法的《时宪历》颁行，西方近代历算学方才在东方立住了脚跟。虽康熙初年又兴历讼，汤若望等 4 人下狱，但不久即被昭雪。故《西洋新法历书》的刊印，实为西方近代天算学在中国发生重要作用的继往开来之作，使具有三千年古老文明历史的中国历法，自此走上了近代科学的道路。②

7. 南怀仁与天文学仪器的制造

　　在清朝创建伊始，朝廷采纳汤若望的建议，颁行《时宪历》。但是，到了康熙初年，杨光先制造"康熙历狱"，全面否定西学，并对传教士的传教和科学文化进行大规模迫害。直到康熙皇帝亲政后，为汤若望案平反。康熙八年（1669）三月初一日，南怀仁被授以钦天监监副，重新开始传教士主持钦天监的工作。初九日，礼部再奉旨，"历法天文，概第南怀仁料理"。同年南怀仁撰《历法不得已辨》，逐条驳斥杨光先、吴明烜在历法推算方面的错误。针对

---

①　江晓原：《论耶稣会士没有阻挠哥白尼学说在华传播——西方天文学早期在华传播之再评价》，《学术月刊》2004 年第 12 期。

②　潘鼐：《西洋新法历书提要》，《中国科学技术典籍通汇》天文卷八，河南教育出版社 1993 年版，第 643 页。

中国传统的观象占候、堪舆占卜等观念，这一年他还撰著了《妄推吉凶之辨》《妄占辨》和《妄择辨》。

南怀仁供职钦天监后做的一件大事是改造观象台，重造适用于西洋新法的天文仪器。

中国是一个天文仪器古国，制造天文仪器有悠久的历史和优良的传统。《尚书》中有"璇玑玉衡"的记载，汉代张衡制造的浑象，宋代有"水运仪象台"。中国古代天文仪器比较完备，如用于时刻测量的圭表、日晷。而且中国古代的天文仪器是十分精密的，如元代郭守敬制作的简仪百刻环上刻着 12 时辰和 100 刻，每一刻又分成 36 份，成为一周刻划 3600 份的刻度盘，对于裸眼观测来说，达到了精度的极限。但是，中国传统天文学的仪器与近代西方的仪器相比，不但在形式上，而且在精密程度上是远远落后的。所以，引进和制造新式的天文学仪器，是传教士传播西方天文学的一个重要内容。17 世纪西方科学发展的一个重要特征，就是发明和使用科学仪器。特别是在天文学领域，科学仪器的发明和使用是实现天文学向近代转变的主要标志。耶稣会士到中国来的时候，都携带许多科学仪器，作为赠送给中国人的礼品，或作为科学研究使用。利玛窦来到中国时，就携带天文仪器。徐光启主持历局时，也在汤若望等人的指导和参与下，制造了一批用于天文观测的新式的天文仪器。使用和研制西方的新式仪器，意味着中国的天文学研究方法和测量仪器都开始向近代天文学接近，其范式已经明显不同于传统的天文学了。

明亡时，汤若望等教士保存了多件测量天象的仪器，"由西洋带来者居多"。顺治元年（1644）六月二十七日，汤若望以"修政历法"的身份向顺治皇帝报告了在明朝修历的情况，称"十余年来，著成创法阐理诸书一百四十余卷，制就星球、星屏、地平、日月星晷，与夫窥箭机巧等器，尽进御前"①。同年七月二十五日，他向顺治帝奏报对九月一日日食的预推结果，称正在补造望远镜和日晷。

次日，皇帝下旨："其窥测诸器速造进览。"汤若望等人已经有制造望远镜的经验，补造一架具有放大功能的望远镜并不太困难。同年八月十日，汤

---

① 王利器：《李士祯·李煦父子年谱》，沈云龙主编：《近代中国史料丛刊三编》第 4 辑，台北文海出版社 1985 年版，第 7 页。

若望上奏，已经制成天球仪、日晷和望远镜。

顺治皇帝次日批示："这测天仪器，准留览。"很明显，这些仪器是供皇帝在宫中使用的，望远镜的结构和尺寸不详。天球仪是银制的，它的尺寸应当比较小。我们以为，汤若望的举动主要是为了讨好皇帝，使他相信西法比钦天监的旧法精确并允许传教士在华活动。

顺治元年（1644）十一月十三日，汤若望上奏，再次请求刊刻历书，并依新法添造地平经纬仪等观测工具。

顺治皇帝命礼部"一并看了来说"。十二月七日，礼部要求开报物料工价。汤若望估计，造黄赤全仪、天球仪的费用"止有千余金"，造地平经纬全仪的工价约增十分之五；若竭力节省，所费千余金。仪器是否造成，未见记载，也没有实物留下来。

南怀仁任职钦天监后，就开始着手对观象台的改造。他设计制作或指导他人制作了53件天文仪器，其中于康熙十二年（1673）用铜铸成6件大型天文仪器，安装在北京观象台上，它们是：（1）测定天体黄道坐标的黄道经纬仪；（2）测定天体赤道坐标的赤道经纬仪；（3）测定天体地平坐标的地平经仪；（4）地平纬仪（又名象限仪）；（5）测定两个天体间角距离的纪限仪；（6）表演天象的天体仪。

南怀仁的这些天文仪器在采用第谷的天文仪器体系的同时，吸收中国的造型艺术，将欧洲的机械加工工艺与中国的铸造工艺结合起来。这些仪器在中国历史上是先进的，南怀仁将其取代了深仪和简仪等传统仪器。南怀仁后来还制造过简平仪、地平半圆日晷仪等多种天文仪器，并著有《赤道南北两总星图》（1672）和《简平规总星图》（1674）等。

南怀仁在制造和安装观象台新仪器的同时，将各种仪器的制造原理、安装和使用方法等，详细记述，绘图立说，于康熙十三年（1674）正月二十九日将《新制灵台仪象志》16卷进呈，并请镂版刊行。南怀仁在《新制灵台仪象志》的序中，说明了天文仪器的重要性，也谈到了天文仪器与历法的关系。"稽历者必以仪为依据，明历者必以仪为记事录，失推者必以仪而改下，算合者必以仪而参互，较历者非仪无由而信，从历者非仪无由而启悟。良法得之以见其长，敝法对之而形其短。甚哉，仪象之为用大也。"他还指出，仪器"有作之法，有安之法，有用之法"，"其造法必以天象为准"，要求"广大、轻清、坚固、微妙"四者兼备。

《新制灵台仪象志》这部书可以分为 3 个部分：

第一部分是前 4 卷，介绍新制成的 6 种仪器，即黄道经纬仪、天体仪、赤道经纬仪、地平经仪、象限仪（地平纬仪）、纪限仪（距度仪）的制造原理、安装和使用方法，其中包含了西方近代早期的许多科学技术知识。

第二部分是第五到第十四卷，为天文测量数据，即全天星表。内容包括星的黄道坐标、赤道坐标和星等。其中黄道星表用康熙壬子（1672）历元，赤道星表用康熙癸丑（1673）历元。表中列有 1876 颗恒星的黄道坐标和赤道坐标值，附有岁差（见岁差和章动）和星等。

第三部分是该书最后两卷，共有 117 幅图。这两卷又称《新制仪象图》或《仪象图》。

乾隆年间，《新制灵台仪象志》被收入《钦定仪象考成》（1752）；又被收入《古今图书集成·历象汇编·历法典·仪象部》，但有图无表。

在南怀仁完成了观象台仪器的改造之后，他又接到了清廷的敕令，要求预推未来一两千年的历表。康熙十七年（1678）七月，南怀仁编纂完成《康熙永年历》32 卷，将汤若望于顺治二年（1645）十二月所著诸历及二百年恒星表，相继预推到数千年之后。《康熙永年历》实际上是一部天文表。它分为 8 个部分——日、月、火星、水星、木星、金星、土星以及交食，每一部分为 4 卷。各部分的开始给出一些基本数据，然后给出某一天体两千年的星历表，为以后编制每年的历书和计算日月蚀提供了极大的方便。有人把《康熙永年历》和康熙年间由传教士参与测绘的大型地图《皇舆全览图》誉为康熙时期中西文化交流的双璧。

8. 在钦天监任职的传教士

汤若望在明崇祯年间参与历局修历，做出了重大贡献。但此时历局由徐光启、李天经先后主持，汤若望并无实际职务。入清以后，汤若望被任命为钦天监监正，实际担负起主持钦天监的工作。自此以后，除"康熙历狱"所影响到的短短数年外，在 140 多年的时间均由耶稣会士在钦天监接续担任监正或监副等要职。张星烺说："钦天监修历为耶稣会传教师之大本营。上可交接中国政府官吏君主，下可为传教师之总机关。"①

钦天监的日常工作大体上有两个方面，其一是每年编订下一年的《时宪书》，其二是天象观测和预报以及气象报告等。在汤若望和南怀仁之后，在清钦天监担任监正或监副的传教士有：

闵明我，意大利人，耶稣会士，康熙三十三年至五十年（1694—1711）任治理历法。

庞嘉宾，德国人，耶稣会士，康熙四十六年至四十八年（1707—1709）任钦天监监正。

纪理安，德国人，耶稣会士，康熙五十年至五十八年（1711—1719）任治理历法。

戴进贤，雍正三年（1725）授钦天监监正，九年（1731），加礼部侍郎衔。

刘松龄，乾隆四年（1739）进入钦天监工作，乾隆八年（1743），补授钦天监监副，补授钦天监监正。

徐懋德，英国人，耶稣会士，雍正六年至乾隆八年（1728—1743）任钦天监监副。

鲍友管，德国人，耶稣会士，乾隆十一年至三十六年任钦天监监副。

傅作霖，葡萄牙人，耶稣会士，乾隆十八年至三十八年（1753—1773）任钦天监监副，乾隆三十九年至四十五年（1774—1780）任钦钦天监正。

高慎思，葡萄牙人，耶稣会士，乾隆三十六年至四十五年（1771—1780）任钦天监监副，乾隆四十六年至五十一年（1781—1786）任钦天监监正。

安国宁，葡萄牙人，耶稣会士，乾隆三十九年至五十一年（1774—1786）任钦天监监副，乾隆五十二年至六十年（1787—1795）任钦天监监正。

索德超，葡萄牙人，耶稣会士，乾隆四十六年至五十九年（1781—1794）任钦天监监副，乾隆六十年至嘉庆十年（1795—1805）任钦天监监正。

汤士选，葡萄牙人，方济各会士，乾隆五十二年至嘉庆九年（1787—1804）任钦天监监副，嘉庆十年至十二年（1805—1807）任钦天监监正，兼管国子监算学馆。

---

① 张星烺：《欧化东渐史》，商务印书馆2000年版，第60页。

罗广祥，法国人，遣使会士，乾隆六十年之至嘉庆六年（1795—1801）任钦天监监副。

福文高，葡萄牙人，遣使会士，嘉庆六年至十二年（1801—1807）任钦天监监副，嘉庆十三年至道光三年（1808—1823）任钦天监监正，兼理算学馆。

李振辰，葡萄牙人，遣使会士，嘉庆十二年至道光六年（1808—1826）任钦天监监正，兼理算学馆。

高守谦，葡萄牙人，遣使会士，嘉庆十三年至道光五年（1808—1825）任钦天监监副。

毕学源，葡萄牙人，遣使会士，道光三年至六年（1823—1826）任钦天监监副，为钦天监聘用的最后一个外国人。

在这些传教士中，戴进贤、刘松龄的表现尤为突出。除了在钦天监担任监正、监副职务的人之外，还有一些传教士虽无职衔，但供职于钦天监或者参与钦天监的工作，其中有：利类思、安文思、恩里格、苏纳、白乃心、李守谦、徐日昇、安多、张诚、白晋、宋君荣、巴多明等。

9. 戴进贤传播西方天文学

南怀仁以后在钦天监任职的传教士中，戴进贤的贡献最为突出。方豪说："戴进贤任职钦天监达 29 年之久，贡献极多，在介绍西洋天文新学说方面，南怀仁亦不如戴进贤。……由于西洋天文学不断进步，到雍正、乾隆年间，明末输入的旧说早已不合，于是又有大修历书之举，戴进贤即是实际负责修书之人。"[①]

戴进贤（Ignatius Kgler），字嘉宾。1680 年 5 月 11 日生于德国兰茨贝格，16 岁进耶稣会初修院，来华前在因戈尔施塔特大学教授数学与东方语言。于康熙五十五年（1716）来华，很快就受到清廷的重用，任职于钦天监。雍正三年（1725）授钦天监监正，九年，加礼部侍郎衔。乾隆三年（1738）任耶稣会中国教区副会长。他任职钦天监达 29 年之久，他的科学贡献包括两个方面：其一是向中国人介绍了西方天文学的新成就，编纂《黄道总星图》《历象考成后编》与《仪象考成》；其二是在中国进行了大量的天文观测，将其观测

---

① 方豪：《中国天主教史人物传》，宗教文化出版社 2007 年版，第 530 页。

数据发回欧洲，被欧洲科学界所利用。

清初自汤若望进献的《西洋新法历书》刊行后，成为编制每年《时宪历》的依据，也成为中国学者学习和研究西方天文学的主要资料之一。但由于《西洋新法历书》实际上出自多人之手，对西洋新法的叙述不够清晰和系统，不少内容隐晦难通，并时有错讹和图表不符之处。如康熙皇帝曾研究过它并亲自进行日影测量，发现新法历书中一些数据已不够准确，所以编修一部经中国学者整理、解释并订正错讹的新书是很有必要的。康熙五十年（1711），康熙皇帝指出："天文历法，朕素留心，西法大端不误，但分刻度数之间积久不能无差"，要求礼部并钦天监招考天算人才，加强天文实测，准备重新修订《西洋新法历书》。康熙五十三年（1714）修书工作开始进行，他又谕示："今修书宜依古历规模，用今之数目算之"，确定了编修新著的基本原则。此次重修历时9年，于康熙六十一年（1722）完成《历象考成》42卷。《历象考成》为《律历渊源》的第一部，分上下两编。上编16卷，名《揆天察纪》，讲天文理论；下编10卷，名《明时正度》，讲计算方法，并附算表16卷。《历象考成》在理论阐述、数据精度和逻辑结构上比《西洋新法历书》有所进步，如根据实测确定了新的黄赤交角；计算平太阳时和真太阳时的时差，考虑到太阳近地点每年有移动所产生的影响；计算月食时采用了月面方位等。

《历象考成》总体上采用的仍是西方天文学中的第谷体系，数据也多为第谷所定。自第谷之后的200年间，西方天文学在观测、理论方面已有长足的进步，雍正年间用第谷的方法推算日食已不太精确。雍正八年（1730）六月，据《历象考成》推算日食，与观测不符，于是钦天监监正明安图奏请校修《历象考成》。戴进贤和徐懋德根据法国天文学家卡西尼的计算方法，重修日躔、月离两表附于书后。乾隆二年（1737）组成以戴进贤、徐懋德为主，由明安图等协办的"增修表解图说"班子，于乾隆七年（1742）编成《历象考成后编》10卷。

《历象考成后编》也分计算原理、计算方法和运算表三部分，包括日躔、月离、交食表，以雍正元年（1723）癸卯冬至次日子正为法元，七政皆从此算起。抛弃了过时的小轮体系，应用了开普勒第一定律（椭圆运动定律）和第二定律（面积定律），增补了关于视差、蒙气差的理论，采用了较精确的数据等。书中采用了西方天文学的诸家新说，主要有如下三点：（1）太阳半径，旧定为地球 5 倍余，现增至 96 倍余。此为西人新制望远镜之功。（2）清蒙气差（即光经过大气的折射率）采噶西尼新说。（3）日月五星轨道，旧为平圆，今为椭圆。此采哥白尼天文三定律之一，但没有介绍哥白尼的日心地动说，而以日月五星并列。此外，地球与日月距离的计算采用了牛顿的方法，但仍然坚持日动说，牛顿万有引力定律亦未输入。对于这部书，清代学者给予了高度评价。阮元指出："御定考成后编，复推阐无余，纤微曲尽。"

乾隆九年（1744），戴进贤发现黄赤交角比南怀仁主持制定的《灵台仪象志》出版时已有显著的变化，因此又奏请重新测算星表，与研制玑衡抚辰仪同时进行。为此他主持了《仪象考成》的编纂。戴进贤与传教士鲍友管、刘松龄，中国学者何国宗、明安图等人共同努力，根据天文观测，并参考了中国的古星图与西方的星图，纠正了原来星图的不少错误。乾隆十一年（1746），戴进贤去世。刘松龄升任钦天监监正，主持《仪象考成》的编撰。他不仅学识渊博，工作努力，勤于测验，而且善于用人，富有组织才能，还与欧洲科学家保持通信联系，不断获取新的信息，使《仪象考成》成为一部吸收了中西科学成果的重要著作。乾隆十七年（1752）书成，已在戴进贤死后的第六年。《仪象考成》共 32 卷，首两卷介绍玑衡抚辰仪的性能和用法，后 30 卷是星表。其中载录传统星官 277 个共 1319 颗星，比《灵台仪象志》多 16 个星官 109 颗星，又增添了传统天文学中没有的星 1614 颗，南天极附近 23 个星官 150 颗星，合计共 300 个星官 3083 颗星，分别列出它们的黄道坐标和赤道坐标值，以及每颗恒星的赤道岁差和星等。以乾隆甲子（1744）冬至为星表历元，这是清代发表的又一份全天星表。据研究，它主要是参照欧洲当时出版不久的弗兰斯提德星表。乾隆皇帝曾亲自为之作序，说此事使"天官家诸星纪数之缺者，补之序之，紊者正之"。

除上述天文著作外，戴进贤还著有《策算》，主要是对数表及用法，对数表刻于 1722 年，用法则刻于 1744 年。戴进贤在华期间，进行了大量的天文观测，他与俄国、英国、法国科学院的许多科学家都保持着联系，他的观测成果也常为欧洲的天文学家所引用。同时，他还及时地吸取了欧洲天文学的新发现。

清代钦天监十分重视观测仪器的制造和使用。康熙八年（1669）南怀仁督造新仪，并于康熙十二年（1673）制成 6 件大型天文仪器。康熙五十四年（1715），法国传教士纪利安又造地平经纬仪，并为了安装它而重新调整了观象台上陈列的其他仪器。这件仪器实际上是地平经仪和地平纬仪两仪的组合。清观象台上最后安装的一件大型仪器是由戴进贤主持督造的玑衡抚辰仪。

玑衡抚辰仪是清代制造的 8 件大型铜铸天文仪器之一，也是我国古代重要的天文观测仪器。"玑衡抚辰仪"由乾隆皇帝亲自命名，名字出自于《尚书》的"璇玑玉衡，以齐七政"。戴进贤设计的玑衡抚辰仪于乾隆九年（1744）开始制造，历经 10 年，于乾隆十九年（1754）在刘松龄的主持下制作完毕，重达 5 吨。仪器由子午双圈、赤道经圈和游旋赤道圈、双层赤经圈三部分组成。清廷给予了高度评价，认为它"体制仿乎浑天之旧，而时度尤为整齐；运量同于赤道新仪，而重环更能合应；至于借表窥测，则上下左右无不宜焉"。

玑衡抚辰仪是一部中西结合的仪器，无论从冶金制造还是雕刻方式，都反映了当时的发展水平。玑衡抚辰仪观测部分的外层是一根南北正立着的"子午双圈"，双圈用铜枕固定着，其空隙的中线为子午正线，在双圈内有两个并排着的圆环，叫做"赤道圈"，外面的赤道圈固定在子午双圈上，东西各有龙柱相托，里面的赤道圈连接在极至圈上，且可以沿赤道面移动，因此，又叫"游动赤道圈"。最里面的一个圆环叫做"赤经圈"，由环内的一根空心铜轴连接在子午双圈的两个极点上，赤经圈可以绕铜轴旋转。在空心铜轴中间还有一根窥管，前端圆孔内有十字丝装置，起到提高观测精度的作用。整个观测部分由雕工精细的云座和龙柱托起。这台具有中华民族特色、精细制造的古仪，至今仍完好地保存在北京古观象台的观测平台上。

10. 传教士对中国天文学的研究

中国是世界上天文学发展最早的国家之一，早在 4000 多年前就有了可考的文字星象记录。顾炎武在《日知录》中说："夏商周三代以上，人人皆知天文。"李约瑟指出："中国人在阿拉伯人以前是全世界最坚毅、最精确的天文观测者，在很长一段时期内，几乎只有中国的记录可供利用。"①

传教士注意到中国天文学的这些成果，利玛窦指出："中国人不仅在道德

---

① ［英］李约瑟：《中国科学技术史》第 4 卷第 2 分册，科学出版社 1975 年版，第 3 页。

哲学上而且也在天文学和很多数学分支方面取得了很大的进步。……他们把天空分成几个星座，其方式与我们所采用的有所不同。他们的星数比我们天文学家的计算整整多 400 个，因为他们把很多并非经常可以看到的弱星也包括在内。尽管如此，中国天文学家却丝毫不费力气把天体现象归结为数学计算。他们花费很多时间来确定日月蚀的时刻以及行星和别的星的质量，但他们的推论由于无数的错讹而失误。最后他们把注意力全部集中于我们的科学家称之为占星学的那种天文学方面。"[①] 所以，在一定程度上利玛窦对中国的天文学还是持有批评的态度。利玛窦还介绍了北京和南京的观象台及其运行的情况。他说："他们在这里安装了金属铸就的天文仪器或者器械，其规模和设计的精美远远超过曾在欧洲所曾看到和知道的任何这类东西。这些仪器虽然经受了近 250 年的雨、雪和天气变化的考验，却丝毫无损于它原有的光彩。"[②] 曾德昭在《大中国志》中也曾提到中国北京和南京的观象台，并介绍了观象台的仪器及其使用情况。

在较晚些时候来华的法国传教士中，有一些人担负着政府委托的考察中国科学技术状况的使命。因而，研究中国的科学成了他们的主要任务，而传教则退而居其次。在 17 世纪末，李明就向欧洲介绍过中国的天文学。他在参观过北京观象台后，引用另一位耶稣会传教士的话说："这些铜制机器已经制造七百年了，在这个硕大城楼平台上也存放了几个世纪，可其式样仍显明亮清晰，就像是刚铸造的一样。无论是存放地点的宏伟，还是机器设计制造的精美，远非欧洲人所能比……总之，中国以此显示了他们的全部科学和富庶，这足可让那些无此等设计制造能力的其他民族感到羞愧。"[③] 他描述了在观象台上中国天文学家辛勤、仔细地观测天象和星体变动的情况。他说："可能正是这对古代的迷恋和对古老习俗的热爱，才使中国人那么醉心于他们的天文观测。因为他们中有人随时都在观测，但是，他们很少利用观测的结果，这真是令人惊奇。4000 年来，他们一直细心研究星宿的运动，他们应该对之有

---

① ［意］利玛窦、［法］金尼阁著，何高济等译：《利玛窦中国札记》上册，中华书局 1983 年版，第 32 页。

② ［意］利玛窦、［法］金尼阁著，何高济等译：《利玛窦中国札记》上册，中华书局 1983 年版，第 353 页。

③ 曹增友：《传教士与中国科学》，宗教文化出版社 1999 年版，第 76 页。

深刻的认识……中国人并不停止他们的观测：每夜有 5 位数学家在我谈到的塔楼上工作，他们不停地观察天空。"① 但是李明认为，中国人的天文学的成就并不大，因为在他看来中国历法并不准确，也不能准确地预报日食。

在来华的传教士当中，宋君荣对中国天文学史进行研究并作出了全面的阐释。在来华之前，宋君荣已在神学、哲学、天文、地理等方面有很深的造诣，还在巴黎天文台受过严格的训练，是法国许多一流科学机构的成员，有"耶稣会中最博学的"教士之称，他于 1722 年来华，重点研究中国古代史和中国科技史，著作颇丰，被誉为"十八世纪最伟大的汉学家"。他在中国精心研究天文学，从事天象观测，并与中国学者切磋琢磨，是当时欧洲人中唯一一位对中国古代天文学展开真正研究的学者。宋君荣对中国古籍中的日蚀和月蚀作过整理和研究，写出了《中国蚀的计算》。他研究了中国古籍中记载的16 次日蚀，并指出最早的记录为公元前 2155 年。在研究中国的蚀现象时，宋君荣参阅了马端临的《文献通考》，肯定了此书"象纬篇"对于考证的价值。

宋君荣通过研究，认为中国天文学是自己独立发展起来的。他认为，中国天文学在周朝就已有相当成就，并影响到欧洲天文学的发展。他专门对《书经》中的上古时代天文学的内容进行了研究，写成《〈书经〉中的天文学》一文。他通过对《尚书》中尧典、胤征、伊训等诸篇所载的研究，得出这样一些结论：

（1）尧时，中国可能就有专司天文之官，负责制定历法并向人民颁布；夏时，君主就开始指派专人从事日食的观测和预报。

（2）尧时，通过掌握昼夜的量值，可知道两个分点（春分和秋分）和两个至点（夏至和冬至）。中国在那时就知道利用星辰的运行规律，将它们的位置和太阳按四季中的位置对照，以确定四季的划分。

（3）尧时，人们已将一年定为 366 日，精确地说，一年为 365 天加 6 小时，到第四年头就是 366 天。尧用太阳历，为使一切都趋于准确，人们采用加闰日法。

（4）尧时，中国人已使用厘定法定方位和测量时间的简单仪器。

① ［法］李明著，郭强、龙云、李伟译：《中国近事报道（1687—1692）》，大象出版社 2004 年版，第 82 页。

（5）夏时，既然人们可引用既有标准来反对或惩处那些预报日食有误的官员，就表明那时已有被人们公认的具有权威的天文测算规划。

（6）商时，人们就采用60天为一循环的干支纪日法。

在天文学的研究上，宋君荣的主要工作是天象观测。他在1742—1748年担任法国传教团负责人时，在传教士驻地建立了天文台，进行天文观测研究。他还与世界各地的耶稣会士保持联系。通过这些一手和二手的资料，宋君荣进行了有关行星运行理论的研究。宋君荣在写给巴耶的信中说道："每年我们都从这里往欧洲寄送一些天文观测的结果，这些材料是这里的法国住院传教士或是葡萄牙住院传教士写的……根据我们手头有的观测结果，我们已经查明柏林和北京子午线的差别……我们也弄清楚了圣彼得堡和北京的差别。当然我们也能得到北京和阿斯特拉罕、托博尔斯克等地（子午线）差别的资料。"[1] 李约瑟对宋君荣的研究成就给予很高的评价，说："考虑到重重困难，一个像宋君荣那样的人竟会了解得那么多，应该说是使人颇为惊异的。"他认为宋君荣所蒐集的"一大堆有史时期的有用资料，还没有得到很好的利用。即使是在今天，对于想彻底研究中国天文学的人，宋君荣的著作仍然是不可少的参考资料"。[2]

巴多明对中国的天文学也有深入的研究。他认为，中国人自古以来就专心于天文学研究，但是，"无论中国人在天文学和几何学方面所具有的早期基础知识到底有多少，我们都可以肯定，中国人并没有更进一步地推动发展这门知识，现今在这方面他们的知识已不那样先进了"[3]。巴多明还分析了中国天文学没有进一步发展的原因，认为主要有两个方面的问题阻碍了中国天文学的发展。一个是那些从事天文学研究和观察的人，不能期待得到任何报偿，负责天文观察的钦天监并不属于"九卿"之列，而只属于礼部，官阶和待遇都不高。第二个原因是没有刺激和维护竞争的任何机制。在中国，"天文学研

---

① ［捷克］严嘉乐著，丛林、李梅译：《中国来信（1716—1735）》，大象出版社2002年版，第145页。

② ［英］李约瑟：《中国科学技术史》第4卷第1分册，科学出版社1975年版，第6—7、28—31页。

③ ［法］杜赫德编：《耶稣会士书简集——中国回忆录》第4卷，大象出版社2005年版，第45页。

究绝非是通向财富与荣誉之路"①。社会的主流吸引人们都去读经和科举,而很少关注像天文学这样的科学研究。可以说,巴多明的这个分析是很深刻的,也是很中肯的。

比利时耶稣会士安多(Antoine Thomas)对中国的天文学研究也有所贡献。安多于1682年入华,在钦天监任职。他在1686年根据满文文献编制了中国14个地区的日蚀表,同年由编制了汉满文的《行星运行表》。南怀仁去世以后,他负责审定中国历书并为此从事大量的天文观察,从而将中国的天文历法知识传到了欧洲。他还首次全面而详细地测绘了北京及其近郊地区的平面图和城墙图,然后将这些资料寄给法国。

11. 中国学者对西方天文历法的研究

建立历局,主持修历和编纂《崇祯历书》,培养中西历学兼通的人才,徐光启、李之藻和李天经作出了很大的贡献。方豪说:"一徐二李,殆明末中国三大兼通中西之历家也。"②

徐光启在主持历局,编纂《崇祯历书》期间,选调了一些对西方历学有研究的人士参加历局的工作,同时也培养了许多中西历学兼通的人才。历局和钦天监不同,只是临时研究机构,人员无正式官衔,通称"知历人"。徐光启《礼部为奉旨修改历法开列事宜乞裁疏》:"若访求草泽知历人等,必须心精手巧,确当一臂之用者,不得过十人。"这些在历局工作的中国学者也为修历和编纂《崇祯历书》作出了贡献。

在历局工作的中国学者中,徐光启在崇祯四年(1631)十月初二日的上疏中提到周胤、周士昌、刘有庆、薛文灿、刘承志。崇祯五年(1632)十月十一日徐光启上疏中提到朱大典、李天经、金声、王应遴。崇祯六年(1633),徐光启去世前,他上奏《治历已有成模,恳祈恩叙疏》,疏中列出历局人员达27人的劳绩,他们是各方面的专家,说他们"勤敏有加,劳瘁堪录",建议皇上对他们"论功行赏"。当时在历局工作的"知历人"有乌明著、陈于阶、程延瑞、孙嗣烈、孟履吉、李次霦、杨之华、张寀臣、祝懋元、

---

① [法]杜赫德编:《耶稣会士书简集——中国回忆录》第4卷,大象出版社2005年版,第42页。

② 方豪:《中西交通史》下卷,上海人民出版社2008年版,第495页。

黄宏宪、董思定、李遇春、赵承恩等人。他们在汤若望等传教士的指导下，对西方历学有一定的研究，为《崇祯历书》的编纂以及以后的中国天文历学的发展作出不同程度的贡献。方豪说："上举诸人之所以能在最短期内，成绩斐然者，实缘西士以身作则，而主其事者之督导有方，尤为关键所在。"①

到了清初汤若望主持历局期间，也大力培养中国学者，培养钦天监官生作为传播西学的骨干，比如奖励，提高待遇等。顺治元年（1644）十月，汤若望以"正朔新颁，适会圣主登极"为由，恳请皇上大颁恩诏，主动为21位参与新历制定者请功，意在利用朝廷叙劳行赏，奖掖传习西学的监生。提请首叙者5名，其中有朱光大、宋发、李祖白等人，是历局中拥护西法的要员。次叙者9人中有朱光显、刘有庆、贾良琦3人曾从耶稣会士学习新法，是钦天监中最早通西法者。其余宋可成等数人及附叙者7人，大多数为原历局官生。汤若望曾多次写奏疏希望给钦天监的监生们增加薪俸。1652年，汤若望奏请将监生们的薪俸从208两8钱增加到417两6钱，提高一倍，吏部照准。1655年，他又上奏吏部，认为观象台上只有4名观察人员，编制太少，他希望加到16名，经过多次协商，吏部也同意了这个意见。后来他又要求给在观象台工作的观察人员每人加件羊皮大衣，以便晚上御寒，也得到了批准。

中国学者也开始了对天文历算的研究，突出者如薛凤祚、五锡阐、梅文鼎等。明末西方天文历学传入后，引起许多学者的兴趣，并有一些人进行这方面的研究。中国学者出于实践需要和对天文学的爱好，于是一部分人致力于研究和发掘中国古代天文学的精华，一部分人努力学习和掌握西方数学和天文学，借鉴彼方之长，弥补我方之短，以利应用；还有一些学者可说是学擅中西，对于中西天文学的长处与存在的问题都有所阐发，因而在传统天文学与欧洲天文学两个方面都形成了活跃的研究风气，取得了不少很有影响的研究成果。实际上，"清初风靡一时的西学风尚，最突出的表现在于兴起了一股比较与研究中西天文历学之风，它几乎遍及整个学术界。受西方科学传入的刺激，天文历学已成为明末实学派倡导经世致用的专门之学"。"崇祯朝由西法改历激发的中西历法之争，更使天文历学在中国学术界的地位日益为人

---

① 方豪：《中西交通史》下卷，上海人民出版社2008年版，第496页。

瞩目。承明末之势，清初学者往往兼治历算，而治历者又必谈西学。"① 梁启超指出，入清以来，"学尚专门，万流骈进，历算一科，旧学新知，迭相摩荡，其所树立乃斐然亦"。②

薛凤祚是明末清初著名的天文学家、数学家。薛凤祚，字仪甫，号寄斋，山东益都人。他出身书香门第，少承家学，后学习中国传统的天文历算方法。明熹宗天启年间，他远游保定府定兴县，从鹿继善和孙奇逢学"陆王"之学。后跟魏文魁学习中国历算，继而又就教于传教士罗雅各，开始了对西学的学习、研究。他虚心学习、博闻强记，学习了多种西方语言文字，吸取了西方各种自然科学如识。顺治九年（1652）前后，薛凤祚至南京，拜波兰传教士穆尼阁为师，从事天文、历法学和算学研究，学习西方新法。穆尼阁博学多才，具有丰富的天文、数学知识，在物理、化学方面也颇有造诣，为第一个在中国传播哥白尼《天体运行论》者。薛凤祚与穆尼阁合作，介绍翻译西方科学，协同翻译西方天文历算著作《天步真原》。

后来薛凤祚被清政府任命为钦天监监正，可是不久他又辞职回到金岭老家，隐居著述。薛凤祚集众师之长，尽得西方历学之精要，终于成为学贯中西，以历算知名海内的天文学家。薛凤祚提出的"会通"主张是："镕各方之材质，入吾学之型范。"较之徐光启派的"镕彼方之材质，入'大统'之型模"，融合的不仅仅是"彼方"即西洋，而是"各方"；所入的"型范"不是中国传统之"大统"，而是崭新的"吾学"，志在创立新学。他领略到西方自然科学的成就，也看到了中国传统知识的不足，他说："中土文明礼乐之乡，何讵遂逊外洋？然非强词饰说也，要必先自立于无过之地，而后吾道始尊，此会通之不可缓也。"

薛凤祚的著述甚多，后来将其一生研著成果，汇集为《天学会通》80 卷刊行于世。康熙三年（1664）编成《历学会通》一书，包括正集 12 卷，考验 28 卷，致用 16 卷。《历学会通》内容涉及天文、数学、医药、物理、水利、火器等，主要是介绍天文学和数学。天文部分有太阳太阴诸行法原，木星、火星、土星经行法原，交蚀法原，历年甲子，求岁实，五星高行，交蚀表，

①　徐海松：《清初士人与西学》，东方出版社 2000 年版，第 80 页。

②　梁启超：《近三百年中国学术史》，商务印书馆 2011 年版，第 400 页。

经侵行签，西域回回术，西域表，今西法选要，今法表等。书中既翻译介绍了欧洲天文学和阿拉伯天文学，也有中国传统的历学方法，力求将各法融会贯通。

薛凤祚是继《崇祯历书》之后最先系统介绍按第谷体系计算太阳、月亮、行星、交蚀等方法的天文学家。他在计算中首次引进了对数、三角函数对数。将西方的六十进位制改成十进位制，重新编制三角函数对数表，还介绍了一至二万的常用对数表。他的《太阴太阳诸行法原》和《求岁时》两书对太阳、地球、月亮的运行规律，黄道、赤道的夹角，作了深入的研究和详尽的阐述。他经过实地观测和精密地计算，求出的地球绕太阳一周需要的时间，较现在举世公认的时间仅差 13 分 37 秒。另外，他还测定出太阳并不是西方天文学家所说的"恒星"，而是每年以 52 秒的速度运行着的自转的恒星。他对回回历、"木、火、土"三星的运行规律，也都有深入的研究和精辟的见解。在天文理论的研究中，他采用了当时较为先进的"第谷体系"。

早在编纂《崇祯历书》的过程中，徐光启就提出了改历基础上的"旁通十事"，即把历法改革的成果推广到切于民用的 10 个方面，包括气象、水利、音律、军器、算术、建筑、测绘、医药及机械制作等，但这种设想在改历后并未得到实施。薛凤祚在这方面花了很多气力，其《历学会通》"致用部"基本上按徐光启的设想而写成，共包括机械、水利、火器、兵法、乐律、占验、医学等内容，与"旁通十事"几乎完全对应。可见，《历学会通》并不限于天文历法的发展，还包含建立一个实用科学体系的意图。经世致用的实学思想使得薛凤祚开始突破"经学"本位的局限，向其他文化领域和农、工、兵、商等具体应用方向拓展，表现出一种宽广的文化意识。

清代著名历算家梅文鼎尊称薛凤祚的历算为"青州之学"，认为"南王北薛"可以并称，说："近代知中西历法而有特解者，南则王寅旭（锡阐）、杨子宣，北则薛仪甫，特当为之表率。""余尝谓历学至今大著，而其能知西法，复自成家者，独北海薛仪甫、嘉禾王寅旭二家为盛。"①

梅文鼎说的王锡阐也是清代历算学家。王锡阐，字寅旭，号晓庵，又号天同一生。江苏吴江人。王锡阐生当明清之际，无意仕进，与同时著名学者

① 梅文鼎：《绩学堂诗文钞》，黄山书社 1995 年版，第 158 页。

顾炎武、张履祥等以志节相砥砺，潜心经史，不随俗浮沉，终身研求历法。自少至老，实测天象，无间寒暑，每遇日月食，甚至抱病进行观测。其学博深经史、声律，尤以历法最为专精。王锡阐对薛凤祚的"历算之学"满怀崇敬之心。他专门委托顾炎武致信薛凤祚请教学术问题，信中称颂薛凤祚"学无不窥，尤邃天官家言"，并说自己"生无他嗜，唯于历象之学究心多年，然而僻在江表，既少书器，又无师授，是以志弥苦而术弥疏，岁弥深而惑弥甚，苟得先生为之析疑妄"。①

王锡阐在天文学历算领域深入研究的过程中，刻苦钻研西方历法，积极接受西方科学知识。经过长期的实际测算，王锡阐对于中西历法有了相当深度的了解，他作有《西历启蒙》和《大统历法启蒙》来讨论中西历法的优劣。王锡阐认为，西法在回归年长度变化、岁差、月亮及行星的拱形运动、日月视直径、交食时刻、食分等多个问题上并不完善，因此他主张中西兼用。王锡阐基于一贯倡导的探求数理之本的主张，在当时作的《历说》《晓庵新法序》以及以后的著作中，对中西历法的交食、回归年、刻度划分、节气闰法、行星理论等主要问题作了评论。王锡阐一向重视天文观测，借以验证步历理论，在他作的多次观测中，唯有康熙二十年（1681）的日食留下了较详细的记述。这次日食前，他作有《推步交朔序》，并将自己及中西历的测算方法备陈于后。交食发生时，他与徐发等人用五家方法同时测算，五种测算方法中，王锡阐的最为缜密。为此他作了《测日小记序》，论说观测要旨，认为"人明于理而不习于测，犹未之明"。每遇日月食，必以实测来检验自己的计算结果。

对于王锡阐来说，折中中西学术是一件可能而且值得做的事情。王锡阐的《晓庵新法》《历说》和《五星行度解》等著作，为中国近代天文学和数学的发展作出了卓著贡献。《晓庵新法》共6卷，运用刚传到中国的球面三角学，首创准确计算日月食的初亏和复圆方位的演算法，以及金星、水星凌日和五星凌犯的演算法，后来都被清政府编入《历象考成》，成为编算历法的重要手段。在此之前，无论中历还是西历，仅能对此进行粗略的推算。《五星行度解》是在第谷体系的基础上建立的一套行星运动理论。当时近代科学的引

① 王锡阐：《贻薛仪甫书》，载《晓庵先生文集》卷二，清道光元年俞钟岳校刊本。

力理论尚未出现，对行星随太阳运动的原因，西历以"太阳于诸星，如磁石于铁，不得不顺其行"做了解释。而王锡阐则进一步探询了日月五星距离变化的原因，这种探讨使他成为中国较早注意引力现象的学者之一。顾炎武称其"学究天人，确乎不拔"。王锡阐逝世后，其遗著渐次刊行，始得与梅文鼎、薛凤祚并称为一时历法名家。梁启超说："盖李（之藻）、徐（光启）之业，得半而止，未逮其志。所谓'会通以求超胜'，盖有俟于后起，而毅然以此自任者，则王寅旭、梅定九其人也。"①

方豪认为："清初国人研究西洋历算之学，最有成就者，莫梅文鼎若也。"② 梅文鼎被世界科技史界誉为与英国牛顿和日本吴孝和齐名的"世界科学巨擘"。梁启超把梅文鼎列为清代六大儒之一，誉为清代天文算法"开山之祖"，他说："我国科学最倡明者，惟天文算法，至清而尤盛。凡治经者，多兼通之，其开山之祖，则宣城梅文鼎也。"对于梅文鼎所作的贡献，梁启超总结为 5 个方面：

（1）历学脱离了占验独立，而建立在真正科学基础之上，自利、徐始启其绪，至定九才把这种观念确立；

（2）历学的历史研究，从定九开始；

（3）算学自定九后兴起；

（4）对于其学术的普及作出贡献；

（5）"求是"之学风由其开启。③

梅文鼎在《寄怀青州薛仪甫先生》诗中，表达了他对待西学的态度：

> 窃观欧罗言，度数为专攻。
>
> 思之费寝食，奥义心神通。
>
> 惟恨栖深山，奇书实罕逢。
>
> 我欲往从之，所学殊难同。
>
> 讵忍弃儒先，翻然西学攻。
>
> 或欲暂学历，论交患不忠。

---

① 梁启超：《中国近三百年学术史》，商务印书馆 2011 年版，第 403 页。

② 方豪：《中西交通史》下卷，上海人民出版社 2008 年版，第 487 页。

③ 参见梁启超：《中国近三百年学术史》，商务印书馆 2011 年版，第 179—180 页。

立身天地内，谁能异初终？

晚始得君书，昭昭如发蒙。

曾不事耶稣，而能彼术穷。

乃知问郯者，不坠古人风。

安得相追随？面命开其朦。

梅文鼎，字定九，号勿庵，安徽宣城人。少年时从私塾老师罗王宾学习天文知识，27 岁从同里倪观湖学习历书《交食通轨》，发现书中立法之故，并为其订讹补缺，撰《历学骈枝》2 卷，后增至 4 卷。以后又广搜天文、数学方面的各种中西算书，"值天学书之难读者，必求其说，至废寝忘食"。康熙十四年（1675），42 岁的梅文鼎在金陵购得明版《崇祯历书》一部分，同时抄得波兰教士穆尼阁的《天步真原》等书，从此开始系统钻研当时传入的西方天文、数学知识。为开阔眼界，50 岁的梅文鼎到人文荟萃的北京寻师访友，结交名流，获读王锡阐所著《圆解》《测食》和其他历算专著，并对其所定"大统法"和"三辰仪晷"进行研究和讨论，写成《王寅旭书补注》。康熙二十八年（1689），奉明史馆诸公之召，到北京广交学者名流。梅文鼎关于历算的宏论，使"史局服其精核"，一时名声大振，"于是辇下诸公，皆欲见先生，或弟子从学，而书说也稍稍流传禁中"。

康熙二十九年（1690），梅文鼎应李光地之邀，将其研习天文历法心得以问答形式撰成一书，取名《历学疑问》。《历学疑问》介绍了西方天文学中的小轮学说和偏心圆理论等，提出西法有些内容为中历所无，可添补中法之未备，兼收并取，以使历法更为完善。康熙四十一年（1702），康熙皇帝读到李光地进呈的《历学疑问》，对书中观点非常欣赏。康熙四十四年（1705），康熙帝于南巡途中，在德州运河舟中 3 次召见梅文鼎，"从容垂问，至于移时"，并说"历象算法，朕最留心，此学今鲜知者，如梅文鼎实仅见也"。

梅文鼎致力于阐发西学要旨，表彰中学精粹，对传统天文学与欧洲天文学展开了全面的研究。他的研究从《大统历》《授时历》开始，上溯到历代70 余家历法，一一求其根本与源流，同时参阅考究西洋各家历法，比较中西名实异同，求得中西历法的会通。著《古今历法通考》58 卷，后屡有增补衍成 70 余卷。对于中国传统天文学中的历法沿革、基本原理、计算方法、仪器、图表等，作了全面的论述。该书是我国第一部历学史。又著其他历算书

50 多种，其中《历学疑问》3 卷、《历学疑问补》2 卷、《交食管见》1 卷、《交蚀蒙求》3 卷、《平立定三差解》1 卷等 15 种，被《四库全书》收录。他对《授时历》和《大统历》作了较系统的整理和阐述。梅文鼎对伊斯兰天文学也有所探讨。在《历学骈技》《回回历补注》中，他对回回历法五星行度、本轮运行以及西域星表的考算，是研究回回历的重要成果。

梅文鼎生当西方历算东渐、中国古代科学衰微之时，他独树一帜，积 60 年之精力，专功历算，冶中西于一炉，集古今之大成，述旧传新，继往开来，开清代历算中兴的先河。他是清代学习、研究、宣传、普及西文天文学的代表人物之一，还对中国传统天文学有很多的研究，被认为是能够会通中西的学者。他的著作对传播西方天文学和西方天文学在中国的本土化发挥了不可低估的作用，其影响及于整个清代，所谓"自徵君以来，通数学者后先辈出，而师师相传，要皆本于梅氏"。清代著名数学家焦循赞扬梅文鼎的学术成就时曰："千秋绝诣，自梅而光。"钱大昕曾誉他为"国朝算学第一"。

除了上述 3 人研究比较突出外，明末清初还有一批学者也在研究西方天文历算。明万历四十年（1612）前后，王英明撰写了《历体略》，是中国士人最早的一部试图融会中西历体知识的作品，也很可能是最早的一部通俗天文学著作。王英明，字子晦，自号太常吉星，开州澶渊（今河南濮阳）人，万历三十四年（1606）举人。重刻《历体略》序言中提到他重"实学"，"才识渊博，于历律、兵屯、河防、水衡之事无弗沉究"，著述颇丰。

《历体略》共分 3 卷：上卷 6 篇介绍了一些中国传统天文学知识；中卷 3 篇，介绍步天歌，主要是关于传统天学；下卷 7 篇侧重介绍欧洲天文学知识。据徐光台考证，王英明撰写此书的主要资料，很可能来源于李之藻所撰的《浑盖通宪图说》。《浑盖通宪图说》于万历三十五年（1607）写成，短短几年后，王英明就通过学习这些知识写出了《历体略》这一试图融会东西的著作。① 此书上卷和中卷以介绍传统天学为主，但"所讲中法亦皆与西法相和"，下卷主要介绍西法，大多直接引自利玛窦带来的资料。此书被选入《四库全书》。

---

① 参见徐光台：《王英明〈历体略〉研究》，台北清华大学通识教育中心，2007 年 3 月 30 日。

《四库全书总目提要》虽然说此书"所论皆天文学梗概，不及后来梅文鼎、薛凤祚诸人兼备测量推步之法"，但充分肯定此书出于徐光启之前，具有开创性意义，并且"说虽浅近，固初学从入之门径也"。

天启年间，陆仲玉著有《日月星晷式》一书，介绍了各种类型日晷的制作法，并涉及测星、月用的星晷和月晷，讲解天球赤道坐标在不同平面上的投影问题，可以看做是欧几里得几何学作图法的著作之一。

王贞仪，字德聊，安徽天长人，寄居江宁，是清代有名的诗人、科学家，对天文、气象、地理、数学、医学、文学等方面均有较深的研究，并表现出卓越的才能。她的一生虽很短暂，但著述却很多，包括科学、文学、史学以及绘画、书法、篆刻、围棋等艺术，无不涉猎。清代著名学者钱大昕称她是"班昭之后，一人而已"。

王贞仪家原籍安徽天长县，祖父时迁居金陵和吉林。她的祖父王者辅，字惺斋，曾任丰城知县和宣化知府，精通历算，著述甚丰。王贞仪在《敬书先大父惺斋公读书记事后》一文中说："贞仪幼侍大父惺斋公，公细训以诸算法。即长，学历算，复读家藏诸历算善本十余种，潜心稽究十余年。"王贞仪的父亲王锡琛，生活坎坷，屡试不第，但他精通医学，以行医为业。在他的影响下，王贞仪也精通医学。11岁时，王贞仪随祖母去吉林为祖父奔丧。在吉林生活了5年，使她有机会阅读祖父丰富的藏书。她在数学研究中，注意吸取包括梅文鼎在内的中西算法之长，改进概括，化繁为简，不受旧方法、旧思想的束缚。她在《勾股三角解》中论述说："中西固有所异，而亦有所合。然其法理之密、心思之微，而未可以忽视。夫益知理求是，何择乎中西？唯各极其兼收之义。"她对探索宇宙星辰的奥秘有着相当浓厚的兴趣。她不仅阅读中外天文著作，还长年坚持夜观天象，日算星辰，日积月累，取得了丰富的理论知识和第一手天文数据资料。她对西洋传入的天文学有很多的了解，但她认为"西历虽至密，亦未能言概准"。

王贞仪的著述计有56卷之多。在数学方面的主要论著有：《历算简存》《筹算易知》《重订筹算证讹》和《西洋筹算增删》等；天文学方面有：《星象图解》《象数窥余》《岁轮定于地心论》等。学术界对王贞仪的评价都是很高的。

清初福建学子游艺师承熊明遇，从恩师那里了解了很多西方先进科学，并在此基础上与中国传统学说相结合，著《天经或问》，书中涉及一系列气象学知识，被誉为中国气象学启蒙之作。

《天经或问》的内容在许多方面都接受了西方学说的影响。如在对雹进行解释时明显受到西方"三际说"的影响。在明末清初之际，有一些西方传教士对"三际说"作了简要介绍，如利玛窦的《乾坤体仪》将大气分为"暖域、冷域、热域"，熊三拔的《泰西水法》将大气分为"温际、冷际、热际"等。游艺在"三际说"的基础上，对雹作出了进一步解释。关于"日月重见"，游艺认为："日有重叠，见两三者，以云封日，一层云稍薄能透光，却被日光所射后，边却又有一层黑而厚者，挡住日光，反透薄云故成重日之象。"这跟高一志《空际格致》中提到的"日有重叠"现象有相似之处。

清代乾嘉学派的许多学者，对中国古代天文学也有很深的研究，成果颇多。他们认为通经必须博史，而经书史著中又有十分丰富的天文历法内容，并且历代各家历法中有不少难解之处，这些都是"通经博史"途径上的拦路石，应予充分研究。如李锐校注过汉代三统历、后汉四分历和乾象历，复原了宋代奉元历、占天历。他还根据何承天调日法研究了各家历法的日法、朔余，著有《日法朔余强弱考》。汪曰桢计算出从西周至清初2500多年的朔闰时刻，写成《历代长术辑要》10卷，这部书成为后来研究历史年代学的重要参考文献。这方面的另一项突出成就，是先后由阮元、罗士琳、诸可宝、黄钟骏主编的巨著《畴人传》及其续编。《畴人传》的编写历经百年，前46卷成于嘉庆年间，最后一编竣工于光绪二十四年。该书是一部上至传说时代，下至编书年间著名的数学家、天文学家传记，生平从简，学术成就多录，堪称洋洋大观的天文学史专著。

生活于清嘉庆年间的徐光启五世孙徐朝俊，家学渊源，对中国固有天文知识十分娴熟，故其书所论多与中国古籍相承接，又结合西方的天文学，从而增添了许多前所未见的专门词汇语句。徐朝俊在《高厚蒙求》中，用大量篇幅介绍了中西天文学说，并引述中国隋朝丹元子所作的《步天歌》，以供后世参考。同时，又引述利玛窦与李之藻所作《经天该》，对中西天文文献详加记载，加以比较印证。中国传统的二十八星宿，徐朝俊当时命名为经星，即后世所谓的恒星，并在《高厚蒙求》中特辟《经星主占》一节，详解各星宿。

徐朝俊《高厚蒙求》将西方先进的地学观念，展述成新的地理知识，在中国最先论述地球为圆球形，提出地球是天上万千星球之一。徐朝俊不但推证了地球为圆形，而且认定地球上人物，在上下两面足底行对而行，并在其书中创为"对足底行说"。就中国的地理学而言，可以称得上是中国近代地理学开山之作。徐朝俊被近代学者称为国人"地圆说"之第一人。其后，徐朝俊又在《高厚蒙求》第二集，专为地球本身造生之地立说，讲到了世界土地共分五大洲，成为中国第一部记述有拉美史内容的著作。

徐朝俊对中星表的研制，更是对中国天文历算学的重大贡献。徐朝俊的中星表，于嘉庆元年（1796）制成，后呈于业师祝德麟。祝德麟即为该中星表作序，赞曰："恕堂徐子，以制举业游我门，兼精钟表仪晷测量之技……从兹因岁差定日躔，千百世可无差贷。"嘉庆二年（1797），徐朝俊将中星表公之于众。

四　西方数学在中国的传播与研究

1. 《几何原本》的翻译

方豪指出："数学与天文、历法之关系最为密切，故明清间西士译撰之天文或历法书籍，多与数学有关。"[1] 在传教士向中国传播介绍的西方近代科学中，翻译和介绍数学方面的成就是其重点之一。耶稣会士安文思在 1660 年对耶稣会在华传教策略进行总结时说过这样的一句话："除了上帝，传教事业赖以生存的只有数学。"[2]

明万历三十四年（1606）秋，徐光启与利玛窦合作翻译了西方古代数学名著《几何原本》，第二年春译出前 6 卷并刊刻出版，这是西方数学著作首次被译为中文，也是西方数学知识以及其他科学向中国传播的标志性事件。在关于明清之际中西文化交流的研究中，《几何原本》的翻译是反复被提起的。

---

① 方豪：《中西交通史》下卷，上海人民出版社 2008 年版，第 512 页。

② 李文潮、［德］H. 波塞尔编：《莱布尼茨与中国》，科学出版社 2002 年版，第 62 页。

几何学在西方历史悠久，西方大学的雏形、著名的柏拉图学园门口有一块牌子：不懂几何者不得入内。周振鹤指出，四个东方的古老文明，巴比伦、埃及、印度和中国没有产生几何学。其中巴比伦精于面积计算，中国人算术发达，表现出这些古老东方文明重数量关系而轻空间形式的特点。他认为，只有古希腊的文化精神能够出现几何学，因为公理、定理、假设、求证等等概念，只有借由希腊人的逻辑观念才能产生。[①]

《几何原本》的作者欧几里得（Euclid）是古希腊的数学家，亚历山大学派前期的三大数学家之一。《几何原本》是世界数学史上最负盛名的巨著，也是世界上最早的数学经典。其数学思想和演绎方法支配了两千多年来数学的发展，对科学理论的成长，对人类文明的塑造，产生了巨大的影响。该书共15卷，前6卷为平面几何，7—9卷为数论，10卷是比例论，11—13卷为立体几何，14—15卷是后人的补充。《几何原本》不仅保存了许多古希腊早期的几何学理论，而且通过欧几里得开创性的系统整理和完整阐述，使这些远古的数学思想发扬光大。它开创了古典数论的研究，在一系列公理、定义、公设的基础上，创立了欧几里得几何学体系，成为用公理化方法建立起来的数学演绎体系的最早典范，具有广泛的基础科学的价值。它所代表的逻辑推理方法，被许多学者看成是世界近代科学产生、发展必不可少的前提。《几何原本》对于近代科学而言，其重要意义不仅是在数学方面，在逻辑史上也有着极其重要的意义。歌德把它看作"是哲学的最完善的引言和入门"。爱因斯坦在致友人的信中，认为西方文明之飞速发展，就是以欧几里得几何学的推理方法和进行系统实验的方法这两大成就为基础的。罗素在《西方哲学史》中这样评价："古往今来最伟大的著作之一，是希腊理智最完美的纪念碑之一。"此外，《几何原本》既是一部严谨的数学名著，又是几何学基础课本、数学启蒙读物，在世界上通行了2000多年，直到现在，它的许多内容仍被选入数学教科书中。可以说，《几何原本》是世界数学史上流传最长久、传播最广泛的科学名著。

欧几里得的几何学在元代就传入中国。1273年编纂的《秘书监志》卷七有记载，当时官方天文学家研究某些西方著作，其中包括"兀忽烈的"的

① 胡俊杰：《微观交叉经济学新论》，中国经济出版社2013年版，第31页。

《四擘算法段数》15 册。"兀忽烈的"可能是"欧几里得"的另一种音译，"四擘"是阿拉伯语"原本"的音译。李约瑟在《中国科学技术史》中指出："有理由认为，欧几里德几何学大约在公元 1275 年通过阿拉伯人第一次传到中国，但没有多少学者对它感兴趣，即使有过一个译本，不久也就失传了。"

利玛窦到中国不久，就致力于将《几何原本》译成中文。但是，将《几何原本》译成中文，是一项开拓性的艰巨工程。这本书的演绎体系和论证方法与中国传统数学完全不同，它的命题、名词、术语、逻辑推理形式等在中国古代数学著作中是从未见过的，许多专有名词在汉语中没有现成的词与之对应，所以既无任何成规可循，又无其他汉译书参考。利玛窦在与徐光启合作之前，自己作过汉译尝试，结果知难而退；后来，瞿汝夔向利玛窦学习两年的数学，将《几何原本》第一卷译出，因不成功，未能刊印。青年学者张养默是继瞿汝夔之后学习欧几里得几何学的又一人，他也尝试翻译过《几何原本》第一卷，但也没有成功。利玛窦表示，除非有突出天分的学者单译或参译，否则无法承担起《几何原本》的汉译工作，并将它坚持到底。

后来利玛窦在北京遇到徐光启，于是相约翻译《几何原本》。中外合作翻译西方自然科学著作，也由此开了先河。他们所翻译的底本，是利玛窦在罗马学院读书时的数学老师、德国数学家克拉维乌斯（C. Clavius）编注的《欧几里得几何学》，其中对欧几里得的原著做了大量注释，同时还加入了他自己的评价。克拉维乌斯对《几何原本》有着精深研究，他被利玛窦称作是继欧几里得之后最伟大的数学家，欧几里得的真正继承者。利玛窦到中国后一直与他的这位数学老师保持密切联系。所有这些，对徐、利两人在合作翻译中领悟《几何原本》的思想精髓，研讨解决理解原文遇到的一些问题，是有利的条件。从 1606 年秋开始，徐光启每天下午去利玛窦住所，由利玛窦口述，徐光启笔录，经过不懈努力，于第二年春译毕前 6 卷。此后，徐光启又将初稿修改两遍。这样，历时一年多，三易其稿，终于用流畅通俗的文字完成了前 6 卷的翻译。《几何原本》一书的翻译殊非易事，恰如译者后来所言："东西文理，又自绝殊，字义相术，仍多阙略，了然于口，尚可免图，肆笔为文，便成艰涩矣"。

这 6 卷的《几何原本》的内容是：卷一，三角形、垂直线、平行线、矩形面积、勾股定理；卷二，面积的变换、用几何法解代数问题；卷三，园、弦、切线；卷四，多边形与园、正多边形的做法；卷五，比例；卷六，相似形。这 6 卷仅是克拉维乌斯底本的"平面几何"部分。1607 年 5 月，《几何原本》在北京刻印出版了，题录是"泰西利玛窦口译；吴淞徐光启笔受"。徐光启和利玛窦各自写了一篇序。徐光启在《刻几何原本序》中说明了几何学的本质，评价了数学的价值，并向中国学人热情推荐这部西方数学经典。利玛窦的序则介绍了欧几里得和他的老师克拉维乌斯，叙述了翻译这本书的经过。

利玛窦在"引言"中说明了先译此书的理由："吾西庠如向所云几何之属几百家，为书无虑万卷，皆以此书为基，每立一义，即引为证据焉；用他书证者，必标其名，用此书证者，直云某卷而已，视为几何家之日用饮食也。"徐光启在《刻几何原本序》中说："《几何原本》者，度数之宗，所以穷方圆平直之情，尽规矩准绳之用也。""既卒业而复之，由显入微，从疑得信，盖不用为用，众用所基，真可谓万象之形囿，百家之学海。"几何学从基本的公理、公设出发，再给出一系列井然有序的定理，这种严密的逻辑推理方法，中国古代是从未有过的。徐光启以"不用为用，众用所基"来说明它作为一门基础科学理论的本质。

徐光启还把《几何原本》的原理运用到实际研究中，他在《题测量法义》中说："法而系之仪也，自岁丁未始也，曷待乎？于时《几何原本》之六卷始卒业矣，至是而后能传其义也。"

欧几里得的拉丁文原书的书名直译为《欧几里得原本 15 卷》，徐光启在汉译时，创造性地加上了"几何"一词，将书名定为《几何原本》。他借用"几何"一词，代指一切"度数之学"（研究点、线、面、体的学问），使这部希腊科学经典有了更贴切简明的中国书名。在《几何原本》中，利玛窦和徐光启创造了一套中文的几何学名词，如点、直线、平面、曲线、四边形、平行线、对角线、直角、钝角等等，其中有许多沿用至今。

1608 年春，利玛窦将刻成的《几何原本》作了一次校正，寄给徐光启，建议再版重印。两年后，利玛窦病逝，徐光启与庞迪我和熊三拔等合作，在利玛窦校正稿的基础上重新校译了一遍，修订版于 1611 年问世。这个版本后来被李之藻收入丛书《天学初函》中。校正本出版后，徐光启又进行了第三次修改。但这个三校本一直没有出版，徐光启去世时也未及作交代。直到

1665 年，徐光启的孙子徐尔默发现了此稿，将其整理出版，还写了跋，这就是《几何原本》的三校本。在出版史和数学史上，一般将徐光启和利玛窦译的《几何原本》通称为"明本"，它既是中国的第一个汉译本，也是亚洲第一个译本，俄文译本问世是在 132 年后，而日文译本问世则在 266 年后了。

徐光启和利玛窦翻译的《几何原本》取得了巨大成功。该书的译文多有过人之处，被誉为"无一字之苟，一语之疏"。《四库全书总目提要》评价《几何原本》说："每卷有界说，有公论，有设题。界说者，先取所用名目界说之；公论者，举其不可疑之理；设题则据所欲言之理，次第设之，先其易者，次其难者，由浅而深，由简而繁，推之至于无以复加而后已。是为一卷。每题有法，有解，有论，有系。法言题用，解述题意，论则发明其所以然之理，系则又有旁通者焉。卷一论三角形，卷二论线，卷三论圆，卷四论圆内外形，卷五、卷六俱论比例，其于三角方圆边线面积体积比例变化相生之义，无不曲折尽显，纤维毕露。"

梁启超更是赞《几何原本》为"字字精金美玉，为千古不朽之作"[1]。晚清张文虎为曾纪泽代拟新版《几何原本》中说："中国算书以九章分目，皆因事而立名，各为一法，学者泥其迹而求之，往往毕生习算，知其论而不知其所以然"，而《几何原本》则以一种非常简洁的演绎方法，道出了自然的和谐和合理的法则之所以然。裴化行指出："利玛窦在 17 世纪初撒下令文化复兴的无数种子，其中最重要的就是这部几何学读本，因为，对许多才智之士而言，他们不懂得亚里士多德的辩证法，这部读本就是一部逻辑学日课。"[2]

《几何原本》所带来的这一演绎体系深深地吸引了中国的数学家，士大夫争相传阅。最使他们感到震动的并不是那些令人眼花缭乱的几何命题，而是《几何原本》所体现出来的那种逻辑推理的说服力和科学结构的严谨性。为了更好地理解此书，许多人到利玛窦与徐光启那里求学，《利玛窦中国札记》说道："他们和欧洲人一样，很快就接受了欧洲的科学方法，对于较为精致的演证表现出一种心智的敏捷。"[3] 在《几何原本》问世后不久，先后出现过几个

---

① 梁启超：《中国近三百年学术史》，商务印书馆 2011 年版，第 9、402 页。

② ［法］裴化行著，管震湖译：《利玛窦评传》下册，商务印书馆 1993 年版，第 567 页。

③ ［意］利玛窦、［法］金尼阁著，何高济等译：《利玛窦中国札记》上册，中华书局 1983 年版，第 518 页。

简本，如 1608 年孙元化的《几何体论》与《几何用法》，1631 年艾儒略与瞿式耜合撰的《几何要法》。1661 年方位伯节《几何原本》而成《几何约》，收在《数度衍》一书中。杜临甫将《几何原本》删削，编成《几何论约》。对该书进行释解的还有清代数学家梅文鼎的《勾股举隅》《几何摘要》《几何通解》《几何补编》《几何类求》，庄享阳《几何原本举要》等等。南怀仁和张诚等先后用满文为康熙皇帝讲解《几何原本》。《张诚日记》1690 年 1 月 17—19 日详细记述了康熙皇帝如何认真听讲，提问和要求他们操作各种仪器。康熙皇帝还命人将其译成满文。

徐光启生前的一大遗憾，是没有将《几何原本》全部译完。他在《题几何原本再校本》中感叹道："续成大业，未知何日，未知何人，书以俟焉。"直到 250 年之后的 1857 年，李善兰才与英国传教士伟烈亚力（Weilieyali）合作翻译出版了《几何原本》后 9 卷，这 9 卷中他们秉承了徐光启、利玛窦译的前 6 卷体例，沿用了徐光启创造的名词术语，这个译本通称"清本"，与前 6 卷合起来的 15 卷本通称为"明清本"。从此，中国终于有了《几何原本》的一个"完本"。

2.《圜容较义》对几何学的介绍

除了利玛窦与徐光启合作翻译的《几何原本》介绍了几何学知识外，1608 年，利玛窦还与李之藻合作，翻译了《圜容较义》一书，介绍了《数学汇编》中的部分几何知识和《几何原本》后 9 卷的内容。该书刻于 1614 年。

《圜容较义》的底本是克拉维乌斯的《赫雷乌德球论》一书的第一部分后面的评论和第二部分"圜内图形"。

《圜容较义》主旨在论圆。李之藻在该书序言中阐述了他对"圆"的理解，他认为自然万物大多呈圆形，圆形是宇宙万物存在的主要形式。他说："万形万象，错落其中；亲上亲下，肖成圆体；大则日躔月离，轨度所以循环；细则雨点雪花，润泽敷于涓滴；人文则有旋中规，而坐抱鼓。况颅骨目瞳耳窍之浑成；物宜则有谷实而核含仁……胎生卵育，混沌合其最初……"甚至开明的德政，深邃的思想，悦耳的音乐，等等，在他看来都是"圆"的体现。李之藻深深地着迷于这妙不可言的"圆"，认为它是天主的造化。

此书结构和欧几里得《几何原本》结构相同，也是先给出定义然后给出命题。但是这些知识不同于欧式几何知识，这些知识经现代人研究实际上是最早出现在古希腊，后来主要保留在古希腊后期数学家帕普斯（Pappus）撰写的《数学汇编》中的一些内容。

不仅如此，在此书多个命题的证明过程中，李之藻还通过引用和注解的方式给出了许多《几何原本》后 9 卷的内容。此书是对徐光启翻译《几何原本》前 6 卷的一个补充。

另外，此书还在多处提及了阿基米德（Archimedes）的《圜书》，并介绍了其中的部分内容。李之藻应当是给国人介绍阿基米德几何学知识最早的人。

李之藻还通过《浑盖通宪图说》介绍了西方画法几何知识。《浑盖通宪图说》分上下两卷 21 部分，主要介绍了西方星盘的制作原理和方法。李之藻介绍这些知识参考的文献是利玛窦在罗马学院时期的老师克拉维乌斯神父于 1593 年出版的《论星盘》。此书于 1596 年寄到利玛窦的手中，此后利玛窦经常据此给中国人介绍西方天文知识，李之藻就是在听讲此书的时候学到的上述知识。

《浑盖通宪图说》一书的最后两部分为"勾股测望图说"和附录，主要介绍的是如何利用勾股定理来进行测量物体的高、远和深度，方法不同。这里介绍的方法主要是使用方形的测量仪器。这种方形的测量仪器要求每个边画 12 个刻度，方形上有一个筩，实用时让方形的边朝向物体，主要利用筩的刻度值来进行测量。据学者研究，这部分的核心内容主要来源于克拉维乌斯神父的《实用几何》。《实用几何》是和《几何原本》相匹配的一本书，主要阐述的是欧氏几何在生活中的应用，如测望、计算等。

其他介绍几何的书还有徐光启《测量法义》1 卷，为介绍西方测量术的著作。该书卷首称："先造器，次论景，本题十五首，附三数算法。""造器"主要讲测量仪器的构造、功能，"本题十五首"讨论各种具体问题的测量方法，"三数法"指比例算法。

利玛窦《乾坤体义》2 卷，除介绍地球和天体构造、地球和日月五星相互关系的原理外，概括了作为观测天体准则的几何学原理。《四库全书总目提要》认为此书"虽篇帙无多，而言皆验诸实测，其法皆具得变通"。

3. 《同文算指》与笔算知识的介绍

李之藻还与利玛窦合作翻译了《同文算指》，系统地介绍了西方的笔算知识。中国古代的计算方法从筹算发展到珠算，但却没有发展为笔算。至 16 世纪西方的笔算（除法例外）已经大致接近现在的水平。利玛窦来华后将笔算的方法介绍给李之藻，他们合作编译了《同文算指》，于 1613 年印行。这本书介绍了西方的加、减、乘、除的笔算方法和分数的表示法，而李之藻则将他从中国古代数学中吸取的一次方程组的解法、二次方程的数值解法和高次开方法等写入书中。

《同文算指》是介绍欧洲笔算的第一部著作，该书是根据克拉维乌斯所著的《实用算术概论》《算法统宗》等书编译而成。该书的特点是，除译自西书外，并参以李之藻从利玛窦所获得的心得，合为若干卷，与徐光启共读共讲。他们发现，"凡西术与中术相同者，则中不及西；其与中术异者，则系中术之所未载"。他们还取中国算术书共读，又发现中术"凡与西术合者，皆与理合；凡与西术谬者，皆与理谬"。于是，李之藻便根据中术，斟酌取之，以所译西术，骈附梓之。所以，该书系采中西算术之精华合辑而成。《同文算指》一书分为《前编》《通编》《别编》三部分。李之藻《同文算指前编》序称："荟辑所闻，厘为三种：《前编》举要，则思已过半；《通编》稍演其例，以通俚俗，间取《九章》补缀，而卒不出原书之范围；《别编》则测圜诸术，存之以俟同志。"

《前编》2 卷主要介绍了笔算的定位法和整数及分数的四则运算，其中加法、减法、乘法及分数除法和今日运算方法基本相同。本编中的分数记法，与古代筹算记法或欧洲的笔算记法正好颠倒过来，李之藻把分母置于分数线之上，分子置于分数线之下。另外，验算法是印度"土盘算法"中，由于担心数码随时会被抹去，而要求检验结果的正确性而产生的。它在笔算中已逐渐失去作用而终被淘汰，而李之藻也认为它"繁碎难用"，只是"录之备玩"而已。最后，总结通问十四题是运用加、减、乘、除四术，由浅入深、由易入难。书中还评论了中国古代的筹算和当时流行的珠算。

《通编》8 卷是全书的中心，内容有三率法中含比例（包括正比、反比和复比）、比例分配、迭借互征法（盈不足问题）、杂和较乘法（多元一次方程组）、数列（包括等差数列和等比数列）、级数（包括等差级数和等比级数）、测量三率法、勾股略、开方（包括开平方、立方与多乘方）与带从开平方、幂次方等。此外，还辑入《算法统宗》中的一些难题，及徐光启的《勾股义》与利玛窦和徐光启合译的《测量法义》等内容。其中多元一次方程组、开带从平方与开多乘方等方法，由于未见于《实用算术概论》，显然是取自中国算书。

《别编》1卷，只有"截圆弦算"一节，全节谈论的重点在天文测度方面，整节分成七个部分，内中举及正弦余弦表至小数七位，为近代西方三角学传入中国之首。

《同文算指》是欧洲近代实用算术传入中国的开始，对后来的中国算术演算有巨大的影响。此书采用一、二、三、四、五、六、七、八、九及〇号为数码，来译述西方 16 世纪中通行的算术，其中将分数的分母与分子位置颠倒，与中国古筹算涉及西方笔算法都不尽一致，而介绍的笔算加、减、乘、除倒和现代一致。所介绍的"验算方法"，也是中国前所未有的。李之藻曾在《刻同文算指序》中讲："加减乘除，总亦不殊中土，至于奇零分合，特自玄畅，多昔贤未发之旨。盈缩、勾股、开方、测圆，旧法最艰，新法弥捷。"徐光启在《刻同文算指序》中说：此书能"绝去一切虚玄幻妄之说，而象数之学亦皆溯源承流，根附叶着，上穷九天，旁该万事"。数学史家钱宝琮指出："《同文算指》书在西学东渐史中与徐光启所译之《几何原本》六卷皆为极重要之著述，而所收成效尤在《几何原本》之上。"①

从《同文算指》的印行开始，再经过清代一些数学家的不断改进和推广，简便实用的笔算方法就逐渐在中国得到了推广。《明史·艺文志》把此书列入"小学类"，一些大型丛书，如《天学初函·器编》《四库全书·子部天文算法类》《海山仙馆丛书》《中西算学丛书初编》《丛书集成初编·自然科学类》都先后收入此书。《四库全书总目提要》认为此书"取诸法而合订"，"可以为算家考古之资矣"。1892 年，创办山东文会馆的美国传教士狄考文（Calvin Wilson Mateer）编写出版了《笔算数学》一书，采用了阿拉伯数字。此后，阿拉伯数字就在中国逐渐得到推广，笔算方法因而变得更简便，为大众所掌握。晚清的科技翻译家李善兰借鉴了《同文算指》的译述方法，参考了书中的数学译名，以保留传统中国算学的形式，译介了一大批在近代科学界产生过重大影响的近代西方数学著作。

4. 三角学及其他数学知识的介绍

除了上述《几何原本》《圜容较义》和《同文算指》这 3 部专门的数学

---

① 钱宝琮：《中国数学简史》，山东教育出版社 1986 年版，第 363 页。

著作外，数学方面有影响的西方著作还有利玛窦和徐光启合作翻译的《测量法义》《测量异同》《句股义》。徐光启和汤若望、邓玉函等传教士合作编纂的《崇祯历书》虽然是一部天文学著作，但其法原部分（约 40 卷）也主要是数学方面的内容，由此西方的三角学也在这一时期介绍过来。

三角学是研究平面三角形和球面三角形边角关系的数学学科。古希腊的三角术发端于希帕克斯（Hipparchus）。希帕克斯是希腊化时期伟大的天文学家，他的卓越贡献是创立了球面三角这门数学工具，使希腊天文学由定性的几何模型变成定量的数学描述，使天文观测有效地进入宇宙模型之中。这一方法为托勒密所熟练地使用。古希腊人研究球面三角形的边角关系，掌握了球面三角形两边之和大于第三边，球面三角形内角之和大于两个直角，等边对等角等定理。印度人和阿拉伯人对三角学也有研究和推进，但主要是应用在天文学方面。15、16 世纪三角学的研究转入平面三角，以达到测量上应用的目的。16 世纪法国数学家 F. 韦达（F. Vieta）系统地研究了平面三角，他出版了应用于三角形的数学定律的书。此后，平面三角从天文学中分离出来，成了一个独立的分支。平面三角学的内容主要有三角函数、解三角形和三角方程。

邓玉函 1631 年出版的《大测》2 卷是我国第一部编译的三角学。《大测》是根据德国数学家毕迪斯科斯（B. Pitiscus）的《三角学》和荷兰数学家斯泰文（Simon Stevin）的《数学记录》编译的，分为 6 篇，主要是说明八线的性质、造表方法和用表方法，提到了平面三角的正弦定理、余弦定理以及解直角三角形的方法。将"sinus"译为"正半弦"，简称"正弦"，这就成了"正弦"一词的由来。邓玉函的另一部著作《割线八圆表》引进了当时西方先进的三角函数表，包括了正弦、余弦、正切、余切、正割、余割等 8 种三角函数的小数点后 5 位的数值。

由罗雅谷和徐光启合撰，与《大测》同年出版的《测量全义》10 卷，比较全面地介绍了三角学知识。

1614 年，英国数学家耐普尔（John Napier）发明了对数。1646 年来华的耶稣会士穆尼阁将对数等西方数学的最新成果传授给中国数学家薛凤祚和方中通。薛凤祚在 1644 年印行《历学会通》，其中收入的《比例对数表》是一份从 1 到 20000 的 6 位常用对数表。他在该表的序言中说："穆先生出，而改为对数，今有对数表，以省乘除，而况开方立方三四方等法，皆比原法工力，十省六七，且无舛错之患，此实为穆先生改历立法第一功也。"穆尼阁与薛风祚译述《天步真原》，"推算日月交食之书也，三角之输入，似以此书为始"①。

耐普尔还发明了用于乘除运算的"耐普尔筹算法"。汤若望在《西洋新法历书》中，有《筹算》和《筹算指》各一卷，介绍了"耐普尔筹算法"。

1699 年来华的法国耶稣会士傅圣泽（Jean Francois Foucquet）为了给康熙皇帝讲授数学，编写过两卷本的《阿尔热巴拉新法》（代数学），首次介绍了西方刚出现不久的符号代数，而且为了适应中国人的习惯，用天干地支的 22 个汉字代替西文的 22 个字母。但康熙皇帝对这种新方法不太理解，因而这两卷书的读者仅限于康熙皇帝和几个皇子，没有得到广泛的传播。

5. 西方数学的影响及中国学者的研究

中国是数学发达的文明古国，九章算术、割圆术、圆周率、天元术、四元术和大衍求一术这些代数学成就的出现，标志着我国古代数学高度发展，形成了出色的计算技术和计算机出现之前最有效的计算工具——以算为中心的筹算珠算制度。但正如李约瑟所提到的，中国人只注重具体数，这种特征阻碍他们去考虑抽象的概念；中国人重视实践和经验的性格，又使他们倾向于重视"数"而忽视"形"，使中国数学史上没有出现公理化的数学理论结构，也未形成一个严密的演绎体系。公理化的方法是科学理论系统化的有效方法，任何一门科学在其发展过程中，一旦积累了大量的理论知识，具备了一定数量的范畴、原理和规律以后，就要求给予整理，构成系统的理论体系。因此，经过公理化处理的理论，已经不是零散知识的堆积和罗列，而是按照演绎逻辑建立起来的科学理论系统。

《几何原本》和《同文算指》等西方数学知识的介绍，以及清初的历法大辩论，新法以计算精确战胜旧法，使知识界对数学重视起来。康熙皇帝又聘请传教士徐日昇、白晋、张诚、安多等入宫，讲授几何、代数、天文、物理等科学知识，推动了数学的蓬勃发展，出现了方中通、梅文鼎、梅毂成、明安图、王元启、董佑诚、项名达等著名数学家。正如梁启超所说："历算学

---

① 费赖之：《在华耶稣会士列传及书目》，中华书局 2001 年版，第 269 页。

在清学界占极重要的位置。""我国科学最昌明者，惟天文历算，至清而尤盛。"

前文介绍了薛凤祚在数学方面的研究成果，所著《历学会通》的数学部分主要是传自穆尼阁的《比例对数表》《比例四线新表》和《三角算法》等，李约瑟称其是"中国最早的对数表及其讨论"。《三角算法》中所介绍的平面三角与球面三角法比《崇祯历书》介绍得更完整。如平面三角中包含有正弦定理、余弦定理、正切定理和半角定理等，且多是运用三角函数的对数进行计算。球面三角中增加半角公式、半弧公式、达朗贝尔公式和纳皮尔公式等。除正弦、余弦定理外，还有半角公式、半弧公式等。

前文提到梅文鼎对西方天文历算的研究。梅文鼎是清代最有影响的数学家，他毕生致力于数学和历学研究，为学兼采中西。他说："法有可采，何论东西；理所当明，何与新旧。"（《堑堵测量》卷二）历法的制定和修改离不开测算，历理更需要用数学原理来阐明。梅文鼎为研究天文历法需要，对数学进行了深入的研究，取得了重大成就。他的第一部数学著作是《方程论》，撰成于康熙十一年（1672）。他说："愚病西儒排古算数，著《方程论》，谓虽利氏（利玛窦）无以难。"《方程论》纠正了当时一些流行著作的错误；对系数为分数的一次方程组提出新的解法。他又最先对数学进行分类，把传统数学分为算法和量法。在《勾股举隅》中，已知勾、股、弦、勾股和、勾股较、弦和和、弦和较以及勾股积等十四事中任两事，可求解勾股形，梅文鼎举出若干例题来说明这种算法。在《少广拾遗》中，他依据二项定理系数表，举例说明求平方、立方到十二乘方的正根的方法，虽未能恢复和发展增乘开方法，但已使明代逐渐泯失的求高次幂正根的方法重新发展起来。他主张"去中西之见，以平心观理"。

由于当时西方的数学刚刚传到中国来，书籍不多，论证和图解不易理解，梅文鼎做了大量的整理、疏解和阐述工作。他在发掘整理中国古算的同时，对当时传进来的西方数学，进行了全面的、系统的整理和会通工作，并且有所创造。《笔算》是介绍《同文算指》的算法，《筹算》是介绍纳皮尔算筹的计算，《度算释例》是介绍伽利略比例规的算法。根据中国书写的特点和传统的习惯，他把《同文算指》的横式算式改为直式，把直式的耐普尔算筹改为横式。在介绍比例规的算法中，改正了罗雅谷在其《比例规解》中的讹误。

《平三角举要》系统阐述了三角的定义、定理、三角形的解法以及在测量中的应用，是当时学习三角学的入门书。《弧三角举要》对球面三角学作了详细阐发，并创造了球面三角形的图解法。罗雅谷的《测量全义》记有四面体、六面体、八面体、十二面体和二十面体的体积公式，并算出边长为 100 的上述多面体的体积。梅文鼎在《几何补编》中证明了除六面体外的其他 4 种多面体的体积和内切球半径的公式，纠正了《测量全义》计算二十面体体积的错误。他还研究了许多复杂的有关正多面体的作图问题，例如在一个正六面体内作一个正二十面体，使其十二个顶点都在六面体的六个面上。对于《几何原本》，梅文鼎认为此书"以点线面体为测量之资，制器作图颇为精密"，但"篇目既多，而取径纡回，波澜阔远，枝叶扶疏，读者每难卒业"。因此他用传统的勾股算法进行会通，证明了《几何原本》卷二、卷三、卷四、卷六中 15 个定理。《堑堵测量》是用勾股算法会通球面直角三角形的边角关系公式。他在《几何补编》一书中又提出了对当时尚未从欧洲传来的各种等面体体积的计算方法和原理；他对"理分中末线"（即黄金分割线）的作用也做了多年探索，找到了此线在测量各种多面体体积中的用途。《环中黍尺》是用直角射影的方法证明球面三角学的余弦定理，结合球面三角计算的需要，梅文鼎在此书中还用几何方法证明平面三角学的积化和差公式。

　　梅文鼎把所著 26 种数学书统名之曰《中西算学通》，其中有《筹算》（指耐普尔筹算）7 卷、《笔算》5 卷、《度算释例》2 卷、《平三角法举要》5 卷、《弧三角举要》5 卷、《环中黍尺》5 卷、《堑堵测量》2 卷、《方圆幂积》2 卷、《几何补编》5 卷和《方程论》6 卷等 14 种。《中西算学通》总括了当时世界数学的全部知识，达到当时我国数学研究的最高水平。清代文人杭世骏说："自明万历中利玛窦入中国制器作图颇精密……学者张皇过甚，无暇深考中算源流，辄以世传浅术，谓古《九章》尽此，于是薄古法为不足观，而或者株守旧闻，遽斥西人为异学。两家遂成隔阂。鼎集其书而为之说，稍变从我法。若三角比例等，原非中法可该，特为表出；古法方程，亦非西法所有，则专著论以明古人精意。"（《道古堂集，梅定九征君传》）

　　梅文鼎的数学研究成果直接为康熙末年编制《数理精蕴》提供了基础。《数理精蕴》是明末清初西算输入时期一部带有总结性的数学巨著，也是代表我国当时最高水平的数学百科全书。它收集了明末清初传入我国的各种西方算学，系统而有条理地作了编排，也收集了当时有传本的中国算学精华。该书是在康熙皇帝亲自主持下，由梅文鼎的孙子梅瑴成会同陈厚耀、何国宗、明安图等学者，以及传教士穆尼阁，在清宫内蒙养斋进行编纂。《数理精蕴》凡53卷；上编5卷：数理本源、河图、洛书、周髀经解、几何原本；下编40卷：首部、线部、面部、体部、末部；另有表8卷：八线表、对数阐微表、对数表、八线对数表。其中除了首卷外，其余几乎都是传教士传入的西方数学。《数理精蕴》53卷与《历象考成》（关于天文历算）及《律吕正义》（关于音乐方面）合为《律历渊源》100卷。这100卷书，融合了中学、西学，把中西双方的文化与科学的精华加以整理、比较；不但完全吸收了明末传入的西学，而且开启了清代数学研究的风气。《数理精蕴》以"康熙御制"名义颁行全国，因而流传很广，影响很大，是清代学习数学的必读书。

明安图是清代前期另一位成绩卓著的数学家。他是蒙古正白旗人，幼年入钦天监当官学生，参加《历象考成》《数理精蕴》的编纂工作。当时，法国传教士杜德美来华，带来了格里哥里三公式，即"圆径求周""弧背求通弦""弧背求正矢"（亦即三角函数展开式和π的无穷级数式的公式），但没有介绍证明这3个公式的方法。明安图经长期刻苦钻研，用几何连比例的归纳法，证明了杜德美所介绍的三公式（"杜氏三术"），并进一步推导出另外6个新公式，即"弧背求正弦""弧背求矢""通弦求弧背""正弦求弧背""正矢求弧背""矢求弧背"，总称"割圆九术"（"杜氏九术"）。他撰写了《割圆密率捷法》，综合运用几何、代数、三角和数列的知识，创立了"割圆连比例"的数学方法，在中国数学史上首次提出和证明了一系列有关正弦和正矢函数的无穷幂级数。明安图的极限论、形数相生论叩响了变量数学的大门，他所使用的离散数学的方法获得了不少具有计数意义的成果。

董祐诚，字方立，江苏常州人。嘉庆二十二年（1817）随兄客居北京前，广游天下，兴趣及至经史、地理学及数学等方面。居北京后，专攻数学，著作有《割圆连比例图解》3卷、《椭圆求周术》1卷、《斜弧三边求角补术》1卷、《堆垛求积术》1卷。

董祐诚少年时于梅毅成《赤水遗珍》中读到"杜氏三术"，但惜其语焉不详。后由友人处抄得载有"杜氏三术"和"明安图六术"的所谓"杜氏九术全本"，乃深入探究，务求"立法之原"，成《割圆连比例图解》3 卷。他从成连比例的几何线段入手，研究全弧通弦和分弧通弦二者的关系，结果也发现全弧正矢和分弧正矢之间关系，并明确给出 4 个幂级数展开式，即所谓"立法之原"四术，可推出所谓"杜氏九术"。董祐诚《割圆连比例图解》著成后，方得见明安图遗书抄本，由是始知两人方法相同而具体步骤有异。董氏还在研究中发现，分割次数无限增多，则弧与弧可相互转化。他把这种现象称为"方圆互通"。

西方数学的传入和研究刺激了中国古典数学的研究，数学研究逐渐从接受西学转向挖掘和整理古算，贡献最大的是戴震。他参加《四库全书》的编纂工作，从《永乐大典》中发现和整理出久已失传的许多古典算书，如《海岛算经》《五经算术》《周髀算经》《九章算术》《孙子算经》《五曹算经》《夏侯阳算经》。他又从南宋刻本的毛扆影抄本中抄辑出《张丘建算经》和《辑古算经》两种，连同明刻本的《数术记遗》共计 10 种。这 10 部算经于乾隆三十八年（1773）由孔继涵刻入《微波榭丛书》，正式题名为《算经十书》。戴震还从《永乐大典》中抄辑出宋秦九韶的《数书九章》及杨辉的各种算书。清代学者对戴震"网罗算氏，缀辑遗经"的功劳，十分重视。自此以后，整理、校勘、注释古代天算著作的学风大盛。乾嘉时期，李锐校订注释了元代李冶的《测园海镜》《益古演段》两书。李潢校注了《九章算术》《海岛算经》《辑古算术》，并撰写了详细的解题图说。阮元和罗士琳先后找到了元代朱世杰的名著《四元玉鉴》和《算学启蒙》，罗士琳用了 12 年时间，钻研天元术和四元术，补漏正误，推演订正，写出《四元玉鉴细草》一书，于道光十四年（1834）刻印出版，使亡佚了 500 年之久的天元四元术又重放异彩。有清一代，数学人才辈出，著作繁多，大约有 500 人写了 1000 多种数学著作，超过了以往任何一个朝代。

6. 手摇计算机和其他数学仪器

法国数学家帕斯卡（Blaise Pascal）在 1642 年发明了手摇计算机。白晋、张诚给康熙皇帝讲授过数学和天文学，并向康熙皇帝介绍过帕斯卡式计算机。北京故宫博物院现存的文物中，有 6 台盘式计算机，有学者认为可能是亲自见过帕斯卡式计算机的白晋等传教士在康熙年间制作的，它们能进行四则运算。① 德国大数学家莱布尼茨曾在 1671 年发明能作乘法运算的计算机，他通过来华的传教士把这台计算机的复制品送给康熙皇帝。②

这 6 台盘式计算机由上下两层圆盘组成，上盘不动，下盘可转动，一种较大的有 12 个圆盘，另一种较小的有 10 个圆盘。圆盘的个数与可计算的数位数相同。另外还有 4 台筹式计算机，有 3 种型号，利用中国式耐普尔筹算法的计算原理制成，可计算的最大数字为 12 位数或 10 位数。这两类计算机可做算术四则运算，后者还可以做开方、乘方运算，这些计算机在阿拉伯数字旁附加汉文数字。故宫博物院收藏的这些计算机应该是中国学者与传教士合作制作的，在容量上都比帕巴斯卡和莱布尼茨的有所扩展。

故宫博物院还收藏有其他数学仪器，如：（1）刻有"康熙御制"字样的计算尺。在数学史上称为"甘特式计算尺"，它在清宫中出现，距离英国数学家埃德蒙·甘特于 1630 年发明这种尺子，最多也不过 50 年左右。（2）铜镀金比例规。原是伽利略发明的计算工具，可以进行乘、除、开平方等各种计算。比例规增加平分、正弦等不同的计算。（3）康熙角尺。尺上镌刻有"康熙御制"四个字。（4）平面和立体几何模型。全部由楠木精制，是清宫造办处为康熙皇帝学习几何学所制作的教具。（5）绘图仪。质地有银、木、漆、鲨鱼皮等，每套 6 至 20 余件不等。盒内装有比例规、半圆仪、分厘尺、假数尺、两脚规、鸭嘴笔等。为适用野外作业，有的还配有刀子、剪子、铅笔、火镰、放大镜、黑板、画棒等。这类仪器是康熙时期清宫造办处仿照西洋绘图仪器制作的，用于野外绘图。

7. 蒙养斋：康熙的"皇家科学院"

关于康熙时期建立"皇家科学院"，一直是当时的传教士以及现代学术界热议的话题。17 世纪是现代科学大发展的时代，法国、英国、德国和俄罗斯都先后建立了国家科学院。傅圣泽和白晋都曾向康熙皇帝介绍过法国科学院。傅圣泽专门提到"富郎济亚国之格物穷理院"（即法国的皇家科学院）会讨论一些天文学问题；白晋也曾跟康熙皇帝说起他们来中国的目的之一是收集

---

① 参见李迪：《中国数学史简编》，辽宁人民出版社 1984 年版，第 265 页。

② 参见曹增友：《传教士与中国科学》，宗教文化出版社 1999 年版，第 123 页。

一些科学素材，他提到"天文格物等诸学宫"，天文学宫实际上就是指巴黎天文台，"格物学宫"就是皇家科学院。

李光地、梅文鼎曾根据康熙皇帝的要求，招收了一些年轻人在保定学习数学，为算学机构的建立打下了基础。康熙五十二年（1713），康熙皇帝建立了"蒙养斋算学馆"，馆址设在畅春园。传教士将其誉为中国的"皇家科学院"。康熙皇帝让其第三个儿子诚亲王来负责相关活动，并从全国各地选了300多人，经过考试，遴选72位在蒙养斋工作。在蒙养斋工作的包括梅文鼎的孙子梅瑴成、蒙古族数学家明安图、桐城派重要人物方苞以及李光地的一些学生等一大批懂天文、数学的年轻人。在蒙养斋算学馆里工作的传教士先后有杜德美、傅圣泽、杨秉义、纪理安、白晋等。同年，诏修《律吕》诸书，于畅春园蒙养斋立馆，求海内畅晓乐律者。康熙五十八年（1719），命蒙养斋举人王兰生修《正音韵图》。《清史稿》说："凡有一技之能者，往往召直蒙养斋。"

蒙养斋进行了许多科学观测活动，包括在畅春园里测量黄赤交角，还到全国各地测量经纬度。当时，蒙养斋的科学活动很多仿效法国科学院的做法。蒙养斋融汇当时西方科学成就，编撰成了包含有天文数学乐理等内容的、中国科技史上高水平的总结性巨著《律历渊源》，包括《数理精蕴》《钦若历书》和《律吕正义》三部书。传教士们也参加了编译西方科学著作的活动，白晋说："我们曾奉命编各种专书18种至20种，均蒙皇帝赞赏。"这20种书，颇多散佚，费赖之记有下列5种：

（1）《几何原理》，有满、汉文两种，康熙二十八年（1689）成书，曾经康熙皇帝删改。

（2）《几何学》，包括理论及实用两部分，原书先以满文撰成，再译为汉文，康熙二十九年（1690）刻印。

（3）《哲学原理》，满文，自法国 Deshamel 所著书译出，专供康熙皇帝御览。

（4）《测星器用法》，康熙二十九年成书，以测验日食及月食。

（5）《星象测验》，记中国历代之星象。

五　西方物理学和机械技术在中国的传播

1. 望远镜与《远镜说》

利玛窦来华时带来了西方的棱镜片，作为进贡给皇帝的礼品，同时也赠送给中国的一些重要官员，并向他们演示过棱镜片的色散现象，这是西方光学在中国的首次传播。

1609 年，伽利略造出了世界上第一架望远镜。此后不久，尼德兰独立战争的统帅摩里斯（O. Maurice）、瑞典国王古斯塔夫二世（Gustavus Ⅱ Adolphus）在战争中使用轻便的望远镜。1610 年来华的意大利耶稣会传教士毕方济在 1613 年给万历皇帝的奏疏中就提到了"千里眼"的用法和原理。葡萄牙耶稣会传教士阳玛诺在 1615 年写了《天问略》一书，其中介绍了望远镜的发明和功用，并描述了对几大行星和银河观察的结果。该书还介绍了伽利略用望远镜观天取得的一系列成果，但对于望远镜的具体制法和用法没有加以说明。

明人郑仲夔《耳新》说利玛窦带来了望远镜："番僧利玛窦，有千里镜，能烛见千里之外，如在目前。以眂天上星体，皆极大；以眂月，其大不可纪；以眂天河，则众星簇聚，不复如常时所见。又能照数百步蝇头字，朗朗可诵。玛窦死，其徒某道人挟以游，南州好事者，皆得见之。"对此，方豪提出了两种解释：其一，利玛窦所携入者乃旧式之望远镜；其二，"尔时国人极崇拜利玛窦，固凡闻一异说，见一奇器，必以为玛窦所创"①。

万历四十六年（1618），耶稣会士邓玉函来华时随身携来一架新式望远镜，这是目前所知传入中国的第一架新式望远镜。邓玉函在欧洲时与伽利略同为灵采学院院士，这一因缘使得邓玉函在欧洲出现新式望远镜不到 10 年时间内，就将之携至中国。另外，崇祯七年（1634）正月，汤若望与罗雅谷向崇祯皇帝进呈由欧洲带来的望远镜一架，以黄绸封裹，连带镀金镜架与铜制之附件。

---

① 方豪：《中西交通史》下册，上海人民出版社 2008 年版，第 499 页。

　　明清之世的中国基督教教堂亦置有"西洋千里镜"。据《帝京景物略》（1635）记载，北京天主堂内展有"远镜，状如尺许竹笋，抽而出，出五尺许，节节玻璃，眼光过此，则视小大，视远近"。这件展出的望远镜很可能是邓玉函、汤若望和罗雅谷等人带入中国的。

　　赵翼《簷曝杂记》卷二记载天主堂置有望远镜："堂之旁有观星台，列架以贮千里镜。镜以木为箭，长七八尺。中空之而嵌以玻璃，有一层者、两层者、三层者。余尝登其台以镜视天，赤日中亦见星斗。视城外，则玉泉山宝塔近在咫尺间，砖缝亦历历可数。而玻璃之单层者，所照山河人物皆正。两层者悉倒，三层者则又正矣。"

　　从西方传入中国的各式望远镜，称谓繁多。西洋望远镜被在华的耶稣会士称为"西洋""巧器""远镜""窥筩远镜""望远之镜"。中国人则称西洋望远镜为"窥天窥日之器""千里镜""西洋千里镜""窥天筒""观星镜""千里眼""窥筩"等。

　　随着西洋望远镜的传入，耶稣会士及中国工匠也开始了仿制。徐光启在崇祯二年（1629）七月二十六日的奏疏中提到"急用仪象十事"的第10件事就是"装修测候七政交食远镜三架"，"每架约工料银六两，镜不在数"。但是，没有材料说明望远镜制造的起始时间和具体进展情况，估计历局一时还顾不上制造望远镜。崇祯四年（1631）十月有历局用望远镜观测日食的记载，观测者所用的两架望远镜应当是传教士从欧洲带来的成品。崇祯五年（1632）十一月二十二日，徐光启在奏疏中称，要为皇帝装一架望远镜。这个计划在徐光启去世后仍在实施之中。崇祯七年（1634），汤若望指导下的第一架望远镜在中国出现，并正式安装。十一月三日，望远镜"鸠工已毕，旦暮进呈"。十二月十九日，李天经题："……若夫窥筒，亦名望远镜……此则远西诸臣罗雅谷、汤若望等从其本国携来而葺饰之，所以呈览者也。"十二月二十二日，李天经奏报，要向皇帝进献刚制成的日晷、星晷。同月二十八日又进献望远镜及其所附镀金镜架和黄铜附件。两位传教士奉命入宫安装仪器，皇帝后来用这架望远镜观测过日食、月食，由此可以断定，这架最先完成并进呈的望远镜是对欧洲产品加以改造而成的，在中国造的零件属于辅件，它原来也许只是一架较大的折射式望远镜，经汤若望等人改造后成了适合于做天文观测的工具。

崇祯八年（1635）八月二十四日，历局奉旨制造两架望远镜。汤若望、罗雅谷等利用从欧洲带来的玻璃，星夜赶制。九月十九日，李天经奏报已经造完望远镜，准备连同镜架等附件进呈。

立陶宛耶稣会士卢安德（Andre Rudomina）也将望远镜传入福建，艾儒略携至桃源、清漳。

一些来华进行贸易的外国商人，亦配备望远镜。据乾嘉时代姚元之《竹叶亭杂记》卷三的记载，在中国北方重要通商口岸恰克图的俄罗斯商人有如下之举："（中方）客货俱载以骆驼。俄罗斯人每以千里镜窥之，见若干驼即知所载若干物。商未至前四五日已了然，盖其镜已见于三四百里外矣。"

这一夸张记载的背后，反映的是中国商队从库伦抵达恰克图的情景，[①] 同时表明当时俄罗斯商人已在商业情报侦察中使用望远镜了。南方的通商口岸，亦见葡萄牙等国商人使用望远镜。王士禛《池北偶谈》卷二一说，当时的澳门，"有千里镜，番人持之登高以望舶，械仗墙，可瞩三十里外"。广州口岸被称为"十三夷馆"的西洋商行，其中老字号的荷兰馆，"有千里镜，可以登高望远镜，二三里能鉴人眉目"。

西洋诸国还将千里镜列入贡品进献清廷。康熙二十五年（1686），荷兰国使者宾先巴芝、通事林奇逢等，经粤道入贡方物 40 种，其中有镜多种，如"照身大镜二面""照星月水镜一执""照江河水镜二执"。其中，"照星月水镜"应是观天望远镜之一种，而"照江河水镜"则可能是航海望远镜。康熙五十九年（1720），荷兰国又进呈贡物多种，其中有"千里镜二枝"。雍正三年（1725），来华的意大利使节贡"显微镜一套""火字镜一""照字镜二架"。其中"照字镜"应为放大镜，"火字镜"不详为何物。乾隆末年荷兰贡使来华亦携有望远镜。乾隆五十七年（1793），英使马戛尔尼使团所携贡物主要有天文地理仪器、钟表、军器、乐器、西洋画等，其中有一件是由英国天文学家赫斯色尔（F. W. Herschel）改进后的望远镜，性能更加先进。[②]

望远镜传入中国后，首先被用于天文观察，也被作为新奇之物进贡给皇

---

① 参见蔡鸿生：《俄罗斯馆纪事》，广东人民出版社 1994 年版，第 137 页。

② 参见［英］斯学东著，叶笃义译：《英使谒见乾隆纪实》，上海书店出版社 1997 年版，第 249 页。

帝，后来也传入民间。与此同时，民间亦开始有人仿制望远镜，最早是薄珏。崇祯八年（1635），张献忠进犯安庆，薄珏受应天巡抚张国维之礼聘，制造铜炮及望远镜，在战争中发挥了较大的作用。清邹漪《启祯野乘》卷六记晚明薄子玉事曰："公名珏，字子玉，苏州人也。就试浙江，补嘉兴县学生。其学奥博，不知何所传，洞晓阴阳占步，制造水火诸器……崇祯四年，流寇犯安庆，中丞张国维聘公为造铜炮……每置一炮，即设千里镜，以侦贼之远近，镜筒两端嵌玻璃，望四五十里外如咫尺也。"

李约瑟指出，近代科学随着耶稣会士们传入中国，而"望远镜的传入是这方面的最高峰"。望远镜传入中国后，引起人们极大兴趣。李之藻对望远镜赞不绝口，"观其所制窥天窥日之器，种种精绝，即使郭守敬诸人而在，未或测其表肤"。清代有一些文人赋诗吟咏望远镜，康熙初期的宗室蕴端作有以西方传来的望远镜、显微镜、火镜、多宝镜为题的《西洋四镜诗》，其咏望远镜曰：

> 数片玻璃珍重裁，携来放眼云烟开。
> 远山逼近近山来，近山远山何鬼鬼。
> 州言九点亦不止，海岂一泓而已哉。
> 君不见，
> 昔日壶公与市吏，壶中邂逅相嬉戏。
> 自从神术一相传，而后市吏能缩地。
> 斯言是真非是伪，今设此镜盖此意。
> 君若不信从中视。

乾隆皇帝也撰有《千里镜》诗多首，如：

> 巧制传西海，佳名锡上京。
> 欲穷千里胜，先办寸心平。
> 能以遥为近，曾无浊混清。
> 一空初不照，万象自然呈。
> 云际分山皱，无边数鸟征。
> 商书精论证，日视远惟明。

何来千里镜，奇制藉颇黎。

适用宜山半，成模自海西。

顿教清浊判，忽幻近遥齐。

察察吾方戒，箴规触目题。

在两首诗中，乾隆皇帝均强调了这一传自西洋的"巧制""奇制"。他对望远镜带来的近远、清浊变化大为感叹，并发出了一番欲望远先得"寸心平"的哲理感慨。

广州潘有度写过《西洋杂咏》七绝20首，其中第十二首吟道：

万顷琉璃玉宇宽，镜澄千里幻中看。

朦胧夜半炊烟起，可是人家住广寒？

潘有度在自注中说："千里镜，最大者阔一尺长一丈，旁有小镜看月，照见月光约大数丈，形如圆球，周身明彻，有鱼鳞光。内有黑影，似山河倒照，不能一目尽览，惟向月中东西南北分看。久视则热气射目。夜静，有人用大千里镜照见月中烟起，如炊烟。"（《番禺潘氏诗略》）

潘有度所见的望远镜有大小两种，且有"阔一尺长一丈"的大型望远镜，故能见明月之中亦有黑光，并且通过目睹耳闻，想象出月球之中亦有人烟。

阮元为一时学界泰斗，他对于西洋望远镜交口称赞："能令人见目不能见之物，其为用甚博，而以之测量七曜为尤密。作此器于视学深矣"，"是宿天诸星用镜验算相距及度之偏正，于修术法尤为切要"（《畴人传》）。嘉庆二十五年（1820），内务府奏请暂停乾隆五十五年（1790）废止的广州行商贡物办法，建议"所有方物，仍照旧例呈进"，得旨，"粤海关监督遵奉行知，准进朝珠、钟表……千里镜、洋镜"。这一年，阮元在广州办学海堂，兼署广东巡抚印，于广州作《望远镜中望月歌》，诗曰：

天球地球同一圆，风刚气紧成盘旋。

阴水阳火割向背，惟仗日轮相近天。

别有一球名曰月，影借日光作盈阙。

广寒玉兔尽空谈，搔首问天此何物。

吾思此亦地球耳，暗者为山明者水。

舟楫应行大海中，人民也在千山里。

昼夜当分十五日，我见月食彼日食。

若从月里望地球，也成明月金波色。

邹衍善谈且勿空，吾有五尺窥天筒。

能见月光深浅白，能见日光不射红。

见月不似寻常小，平处如波高处岛。

许多泡影生魄边，大珠小珠光皎皎。

月中人性当清灵，也看恒星同五星。

也有畴人好子弟，抽镜窥吾明月形。

相窥彼此不相见，同是团圞光一片。

彼中镜子若更精，吴刚竟可窥吾面。

吾与吴刚隔两洲，海波尽处谁能舟。

羲和敲日照双月，分出大小玻璃球。

吾从四十万里外，多加明月三分秋。①

学者指出，阮诗表明，西洋物质文明激发出对中土月亮神话的新理解，"道"因"器"而变，的确耐人寻味。望远镜不仅在视野上而且在精神上，已经把清代中国人带进新的境界。

汤若望与李祖白合作撰成《远镜说》1卷，为明清之际最为系统地介绍望远镜及眼镜的原理、制作和使用方法的专书。该书有可能是参考1618年出版的吉罗拉莫·西尔图里（Girolamo Sirturi）所著《望远镜，新的方法，伽利略观察星际的仪器》编译的。《远镜说》著成于1626年，刊印于1629年，有《艺海珠尘》等本传世，入清以后被收入《西洋新法历书》。《远镜说》从原理、结构功能和使用方法上详细介绍了伽利略式望远镜，全书通篇条理清楚、浅显易懂、图文并茂。《远镜说》是我国第一部系统介绍望远镜制作及相关光学原理的著作，对西方光学知识在中国的传播及中国的光学仪器制作产生了深远的影响。

《远镜说》前面有汤若望的自序，正文分4个部分。第一部分是望远镜的利用。书中对伽利略观天成果的介绍，比《天问略》更详尽。该书列举了用望远镜仰观太阴、金星、太阳、木星、土星和宿天诸星，及直视远处山川江

---

① 阮元：《研经室集》下，中华书局1993年版，第971—972页。

河、树林村落、海上行舟和室中诸远物的情形，并介绍了透镜的"分利之用"，指出远视眼"不耐三角形射线（指发散光束）而耐平行射线"，使用"中高镜"（即凸透镜）则可使发散光束"从镜平行入目，巧合其习性"。对于"中洼镜"（即凹透镜），该书也通过类似讨论，指出其"利于苦远视者用之"。

第二部分"原由"，主要讲望远镜的光学原理，先描述折射现象，然后说明一凸一凹两透镜组合使用，"则彼此相济，视物至大而且明也"。

第三部分"造法用法"，讲望远镜的制作和使用方法。以凸透镜为"筒口镜"（即物镜），凹透镜为"靠眼镜"（即目镜），镜筒则由数筒套合，用时伸缩调节。"镜只两面，但筒可随意增加，筒筒相套，可以伸缩。又以螺丝钉拧住，即可上下左右。"

第四部分介绍望远镜的制造方法、使用和保养说明。书中附有一幅整架望远镜的外形图。

《远镜说》还涉及观察太阳及金星时对眼睛的防护问题："视太阳及金星时，则加青绿镜，或置白纸于眼镜下观太阳。"望远镜最初问世时，并未虑及强光时对眼睛的防护，等到有了惨痛教训之后，人们才开始注意这一问题。所采取的方法，也就是《远镜说》中的这两条。一是加置色片，使光线减弱；二是在目镜下放置像屏，观察太阳光通过望远镜后在像屏上的成像。

此后罗雅谷的《五纬历指》、邓玉函的《测天约说》等书均提到伽利略所制的望远镜。

2. 孙云球与《镜史》

眼镜自元明时期从西方传入中国，初称"靉靆"（或"僾逮"、"优逮"等），后在郎瑛的《七修类稿续稿》中始有眼镜之名。由于时人未能仿制，眼镜往往成为奇珍异品被人收藏。至于眼镜，明清时期传教士亦传入不少，如康熙四十二年（1703），郭天宠（Joao Baptista）、习圣学（Jean – Charles—Etienne Finissard de Broissia）送给康熙皇帝 10 副不同度数的眼镜，以备不同年岁使用。

对眼镜进行仿制出现于明末，但最成功者当属清初的孙云球。他采用水晶磨制成各种透镜，对中国的制镜业产生了重要的影响。

孙云球，字文玉，又字泗滨，吴江人。孙云球对制造发明颇有天赋，《吴县志》说他"精于测量,凡有所制造,时人服其奇巧","尝准自鸣钟,造自然晷,应时定刻,昼夜自旋,风雨晦明,不违分秒"。为了校准自鸣钟,他制造了"自然晷",这是一种据日影以定时刻的仪器。经过使用后证明,以之判定时刻,十分准确。他通过自己制作眼镜的实践积累和探索,最后终于掌握了"磨片对光"技术,创造性地用水晶材料磨制成镜片,还创造了磨制镜片的牵陀车。经他一番悉心研究改进之后,磨镜对光技术有了很大的提高,他能根据眼疾患者年龄大小、疾症轻重,并根据近视、远视不同情况"随目对镜",而且还可以"以年别者老少花,以地分者远近光",让患者配到适合自己眼睛的镜片。在磨制凸透镜和凹透镜的基础上,他又利用水晶石磨制成存目镜、万花镜、鸳鸯镜、放大镜、幻容镜、夜明镜、千里镜(望远镜)等各类光学制品。他的光学知识主要来源于西方传教士,张若羲称他"远袭诸泰西利玛窦、汤道未、钱复古诸先生者也",吴奇生则说:"西来忽遇异人传,几何心法得真诠。"

眼镜需求巨大,民间亦多有人仿制。然而孙云球在当时仿制眼镜的人中,不但是最为成功的,而且对制镜相关的几何知识亦有相当深入的了解。正如诸昇所说:"造镜家余亦阅历数子,得其形似者十有六七,会其神理者十无二三。拈花微笑,惟孙生一人。"(《镜史》)文康裔亦说:"其玄纱在几何,高深平直,不碍不空,间不容发。夫岂与工人赝鼎,窃见一隅,或虚儗形似,或任意仿摹,冒其巧以博世资者,可同日语哉?"(《镜史》)孙云球与杭州诸昇、桐溪俞天枢、西泠高逸上、钱塘陈天衢相互切磋制镜技术,最终"萃诸子之成模,参之几何求论之法,尽洗纰缪,极力揣摩,使无微疵可议",其所制眼镜则"扩为七十二种,量人年岁、目力广隘,随目配镜,不爽毫发"。(《镜史》)他的舅舅董德其近视甚为严重,"阅文缮写,在见寸以内",康熙十七年(1678)参加乡试,借助孙云球所制眼镜,"顿使目光远一尺有余"。由于孙云球制镜技艺高超,"而四方闻声景从,不惜数百里重价以相购"。(《镜史》)

他所磨制的望远镜性能良好,据《吴门补乘》记载,文康裔患有严重近视,孙云球和他一道登上虎丘山,用自制的望远镜眺望,看到苏州城内的楼台塔院近在眼前,清晰可辨;天平、灵岩、穹窿诸峰苍翠挺拔,历历在目。文康裔赞叹不已,视为神技。曹允源等纂《吴县志》中称孙云球制造了 72 种镜子，此说被后人广为引用。实际上，孙云球分别磨制了 24 种昏眼镜、24 种近视镜、24 种童光镜，共 72 种，此外，尚有远镜、火镜、端容镜、焚香镜、摄光镜、显微镜等多种，并非总共 72 种镜。孙云球在汤若望《远镜说》的启发下撰成的《镜史》一书，是第一部由中国人撰写的光学论著，书中介绍了多种他所制作的镜具，其中关于眼镜和望远镜的部分乃是直接参考《远镜说》纂辑而成。《镜史》正文甚为简略，1300 余字，共分为昏眼镜、近视镜、童光镜、远镜、火镜、端容镜、焚香镜、摄光镜、夕阳镜、显微镜、万花镜 11 部分，每一部分对相应的镜种有言简意赅的解释，并配有相应的版画。

《镜史》所说的昏眼镜、近视镜、远镜，即现在的老花镜、近视镜和望远镜。童光镜，孙云球称"即西士所谓存目镜"，李约瑟推测为"单式显微镜"还有一定可能，至于为"一种更强大形式的'千里镜'"，则似有些远了。火镜就是凸透镜，用以代替燧石取火。端容镜即为普通镜子。焚香镜应与火镜相似，只是在其下置香，并将该镜做成一个架子，随日而转，颇为方便。摄光镜即简易的针孔成像器，或与影戏灯类似。夕阳镜即墨镜，用茶晶或墨色的水晶做成。显微镜，孙云球特别提到显微镜在博物学上的用途："博物者不特知所未知，信乎见所未见。"万花镜或即万花筒之类。从《镜史》一书看，孙云球对西学几何之法十分关注，尤其对《远镜说》一书深有研究。诸昇说，孙云球"壬子春，得利玛窦、汤道未造镜几何心法一书，来游武林，访余镜学"。"几何心法"一书即指《远镜说》。

《镜史》的出版使得制造眼镜的技术得到普及推广，促进了江南制镜业的发展。《虎阜志》说：《镜史》"令市坊依法制造，（眼镜）遂盛行于世"。眼镜的价格也一路走低，最终使一般的老百姓都能消费得起。清叶梦珠《阅世编》说："顺治以后价渐贱，每副值银不过五六钱。近来苏杭人多制造之，遍地贩卖，人人可得，每副值银最贵者不过七八分，甚而四五分，直有二三分一副者，皆堪明目，一般用也。"

与孙云球同时代的李渔在其小说《十二楼·夏宜楼》中，讲述了一位名叫瞿佶的旧家子弟利用望远镜（书中称千里镜）窥视一个官小姐的闺阁生活，从而"骗取"姻缘的传奇故事。书中所记载的一段光学史料则引起学界的浓厚兴趣："这件东西名为千里镜，出在西洋，与显微、焚香、端容、取火诸镜同是一种聪明，生出许多奇巧。附录诸镜之式于后。"

李渔在书中还写道："显微镜　大似金钱，下有二足。以极微极细之物置于二足之中，从上视之，即变为极宏极巨。虮虱之属，几类犬羊；蚊虻之形，有同鹳鹤。并虮虱身上之毛，蚊虻翼边之彩，都觉得根根可数，历历可观。所以叫做'显微'，以其能显至微之物而使之光明较著也。""焚香镜　其大亦似金钱，有活架，架之可以运动。下有银盘。用香饼、香片之属置于镜之下、盘之上，一遇日光，无火自燕。随日之东西，以镜相逆，使之运动，正为此耳。最可爱者，但有香气而无烟，一饼龙涎，可以竟日。此诸镜中之最适用者也。""端容镜　此镜较焚香、显微更小，取以鉴形，须眉毕备。更与游女相宜。悬之扇头或系之帕上，可以沿途掠物，到处修容，不致有飞蓬不戢之虑。""取火镜　此镜无甚奇特，仅可于日中取火，用以待燧。然迩来烟酒甚行，时时索醉，乞火之仆，不胜其烦。以此伴身，随取随得，又似于诸镜之中更为适用。此世运使然，即西洋国创造之时，亦不料其当令至此也。""千里镜　此镜用大小数管，粗细不一。细者纳于粗者之中，欲使其可放可收，随伸随缩。所谓千里镜者，即嵌于管之两头，取以视远，无遐不到。'千里'二字虽属过称，未必果能由吴视越，坐秦观楚，然试千百里之内，便自不觉其诬。至于十数里之中，千百步之外，取以观人鉴物，不但不觉其远，较对面相视者更觉分明。真可宝也。"

李渔的《十二楼》较早的版本有顺治十五年（1658）刊本。上述这些内容全部来自《镜史》，只是更为通俗，并有李渔稍加的一些评论。由于这些镜具在当时还不多见，他加入这些内容当是为了增加故事的新奇性，同时也给千里镜一个背景性的说明。值得注意的是李渔称显微镜下有二足，而《镜史》中为三足，此或为笔误，或当时已有多种显微镜。李渔接着还说："以上诸镜皆西洋国所产，二百年以前不过贡使携来，偶尔一见，不易得也。自明朝至今，彼国之中有出类拔萃之士，不为员幅所限，偶来设教于中土，自能制造，取以赠人。故凡探奇好事者，皆得而有之。诸公欲广其传，常授人以制造之法。然而此种聪明，中国不如外国，得其传者甚少。数年以来，独有武林诸曦庵讳□者，系笔墨中知名之士，果能得其真传。所作显微、焚香、端容、取火及千里诸镜，皆不类寻常，与西洋上著者无异，而近视、远视诸眼镜更佳，得者皆珍为异宝。"

这也说明了明末之前诸镜多通过贡使传入中国，中国并未自行制造，至明末随着耶稣会士的入华，中国人方得以学习此艺。文中还暗示上述关于各种光学器具的知识来自诸曦庵。诸曦庵即诸昇。

3. 郑复光与《镜镜詅痴》

19世纪上半期，郑复光撰写的《镜镜詅痴》也是融汇西方传入的光学知识而完成的一部光学著作。

郑复光，字元甫、瀚香、浣香，安徽歙县人。郑复光从小生长在商业和文化较为发达的徽州，游历多地，积累了自然风光、山川形势、气候物产以及各地先进生产技术的知识；在游历时结识了许多名流学者、能工巧匠。这些对他从事多方面研究产生了积极的影响。他博涉群书，兼通古今，又明西法，善制巧器，在科学技术方面勇于探索。自幼酷爱几何学，后又结识数学家汪莱、李锐、罗士琳、张敦仁等人，并与他们共同研讨算理。其数学著作有《周髀算经浅注》《割圆弧积表》《正弧六术通法图解》《笔算说略》《筹算说略》等。安徽省博物馆收藏的《郑浣香遗稿》中还藏有一份他的几何学著作手稿（残缺无书名），内容包括点、线、面、比例等有关平面几何学的作图问题。郑复光在当时数学界有一定影响，《歙县志》说他"以明算知海内，凡四元、中西各术无不究竟入微"。在机械制造方面，郑复光研制成"测天之仪，脉水之车，尤切民用"。尤其是关于火轮船的研究，他是我国早期从事火轮船研究的先驱之一。19世纪30年代，西方蒸汽机船传入中国不久，郑复光便根据几张传抄的火轮船图，开始研究蒸汽机的原理和火轮船的构造。由于原图过于简略，且有错误，加上蒸汽机船涉及较复杂的热学和机械原理，当时一般人很难看懂原图。郑复光经过苦心钻研，几经修改，终于写成《火轮船图说》，魏源将其辑入《海国图志》。郑复光还著有一部《费隐与知录》。此书撰于嘉庆二十一年（1816），道光二十二年（1842）刊行，内容涉及物理、气象、天文、生物、医药等方面，虽然类似一部百科知识问答，也有一些新的见解，在一定程度上反映了当时的科技水平。

郑复光受扬州"取影灯戏"和广州"量尺天"的启发，开始研究光学问题，并系统地进行光学实验，研制光学仪器，制造出白天黑夜均可放映的幻灯机。道光十五年（1835）冬，他研制了望远镜，观察月球，观者"欢呼斗绝"。他还用望远镜观测过日蚀和月蚀。与此同时，他对光学理论进行了系统的研究，并参引明末清初传入的西洋书籍，如《远镜说》《人身说概》《仪象志》《测量全义》等，写成的《镜镜詅痴》5 卷，是一部集当时中西光学知识大成、我国古代物理学史第一部较为系统的光学专著。《镜镜詅痴》在 1825 年之前即开始写作，1835 年已完成初稿，但直到 1847 年才得以出版。

《镜镜詅痴》计 183 条，仿《几何原本》的推演、定理或事实、由前演后，步步相承。《镜镜詅痴》一书分为 3 部分：

第一部分为第一卷，称为"明原"，有原色、原光、原景、原线、原目、原镜、镜质、镜色、镜形几方面。讲的是光学基本理论、眼睛和光学仪器的基本性能。其中有光的颜色、反射定律、折射、光的直线传播、小孔成像、镜子的分类、制镜材料的要求等。

第二部分为第二卷和第三卷，称为"释圆"，有圆理、圆凸、圆凹、圆叠、圆率五方面，主要讲球面镜的成像原理，包括凸透镜、凹透镜以及二者的各种组合，如望远镜、显微镜等，最后还给出了若干理论计算数据。

第三部分为第四卷和第五卷，称为"述作"，有作照景镜、作显微镜、作取火镜、作地镫镜、作取景镜、作放字镜、作三棱镜、作柱镜、作万花筒镜、作透光镜、作视目镜、作测日食镜、作测量高远仪镜、作远镜、火轮图说卅等方面，是讲光学仪器的制作工艺的。在这两卷中，共列出望远镜、放大镜等 17 种光学仪器的制作方法、调节和应用原理，对其中的有些仪器，还给出了具体尺寸。特别是书中记载了探照灯和幻灯，介绍的黄履庄造的瑞光灯就是现在的探照灯；放字镜就是幻灯，只是当时用来放字，而不是用来放画片，他还试图将字用国画颜料着色，似如现在的彩色幻灯。

《镜镜詅痴》既有自己的理论基础，又有自己的基本参数和表述方法，是融会了中西光学知识而产生的一个独特的光学体系，从而把中国古代光学推进到接近近代光学的水平。而且，在某些地方超过了传教士汤若望《远镜说》的认知水平。如关于小孔成像、凸透镜成像的解释有其独特的见解；其对于老花眼和近视眼原因的研究、关于"顺三限"和"侧三限"的研究等方面，更具有自己的特色，并且分别绘出了"凸限全率表"和"凹限全率表"，详细地列出透镜顺侧各限的比值。利用这两个表，可以方便地互求透镜各限，对光学仪器的制造也有一定的指导意义。包世臣在为此书作序时写道："世人惊骇以为灾祥奇怪之事，而郑君推本说之，或以物性而殊，或以地形而变，或以目力而别，明白平易，如诸指掌。"梁启超说："百年以前之光学书，如此书者，非独中国所仅见，恐在全世界中亦占一位置。"①

4.《泰西水法》与水利机械技术的传播

明末清初的西方传教士还引进了西方的水利机械技术。意大利传教士熊三拔编写了一本《泰西水法》，于万历四十年（1612）印行。这是第一部用中文写的介绍西方农业水利技术和提水机械的书。徐光启为《泰西水法》作序，讲述了他向利玛窦学习水利技术和熊三拔写这本书的原因。徐光启在序言中说："昔与利先生游，尝为我言：薄游数十百国，所见中土土地人民，声名礼乐，实海内冠冕；而其民顾多贫乏，一遇水旱，则有道殣，国计亦诎焉者，何也？身被主上礼遇隆恩，思得当以报。顾己久谢人间事矣。筋力之用，无所可效，有所闻水法一事，象数之流业，可以言传器写，倘得布在，将作即富国足民……特恐羁旅孤踪，有言不信耳。余尝留意兹事二十余年矣，询诸人人，最多画饼，骤闻若言，则唐子之见故人也；就而请益，辄为余说其大指，悉皆意外奇妙，了非畴昔所急。值余衔恤归言别，则以其友熊先生来，谓余昨言水法不获竟之，他日以叩之此公，可也。迄余服阕趋朝，而先生已长逝矣。"

熊三拔按照利玛窦的嘱咐，口授内容，由徐光启记录，写成了《泰西水法》。这本书共6卷，卷一谈龙尾车，用挈江河之水。卷二首先谈玉衡车，附以专篇车；其次谈恒升车，附以双升车，用挈井泉之水。卷三谈水库，记述如何用蓄雨雪之水。卷四谈水法，附录皆寻泉眼打作井之法，谈及温泉治病作用，而附以痊病之水，述及制取药露法及其功能。其中还涉及了西方关于水料（即液剂）的管理问题。卷五谈水法，备言水性。卷六为诸器的图式，即各类汲水取水机械的图解说明。本书所介绍的西方水利机械有3种，龙尾车是一种螺旋式抽水机，玉衡车和恒升车是两种利用大气压从井中提水的唧筒。书中详细介绍了这3种机械的原理和制造方法，但由于它们的制造工艺比较复杂，这3种提水机械并没有在中国推广使用。

与利玛窦相友善的上饶人郑以伟在熊三拔译述此书时，曾往访其家，见家中"削者，髹者，绚者，则治水具也"。"彼方日以钱易水而饮，顾切切然

① 梁启超：《中国近三百年学术史》，商务印书馆2001年版，第421页。

思人田之毛泽"的精神深受郑氏敬佩，郑以伟在为该书作的序中称《泰西水法》"酷似《考工记》，此法即不敢补《冬官》，或可备稻人之采，非墨子蚩鸢比也"。徐光启对此书非常重视，译成之后还亲自依法试用，获利甚丰，他在编著《农政全书》的水利部分时，全录此书。明亡后削发为僧的熊开元，对据《泰西水法》所制的恒升，大加赞赏，认为"盖吸水具也，机巧绝伦"。张维华所著《明清之际中西关系简史》一书称"西学言制作之术者，此书为第一部"①。

《泰西水法》先后被编入《天学初函·器编》和《四库全书·子部农家类》。《四库全书总目》的作者给此书以相当高的评价："西洋之学，以测量步算为第一，而奇器次之，奇器之中，水法尤切于民用。视他器之徒矜工巧，为耳目之玩者又殊，固讲水利者所必资也。四卷之末，有附记云，此外测量水地，度形势高下，以决排江测蓄泄湖渠，别为一法；或于江湖河海之中，欲作桥梁城垣宫室，永不圮块，别为一法；或于百里之远，疏引源泉，附流灌注，入于国城，分枝折派，任意取用，别为一法，皆别有备论。兹者专言取水，未暇多及云云，则其法尚有全书，今未之见也。"

1747 年，乾隆皇帝从传教士带来的西洋画册中看到西方的喷泉，他便要求清廷中的传教士在皇家园林中仿造。法国耶稣会传教士蒋友仁接受了这个任务，在北京圆明园中设计建造了若干西洋式的喷泉。"海晏堂"是圆明园中规模最大的意大利式建筑，蒋友仁在这座西洋楼的前面设计了一座"水钟"。水钟由中国的 12 个生肖动物组成，代表中国古代计时的 12 个时辰。当某个时辰开始的时候，代表这个时辰的动物就开始喷水，一共喷 2 小时。正午时分，12 只动物同时喷水。在另一个水池中，蒋友仁设计制造的喷泉是被狗追逐的鹿发出鸣叫的"兽战景"。"大水法"则是一座复杂的大型喷泉，两座高大的水塔上有许多组喷头，喷出的水束组成各种美丽的图案。

圆明园西洋楼的喷泉有一套复杂的水动力系统，包括用龙尾车提水的水车房、蓄水池，以及各种管道。蒋友仁去世后，因为无人会操作龙尾车，不能用机械提水，逢到皇帝游园开放喷泉时，只能人工提水向蓄水池内注水。

5. 南怀仁介绍的机械技术

南怀仁博闻多能，深精西方科学知识。《欧洲天文学》一书的内容涵盖了

---

① 张维华：《明清之际中西关系简史》，齐鲁书社 1987 年版，第 225 页。

当时在中国介绍的西方科技知识。南怀仁在《仪象志》和《穷理学》两部著作中，介绍了力学基础知识，包括重力、重量、重心、比重、浮力、材料强度、单摆、自由落体运动等知识，同时还介绍了光的折射和色散方面的知识。在《穷理学》的第七卷"轻重之理推"中，有 82 节是关于简单机械的知识。该卷详细叙述了天平、等子、杠杆、滑车、圆轮和藤线 6 种简单机械的性质、原理、计算和应用。

南怀仁不仅在其著作中传播机械及机械工程方面的知识，而且参与机械工程方面的实践活动。南怀仁奉召到北京后不久，他协助汤若望完成了一件相当困难的事情，把一口重达 6 万千克的大钟悬挂在钟楼里。汤若望和南怀仁经过实地察看后，商定了移动和吊起大钟的方案——使用定滑轮、动滑轮和滑轮组。1661 年 4 月的一天，在他们的指挥下，200 名工匠齐心协力操作，终于将大钟移到了预定位置。

康熙九年（1670）夏，为修筑顺治皇帝陵墓，需要将 4 块巨石（两块为碑石，每块重 3.5 万千克，另两块为基石，每块重 6 万千克）运过卢沟桥。卢沟桥年久失修，能不能承受如此重压，成了工部官员和技术人员关注的首要问题。有关人员提出两个方案：一是用特制的车辆运石过桥，将石块放在 16 个轮子的特大车上，用 300 匹马牵引，为之需对桥体进行加固；二是在河床上筑路，从桥下过河。这两种方案耗资巨大，且成功与否都难以把握。康熙皇帝命工部向南怀仁等传教士征求良策。南怀仁亲赴现场考察，查看桥体、河两岸土质、河水质量、深浅等情况，认为不宜从桥下过河，因为河床为流水，土质松软不足以承载巨石重压。最后认定可以从桥上运巨石，且不必加固桥墩。但他提出绝不可用马牵引车辆，因为数百匹马的剧烈有规律的震动，比巨石对桥的破坏力更大。他建议用绞盘牵引，使巨石缓慢平稳地在桥上移动。在他的指导下，制作了足够的绞盘和滑轮，事先用 300 匹马将巨石牵引至桥边，桥这边设 12 个绞盘，对边设 8 个，每个绞盘用人力推动，桥两端的绞盘用粗大的绳索相连并和载巨石的十轮车连接，推动绞盘，绳索就将石车缓缓拉上桥面，最后安全通过了卢沟桥。

南怀仁的方法获得了成功，在于他采用了滑轮组。使用滑轮组不仅能省力，还可以改变力的方向，这样做牵引动力的人或牲畜可不必站立在桥面，从而避免了人或牲畜的有规则震动对桥体的破坏。另外，使用滑轮组，牵动重物所用的力与连通滑轮的绳索段数成反比。南怀仁设计的牵引系统用了12个动滑轮，总重量就由24段绳索承担，因而推动绞盘时，只要用巨石、牵引车、滑轮总重的1/24的力就可把巨石拉过桥面。

在机械制造方面，南怀仁还在中国进行了汽轮机的最早实验，就是利用一定温度和压力的蒸汽的喷射作用，推动叶轮旋转，从而带动轴转动以获得动力。这个实验在他的《欧洲天文学》的"气体力学"一章中有过详细的描述。南怀仁还为这辆蒸汽车设计了闸和方向盘，使之能跑、能停、能转弯，基本上具备了现代汽车的主要功能。

虽然南怀仁的自动车主要是供康熙皇帝玩赏，并未对现代汽车的发展产生过影响，但在蒸汽车历史上具有非常重要的地位。方豪说："南怀仁之试验，其眼光及应用范围，实较西洋同时期者为远大。就利用蒸汽为行车之原动力言，较司蒂芬孙（Stephenson）之火车早150年；就利用蒸汽为轮船之原动力言，较西敏敦（Symington）之轮船早120年；就利用蒸汽为汽车之原动力言，较波尔（Bolle）之蒸汽车早200年。若就利用汽轮于轮船言，早于帕孙兹（Parsons）218年；就利用汽轮于火车言，则早于翁斯脱隆（Liung-strom）243年。故在世界热机史上，南怀仁之试验及其广泛之建议，实为勃朗伽（Giovanni branca）发明雏形冲动式汽轮后，所当大书特书者。"[1]

6.《远西奇器图说》

方豪说，《远西奇器图说》（又名《奇器图说》）是"我国第一部介绍西洋物理学和机械工程学的书"[2]。《奇器图说》是传教士邓玉函和王徵合作翻译的。王徵是和徐光启同时代的科学家、中国第一批天主教徒。按陈垣等人的说法，王徵身上有不少"第一"，如"第一位中国人习拉丁文者""中国第一位有功于用拉丁字母为汉语拼音者""中国第一位机械工程学家"等。李约瑟则将其誉为"中国第一个'近代'意义上的工程师，确是类似文艺复兴时之第一人"。

王徵幼承庭训，受经算家学熏陶，打下了经学与数学基础。又跟随曾任河东督运司的舅舅张鉴读书，对机械学产生兴趣。明万历二十三年（1595），

---

① 方豪：《中西交通史》下卷，上海人民出版社2008年版，第529页。
② 方豪：《中国天主教史人物传》，宗教文化出版社2007年版，第160页。

考中举人。王徵在《两理略自序》中称自己"顾颇好奇，因书传所载化人奇肱，璇玑指南，乃诸葛氏木牛流马，更枕、石阵、连弩诸奇制，每欲臆仿而成之。累岁弥月，眠思坐想，一似痴人"。陈垣说他"且性好格物穷理，尤与西士所言相契，遂受洗礼"①。天启二年（1622），王徵考中进士。他还从邓玉函学习西方机械学、建筑学、数学、物理学等，由此开始接触西方科技，并学习、借鉴西方科技知识，从事机械研究与发明。除《奇器图说》《诸器图说》外，王徵还撰有《学庸解》《天问辞》《畏天爱人论》等。

关于《奇器图说》的成书过程，王徵在书的序言中自述说："丙寅冬，余补铨如都会。龙精华（龙华民）、邓函璞（邓玉函）、汤道末（汤若望）三先生，以候旨修历寓旧邸中。余得朝夕晤，请教益甚也。暇日因述外记所载质之，三先生笑而唯唯，且曰诸器甚多，悉著图说，见在可览也，奚敢妄。余亟索观简帙不一。第专属奇器之图说者，不下千百余种，其器多用小力转大重，或使升高，或令行远，或资修筑……然有物有像犹可览而想象之，乃其说则属西文西字。虽余尚在里中得金四表，先生为余指授西文字母字父二十五号，刻有《西儒耳目资》一书，亦略知其音响乎。顾全文全义，则茫然莫其测也，是请译以中字。邓先生（邓玉函）则曰，译是不难，第此道虽属力艺之小技，就必先考度数之学，而后可盖。凡器用之微，须先有度有数，因度而生测量，因数而生计算，因测量、计算而有比例，而又可以穷物之理，理得而后法可定也。不晓测量、计算则必不得比例，不得比例则此器图说必不能通晓。测量另有专书，算指具在同文，比例亦大都见《几何原本》中。先生为余指陈，余习之数日，颇亦晓其梗概。于是取诸器图说全帙分类而口授焉。余辄信笔疾书不次不文，总期简明易晓，以便人人览阅。"

据此可知，王徵更感兴趣的是西方的机械等方面的实用知识，而邓玉函则告诉王徵，要想理解西方的机械知识，知其所以然，就须首先学习相关的数学、力学理论知识。在当时的欧洲，部分工程师、科学家正在研究机械、火炮的原理，一些机械专家也注意到了技术背后的理论问题。但是，把数学、力学理论和机械技术结合起来，试图对机械进行"力"和"运动"的分析，写成书的做法在此之前还是空白，而《奇器图说》就是这样的一个尝试，在

---

① 《陈垣学术论文集》第 1 集，中华书局 1980 年版，第 227 页。

当时的世界上也是独一无二的。据德国汉学家弗里茨耶格尔（Fritz Jaeger）考证，该书分别引用了比利时人西蒙斯戴维（Simon Stevin）用荷兰语写成的《静力学基础》和《液体静力学基础》，意大利人吉塔提（Ghetaldi）的《阿基米德原理》（1603），以及乌伯提（Ubaldi）的《机械装置》（1577）。

王徵除翻译西方科学知识以外，还通过自己的勤奋和对知识较强的理解力，发明创造出许多新颖、实用的机械，并将这些机械绘制成《诸器图说》一卷附于《奇器图说》后流传于世。

《奇器图说》编译是在 1626 年年底至 1627 年年初。1628 年，南京人武位中在扬州首次刊刻了该书。书前有校梓人武位中所作的《奇器图说后序》一文，其次为王徵《奇器图说自序》。武位中刻本刊出不久，徽州府的书商汪应魁在扬州见到了王徵，从他那里得到了《奇器图说》，并予以翻刻，刊刻时间应在 1628 年 10 月至 1631 年间。1631 年徽州西爽堂主人吴氏再次刊刻《奇器图说》。该书在明末短短 4 年间被刊刻 3 次，且其中两个刻本出自当时著名的书商，可见该书引起了当时学者和社会的广泛重视。

入清以后，这一最具系统介绍西方力学知识和机械的中文著作，也受到天算学家、朝廷和坊间的重视，除了坊刻本外，还出现了朝廷的选刻本和抄本。按照康熙皇帝旨意编纂的《御制数理精蕴》则将杠杆等力学问题当做数学算题来处理，更加忽视其物理意义。纂成于雍正六年（1728）的《古今图书集成》将其收录于《经济汇编·考工典》，《四库全书·子部谱录类》也将其收入。清嘉庆二十一年（1816），王徵的七世孙王企在明天启七年（1627）版《奇器图说》的基础上加入"明关学名儒先端节公全集序"和《陕西通志》上王徵之传，重新加以刻印。清道光十年（1830），来鹿堂重刊本虽然纸质较差，但流传甚广；该版 1844 年又经钱熙祚挖改收入《守山阁丛书·子部类》；光绪三年（1877）同文馆刻本；以后还被列入《中西算学集要》《丛书集成初编·应用科学类》等。

《奇器图说》比较详细地介绍了当时西方力学一些基本知识、各种定律和原理，还介绍了西方一些很先进、很复杂的实用机械的构造、制作和使用方法，并附有准确、精细的图解。尤其可贵的是，王徵不只从工艺技巧方面推崇西方技术，而且能进一步深究其理论基础，认识到数学、几何、力学等"皆相资而成"才能有此进步，这在当时实为精辟之论。清代不少学者都以此书为学习西方物理学、机械工程学的起点。如方以智的《物理小识》卷八"起重法"描述的西方螺旋起重机的机械和省力，显然是参考了该书。黄履庄发明了不少自动机械的"奇器"，如"真画""自动戏""自动驱暑扇"，并著有《奇器图略》一书。

梅文鼎专门研究过《奇器图说》，他在《勿庵历算书目》"奇器补注"条中称："若关中王公徵，《奇器图说》所述引重转水诸制，并有裨于民生日用。而又本诸西人重学，以明其意，可谓有用之学矣。"梅文鼎对《奇器图说》一书除进行简单的文字校改外，还对原书中内容进行了注解。梅文鼎试图利用罗雅谷的《比例规解》与南怀仁的《灵台仪象志》校改《奇器图说》的相关内容。梅文鼎在其《度算释例》中引用了《奇器图说》的部分内容，并完成了《奇器补诠》2卷。

阮元在《畴人传》中说道："奇器之作专恃诸轮，盖轮为圆体，惟圆故动，西人以机巧相尚，殚精毕虑于此。"道光年间郑复光撰《费隐与知录》，受《奇器图说》的启发，对浮力原理也提出了定量的阐释。他说，入水物体的沉浮，"其重之数不论多寡，只视其形大小与水等，其重强于水则沉……其重弱于水则浮"，说明物体（例如紫檀木）比重大于水则沉，小于水（例如黄杨木）则浮。郑复光还从物体受静水压力作用，形象阐发了物体浮沉的现象。

《奇器图说》的影响还在于该书为机械工程学创造或使用了许多中文物理和机械名词术语，如"重学""力艺学""重心""本重""杠杆""流体""凝体""行轮""踏轮""飞轮""曲柄""齿轮""针轮""鼓轮""锯齿轮""螺丝""机器"和"起重"等，其中一些沿用到19世纪中叶以后。如"力艺""重学""柱""梁""轴""轮""柄""车""索"等不仅被晚清李善兰等奉为圭臬，就是在今天机械学中，仍然保留了"重心""杠杆""斜面""流体"等的物理学术语。20世纪30年代，刘仙洲受国民政府教育部委托统一机械名词术语时，参考《奇器图说》等书籍，编订了英汉对照《机械工程名词》。

7.《坤舆格致》与地矿学知识的传播

1621年，金尼阁将7000部西洋书带到中国，这些书中除宗教性著作外，还有许多文艺复兴时的优秀科技著作。据学者考证，这些书中包括一部德国科学家阿格里科拉（Georgius Agricola）的《矿冶全书》。邓玉函和王徵合作的《远西奇器图说》一书中，首次在我国介绍了阿格里科拉的名字，并对他的成就给予高度评价。

格奥尔格乌斯·阿格里科拉，是德国学者和科学家，被誉为"矿物学之父"。大约在1526年，他在波希米亚的埃尔茨山脚下的矿山城约阿希姆斯塔尔逗留一段时间，之后他的研究工作转向矿山学方面。1530年移居到采矿业发达的开姆尼茨作研究，担任当地的市医、市长。

1556年，阿格里科拉的遗作《矿冶全书》出版，这部著作大体上反映了文艺复兴时代欧洲的冶金成就，被誉为西方矿物学的开山之作。这本书记载了有关金属处理的各项技术，对矿山机械也作了说明，是以当时的矿山业和采矿技术为中心的百科全书式著作。

阿格里科拉的著作中，工艺和设备描写清晰准确，通俗易懂，还附有290幅木刻附图。该书虽然没有涉及铁的精炼和铸造，但是关于炼铁设备的记载相当准确。1912年，当时还是工程师的赫伯特·克拉克·胡佛（Herbert Clark Hoover）及其夫人将此书译成英文刊于《矿冶杂志》时指出，阿格里科拉关于铅、铜、锡、汞、铁、铋的分析技术及相应的化学原理的论述是独创性的成果，"而研究化学史的人往往忽视了这些在16世纪初进行的分析化学探索"[①]。

晚明主持历局的李天经主张开发矿藏以充国库收入和支付辽饷。为此，他和汤若望商议，决定把一部论述采矿冶金的西洋书译成中文出版，再建议朝廷颁发到各地依法实施。这部书就是阿格里科拉的《矿冶全书》。翻译工作是由李天经主持在历局内进行的，由汤若望任翻译，还有历局见习官杨之华、黄宏宪等人参加，杨之华担任绘图。这部书当时名为《坤舆格致》。

《坤舆格致》的译述是分两个阶段进行的。第一阶段从崇祯十一年（1638）至十二年（1639）六月，共进行一年左右，完成中文译稿前3卷，应是原著的1—8卷关于采矿部分。第二阶段从崇祯十二年七月到十三年（1640）六月，进行11个月，完成中文译稿1卷，属于冶金部分，相当于原著的9—12卷。总共中文译稿共为4卷。

---

① 姜振寰等主编：《技术学辞典》，辽宁科学技术出版社1990年版，第57页。

李天经在给崇祯皇帝的《代献蒭荛以裕国储疏》中说明了《坤舆格致》一书的价值。他说此书"于凡大地孕毓之精英，无不洞悉本源，阐发奥义。即矿脉有无利益，亦且探厥玄微。果能开采得宜，煎炼合法，则凡金银铜锡铅铁等类，可以充国用，亦或生财措饷之一端乎"。又说："诚闻西国历年开采，皆有实效。而为图为说，刻有成书，故远臣携之数万里而来，非臆说也。且书中所载，皆窥山察脉，试验五金。与夫采煅有药物，冶器有图式，亦各井井有条，而为向来所未闻，亦或一道矣。"但当书稿奏送到朝廷时，崇祯皇帝只在奏疏中写下"留览"二字，没有立刻付诸出版。

《坤舆格致》译毕并送到朝廷后，消息很快就传到社会上，引起有心人的关注。方以智在其《物理小识》卷七谈到"水"时提到了《坤舆格致》。他说："崇祯庚辰进《坤舆格致》一书，言采矿分五金事，工省而利多。壬午年倪公鸿宝为大司农亦议之，而内阁不从。"方以智还在其《钱钞议》一文中再次提到这部著作。方以智写道："然铜铁之冶，原未尝禁，而滇黔之矿又何尝闭耶？但当令有司司之，勿轻遣内臣耳。前年远臣进《坤舆格致》一书，而刘总宪斥之。近日蒋臣献钞法，而倪大司农奏而官之。然钞造不能行者，以未先识禁银行钱，通商屯盐议，信无从立，而徒以片楮令人宝之，岂有此情理哉？"

崇祯十六年（1643）十二月二日召开内阁会议，议题之一是讨论根据汤若望所进《坤舆格致》由朝廷发至各省依法开采事宜。阁臣倪元璐为阐明其意见，在内阁会后次日上疏陈情，他为此列举6项理由，认为强令各地不管实际情况均奉行开采的方针，不便执行。崇祯皇帝看到倪元璐的这个奏疏后，批道："发下《坤舆格致全书》，着地方官相酌地形，便宜采取，仍据实奏报。不得坐废实利、徒括民脂。汤若望即着赴蓟督军前传习采法并火器、水利等项。该部传饬行。钦此钦遵。"（《倪文贞公文集·奏疏》）

崇祯皇帝在上述硃批中没有完全采纳倪元璐的意见，但对开采方针作了最后决断，并下令户部向各省总督、巡抚发下《坤舆格致全书》，派汤若望即赴蓟辽总督军前传习采法，由户部遵旨奉行。《坤舆格致》在崇祯十六年年底至十七年年初应已发到一些省份，首先是京师附近的一些省份，说明该书在1643年年底前就已刊出。

六 "自鸣钟"的流传与制钟业的发展

1. 西洋"自鸣钟"的传入

"在物质史上，钟表是技术发展的缩影。"① 在中国，宋元祐三年（1088），苏颂主持制造了天文观察仪器"水运仪象台"，被认为是世界上的第一座天文钟，有人称它为"开封天文钟塔"。苏颂发明的这台天文钟是用水车驱动的。欧洲的机械钟表始于 14 世纪，1335 年在意大利的米兰制造出世界上最早的机械打点钟。之后，英国伦敦、法国巴黎、德国纽伦堡陆续在高大的建筑上安置机械报时钟。原始机械钟的动力，来源于用绳子系着巨大重物的重力作用，只能报时，还没有表盘。机械钟表出现后，又经过几个世纪能人智者的发明创造，不断加以完善，才成为使用方便、科学、准确的计时工具。1396 年法国制造出冠状擒纵机构；15 世纪末 16 世纪初意大利、法国、德国相继试制出蛋形表；1535 年德国锁匠彼得·亨兰等制出世界上最早的铁制发条；1583 年意大利科学家伽利略发明了有名之摆的等时性学说，继而发明了动摆，被用作钟的调节器；1656 年荷兰物理学家惠更斯（Christian Huygens）成功地制作了有摆的钟。摆钟的出现，促进了制钟业的发展，瑞士、法国、德国和英国都是长箱形摆钟的重要产地。

当传教士来中国传教时，自鸣钟在欧洲出现不久，并且是在不断完善中的先进仪器。在传教士带到中国的礼品中，自鸣钟是最受欢迎的。罗明坚1582 年送给两广总督陈端的自鸣钟，大概是传入中国的第一只西洋钟表。利玛窦也带来了西洋的自鸣钟，作为给中国皇帝的贡品和赠送给中国官员的礼品。他们带着自鸣钟抵达中国时，"由于中国的钟表制造术已失传很久，这些来自欧洲的机械钟成了中国人惊羡的物品"②。

---

① ［美］孟德卫著，江文君、姚霏等译：《1500—1800：中西方的伟大相遇》，新星出版社2007 年版，第 51 页。

② ［美］孟德卫著，江文君、姚霏等译：《1500—1800：中西方的伟大相遇》，新星出版社2007 年版，第 51 页。

　　当时西方的钟表制造技术已经比中国先进，传教士带来的西洋钟表在中国人看来是一种精巧的"奇器"，深受欢迎。"明清时期的大多数中国人并没有把欧洲的机械钟视为报时工具，而是当成装饰品和地位象征。"① 明谢肇淛《五杂俎·天部二》记载："西僧利玛窦有自鸣钟，中设机关，每遇一时辄鸣。"冯时可《篷窗续录》说道："西人利玛窦有自鸣钟，仅如小香盒，精金为之。一日十二时，凡十二次鸣。"

　　在明代以前的词汇中，"钟"属于乐器范畴，最初的钟是青铜铸造的乐器和礼器，钟还是佛家修道必不可少的法器。能代表计时器的汉字是"漏"。直到西方机械钟表的传入，钟的概念在中国才有了新的定义。乾隆年间李调元在《南越笔记》中亦载："'自鸣钟出西洋，以索转机，机激则鸣，昼夜十二时皆然。'按，自鸣钟每交一时，又有众音并作，铿锵如度曲声，少顷乃止。今谓之乐钟，又谓之八音钟。"

　　在利玛窦到北京进献给万历皇帝的礼品中，有两座自鸣钟。其中较大的一座自鸣钟是用铁制成的，放在一个大钟盒内，上面雕刻着金龙，这是花费了上千金精心制作的。另一座较小的自鸣钟，是纯金制作，出自欧洲宫廷匠人之手，指针是鹰嘴状的，每一刻钟便要鸣叫一次。这两座自鸣钟用汉字标明事件和撰写铭文。庞迪我记载说，这两件钟表"一座大铁表，装在一精工雕刻，饰有许多金龙的大盒内；另外一座小的也很漂亮，一掌高，完全镀金，是我们的国家制造的极品，是我们的总会长专门为此目的送来的。它也装在一个镀金的盒内。两只钟表上没有刻我们的文字，用的是汉字，钟盘外有一只手指示时间"②。《续文献统考·夷乐部》记载："又有自鸣钟，秘不知其术。大钟鸣时，正午一击，初未二击，以至初子十二击；正子一击，初丑二击，以至初午十二击。小钟鸣刻，一刻一击，以至四刻四击。"万历皇帝把那只较小的西洋钟放在内宫，让4名太监向利玛窦学习如何开关和修理这些自鸣钟。后来又命令按照利玛窦等人绘制的图样，在御花园兴建一座大型的钟楼，将那座较大的自鸣钟安置其间。

---

　　① ［美］孟德卫著，江文君、姚霏等译：《1500—1800：中西方的伟大相遇》，新星出版社2007年版，第51页。

　　② 金国平、吴志良：《早期澳门史论》，广东人民出版社2007年版，第548页。

利玛窦献给万历皇帝的自鸣钟是皇宫中最早的现代机械钟表。从那个时候起，把玩品味造型各异的自鸣钟表成为中国帝王的一种新时尚。入清以后，传入中国的自鸣钟更多，凡来华进京的传教士，大多携有西洋钟表，将其作为见面礼进呈给清帝。顺治九年（1652）汤若望进呈了一座"天球自鸣钟"给顺治皇帝，这座钟既能显示天体的运行，又能报时。利类思、安文思向顺治皇帝进献的一批西洋器物中也包括一座西洋大自鸣钟。康熙时，安文思又"献一钟，每小时报时后，即奏乐一曲，各时不同，最后则如万炮齐鸣，声亦渐降，若向远处退却，终于不闻"①。

外国使团来中国时，也把钟表作为首选的礼品。如乾隆时期来华的英国马戛尔尼使团，据当时参加使团的英方人员回忆，英国方面在选择礼品上相当谨慎。"英王陛下经过慎重考虑之后，只精选一些能够代表欧洲现代科学技术进展情况及确实有实用价值的物品作为向中国皇帝呈献的礼物。"② 在这些礼品中，"最能说明自己国家现代化程度的礼物是一台天文地理音乐钟"。这是一架复合天文计时器，不仅能随时报告日期和钟点，而且还可应用于了解宇宙，告诉人们地球只是茫茫宇宙中的一个微小部分。礼品中还有一个八音钟，除计时报刻外，还能奏出 12 支古老的英国曲子，是由伦敦机械师乔治·克拉克（George Clarke）制造的。

清代广东、福建两省均为重要的对外贸易窗口，经过贸易获得的西洋物品如钟表、仪器、玩具等不时地被送往北京，进献给皇帝。乾隆时期，进贡钟表在广东官员中非常普遍和流行。从乾隆年间粤海关给朝廷的贡品单来看，有不少带"洋"字的钟表。如：乾隆三十六年（1771）七月十七日两广总督李侍尧进贡物品中就有洋镶钻石推钟一对、洋珐琅表一对、镶钻石花自行开合盆景乐钟一对；同年六月二十八日广东巡抚德保进单中有乐钟一对、推钟一对、洋表一对；乾隆五十九年（1794）三月二十五日，粤海关监督苏楞额进有洋珐琅八音表二对、洋珐琅嵌表八音盒一对；乾隆四十三年（1778）正月初二日，原粤海关监督德魁之子海存，将家中现存预备呈进的自鸣钟等项

---

① ［法］费赖之著，冯秉钧译：《在华耶稣会士列传及书目》上册，中华书局 1995 年版，第 257 页。

② ［英］斯学东著，叶笃义译：《英使谒见乾隆纪实》，上海书店出版社 1997 年版，第 248 页。

共 105 件，恭进给乾隆皇帝，被全部留用。像这样进贡的钟表，乾隆时期每年有许多批，数量十分惊人。乾隆四十九年（1784），两广总督、粤海关监督等累计进贡钟表达 130 件。又据乾隆五十六年（1791）一份有关粤海关的文件称：这一年由粤海关进口的大小自鸣钟、时辰表及嵌表鼻烟盒等项共 1025 件。而据乾隆朝贡档的不完全统计，乾隆时期各地进贡的钟表约有 3000 件。

2. "自鸣钟"在中国的流行

通过传教士、使团的外交礼品和地方贡品以及通过外贸采办等几种途径，大量精美的钟表源源不断地进到皇宫中，使皇宫及皇家苑囿成为钟表最集中的典藏地，皇帝也成为拥有最多钟表的收藏者。故宫博物院收藏有英国十八世纪钟表匠詹姆斯·考克斯（James Cox）制作的几十件钟表，这在国内外是罕见的，这些钟表有的完全是西方风格，有的则融合了东方文化的特质，反映出当时西方钟表业对中国需求和审美的迎合。

有清一代，每位皇帝有吟诵自鸣钟表的诗篇。康熙三十三年（1694），康熙皇帝赐给葡萄牙传教士徐日昇一副牙金扇，上绘有自鸣钟，并御题诗曰：

> 昼夜循环胜刻漏，绸缪宛转报时全。
>
> 阴阳不改衷肠性，万里遥来二百年。

康熙皇帝还有一首《咏自鸣钟》诗：

> 法自西洋始，巧心授受知。
>
> 轮行随刻转，表指按分移。
>
> 绛帻休催晓，金钟预报时。
>
> 清晨勤政务，数问奏章迟。

雍正皇帝也留下了两首咏钟表的诗：

> 巧制符天律，阴阳一弹包。
>
> 弦轮旋密运，钟表恰相交。
>
> 晷刻毫无爽，晨昏定不淆。
>
> 应时报清响，疑是有人敲。

> 八万里殊域，恩威悉咸通。
>
> 珍奇争贡献，钟表极精工。

应律符天健，闻声得日中。

莲花空制漏，奚必老僧功。

乾隆皇帝《咏自鸣钟》诗中也说：

奇珍来海舶，精制胜宫莲。

水火明非籍，秒分暗自迁。

天工诚巧夺，时次以音传。

钟指弗差舛，转推互旋转。

晨昏象能示，盈缩度宁衍。

抱箭金徒愧，挈壶铜史捐。

钟鸣别体备，乐律异方宣。

欲事寂无事，须教莫上弦。

在这首诗中，乾隆皇帝除了对西洋钟表计时的准确性作例行描述之外，更多地表现了对其所附各种变动玩意的关注。

在清代，皇帝和后妃们收藏了堪称当时最珍贵、最精美、最别致的钟表作品。如此众多的钟表主要是用于宫中及苑囿建筑内的陈设。钟表陈设分常年性陈设和年节陈设，前者基本是永久性的，钟表摆放在一个地点后基本不再移动；而后者则是临时性的，只逢年节陈设，以烘托节日祥和喜庆的气氛，年节过后则收入内库。雍正时期宫中钟表的陈设已经相当普遍，举凡重要宫殿皆有钟表用以计时。内务府档案中提到陈设有钟表的宫殿有：宫中的交泰殿、养心殿、承华堂；畅春园的严霜楼；圆明园的蓬莱洲、四宜堂、万字房、含韵斋、事事如意、闲邪存诚、勤政殿、九州岛清宴、莲花馆、西峰秀色、紫萱堂等。宫中和圆明园是陈设使用钟表最多的地方，这与雍正皇帝的日常生活和政治活动有关。

乾隆时期，钟表数量骤增，宫中及苑囿钟表的陈设密度加大，一间房子陈设多件钟表是很平常的。据清宫《陈设档》记载，仅宁寿宫东暖阁陈设的钟表就有"穿堂地下设洋铜水法座钟一架，洋铜腰圆架子表一对；楼下西南床上设洋铜架子表一对；西面床上设铜水法大表一件，铜镶珠口表一件；夹地道下设洋铜嵌表鸟笼一件，罩里外挂洋铜镶表挂瓶二对；西墙挂铜镶表挂瓶一对；窗台上设洋铜架嵌玻璃小座表一对"，竟有 16 件之多。在乾隆时期，自鸣钟与铜壶滴漏均刊于《皇朝礼器图式》，被共置于交泰殿，但是《清稗类钞》记载："交泰殿大钟，宫中咸以为准。殿三间，东间设刻漏，一座几满，日运水斛许，贮其中。乾隆以后，久废不用。"可见乾隆以后，用以计量时间的就只是自鸣钟了。

皇帝每回离开皇宫出巡到其他地方，都要派太监携带钟表随侍。皇帝乘坐的交通工具内安有钟表，这种情况下使用的钟表多是比较精致的小表，一般出行前由太监放进去，到达目的地后再由太监收起保管。

赏赐臣工是加强君臣关系的重要手段，清代赏赐的物品多为食品、药材、武器、小佩物等，有时也有将自鸣钟用作赏赐物品的情况，但并不多见。这是由于钟表在当时十分珍贵，皇帝轻易不肯赐给他人。因此，能够获此殊荣的人少之又少。雍正二年（1724）三月，雍正皇帝赏给时在西北的年羹尧一只自鸣表，为此年羹尧特进折谢恩："太保公四川陕西总督臣年羹尧为恭谢天恩事。三月十七日由驿赍到御赐自鸣表一只、朱笔上谕二纸，臣叩头祇领，捧读再四，臣喜极感极而不能措一辞……"① 在年羹尧的奏折上，雍正朱批如下："从来君臣之遇合，私意相得者有之，但未必得如我二人之人耳。尔之庆幸，固不必言矣；朕之欣喜，亦莫可比伦。总之，我二人作个千古君臣知遇榜样，令天下后世钦慕流涎就是矣。朕时时心畅神怡，愿天地神明赐佑之至。"② 大多数的赏赐仅限于皇亲国戚。

除了宫廷以外，自鸣钟在上层社会中也有流行。通过贸易进口的洋钟也屡见市面，富豪大户可以用重金买到洋钟。达官显贵家里陈设的自鸣钟，成为地位和财富的象征。当时，一些达官显贵的寓所已普遍使用了钟表，有些官员在腰带上佩戴怀表，以钟表计时上朝退朝，一时成为时尚。赵翼《檐曝杂记·钟表》记载："朝臣中有钟表者，转误期会；不误期会者皆无钟表者也。傅文忠公家所在有钟表，甚至僮从无不各悬一表于身。"丁克柔《柳弧》记载："今则商贾、奴隶，无不有表，且有多者。"乾隆朝权臣和珅被抄家时，查出家藏各类钟表达 590 多件。

在《红楼梦》中，有多处记载自鸣钟（有人统计有 11 处）。如第六回说：

---

① 李永海等翻译点校：《年羹尧满汉奏折译编》，天津古籍出版社 1995 年版，第 275 页。

② 李永海等翻译点校：《年羹尧满汉奏折译编》，天津古籍出版社 1995 年版，第 276 页。

刘姥姥"忽见堂屋中柱子上挂着一个匣子，底下又坠着一个秤砣一般的一物，却不住地乱幌。刘姥姥心中想着：'这是个什么爱物儿？有啥用呢？'正呆时，陡听得'当'的一声，又若金钟铜磬一般，不防倒唬得一展眼。接着又是一连八九下"。第十四回叙王熙凤因办理秦可卿丧事分派众人工作，接着说："素日跟我的人，随身自有钟表，不论大小事，我是皆有一定的时辰。横竖你们上房里也有时辰钟。"第六十三回众人因问几更了，人回："二更以后了，钟打过十一下了。"宝玉犹不信，要过表来瞧了一瞧，已是子初初刻十分了。上面所提到的，除了钟还有表（袋表）。其形状是"核桃大小"，可藏于怀中；其功能可以清楚指示出时辰及几刻、几分，如"子初初刻十分"。又由王熙凤所说的"素日跟我的人，随身自有钟表"及贾宝玉的"要过表来瞧了一瞧"，可知那时带表的人常让随从的仆役携表。

有研究者统计，《红楼梦》中所列举钟表的种类有：（1）挂在柱上或十锦格上的自鸣钟；（2）钟架上的自鸣钟（疑是座钟）；（3）金自鸣钟（当是座件）；（4）乐钟；（5）袋表。由此可知，至少在《红楼梦》成书的时候，传入中国的西洋钟表的种类已经很多了。

3. 清宫里的做钟处

我国明末就已经开始制作机械钟。在利玛窦将西洋钟表带入北京后，北京人很快掌握了自鸣钟的生产技术。钱希言《狯园》卷四记载："玛窦他所制自鸣鼓吹，未上进者尤奇，一拨关捩，众乐皆鸣。今京师市中有制成出卖者。"这种"自鸣鼓吹"当是自鸣钟一类的机械器物。最早向利玛窦学习自鸣钟技术的是李之藻。据利玛窦信中说："他已回到北京，准备印刷克拉威奥恩师的《同文指算》及《论钟表》两书，后者也是恩师的著作，已译为中文，他手制许多钟表，美观而又精确。"[①] 明天启六年（1626），王徵著《诸器图说》中有"轮壶图说"篇，并绘有图。轮壶分上下二层，上层有十二时辰小牌，有小木人，下层有轮，有钟，有鼓。轮是铁制的，"甲轮齿十六，乙轮齿四十八，丙轮齿三十六"，"轮则转动木人，木人因而自行击鼓报时，又能带动诸机，时至则播鼓撞钟，又能按更按点……自报分明"。该轮壶虽然没有时

---

① ［意］利玛窦著，罗渔译：《利玛窦全集》第4卷，台北光启出版社、辅仁大学出版社1986年版，第388页。

盘，但已是运用齿轮系转动的计时钟。崇祯二年（1622），徐光启修改历法请造诸仪中有"候时钟"，虽然当时候时钟未能制造，但反映了已有制造候时钟的设想。

在顺治十年（1653）以后，清宫就开始仿制自鸣钟。雍正八年（1730）成书的《庭训格言》记载："明朝末年，西洋人始至中国，作验时之日晷。初制一二时，明朝皇帝目以为宝而珍重之。顺治十年间，世祖皇帝得一小自鸣钟以验时刻，不离左右。其后又得自鸣钟稍大者，遂效彼为之。虽能仿佛其规模，而咸在内之轮环。然而，上励之法条未得其法，故不得其准也。至朕时，自西洋人得作法条之法，虽作几千百而一一可必其准。今与尔等观之，尔等托赖朕福如斯，少年皆得自鸣钟十数以为玩器。岂可轻视之，其宜永念祖父所积之福可也。"

康熙皇帝对西洋器物很感兴趣，他命令宫廷中原本只负责绘画的如意馆同时负责钟表的制造，选用一些西方传教士和中国工匠共同制作钟表。当时仿制生产的量相当大，以至于每一个皇孙可以分得"自鸣钟十数以为玩器"。康熙年间，皇宫里专门为皇帝制作御用器物的养心殿造办处，增加了制作修理自鸣钟的作坊，到雍正时称为"做钟处"。自从欧洲钟表进入皇宫，为了日常使用和维修管理钟表，任用熟悉钟表的欧洲传教士在内廷供职。清初顺治、康熙时有利类思和安文思二位传教士，他们各有专长，能制作时钟和机械玩具，在宫廷管理钟表，颇得皇帝的宠渥。

康熙四十六年（1707），康熙皇帝令两广总督在新近来华的欧洲人中选送有技艺巧思之人来京。瑞士钟表大师巴特尔·施塔德林（Pater Stedlin）被送来京时，已年届50，起中国名为林济各，被任用在造办处做钟处领导制造自鸣钟。他工作了33年，卒于乾隆五年（1740），享年83岁。他在做钟处不只领导做出了各式钟表，而且培养了不少制钟工匠，使清宫的自鸣钟制造水准大大提高。以后陆续有擅长制作钟表的欧洲人在做钟处工作，如：沙如玉（Valentin Chalier）、杨自新（Gilles Thebanlt）、席澄元、汪达洪（Tean Mathieu Ventavan）、李衡良（Archangelo-Maria di Sant'Anna）、李俊贤（Hubert de Mericourt）、德天赐（Santo Adeodato Agostino）、巴茂止等人。

沙如玉在法国就早已是技艺精湛的钟表师。他自称："我懂得的理论肯定跟欧洲钟表匠一样多，因为我敢肯定很少人能有如此丰富的经验。"沙如玉

1728 年来华，通过当时已经为宫廷服务的法国耶稣会士巴多明推荐进京。雍正七年（1729）正月二十五日礼部尚书常寿为此题报："今该督既称西洋人孙璋果系精通历数，沙如玉系善制钟表，因慕圣化愿来中国进京效力，应如该督所请，将孙璋、沙如玉差官伴送来京，俟到京之日，交与该衙门令其效力可也。"雍正皇帝两天以后批示"依议"。沙如玉等很快从广东启程，三月初即入造办处服务。到乾隆初年的钟表制作活计多由他负责或参与。由于沙如玉的技艺精湛，乾隆皇帝会将一些活计点名让沙如玉完成。沙如玉所做的钟表包括安有钟表的自行转动风扇、作房钟、安有转盘时刻钟的花梨木玻璃纱灯等，同时也对出现问题的钟表进行维修。乾隆五年（1740）做"西游鳌山灯"，乾隆七年做"方壶胜境"大宝座的轮簧木胎，都是由他负责的。

做钟处还有从广东招募来的工匠，也有太监学做钟表的。清宫中中国人接受西洋钟表师技术而成名者康熙时有黄异人。张佩芳修《歙县志·人物志》说："制器之技黄异人……尝游京师，供奉内殿，凡外夷贡奇器，必与望观，意即如样制，与所进无毫发爽，且或精巧过之。康熙间，西洋人贡宝座，一坐定则八音自鸣……异人阅，竟奏曰：许臣拆视，则亦能为之。不日制成奏进，时洋夷尚未旋国也。"乾隆时则有"拉忠襄公布敦"。昭梿《啸亭杂录·拉傅二公》说："公多巧思，每剪制衣服，修理洋钟表，皆称绝技。"

在做钟处工作的包括三部分人：西洋传教士、做钟太监及中国匠役。西洋传教士是不占编制的技术人员。做钟太监，据《国朝宫史续编》记载，"八品首领一，侍监，太监十五"。即包括首领太监在内一共 16 名太监。钟表制作是一项技术性较强的工作，并非所有的太监都适合，需心灵手巧之人才行。做钟太监也有等级之分，从低到高依次为学手太监、太监、首领太监。首领太监肩负管理之责外，还要做具体的活计。

做钟处主要是奉皇帝之命制作更钟、自鸣钟和时乐钟等，由造办处内漆、木、金、玉、牙、铸炉、枪炮等作坊配合制作。为了保证钟的质量，有时还要通过广东粤海关购买发条、表盘等。如传谕做钟处将收进的 210 条发条用于做五更钟，发条用完，又传谕广东粤海关采办上好广钢 1000 千克送京，以备陆续打造活计之用。由于做钟处所做钟表多是专供皇帝和内宫使用的御用钟，故其制作从不计较造价高低，做工精细，一丝不苟，外表多用珍贵的紫檀木雕刻成楼、台、亭、榭、宝塔等建筑式样，给人以庄重典雅之感。有的钟表制作耗工费时达到惊人的程度。如"黑漆彩绘楼阁群仙祝寿钟"，这件结构复杂、工艺繁琐的玩意时乐钟从设计到竣工，用了 5 年多时间。如此不惜工本的制作，使清宫钟表收藏增加了许多精品。

皇帝们对钟表制作的参与使清宫钟表具有相当高超的工艺水平。从钟表式样的设计到制作所用的材料，都要经过他们的修改和批准。大臣进献或皇宫中制作的钟表，最后的验收者是皇帝本人。而皇帝们对钟表活计的要求又是相当苛刻，在清宫档案中，经常有因为所进贡品不合皇帝口味而被驳回或因活计的粗陋而受到申饬的记载。如：乾隆五十七年（1792），造办处把机械写字人的亭子式样做错，乾隆皇帝大为光火，并"不准开销"。在这种情况下，无论是进钟的人，还是做钟的人都必须一丝不苟，每个工序都要配以最优秀的工匠。钟表上的錾、雕、嵌、镶、镀诸工种都要经过通力合作方能完成，因此，做钟处制造的钟表水平很高，件件是精品。康熙四十七年（1708），江西巡抚向康熙皇帝进贡一件西洋钟，康熙说："近来大内做的比西洋钟表强远了，以后不必进。"

做钟处制作的大型自鸣钟和更钟，大多采用坠跎为动力源。更钟是根据中国夜间打更报时的传统而创造的，它的机械构造，除走时、报时、报刻的齿轮传动系统外，还增加了发更、打更系统，以及调更、定更装置，能够按一年之中二十四节气夜间的长短，调整并确定更的起讫和间隔时间，按时打更。做钟处制作的座钟，其表盘上大多有"乾隆年制"四字。表盘的偏上方有一处缺口，露出钟摆，称"明摆钟"。机芯多以发条为动源，配以链条和塔轮组成动源机构，都是二针钟，能走时、报时，结构复杂一些的，还能打刻、打乐或"问钟"。

做钟处生产出了许多中西合璧的钟表作品。如"铜镀金錾花荷花缸钟"，錾花的铜缸是广东制造的，缸内有法国的音乐机器，缸上嵌的钟，茂盛的荷花，花心上的牙雕白猿、童子、西王母等坐像，及控制荷花瓣开合的机械都是做钟处制作的，组合在一起，就成为一座有趣的玩意音乐钟。

传教士和中国工匠共同制作的各式钟表，实现了西洋技术与中国艺术风格的结合。他们制作的钟表以发条为动力，里面常常包括一些小机械人（或动物），逢点报时的时候，小机械人（或动物）会跳出来表演一些动作，发出各种声音，十分生动有趣。这些钟表被称为"宫廷钟"。造办处的御制钟，大多用料考究，有的表面嵌有珍珠、钻石、玉及其他宝石，外表多用珍贵的紫檀木雕刻成楼、台、亭、榭、塔等建筑式样，给人一种庄重典雅的感觉。据现存的《做钟处钟表细数清册》记载，从乾隆十一年到二十年（1746—1755），做钟处生产钟表44件；从乾隆二十二年到五十九年（1757—1794），做钟处生产的钟表保存在宫中的有116件。这些钟表大部分现在仍保存在故宫博物院内。

传教士还为皇帝制作一些"巧妙玩意"，即根据钟表原理制成的机械。如乾隆时传教士杨自新曾制作一自行狮，能走百步，发条藏在狮子腹内；后来又制造一狮一虎，能行三四十步。传教士汪达洪制造的两个机器人，能手捧花瓶行走。他还改造过一个英国奉献的机器人，使他能书写满蒙文字。修理和装配钟表，包括修理损坏的钟表，添配装饰，更换表盘、零件，或以钟机芯配制钟壳等等，是做钟处的经常性工作。做钟处还奉命为皇帝鉴别钟表，粤海关等地进贡的钟表都要经过做钟处"认看"，以区别优劣，定等级，然后皇帝择其优者收下，劣者退回，或酌情对承办官加以惩罚。

乾隆时期是做钟处最兴盛的时期，制造了大量钟表，现在故宫博物院收藏的大型自鸣钟、更钟、时乐座钟、座钟、问钟、闹钟等大多都是乾隆时期的产品。

同时，故宫博物院还收藏了大量的欧洲钟表，多是英国、法国、瑞士、丹麦、意大利等国制造的。英国是制造机械钟表较早的国家之一。据故宫博物院的资料介绍，现在故宫博物院收藏的英国钟表，大多是18世纪的产品。其中部分钟表上有署名，如巴伯特（Barbot）、本杰明·沃德（Benjamin Ward）、乔治·希金森（George Higginson）、詹姆斯·考克斯（James Cox）、威廉·卡本特（William Carpenter）、威廉森（Williamson）等，产品是名噪一时的佳作。故宫博物院收藏的法国钟表大多是19世纪至20世纪初的产品，有各式各样的摆钟和机械模型玩意钟，还有不装发条的钢球压力钟、钟体压力钟、机芯坠砣的滚钟等等。这些钟表有的是法国巴黎制造的，有的是法国人在中国开设的钟表公司制造的。故宫博物院收藏的瑞士钟表大多是19世纪至20世纪初的产品，包括各种形式的摆钟、精制的珐琅怀表及造型新颖的小表。其中有播威（Bovet）、有威（Juvet）、利威（Levy）、乌利文（Ullmann）的产品。此外，故宫博物院还收藏有少量意大利、丹麦、日本、美国制的钟表。

4. 早期民间的钟表制造业

西方传教士带入的钟表制造技术，后来逐渐为中国工匠所掌握。在当时的中欧贸易中，也有一些欧洲的钟表商人和工匠到中国开办分店，促进了广州、苏州等城市逐渐形成钟表制造行业。清代有三大钟表生产基地，分别制造苏钟、广钟、宫廷钟，通过仿制学习积累了自己的经验，形成了地方特色。"宫廷钟"即清宫做钟处生产的钟表，"广钟"是指广州生产的钟表，"苏钟"不仅指苏州生产的，还泛指包括上海、南京、杭州等江南地区生产的仿制西洋钟表。

从明万历年间西洋钟表传入中国内地后，最早开始学习仿制西洋钟表的在江南地区。首先是上海人对西洋钟表的仿制。在清代，上海、松江钟表仿制十分活跃，乾隆五十一年（1786），徐翊英、徐翊汉自制鹤漏、自鸣钟仪表而出名。道光年间有徐淞、徐钰父子，也制自鸣钟。

南京也是最早生产西洋钟表的地区之一。据清初刘廷献《广阳杂记》记载，明末江宁人吉坦然能制通天塔钟，即三层塔形自鸣钟。这是一座最先制成的有时盘的报时自鸣钟，说明南京地区在明末清初已有西洋钟表技术的传入，并有中国民间工匠学会了仿制钟表。到康熙中后期，南京城内至少有 4 家造钟作坊。每间作坊的规模都很小，以家庭为单位，或再带上一两个徒弟。由于手工制造，产量有限，一年一个作坊仅能造 10 余架。至 1851 年，美国人的调查资料称：南京有钟表作坊 40 家。其中有名者为黑廊街王万顺、三山街驴子市潘恒兴、府东大街的易黄茂、南门大街的陈隆泰 4 家。根据晚清苏州钟表业调查会的调查，其中最早的钟表作坊"珊宝斋"即是道光三年（1823）由南京迁到苏州。到清中期，南京的钟表工业已具相当规模。南京制造的钟有专为官府造的更钟，走时打时打刻的三套钟，带日历的钟，专为船上用的圆摆钟，带打秋千、翻筋斗、跳加官的玩具钟，插屏钟等。

苏州在明末清初也兴起了制钟业。明末孙云球在苏州造过一台能校准自鸣钟的"自然晷"。明代晚期苏州造钟、用钟已经有一定规模，标准计时器，不可缺少。孙云球的"自然晷"能"应时定制"，解决了自鸣钟的时间校准问题。

在苏州陆墓镇五里村，发现嘉庆二十一年（1816）六月初五日由钟表同业人员公立的钟表义冢碑记《钟表业办理同业义冢碑》一通，记建立钟表义冢的经过。这块碑文拓本现收藏于苏州博物馆。碑文中写道："据附元和县人唐明远等称，身等籍隶金陵，于元和县三都北四图创设义冢，系即字圩鸟号七十二、三、四、五丘，计官田二亩九分四厘。本图钟表义冢办粮，专葬同业……嘉庆二十一年六月初五日示，甲山庚南兼卯酉三分，钟表义冢众友姓同行公立。"

这一碑刻说明，在嘉庆时，苏州的钟表制造业已经成为一个"行业"，而且，这个"行业"还不是一个刚刚出现的行业，要"创设义冢"，"专葬同业"。可证，苏州钟表业发展到嘉庆时已经出现了这一行业的同业组织。它说明苏州制钟业已有相当长的历史，从业人员也较多。同时，也反映了苏州与金陵制钟业的关系，在苏州制钟业中有许多人原籍金陵。

据《清代末年的苏州制钟业调查》记载，"到清末的苏州制钟作坊有十八家"，"清末成立苏州钟表行业公会"。苏钟有摆钟、圆摆钟、三套钟、鸟音、水法、跳加官、掀帘钟、更钟等。清末以生产插屏钟为主。嘉庆以前就在苏州设作坊制造的"张荣记"钟碗，声音清脆洪亮，享誉江南。

苏州钟表以红木、紫檀木为钟壳材料，加上巧手工匠的精工细刻，融合了苏绣插屏的艺术特点，形成了地方特色的钟表文化。故宫博物院收藏的江南风格的钟，由于没有署名，很难区分产地，一般称为"苏钟"，其中"日升月恒鸟音钟"、"北极恒星图节气时辰钟"，具有结合天文、星座、节气等苏钟的特点；"自开门变戏法钟"是带水法玩意的乐钟，"木楼四面钟"的铜錾花面板，錾有群仙祝寿、仙女乘凤及戏台场面，是苏州錾花铜面板的代表作。

杭州钟表业的文献记录始于康熙年间。康熙时徐岳《见闻录》记载："张某杭州人，善西洋诸奇器，其所作自鸣钟、千里镜之类，精巧出群。"这个"张某"可能就是刘献廷《广阳杂记》中的张硕忱："张硕忱，有自制自行时盘……精妙不让西人。"1851年美国人玛高温的调查材料中称杭州有钟表作坊17家。

上海、南京、苏州、杭州是清代前期江南地区钟表生产的主要城市。除此以外，扬州、宁波、宣城亦有西洋钟表的生产。

福建地区也有西洋钟表的传入，最早是从西班牙或荷兰东印度公司与漳州月港的海上贸易传入的自鸣钟技术，亦即是当时的西班牙或荷兰商人将钟表带入海澄，海澄人很快就加以仿制。

广州是传教士最早将自鸣钟带进内地的城市，在明末的海外贸易中，自鸣钟是中葡贸易的商品之一。但与苏州等江南城市相比，广州的制表业出现得稍晚一些，大致应该在康熙年间，康熙二十三年（1688）广州的神父文度拉（Bonav Ventura）称："中国南方的一些中国人首先从耶稣会士那里学会了修理钟表的技术。"自从广东设海关之后，广州开始接触更多的钟表，这也造就了这一地区钟表手工制造业的基础。同时，欧洲商人也从本国运来机械设备，派遣匠师，在广州开设钟表工场。于是，广州既有本地钟表作坊，又有欧洲人开办的钟表工场，钟表的生产在广州取得了很大进步。到乾隆中后期，"广钟"的生产技术大大提高，开始出现大批由广东工匠制造的机械结构复杂、造型艺术极具民族特色、装饰工艺华美的高质量广东钟表。乾隆九年（1731）广州丁龙泓父子欲在镇海楼"重建大自鸣钟于其上"，在镇海楼装自鸣钟这种中体西用的做法亦反映乾隆时期"广钟"的质量应该是相当高的。《英使谒见乾隆纪实》记载了他们在广州见到的工人制作钟表的情况："广州工人模仿本领很高，他们能制造和修理钟表，模仿西洋画和水彩画。广州工匠所加工的铜片，质地精细，颜色光亮，远远超过欧洲方法所制造，本领超过欧洲工匠。"在广州的外销画中，就有专门出售钟表的店铺。

广州出产的"广钟"，接受西洋钟表的影响，以景泰蓝为钟壳装饰，也形成地方特色。"广钟"的造型大多是亭、台、楼、阁、塔，钟壳大多是色彩鲜艳、装饰富丽堂皇的铜胎珐琅，具有鲜明的地方特点。钟壳的装饰大多称颂"天下太平""太平盛世"。机械构造较复杂，既有走时、报时、伴乐的系统，还有多变化的玩意系统。以盒装发条配以链条和塔轮组成动源结构，带动齿轮传动系统。走时、报时和玩意多组系统相衔接，协调动作，既有仿欧的特点，又有独到之处。它的玩意部分包含我国传统造型的吉祥寓意，如"福禄寿三星""八仙庆寿""群仙庆寿""龙凤呈祥""仙猿献寿""渔樵耕读"等等。每座钟在制作技术上精益求精，既能准确计时，又能作为赏心悦目的娱乐消遣玩意。十八世纪后期"广钟"在质量上已与英国钟不相上下，价格却比英国钟便宜1/3。

因为乾隆皇帝对钟表的钟爱，广东地方官员在乾隆年间将"广钟"作为贡品献给皇帝。从乾隆初期粤海关监督贡给皇帝的"广钟"来看，质量尚欠佳。如乾隆十四年（1749）二月十四日皇帝传谕粤海关监督，要求进贡质佳的洋钟表，粤海关不得不以高价购买洋钟表进贡。大约到乾隆四十五年（1780）以后，"广钟"又出现在贡品之中。嘉庆时期，粤海关每年春节、端阳、万寿节3次贡品中有"广钟"2—4件。可见这期间"广钟"制造技术已有较大发展，直到鸦片战争前，粤海关都以"广钟"做贡品。

5. 中国第一部钟表著作

嘉庆十四年（1809），徐朝俊编写了中国第一部钟表保养维修的著作《自鸣钟表图说》。徐朝俊在自序中说："余自幼喜作自鸣钟表，举业余暇，辄借以自娱，近者精力渐颓，爰举平日所知，能授徒而悉告之。"从《钟表名目》一章可以知道当时已有挂钟、摆钟、问钟、闹钟、报刻钟、乐钟；能报时、报半小时、报刻和问时打乐；表有单针、双针、三针、四针和报时、问表。这是现在见到的清代唯一的钟表专著，是研究十八世纪钟表的宝贵资料。

当时，松江有一文士吴稷堂，向徐朝俊约稿，刊于《艺海珠尘梓》。后来，徐朝俊将平日积累的经验，写成《自鸣钟表图说》，授徒以教之。

《自鸣钟表图说》详细总结了明末至清代中晚期有关钟表的品种、结构、特点和修造方法，将自鸣钟的一切机关诀窍，拣其要点用图画标明。《自鸣钟表图说》，共分为10个方面，包括：（1）钟表名目；（2）钟表事件；（3）事件图；（4）配轮齿法；（5）做法；（6）修钟表停摆法；（7）修打钟不准法；（8）装拆钟表法；（9）用钟表法；（10）钟表琐略。此书可以说是"集钟表之大成"，图文并茂，真实全面地反映了当时钟表制造的科学技术水平和成就，被李约瑟列为清代中晚期五大重要科技著作之一。

七 西方制炮技术在中国的传播与应用

1. "佛郎机铳"的引进与仿制

火器最早是由中国发明，并用之于战场。这种利用火药的燃烧和爆炸性能的武器西传后，经阿拉伯工艺师的改造，又回传中国。16 至 17 世纪在中国军事史上一度出现过"火器热"，明成祖征交趾，得神机枪炮法，专门设立神机营来掌握枪炮技术，并加以仿制，标志着传统的军事制度开始发生变化。

传教士对近代西方火炮技术输入中国有相当贡献。由于明末清初战争的需要，在当时传入的西学中，火炮制作技术占有十分突出的位置。梁启超说："其时所谓西学者，除测算天文、测绘地图外，最重要者便是制造大炮。阳玛诺、毕方济等之见重于明末，南怀仁、徐日昇等之见重于清初，大半为此。"①

明末中国与西方文明的初步接触，最先受到中国人注意的就是经欧洲人改造过的火器。但西方的火炮最初并不是由传教士传入中国的。欧亚新航路开辟以后，葡萄牙人的海船带着西方的火炮来到广州和澳门，葡人到中国不久，铁炮便经福建走私商人传入。正德五年（1510），福建汀漳盗匪攻击仙游县，当地义民魏升协助官府，用 100 门佛郎机炮将盗匪击溃，确保了县城安全。正德十四年（1519），宁王朱宸濠在南昌起兵反叛。王守仁在平宸濠之乱时，使用过佛郎机铳作战，大获全胜。据王守仁说，这些威猛的武器是福建莆田致仕官员林见素提供的。"见素林公，闻宸濠之变，即夜使人范锡为佛郎机铳，并抄火药方，手书勉予竭忠讨贼。"（《筹海图编》）林见素与福建省的海外走私商人关系十分密切，可能是商人在南洋学会造炮技术，引进福建，然后林见素又向王守仁加以推荐。

明朝正式引入葡萄牙火炮是在 1517 年。明人郑若曾写的《筹海图编》中记录了当时负责广东海道事务的官员顾应祥的一段话："暮有大海船二只，直至广城怀远驿，称系佛郎国进贡……其铳以铁为之，长五六尺，巨腹长颈，腹有小孔，以小铳五个轮流贮药，安入腹中放之。他船相近，经其一弹，则船板打碎，水进船漏，以此横行海上，他国无敌。"

据考证，这两艘海船是马六甲的葡萄牙商人皮列士率领的，那位献火铳给广东海道的通事是个住在马六甲的华人，名叫火者亚三。这位皮列士曾著《东方志》，为当时欧洲人介绍中国的重要文献。这是中国第一次获得葡萄牙人造的火炮。当时顾应祥任广东佥事、署海道事，正在着手征剿海寇雷振。葡人"献铳一个，并火药方"，经顾应祥在教场中演习，证明它是"海船中之

---

① 梁启超：《中国近三百年学术史》，商务印书馆 2011 年版，第 32 页。

利器也"。

明正德十六年（1521）八月底，广东海道副使汪鋐奉命驱逐佛朗机人。此时葡萄牙人由阿尔瓦雷斯率领，已占据屯门岛附近若干年。葡萄牙人凭借手中武器据险逆战，使明军在交战初期没能获胜。后来汪鋐仿造了西洋火炮去攻打葡萄牙人，赢得了战争的胜利。

屯门之战结束后，汪鋐将佛郎机铳送到北京朝廷，并上了一道奏章，说明这种火器的威力，建议朝廷加以推广。汪鋐认为："佛郎机凶狠无状，惟持此铳与此船耳。铳之猛烈，自古兵器未有出其右者，用之御虏守城，最为便利。请颁其式于各边，制造御虏。"（《明史·佛郎机传》）当时甘肃、延绥、宁夏、大同、宣府等边关重镇，都有墩台城堡。汪鋐建议，每个墩台配备一门重量 10 千克以下、射程为 600 步的鸟铳，每个城堡配备一门重量 35 千克以上、射程为 3 千米左右的火炮。明朝采纳了汪鋐的建议。

佛郎机铳即 15—16 世纪盛行于欧洲的后膛炮，通常以铜或铁制成，初期主要装备在船只上。相较于中国传统的前膛火炮而言，佛郎机设计上最大的特点是后膛填装。其主体结构分为子铳和母铳两部分，火药和炮弹在子铳前膛填装完毕后塞入母铳中间的开口。通常一个母铳配备多个子铳，发射完毕后退出子铳，即可迅速填入准备好的下一个子铳。这种设计不仅节省了前膛火炮发射前复杂的填装及发射后的清理时间，提高了射击速率，也解决了前膛火炮炮管容易炸裂的毛病。因此，传入 20 余年间佛郎机就成为明军的制式装备，被迅速应用在野战、守城、海战等各个领域，并根据用途的不同对其作出各种改进，堪称明朝中后期最大的军事技术革新之一。

在汪鋐等人的努力下，佛郎机由最初的船炮，迅速改进出守城的流星炮，能够机动使用的架驼佛郎机铳，结合明代技术的手把佛郎机铳，铜体铁心的合金炮中样佛郎机铳，装备于战车的熟铁小佛郎机，还开发出将两门甚至三门佛郎机铳合到一起以便连续射击的连二佛郎机和连三佛郎机。到了嘉靖中期，北方的北京、宣府、延绥、宁夏、甘肃、太远等镇都大量配备佛郎机，构筑出成体系的防御工事，以应对蒙古骑兵南下。1544 年，仅太原镇所配备的佛郎机就多达 1091 门。此外，为了应对南疆的挑战，在福建、浙江等省份的城防和战船上都配备了佛郎机铳，有效地遏止了南北边患。后来南京守备徐鹏举等人上奏章，请求把广东佛郎机炮的工匠调来南京铸炮，也得到明朝批准，并把何儒也调到南京，升任上元县主簿。

戚继光和俞大猷还根据新式武器设计出了新的战车以及车阵。戚继光于1560年写成的《练兵实记》，是在蓟州镇训练士兵时的经验和实战总结。《练兵实记·佛郎机图》中说："此器最利，且便速无比，但其体重，不宜行军，比无车营，只可边墙守城用之。今有车营，非有重器，难以退虏冲突之势。其造法，铜铁不拘，惟以坚厚为主。每铳贵长七尺为妙，则子药皆不必筑矣，五尺为中，三尺则仅可耳，再短则不堪矣。……其放法，先以子铳酌大小用药……今制铁凹心送一根，送子入口，内陷八分，子体仍圆，而出必利，可打一里有余，人马洞过。"

万历年间的赵士桢根据子母铳原理，结合西洋番鸟铳，开发出后膛设计的大型鸟铳鹰扬炮和掣电铳。此后一直到明末的崇祯年间，对佛郎机铳的技术革新一直还在进行。汤若望的《火攻挈要》一书，提到仰角能射到15千米远的飞龙铳。随着传教士系统介绍西方的炮学知识，佛郎机技术也得到进一步的更新。此时，明帝国的边患问题已经转移到东北，孙承宗及袁崇焕针对东北局势构筑的蓟辽防御体系，最重要的武器依然是佛郎机。天启元年（1621）工部援辽火器中，佛郎机铳就有4090架，接近总量的6%，在多人操作火器中位居首位。

2. "红夷大炮"的引进与应用

明晚期，东北的后金对明朝形成巨大的威胁，徐光启等人主张引进比佛郎机铳更先进的红夷大炮。红夷大炮原只是欧人海外贸易浪潮下带来的一些火器实物，但随着满汉冲突以及晚明民变的持续扩大，双方使用并仿铸了大批量的红夷大炮，这些火器就成了鼎革之际各个政权加强军备竞赛的重点项目，而炮学的相关知识与技术，也因缘际会地变成了向西方文明学习的第一课。该火器的技术性能远胜于中国的传统火炮，在此时的国内外战争中得到了大规模的运用，其装备的数量、在攻坚中被重视的程度以及火器的操作理论与技术，越来越成为决定战争胜负的重要因素。

这种红夷大炮，无论在形制还是在冶铸工艺上，远比传统火器和佛郎机铳先进。红夷大炮的炮管长，管壁很厚，而且是从炮口到炮尾逐渐加粗，符合火药燃烧时膛压由高到低的原理；在炮身的重心处两侧有圆柱形的炮耳，火炮以此为轴可以调节射角，配合火药用量改变射程；设有准星和照门，依照抛物线来计算弹道，精度很高。多数红夷大炮长 3 米左右，口径 110—130 毫米，重量在 2000 千克以上。

徐光启对欧洲近代火器理论和西洋大炮的威力早就有明确认识。中国火药、火器理论的形成在明后期，大抵不过是"阴阳五行化生"和"君臣佐使"学说。这种朴素的火器理论，同欧洲新兴的火器理论相比，表现出较多的神秘性与不彻底性。红夷火炮的输入，使得以徐光启为代表的中国科技界视野大开，迫使他们开始转向重视科学实验，强调定性定量研究的新轨道。这种转轨表现在徐光启、李之藻的论兵奏疏，以及孙元化的《西法神机》等论著中，他们屡申新学之要义，对制器用器等许多问题的论述，都已不见旧说的痕迹。① 如徐光启认识到：火器研制者要"明理识性、知数懂法"，才能造出精工坚利的红夷大炮。这里的"理"和"性"实际是指物质的结构机理和物理、化学特性，间或也有规律之意。为此他曾说，红夷火器威力大的原因是"所以及远命中者，为其物料真，制作巧，药性猛，法度精也"。

徐光启于 1619 年致书负责边事的熊廷弼、袁崇焕等人，力言"今日之计，独有厚集兵势……须多储守之器，精讲守之法，中间惟火器最急"，"目前所急，似以大台大炮为第一义"。② 在澳门的葡萄牙人最早是在俘虏屡次进犯澳门的荷兰战船上起获红夷大炮的。葡萄牙人在澳门的军事工业比较发达，为了防止西班牙、荷兰等殖民对手的侵夺，澳葡当局在澳门各处建有大小 9 座炮台，还建有被远东的葡萄牙人称为"世界上最好的铸炮工厂"的卜加劳铸炮厂。该炮厂制造了大量的各式铜铁大炮，不仅能满足澳门自身的防御需要，还可以向中国和东南亚各国出售，使澳门成为远东最著名的铸炮基地。这就为中国引进红夷大炮提供了技术上的便利。③

徐光启得知澳门葡萄牙人掳获红夷大炮并开始仿制的消息后，和李之藻等人商议，于 1620 年派张焘、孙学诗到澳门购买 4 门葡萄牙火炮，这是明朝四次向澳门买大炮之举的第一次，其资金实际是徐光启个人出的。但这 4 门炮买来后，因徐光启的去职，就一直停放在江西广信。

---

① 参见王兆春：《中国火器史》，军事科学出版社 1991 年版，第 234 页。

② 王秉民辑校：《徐光启集》下册，中华书局 1963 年版，第 461—464 页。

③ 参见李巨澜：《澳门与明末引进西洋火器技术之关系述论》，《淮阴师范学院学报》1999 年第 5 期。

天启元年（1621）三月，辽东战局急剧恶化，后金军又占领了辽阳、沈阳。四月，徐光启上《谨申一得保万全疏》，提出将引进西洋大炮作为应对危局"且战且守"的首位。

天启元年五月，兵部尚书崔景荣上疏称："少詹事徐光启疏请速立敌台，其法亦自西洋传来。一台之设，可挡数万之兵。"五月初九，徐光启再上《台铳事宜疏》，要求采用利玛窦筑台造铳的方法。为此，继续购买西式火器的话题重新提上了议事日程。徐光启使朝廷出面取回滞留于江西广信的4门大炮，并要求朝廷查访擅长铸炮的传教士毕方济、阳玛诺的下落，聘请来京"依其图说，酌量制造"，以优厚待遇从澳门及闽广招募技师工匠来京设厂铸炮。他还根据后金作战特点和敌我力量对比，提出建"铳城"以佐防御。凡此奏议，均得到皇帝的允许。

当年底，4门大炮运抵北京，经过试射，威力巨大，远远超出明军原有的佛郎机及其他旧式火炮。于是，这年七月，以张焘和孙学诗为钦差，持兵部檄文往澳门聘请炮师和购买火炮，澳门葡人将不久前缴获的30门英制红夷炮中的一部分卖给明钦差。天启三年（1623）四月，新购置的22门大炮，连同被招募来京帮助造炮练兵的23名葡籍炮手和1名翻译，由张焘解送到京。这23名葡籍炮手应该是中国战争史上第一批正式被中国政府雇佣的西方军事技术人员。但不久发生了炸伤人事件，明朝官员认为是不吉之兆，将他们全部遣返澳门。不过兵部尚书董汉儒随即奏请派人学习制炮技艺，后来明政府又购买了4门炮。

到了天启末年，明政府已经先后从澳门引进了30门大炮，大大增强了明军的作战能力，其中有11门大炮被调往山海关，防守京城的有18门，还有1门在试炮时炸毁。运往山海关的大炮后来又转运至宁远前线，随后出任辽东经略的孙承宗还将经过葡萄牙炮师训练的明管炮官彭簪古调至宁远，训练明军炮手，并在袁崇焕指挥的宁远战役中发挥了重大作用。此战是后金发动侵明战争以来遭到的第一次重大挫折，红夷大炮也从此威名远扬。而此后明朝陆续引进红夷大炮，因缘际会地在明清鼎革战争中带动了一场重大的战术革命。

徐光启计划让耶稣会传教士在北京为明朝军队制造火炮，他把耶稣会传教士龙华民、阳玛诺、罗如望召到北京，让他们参与训练炮兵。而耶稣会士也出于宣扬天主教的意图，有意将火炮技术传入中国。于是这种迫于现实需要与西人弘教愿望的结合，才促成了红夷大炮在明末中国的广泛流传。①

西方的红夷大炮传华后不久，中国工匠就已能仿制。如万历末年，担任协理京营戎政的黄克缵，即招募能铸"吕宋大铜炮"的工匠至京，铸成各式大炮 28 门，其中有的重达 1500 千克。在徐光启的军事改革计划中，希望能成立 15 支精锐火器营。徐光启认为若成就四五营，则关内安危就不必担心；成就 10 营，则不必害怕关外势力；若 15 营均成就，则不必担心收复失土的问题了。受徐光启的影响，当时政府官员如兵部尚书崔景荣、两广总督王尊德、福建巡抚熊文灿等都曾积极主张仿制红夷大炮，仿制地点多集中于东南沿海，此与闽粤地区冠于全国的冶铁业密不可分。至崇祯三年（1630）八月间，仿制的大中小型红夷大炮有 400 余门，至 1644 年明朝灭亡时，已造出各类红夷大炮 1000 余门。

崇祯元年（1628），在徐光启的主持下，两广军门李奉节、王尊德奉命向澳门的葡萄牙人购买 10 门火炮。葡萄牙籍耶稣会传教士陆若汉（Jean Rodriguez）和葡萄牙军官公沙的西劳（Gonzalves Texeira-Correa）所率领的 31 名铳师、工匠和傔伴，共携大铁铳 7 门、大铜铳 3 门以及鹰嘴铳 30 门，从广州运往北京。

这年十月，他们一行到达山东济宁，忽闻后金已破北直隶遵化等城入关了，刚好遇到兵部奉旨前来催促的差官，由于漕河水涸，公沙的西劳等乃舍舟从陆，昼夜兼程。十一月二十三日至涿州，队伍在此遭遇了后金军。公沙的西劳、陆若汉、孙学诗乃会同知州陆燧及乡宦冯铨等商议，急将运送的大炮入药装弹，推车登城拒守，并在四门点放试演，声似轰雷，后金军在辽东吃过红夷大炮的苦头，闻声因而不敢南下，随后即北退。后来，这些西洋大炮被安置在都城各要冲，并在京营内精选将士习西洋点放法，并赐炮名为"神威大将军"。很快，葡萄牙炮手就训练出了 200 多名明军炮手。

此时，关外军情又急，徐光启即授意公沙的西劳和陆若汉向明政府表示"奉旨留用，方图报答"，"天末远臣，愿效愚忠"，主动提出愿意为明朝提供操作火器的军队助战，徐光启又不失时机同时上疏请求留下葡人"教演制造，

---

① 参见顾卫民：《明末耶稣会士与西洋火炮流入中国》，《历史教学问题》1992 年第 5 期。

保护神京"，努力促成此事。同时派人前往澳门招募炮手 200 人、随从 200 人，自带兵器，以作先锋。他认为若能得此协助，再加上广东将要运至的一批西式铳炮则"不过数月，可以廓清畿甸；不过二年，可以恢复全辽"。在徐光启等人的全力保举下，朝廷议准此事并派中书姜云龙随陆若汉赴澳门经办，陆若汉陪同公沙的西劳一起前往。陆若汉一行抵澳后，澳门葡人认为这是"千载难逢之机，亟愿立功报效"，以保持"澳门以往所得之特典"。按曾德昭《大中国志》记载，葡萄牙人很快就招满了 400 人，其中 200 士兵，大多是葡人，有的出生在葡萄牙，有的出生在澳门，还有部分是当地人，也就是中国人，据称都是优秀士兵，善于使枪射击。由于当时澳门的总人口不过 1 万人左右，其中葡萄牙公民约 1000 人，故从这一远征军的人数即可窥知澳门当局对援明之事的积极态度，他们深盼能借此良机与明政府建立较密切的关系。

但是，此举遭到朝中以礼科给事中卢兆龙为代表的反对派的强烈反对，卢兆龙连续上疏进行猛烈抨击。他主张"罢止续取之差，以杜内衅"。卢兆龙甚至将天主教比同白莲等邪教。徐光启随即上言，极力分辨红夷（荷兰人）和澳夷（葡萄牙人）的不同，并称仅需招用 300 名葡兵即可当做反攻的前锋，且大胆保证两年就能"威服诸边"。卢兆龙再度上疏反驳，强调所反对者乃西人、西教，而非西洋火器，且也不信徐光启有可能在两年之内解决辽东问题。崇祯皇帝接受了他的意见，于是正当陆若汉带领澳门雇佣军队伍行至江西南昌时，接到了明政府的命令，只准陆若汉等少数人运解器械进京，其余人员一律返回澳门。

崇祯三年（1630），皮岛刘兴治倡乱，徐光启荐举孙元化平叛，还建议募用洋兵。崇祯四年（1631）三月，徐光启将陆若汉和公沙的西劳等人安排到山东登州，协助孙元化造炮练兵。五月，孙元化部属张焘和葡萄牙统领公沙的西劳等，使用西洋火器，在皮岛战役中大败后金。此次运用西式火器的海陆攻战"战舰蔽海，连日进战，炮烟四塞，声震天地"。后金大贝勒代善的第五子巴喇玛亦中炮而死。此次胜利，称之为"麻线馆之捷"。战斗中能熟练操纵西洋大炮的，主要就是先期到达的 13 名葡萄牙炮手。六月，又有一批葡人炮手和工匠护送大炮来此，这使得登州成为当时中国引进西洋火器技术的中心。此时，我国一批懂西学炮术的专家云集登州，其中有《远西奇器图说》

作者王徵，任山东按察司金事，监辽海军务。还有《西洋火攻图说》作者张涛，任中军副将，登莱副总兵。方豪《中西交通史》记，葡人"陆若汉、公沙的西劳诸人参孙元化幕"，"中国士大夫之信西学者，亦多投孙元化"。因此，登莱巡抚孙元化的驻节地登州成为"东陲之西学堡垒"。①

3. 孙元化与《西法神机》

随着西洋火器火炮的引进，当时不少中国文人也开始对西洋火器进行研究。张焘和孙学诗合著有《西洋火攻图》，孙元化著有《西法神机》，赵士桢著有《神器谱》等，其中以孙元化《西法神机》最为重要。

明神宗万历九年（1581），孙元化出生在嘉定县高桥何家弄，后迁居嘉定县城。他"天资异敏，好奇略"，曾到上海县徐光启学馆受业。从徐光启学习火器和数学，潜心研究西学。孙元化"绝世聪明，于古今远近之书无不读"。② 万历三十四年（1606），徐光启与利玛窦合译《几何原本》，孙元化随徐"于每日三四时到利寓所"，参与其事，对几何学有独到的见解。万历三十六年（1608），徐光启《几何原本》问世，孙元化则著《几何用法》1 卷。孙元化的几何学造诣极深，徐光启撰《勾股义》，得他之力，删定"正法十五条"。方豪说："元化在吾国近代数学史上亦有值得重视的地位。"③

孙元化在徐光启的影响下，热心西学，与教士结下深厚情谊。万历四十四年（1616）"南京教案"时，孙元化像徐光启一样保护教士，让教士毕方济、费奇规到他嘉定家中避难。在徐光启入教后，孙元化确认天主教能"补益王化，左右儒术，救正佛法"后，于天启元年（1621）在北京受洗入教，时年孙元化41 岁。《利玛窦中国札记》赞扬这是徐光启努力的结果，说徐使孙成为虔诚的教徒。孙元化信教后，即赴杭州教友杨廷筠家中，邀请洋教士到家乡嘉定传教，于是有教士曾德昭、郭居静赴嘉定开教之事，遂使嘉定成为中国天主教活动中心之一，嘉定也是我国最早一批设立教堂的府县。孙元化为在家乡传教，出资在嘉定城区拱四图建一教堂，名小圣堂，堂址即在孙宅中。孙又在堂侧建房舍十余椽，供曾德昭、郭居静作居处。1628 年耶稣会

---

① 方豪：《中西交通史》下卷，上海人民出版社 2008 年版，第 544 页。

② 方豪：《中国天主教史人物传》，宗教文化出版社 2007 年版，第 167 页。

③ 方豪：《中国天主教史人物传》，宗教文化出版社 2007 年版，第 165 页。

士在嘉定召开一次很重要的会议，讨论传教策略问题，就是在这里召开的，孙元化也和徐光启、李之藻等人一起列席了会议。

天启二年（1622），辽东防务吃紧，孙元化向朝廷条呈《备京》《防边》两策，主张"富国必从正本，强国必以正兵"，受到同县人史科给事中侯震旸和枢臣孙承宗的赏识，侯荐举孙元化。兵部尚书孙承宗出任蓟辽经略，用孙元化筑台制炮主张，筑宁远城，孙元化主其事。后经侯震旸保荐从军辽东，协同袁崇焕驻守宁远，对袁崇焕等帮助极大。次年，孙助袁崇焕守宁远，天启六年（1626），参与宁远之战。后因魏忠贤专权，袁崇焕被迫引退，孙元化也被罢官回乡。崇祯元年（1628），袁崇焕复出，点名要孙元化襄赞辽省军务。第二年，后金直犯北京，崇祯冤杀袁崇焕。孙元化在关内关外隔绝的困境中，团结将士，借助西洋大炮，驻防的八城、二十四堡屹立不动。孙元化力主以广宁为抗金前沿阵地，逐步向前推进。明廷未采纳其主张。

崇祯三年（1630）一月，孙元化随孙承宗镇守山海关，三月加山东按察副使，五月兵部尚书梁廷栋破格荐用孙元化升登、莱二州巡抚。孙元化在登州网罗西学英才，大胆募用西士，组建一支有 27 名欧洲人的外籍军团，使登州成为"东陲之西学堡垒"。

崇祯四年（1631）八月，皇太极率清兵攻大凌河，祖大寿围于城内，粮尽援绝。孙元化奉命派兵赴援。孙元化在登州时，辽人避战乱居山东者 10 万余人，孙认为辽人可用，拟重用一批辽将，急令孔有德以八百骑赶赴前线增援。孔有德抵达吴桥时，因遇大雨春雪，部队给养不足，士兵抢劫哗变。孔有德受毛文龙旧部李九成之子李应元的煽动，在吴桥发动叛变，史称"吴桥兵变"。孔有德倒戈杀回山东半岛，"残破几三百里，杀人盈十余万"，连陷临邑、陵县、商河、青城诸城，率兵直趋登州。叛军先后将红夷大炮 20 余位和大将军炮 300 余位投入战场，其拥有的大炮在装填重 3—5 千克不等的铁弹后，令"城垛尽倾，守垛者无处站立"。随后，叛剿双方在登莱一带交战 18 个月，双方各倚红夷大炮为攻守，出现了"百炮齐射，炮矢如雨"的局面。崇祯五年（1632）一月登州失陷，负责教习火器的葡萄牙人中，12 人在城陷时捐躯，15 人重伤，总兵张可大自杀，孙元化战败自刎未遂，为叛军所俘。孙元化对孔有德等叛将晓以利害，明以大义，孔有德回心转意，请求招安。朝廷也同意孙元化戴罪招抚，但巡按王道纯藏匿了诏书，叛军长时间求招安不得，再次叛乱。孙元化又说服叛军，让他回朝陈明真相。

孙元化返京之际，王道纯袭击叛军，致使乱事扩大。兵变发生后，朝中多言孙元化已反，三月孙元化、余大成等人被逮至京师镇抚司，被崇祯皇帝以祸乱之首判处死罪。崇祯五年（1632）七月二十三日孙元化与张焘同被处死。他的冤死一事，被其子孙和斗写进了《国恤家冤录》一书。受刑前数日，汤若望乔装成送炭工人入狱探望，为其最后告解。幕僚王徵到死牢探望，请他在丝带上题字。王徵与孙元化是教友，一样精通西学西器，又同怀爱民报国之志。孙元化出任登莱巡抚，王放弃朝廷给的高官不做，应邀到登州共事，结果同遇不幸，孙元化被判死刑，王徵罢官谪戍。孙在死牢见到至交，不胜感慨，乃书交谊始末，最后叹息："不意一片痴肠，终成大梦，潦倒诏狱，卧废已死。"孙元化之死，代表西方军事专家派淡出明朝军队。方豪叹息：登州这座"东陲之西学堡垒于焉解体矣"①。

孙元化是明末最出色的火炮专家，《明史》卷二四八说他"所善西洋炮法，盖得之徐光启云"。孙元化的《西法神机》成于崇祯五年（1632）前，是我国最早介绍西洋火器、战术的军事著作。原稿在战火中流失，现存清康熙元年（1662）据其副本刊印的古香草堂本，分上、下两卷，3万余字，图19幅。上卷包括《泰西火攻总说》《铸造大小战铳尺量法》《铸造大小攻铳尺量法》《铸造大小守铳尺量法》《造西洋铜铳说》《造铳车说》《铳台图说》；下卷包括《造铁弹法》《火药库图说》《炼火药总说》《铳杂用宜图说》《点放大小铳说》等部分。书中记载了30多种发射火药的配方；阐述了以火炮口径的尺寸为基数，按一定比倍数设计其他各部分的方法；提出了弹重、装药量与火炮口径成一定比例的要求；创制了一种新型的攻城炮车；设计了多种便于发挥火力优势的凸面炮台。

《西法神机》全面反映了孙元化关于火器设计的思想。他认为，研制火器必须明理识性，"推物理之妙"，合乎事物之特性，才能制成合用的成品。他在经过对火炮射程与射角关系的一系列试射后指出，火炮的射击，若从平射位置直射即零度算起，射程随仰角的增加而渐远，超过45度角后，射程又逐渐变近。孙元化通过研究后认为，炮弹射出炮膛后并非沿直线飞行，而是既

---

① 方豪：《中西交通史》下卷，上海人民出版社2008年版，第544页。

沿直线前飞，又受地球引力下坠，合成曲线轨迹，过曲线顶点后，速度减慢，动能减小，杀伤力削弱，最后速度为零，杀伤力消失。他的论述是中国古代关于弹道理论的一大突破。

中国虽然早在 13 世纪中叶发明了火炮，但几乎所有明代之前的兵学中，都没提到火炮的瞄准技术，可以说是全凭经验来发射火炮。而西方的科学家则一直想用数学公式，来描述炮弹的运动。西方科学家将数学知识化为简明实用的仪器，并借此提升机械操作的精密度，于是就诞生了现代弹道学和炮术。塔尔塔利亚（Niccolo Tartaglia）于 1537 年出版的《新科学》，是近代弹道学和炮术的奠基之作，其中除介绍铳规（又译作量铳规）和矩度等测量仰角和距离的仪具外，还首度析论弹道的特性（如指出火炮在仰角为 45 度的射程最远）。在塔尔塔利亚之后，17 世纪许多一流的科学家亦投入弹道的研究。伽利略于 1638 年出版的《两种新科学的论述》中提出投射物之轨迹为抛物线的主张，并列有一表可帮助炮手计算在不同仰角下炮弹的射程。但是伽利略及其门生的研究成果，在完成后却长期不为炮手们所重视。孙元化的《西法神机》讲述火炮瞄准技术，直接吸收了西方的弹道学理论。

4. 汤若望铸炮与《火攻挈要》

崇祯十二年（1639），清军的进逼使得明朝的形势十分危急，明廷命令汤若望铸炮。汤若望在皇宫旁特地设立了一个铸炮厂，两年时间就铸造了 20 门大炮，最大的可容 40 磅的炮弹，大的重 600 千克，小的重 150 千克，试放时命中精确，验收效果甚佳。于是又受命加铸 500 门 60 磅重的小炮，便于携带。崇祯十五年（1642），周廷儒奉命边塞督师，动用所制火器，汤若望在随征途中，教授火炮使用法。

汤若望还与焦勖合作，编译了《火攻挈要》一书，又称为《则克录》。他们集中了明代火器的技术成就，吸收了西方造炮技术的先进成果，集"名书之要旨，师友之秘传，及苦心之偶得，去繁就简，删浮采实，释奥注明"，撰成《则克录》一书。焦勖说，他学习大炮，还是为了"虏寇肆虐，民遭惨祸，因目击艰危，感愤积弱"，所以才"就教于西师"的。

《则克录》经河北涿鹿人赵仲修订后于 1643 年刊行，分上、下两卷，另附《火攻秘要》一卷。清道光年间，军事技术家潘仕成在编辑《海山仙馆丛书》时，收两书于其中，并合称为《火攻挈要》，改为上、中、下 3 卷，共 4

万余字。《火攻挈要》是一部关于欧洲火炮的制造方法与火攻策略的汇集。该书前有《火攻挈要诸器图》40 幅，卷上介绍各种火器制造方法，列述了造铳、造弹、造铳车、狼机、鸟枪、火箭、喷筒、火罐、地雷等，并述及制造尺量、比例、起重、运重、引重的机器、配料、造料、化铜的方法；卷中讲述制造火药的配方和各铳的使用方法、装置和运铳技术、运铳上台上山下山及火攻的基本原理；卷下是说火攻秘要、铸炮应防止的诸种弊端，守城、海战、炮战的种种注意事项。

《火攻挈要》还涉及不少西方关于冶铸、机械、化学、力学、数学等方面的知识。该书把火炮区分为战铳（野战炮）、攻铳（攻城炮）、守铳（守城炮）3 类，这 3 类火炮，由于用途不同，口径、长度、重量、壁厚之间的比例也不相同。书中讲述了确定弹重与装填火药量的比例、射角与射程的关系，比如采用铳规测定火炮的射角。这种铳规形同直角三角尺，两直角边称为勾、股，各长 1 尺左右，勾股相交的直角顶点为规心，两边由 1/4 圆环相连，尔后分为 12 等份，每等份为 7.5 度，直角顶点悬一垂线，作为测量射角之用。测量时，将一个直角边插入炮筒内，如果炮身与地平行，则垂线与炮筒的中轴线成 90 度，在这种角度下进行发射称为平射。如果将炮尾下降，则炮口仰起，便改变了火炮的射角。从平射位置算起，射程随着仰角的渐增而渐远。王兆春认为，该书虽还没有直接阐述炮弹在空中飞行时，以 45 度射角的射程为最远的理论，但是其试射数据已敲叩了这一理论的大门，其年代仅稍晚于伽利略提出的物体在空中飞行的抛物线定律。该书还在火炮加工（包括检验工艺、补缺、修缮、美化）、维修、保养、附件的研制、炮车的制造、火药的配制，以及火炮的使用等方面，介绍了许多先进的方法。[①]

《火攻挈要》认为火器虽为破敌之利器，但必须制造得法，使用有方，才能真正发挥作用。为此，要求制器、用器要胜敌一筹，或以大胜小，或以长胜短，或以多胜寡，或以精胜粗，或以善用胜不善用。该书还特别强调使用火器中人的因素的重要性，指出在学习西洋的火攻者中，有的效果显著，有的却不能自守，反以资敌，如登州西炮甚多，但徒付之人，反以攻我。

这部著作传播了欧洲 16 世纪的火炮制造知识，是明末有关西洋大炮的一

---

① 参见王兆春：《中国古代军事三百题》，上海古籍出版社 1989 年版，第 416—418 页。

本最权威的著作，对西方新式火器在中国的进一步传播产生了重大影响。鸦片战争前后外患日益严重的情况下，这部著作再度受到中国知识分子的重视。1841 年林则徐从广东来浙江积极备战，带着《则克录》赴沿海一带察形势、观演炮、铸炮、设防，并在镇海和一些通达时务、明了军事兵器的人士往返讨论，如冯登原、汪仲洋、龚振麟等，互相启发，"颇得神器三昧"。龚振麟还指出该书中介绍的西方铸炮法，建炉造模，比中国的土模铸炮更为繁难，很难急付紧急状况，于是他经过多次试验，发明了铁模铸炮法。道光、咸丰年间，当时的军火科学家丁拱辰购到一册《则克录》，经反复研读，发现其中疏漏之处颇多，便对此书加以补充订正，增入中线高加表，成《增补则克录》3 卷，并附图 88 种。

5. 清军中的红夷大炮

在明清战役中，明军往往借助红夷大炮，取得战略上的主动权。红夷大炮对攻城或守城而言，效果显著。徐光启表示，火炮是我们的长处，千万不能让敌人了解，如果西洋大铳的制造和使用方法为敌人所得，则以后就没有其他方法可以抵抗并打败敌人。徐光启的这个担心却不幸言中。

宁远之战已经使后金认识到红夷大炮的威力。天聪元年（天启七年，1627）五月，甫即位的皇太极发动宁锦之战，明军再度将其击退，红夷大炮同样居功厥伟。天聪三年（崇祯二年，1629）十月，皇太极亲率大军征明（己巳之役），饱掠大量的人畜和财货。当时后金军步骑凭借快速的机动力与强悍的攻击力，令明军普遍畏惧与其进行野战，而城守不坚的城池也接连被攻下，但如昌黎和北京等防御坚固且粮食充足的地方，后金军往往亦无能为力。天聪四年（崇祯三年，1630）五月，从各地集结的明军反围滦州，在以红夷大炮连攻 3 日之后，终于轰破垛口二处而登城克复，后金军阵殁者 400 余人，迫使防守的后金军弃城逃归。在滦州之役中，红夷大炮发挥了重要作用。当时孙元化"自配药弹、自备车牛"，速将西洋大炮的炮队交付黄龙，并令千总吴进胜专管，他还特制了"奉旨调度"的令箭，避免"他将不知利害，调炮离营"。

鉴于红夷大炮的巨大威力，皇太极在从天聪二年（1628）开始造炮，天聪四年（1630）开始用炮。天聪五年正月八日，后金人首度铸成红夷大炮。在后金铸造西洋大炮的过程中，投降后金的明军军官发挥了重要作用。皇太极积极利用汉人工匠铸炮，更大量起用降顺汉人担任炮手。明军副将丁启明略谙铸炮之术，已巳之役被俘降后金。天聪四年五月，获授游击之衔，奉命负责监造大炮。天聪五年（1631）三月，因首铸成红夷大炮被擢为副将。顺治元年（1644）二月，复以"创造红衣炮功"，授牛录章京世职。十一月，从豫亲王多铎南征，平定河南、江南。顺治三年（1646）五月，以督放红夷大炮有功，加半个前程。说明此一功绩对清廷而言实乃意义重大。辽阳人祝世胤先世为定边前卫世袭指挥。天命六年（1621），努尔哈赤克辽阳，其兄镇江城游击祝世昌率300余人投顺，世昌仍授游击，原为布衣的世胤则获授备御。天聪四年（1630），祝世胤进"造红衣炮法"，旋即奉命监造，共铸成"红衣炮七位，红衣炮子、将军炮子八千五百，小炮子八万五千"。在《八旗通志初集》镶红旗汉军的世职记录中，则指祝世胤乃因"督铸炮子及擒奸细功"，而获授三等参将。领衔督造"天祐助威大将军"的佟养性，原系抚顺商人，他早在天命年间即已投金，因努尔哈赤妻以宗室女而成为额驸，因身份地位而负责督造，实际工作则应由丁启明和祝世胤两人率工匠完成。黄一农认为，丁启明和祝世胤等新降之人引进红夷大炮的铸法时，恰逢有打捞出的"镇国龙尾大将军"可供仿制，后金国遂一举跨越了"火炮俱乐部"的门槛。

后金还组建了一个新的兵种——"乌真超哈"，汉译为"重兵"，即炮兵部队。又新建汉军旗，由佟养性统领。据《八旗值月档》记载，皇太极于天聪五年（1631）三月出阅佟养性旗的新编汉兵，因"验放火炮、鸟枪娴熟"，而赏给军士毛青布。此一部队当时共有行营兵1660名和守兵1620名，此外还有验放火炮的汉人24名以及制造火药的汉人2名。这些人可能是专门操作红夷大炮的炮手。

天聪五年（1631）八月初六日，金兵以2万左右的精锐攻打明军甫筑竣的大凌河城，并采用"掘壕筑墙"的方式将城中3万余军民层层围困。十二日起，金军中的旧汉兵开始使用红夷大炮攻击近城的台垛，这些台垛的规模多不大，明守军常不逾数十人，炮击的效果相当显著，各台均陆续投降或弃逃。其中八月十六日的攻台之役，明确记载金军动用红夷大炮1门、大将军炮和二将军炮20门，台内约90名的明朝守军中，有近30人中炮死。十月九日，皇太极遣官8员，率兵500人及旧汉兵全军，载红夷大炮6门、将军炮54门，往攻于子章台，并亲立远处观看战况。于子章台的墙垣虽然坚固且储粮充分，但仍无法抵挡红夷大炮的轰击，导致其余百余台的明军因此或逃或降。此役不仅让金军获得大量粮饷，更建立了此后大规模使用火炮的信心。十一月，皇太极将在大凌河城所掳获的"大小火炮三千五百位，并鸟枪、火药、铅子"，全交佟养性管理，其中包括红夷大炮 2 门（铅子 87 颗）、大将军炮 4 门（铅子 220 颗）、二将军炮 5 门、发炮 4 门、灭虏炮 490 门、佛朗机炮390 门（另有子炮 1730 个）等。

天聪六年（1632），佟养性建议征调汉人编组炮兵，他并强调攻城必须用红夷大炮和大将军炮，除将各地此类炮收管之外，更应多方铸造，因"大炮百位不多，火药数十万犹少"。虽然金国或因铸炮甚费物力，且又屡能取资于敌，故并未亟于再多铸大炮，但大凌河的胜利令金军从此每役必携红夷大炮从征。

崇祯五年（1632）正月，孔有德等人发动"吴桥兵变"。他们在攻占登州时，获得了孙元化军队的西洋火炮。"吴桥兵变"对明与后金间的军事态势和天主教在军中的发展，产生极为严重的影响。崇祯六年（1633）二月，明军收复登州，孙有德、耿仲明从海路逃走，率残部男女 13000 多人（含士兵3600 余名）携十数门红夷大炮和众多火器手投降后金。孔、耿二人遗书皇太极乞降，以大量西洋火器装备作为邀功晋身的筹码。皇太极力排众议，特出城十里迎接，表达其对这支明朝叛军来归的重视。崇祯七年（1634）年十月，明镇守广鹿岛副将尚可喜也携带包括 4 门红夷大炮在内的大量火器投降后金。原来明朝所拥有较先进的西方铸炮和操炮技术随之落入满族人手里，这使得后金迅速跨越了引进红夷火器技术的初始阶段，短短数年之间，八旗军的装备水平和作战能力大大提高。正是"吴桥兵变"，使得红夷大炮成为清军逐鹿中原的强大杠杆。

"吴桥兵变"令徐光启以西法西炮所推动的军事改革告一段落，而国库的日益空虚，更令明军的武备难以维系生存之需。崇祯中后期，边关的许多火器是由地方官和守将自行捐资添造的。自"吴桥兵变"以后，以红夷大炮为主体的西洋火炮技术的优势逐渐由明军转移到清军一方。崇德年间，清军在关外每场战役中所能动员的红夷大炮均超过明军，并已拥有攻城略地时所需的优势火力。

1639—1642 年，明清展开松锦大战，双方均使用了红夷大炮，明军在关内加紧造炮，清军把红夷大炮用于大规模的野战和攻坚。松锦大战时，清军中的红夷大炮发挥了决定性的作用。崇德五年（1640）二月开始，皇太极对明朝的宁锦防线实施"持久围困"之策。由于历次战役中掳获的及投顺汉兵所携来的红夷大炮日益增多，且清朝又已能自铸，因此投入战场的火炮规模远大于前。崇德五年七月，清军以3万余骑屯扎锦昌堡，随带了红夷大炮25门，每门用八九头牛拉运。同月，松山被围时，明军亦称敌方动用红夷大炮50门。这些数目纵有夸大之嫌，但仍可知清军的火力早已今非昔比。崇德六年（1641）八月，明督师洪承畴率步骑13万救援遭清兵围困的关外诸城，却于松山一带被击溃，5万余人战死，明廷自此再也无力集结重兵在关外与清军对抗。

皇太极于是开始逐城围攻松锦防线各城，他还曾亲自指示用炮攻城的策略。从发生在关外的围城战中，可明显看出明军已逐渐不再具备火器上的优势，如在崇德五年至八年（1641—1643）的松锦和广宁之役中，被攻占的明军各城堡所配置的大小红夷炮总数约18门，远少于清朝所拥有的。松锦的败战，令抽调自各地的十余万明军精锐和众多重臣宿将亡失殆尽，而清军对以优势红夷大炮轰墙破垣的攻城策略也日益纯熟。清军入关前夕，清军的总兵力达20万人，其中汉人部队约4万人，清人拥有质量俱佳的红夷大炮，已能综合明人创获的冶铸技术以及欧人先进的火炮设计，铸出35门铁心铜体的"神威大将军"。

6. 南怀仁督造火炮

清军入关以后，由于长期处在战争环境中，清廷很重视武器的制造。顺治初年，京营八旗都设炮厂和火药厂。这一时期火器生产的势头有增无减。清廷在北京设立炮厂、火药厂，由兵仗局统一管理，由此出现了清代第二次红夷火器生产的高潮。

三藩乱起，吴三桂军中多大炮，清军屡遭败衄，康熙皇帝命传教士南怀仁督造适宜于在南方山地作战的轻便炮位。

在1674—1676年间，南怀仁督造轻巧木炮及红衣铜炮共132门，1681年制成神威将军炮240门，后来，又制成红衣大炮53门，武成永固大将军炮61门，神功将军炮80门。南怀仁督造火炮数量至少为566门。随后，清政府在紫禁城内的养心殿造办处、景山和铁匠营设立炮厂，所制枪炮专供皇室和满八旗之用。康熙一朝共造炮 900 多门，工部下设的火药厂每年的生产量达 25 万千克。这些炮药装备于清军中，在几次关键性的战役中，均起了巨大作用。康熙三十年（1691）建立了专门装备鸟枪、火炮的火器营练习火炮，掌皇帝的守卫扈从。营兵从满洲八旗中抽调，共辖官兵 7800 余人。它的建立，标志着清代炮兵兵种的正式成立。此时红夷大炮在中国的发展无论是造炮规模、数量、种类，还是火炮的性能和制造技术，都达到了清代火炮发展的最高水平。如 1689 年铸造的 61 门武成永固大将军红夷炮，体形硕大，花饰精美，别具特色，代表了当时铸造火炮的最高水平。①

康熙二十年（1681）正月，南怀仁奉旨将铸成的两门神威战炮的样炮运往清河试放。八月，南怀仁将样炮铸成铜炮 320 门，康熙皇帝定名为"神威将军"。南怀仁随即以 3 个月的时间督率 240 名八旗炮手学习正对星斗之法，务求各兵均能连中一百步弓（约合 200 米）远的鹄心至少三四次。康熙皇帝对南怀仁所造之炮异常满意，盛誉在历来所铸之炮中，"从未有如此准者"。

南怀仁所设计的火炮有 3 种被选入清代国家典籍《钦定大清会典》。其一是神威将军炮，其二是武成永固大将军炮，其三是神功将军。为表彰南怀仁造炮有功，康熙二十一年（1682）四月初十，南怀仁获工部右侍郎职衔。在北京的中国历史博物馆，现藏有一门南怀仁制造的武成永固大将军炮。

南怀仁对清代火炮技术发展的另一重大贡献，是对火炮的"准炮之法"进行了系统研究，并写成专著。康熙二十一年正月二十七日，南怀仁进呈《神威图说》一书。这部著作主要论述神威将军炮的"准炮之法"，"阐明其所以然，逐备二十六题之理论，四十四图之解说，并加数端同类之用法"。《神威图说》当时未刊刻，这部有关炮术理论的著作似乎已佚失，不过，康熙二十二年（1683）南怀仁在其所著《形性之理推》一书中，用了近 21 页的篇幅，分 16 个小题目，详述了如何利用"正对星斗之法"来"改正炮偏向"，如何使用他所制定的"炮弹远度比例表""炮弹高度表""推重物道远近高低之仪""炮弹起止所行顷刻秒微之表"以及"三率法"计算公式等内容。南

---

① 参见舒理广等：《南怀仁与中国清代铸造的火炮》，《故宫博物院院刊》1989 年第 1 期。

怀仁的"准炮之法"包含了两方面内容：一是利用"正对星斗之法"改正炮的偏向，提高火炮的射击精度；二是根据炮与目标之间的距离，决定炮的仰角，以便炮弹击中目标。星斗在火炮上的使用，应该是南怀仁最早引进中国的，在其于康熙二十年铸成的神威将军炮上，除刻有应用的火药和铅子重量之外，即首度出现"星高七分"的铭文，南怀仁在康熙二十八年（1689）铸造的武成永固大将军炮上，也记"星高为六分三厘"。

但是，三藩之乱平息后，清朝利用红夷大炮定台湾，逼沙俄，平噶尔丹，并西藏、青海，周围已无敌手，便自以为八旗军骁勇无比、火炮技术天下无敌，此后就不再注意武器的改进和发展。此后各届朝廷都沿袭康熙朝之例，对火器制造进行严格的控制。至乾隆年间，火器制造更是墨守成规。乾隆二十一年（1756）颁布的《钦定工部则例造火器式》中，列举了85种炮名，但没有创新的炮种。从此清朝的火炮火器技术逐渐落后了。

八 西方地理学和世界地理知识在中国的传播

1. 利玛窦世界地图的流传与影响

在传教士所传播介绍的西方科学文化知识中，很重要的一项是对西方地理学以及世界地理知识的介绍。当时中国人的地理观念还很模糊，对欧洲、美洲的情况基本上是不了解的。比如传教士初来的时候，要反复解释自己是来自西方。大概当时中国人比较清楚的只有印度和波斯等，对于欧洲则没有什么概念。当时中国人把西方人都笼统地称为"佛郎机人"，对西方各个国家和民族所在的具体区域，以及各国人之间的区分并不清楚。如顾炎武《天下郡国利病书》卷一一九说："佛郎机国在爪哇南，古无可考。"所以，对于传教士来说，向中国人介绍地理学知识，有直接的现实需求。

利玛窦来华后把世界地图引进中国。1583年他来到肇庆，把一张他从欧洲带来的世界地图挂在客厅里，引起了来访的官员和士大夫的极大兴趣。这是佛兰德斯地图学家奥特里（Abraham Oertel）于1570年绘制印行的世界地图。这幅图采用的是平面投影绘图法，纬线是平行线，经线是曲线。李约瑟把这种绘图法称为"文艺复兴时期的制图学"。这种方法比中国古代传统用的"计里画方"定位更精确。

肇庆知府王泮见到利玛窦的这张世界地图后，建议利玛窦以它为蓝本，绘制一张用中文标识的世界地图，并说这将会给他带来很大的声望和众人的赞许。利玛窦在耶稣会罗马学院里系统地学过天文学和地理学，因此他有能力为中国人绘制一张用中文说明的世界地图。利玛窦在绘制这张世界地图的时候，他考虑到中国人一向把中国看成是世界的中央，为了使中国人更容易接受这张世界地图，他把西文原图上被挤到右边一个很不显眼位置的中国绘制在地图中央，把欧洲和非洲放在左边，把美洲放在右边。利玛窦把图中的各洲各国地名翻译成中文，并加注了许多说明，介绍了世界各大洲的情况。他还参阅《大明一统志》《广舆图》《古今形胜之图》《地理人子须知》《中国三大干龙总览之图》等中文地理图籍，结合亲身地理观察详细标注了中国的海岸线、山脉、水系、城市，其精密程度远非同时代的欧洲地图所能及。此外，他采用近代科学方法和仪器实地测量，画出北京、南京、大同、广州、杭州、西安、太原、济南八大城市的经纬度。因此，利玛窦世界地图的中国部分不仅比西文原图要翔实精确，对中国原图也有所补充。日本和朝鲜两国同属中华文化圈，利玛窦也参考中国地理图籍加以详细标注。

万历十二年（1584），王泮将这张地图刻印了几百份，名为《山海舆地图》，分发给两广的官员和读书人，引起了极大的反响。这张地图还辗转传到了两广以外的许多省份，甚至传到了南京和北京，许多士大夫都是从这张《山海舆地图》闻知利玛窦的名字的。后来这张地图在南昌、南京、北京等地又被刻印至少12次，并有过各种名称。

学术界一般认为，利玛窦绘制的地图主要版本有4个：

（1）万历二十八年（1600）吴中明在南京刻制的《山海舆地全图》。

（2）万历二十九年（1601）冯应京在北京刻制的《舆地全图》。

（3）万历三十年（1602）李之藻在北京刻制的《坤舆万国全图》。

（4）万历三十一年（1603）李应试在北京刊刻的《两仪玄览图》。

当时，中国人的世界地理意识还停留在中古水平，盛行的是罗洪先根据元代制图家朱思本《舆地图》增订重编的《广舆图》中传播的知识体系。"他们对整个世界是什么样子一无所知。他们确乎也有与这幅相类似的地图，据说是表示整个世界，但他们的世界仅限于他们的十五个省，在它四周所绘出的海中，他们放置上几座小岛，取的是他们所曾听说的各个国家的名字。所有这些岛屿都加在一起还不如一个最小的中国省大。因为知识有限，所以他们把自己的国家夸耀成整个世界，并把它叫做天下，意思是天底下的一切，也就不足为奇了。"① 这种观念在当时的士人中相当普遍，李之藻见到利玛窦的世界地图前绘制过中国 15 省的精确地图，"这对他就意味着全世界"②。利玛窦的世界地图使当时许多中国士大夫大开眼界，使他们获得了一种崭新的知识。在清楚划分的五洲、分明的经纬和到处写满国名的图上，他们开始意识到中国以外尚有辽阔的"天下"。他们虽然不能完全肯定利玛窦所描绘世界各国的状况是完全真实、确凿无疑的，但对这张地图所包含的各种新知识大多表示相信，并极尽赞美之词，持有热烈欢迎的态度。

但持有这种态度的在当时还是少数人。不少士大夫讥笑利玛窦信口雌黄，南京礼部郎中徐如珂指责传教士"其徒自夸风土人物，远胜中华"；福建建宁人魏浚著有《利说荒唐惑世》一文，认为其说"直欺人以其之所不能见，足之所不能至，无可按验耳。真所谓画工之画鬼魅也"。《明史·意大里亚传》也断定利玛窦的五大洲的地理描述是"荒渺莫考"的谎言。一些反对派所据即中国传统的盖天说和落后的制图技术，不能理解也不想理解这幅世界地图的真实价值。直到 19 世纪后半叶，随着中西文化交流的再度展开，人们才再次认识到利玛窦世界地图的价值。王韬《弢园文录外编·地球图跋》称："大地如地球之说始有明。由利玛窦入中国其说始创，顾为畴人家言者，未尝悉信之也。而其图遂流传世间，览者乃知中国九州之外尚有九州。泰西诸国之名稍有知之者。"

2. 利玛窦世界地图的内容

李之藻于明万历三十年（1602）刊刻的《坤舆万国全图》，原是六幅屏条，拼接连合成一图，装裱为一整幅，纵 168.7 厘米，通幅横 380.2 厘米，另外还有设色的彩色摹绘本。

---

① ［意］利玛窦、［法］金尼阁著，何高济等译：《利玛窦中国札记》上册，中华书局 1983 年版，第 179—180 页。

② ［意］利玛窦、［法］金尼阁著，何高济等译：《利玛窦中国札记》上册，中华书局 1983 年版，第 432 页。

《坤舆万国全图》右上角有一个总说明，另外还有三段较长的文字，分别解释日月蚀发生的原理，太阳比地球大、地球比月亮大的道理，以地球为中心的九重天学说，以及太阳、月亮、水星、火星、木星、土星与地球的大小倍数关系。

这张世界地图包含着大量当时中国人不了解的世界地理历史和文化风俗知识。该图第一次绘出了赤道北地、南地半球，注明地为圆形，标出南北二极、赤道南北昼夜的长短、五带；列出了五大洲的名称；首创了一批域外地名的汉译法。《坤舆万国全图》上标列出 1114 个地名，有些译名至今已被淘汰，如拂郎机（葡萄牙）、拂郎察（法国）、谙厄利亚（英国）、大浪山角（好望角）等，但也有一些洲名、国名和地名的译法沿用至今，如亚细亚、大西洋、地中海、尼罗河、罗马、罗马尼亚、那波里、古巴、巴布亚、加拿大等。利玛窦通过"地球""五大洲""太平洋""大西洋""地中海"等这些与海洋有关的关键词，把一个确凿无疑的海外世界，以整体的面貌呈现给了中国人。该图最早将"洲"的概念引入，阐明了中国仅仅是亚洲的一部分，并非想象中的大地中心。

利玛窦通过他绘制的世界地图引进了世界五大洲的概念，包括亚洲、欧洲、非洲、新发现的美洲以及西方传统上认为应该存在于南半球的未知的大陆"墨瓦蜡泥加洲"，也就是后来发现的澳洲以及南极洲。他还引进了地球可分为热带、南温带、北温带、南寒带和北寒带五带的概念。同时，利玛窦还引进了西方测量经纬度的方法，并实地测量了南昌、南京、北京等地的经纬度，指出过去中国对一些城市纬度测量的错误，如他特别指出北京的纬度应该是 40 度，而不是过去中国认为的 50 度。[①] 利玛窦的世界地图采用了当时较为先进的地图投影法，借助于对经纬的测定来绘制地图，使得地图精确性得到保证。

方豪认为利玛窦的世界地图有这样几项贡献：

（1）为以近代新科学方法与仪器作实地测量。

（2）为地名之译定。

---

① 参见［意］利玛窦、［法］金尼阁著，何高济等译：《利玛窦中国札记》上册，中华书局 1983 年版，第 328 页。

（3）为当时欧洲地理学界之最新发现。

（4）为五大洲观念。

（5）为地圆说。

（6）为地带之分法。

（7）为世界地图之认识，使中国社会眼光大开，盖利氏且在图上尽量介绍各国之文物、风俗也。①

由于当时欧洲地理学发展水平的限制，利玛窦绘制《坤舆万国全图》所依据的奥特里的世界地图本身就有不少错误，因此《坤舆万国全图》上也有不少错误。如亚、非、欧、美各大洲的图形比例不够准确，总的说来南北方向的长度偏短；墨瓦蜡泥加洲（即澳洲）完全是根据猜测画出的，占据了整个南极区域，与澳洲的实际形状差距很大，而且当时利玛窦也不可能知道真正的南极洲的存在和形状。此外，图上的许多国家、岛屿等的名称也有错误。

《两仪玄览图》是在北京的朝鲜天主教徒李应试继李之藻刻《坤舆万国全图》之后，于万历三十一年（1603）在北京刊刻的世界地图。利玛窦初入京，就与李应试结为好友。李应试要求利玛窦在绘制《坤舆万国全图》的基础上，新制一幅在规模上、内容上有过之的世界地图，利玛窦慨然允诺，他自述："窦不敢辞，谨参互考订，以付吾友之美意。"

《两仪玄览图》不仅仅是一部"标新立异"的世界地图，更是一部内容严谨、内涵丰富的人文地理百科全书。它是利玛窦在中国所绘制的六种不同名称和版本世界地图中的最后一个版本，因此内容最为丰富完整，图幅尺寸也最大。《两仪玄览图》宽 4.42 米，高 2 米，8 屏幅，展开面积将近 9 平方米，原图之上不仅有今天人们所熟知的整个地球呈平面展开的基本轮廓，陆地、海洋、岛屿、主要河流、山脉的分布，还有大量当今普通人难得一见的说明性文字、符号，专用术语，表格等内容，这些文字加在一起约有 15000 字。四朝元老、官至太子太师的常胤绪也参与《两仪玄览图》的制作，并为之作序。因为参与地图制作、作序者大都身居高位，《两仪玄览图》又被万历皇帝诏呈紫禁城，此事在当时影响很大。

---

① 方豪：《中西交通史》下卷，上海人民出版社 2008 年版，第 579 页。

3. 艾儒略的《职方外纪》

利玛窦的世界地图在当时有很大影响，但它还是以地图的形式出现的，所介绍的地理学知识还不全面和丰满。天启三年（1623），艾儒略和杨廷筠刊行了合作编译的《职方外纪》，是明末清初影响最大的地理学著作，也是第一本用中文写成的世界地理著作。这部著作以庞迪我和熊三拔所写的抄本为底本，增译了随七千部西书来华而得到的较新的材料。李之藻评价《职方外纪》道："种种咸出椒诡，可喜可愕，令人闻所未闻。然语必据所涉历，或彼国旧闻征信者……地如此其大也，而其在天中一粟耳。吾州吾乡，又一粟中之毫末，吾更藐焉中处。"杨廷筠序《职方外纪》说："楚辞问天地何际？儒者不能对……西方之人，独出千古，开创一家，谓天地俱有穷也，而实无穷；以其形皆大圆，故无起无止，无中边……然是编所摘，犹是图籍中之百一，即彼国图籍所纪，又是宇宙中之万一，而俶诡瑰奇，业已不可思议矣。"

《职方外纪》卷首插有"万国全图"，分为西半球、东半球两幅，可能是在利玛窦《坤舆万国全图》基础上修订而成。之后共分5卷。卷一之首是"五大洲总图度解"。卷一亚细亚总说；卷二欧罗巴总说；卷三利未亚总说；卷四亚墨利加总说。以上4卷每卷中先有各大洲总说，后继之各个国家和地区的介绍，各卷首还附有本洲地图。其中卷二专述欧罗巴，在书中所占篇幅最多，详细地介绍了当时欧洲的社会、政治、经济、军事、文化等方面。卷五为四海总说，然后分海名、海岛、海族、海产、海状、海舶、海道分别介绍海洋知识，卷首附北舆（北极）地图和南舆（南极）地图。

艾儒略《职方外纪》与利玛窦《坤舆万国全图》对比，有两个特点：一是《职方外纪》不仅附有世界地图，而且各大洲也附有洲图。世界地图分为东、西两半球，大致以亚洲与北美洲连接部位的亚泥俺（白令）海峡为界，经线的弧形，东半幅向东凸，西半幅向西凸。五大洲展布形态已与现代世界地图类似，图中山脉、河流、国家等名称沿走向标出。世界全图与各洲图都采用了经纬网，图上国家、岛屿、山脉、河流、海洋名称也在利氏基础上重新作了修订和校对，许多名称与现代相同和接近，只是各国间难以绘出国界。二是《坤舆万国图志》中的"志"，即文字说明，因填在世界挂图的空白处，空间有限而内容必受限制。《职方外纪》五大洲及海洋不仅有总说，而且有各论，对明代《一统志》等方志中已列入的国家略而不述，总共简要介绍了全球鲜为中国所知的大陆国家42个、岛国（屿）21个及海洋名称27个，对了解当时有关国家与地区的人文地理概况，是极其珍贵的文献。

《职方外纪》最早向我国介绍了欧洲寻找世界新航线的概况。同时，还介绍了欧洲来中国的两条航线。西线是：由欧洲里西波亚都城（乃西班牙属国都城），"候西南官舶，春发入大西洋，从福岛（非洲西南之加那利群岛）之北过夏至线，在赤道北二十三度半。逾赤道而南，此处北极已没，南极渐高，又过冬至线，在赤道南二十三度半。越大浪山（好望角附近），见南极高三十余度。又逆转冬至线过黑人国（莫桑比克）、圣老楞佐岛（马达加斯加）夹界中，又逾赤道至小西洋（印度洋），南印度卧亚城在赤道北十六度，风有顺逆，大抵亦一年之内抵小西洋。至此则海中多岛，道险窄难行矣。乃换中船，亦乘春月而抵则意兰（斯里兰卡），经榜葛剌海（孟加拉海），从苏门答腊与满剌加（马来西亚南部）之中，又经新加步峡（马六甲海峡），迤北过占城、暹罗界，阅三年方抵中国岭南广州府"。东线是："自以西把里亚（西班牙）地中海，过巴尔德（直布罗陀）峡，往亚墨利加之界，有两道：或从墨瓦腊尼加峡（麦哲伦海峡）出太平洋；或从新以西把尼亚界（今海地、多米尼亚），泊舟从陆路出孛露（秘鲁）海，过马路（鲁）古、吕宋等岛，至大明海以达广州。"艾儒略还说："儒略辈……皆从西而来，不由东道而来，"原因是西线比较近。从《清史稿·邦交志》看，直到清代康乾时，仍是欧洲国家诸如英国等来中国通商，未见中国去欧洲通商。因此，《职方外纪》关于世界海洋航线的叙述，扩大了我国对寰海的认识。

此外，《职方外纪》不仅包括了有关整个世界的自然地理知识，还为中国人展示了一幅西方人文世界的图景，介绍了欧洲国家的君主制度、法律、宗教、民俗、建筑等。

《职方外纪》反映了16世纪欧洲地理科学和航海技术的认识水平与成就，为中国人了解世界打开了窗口。徐宗泽指出："是书在明末当然为地舆学上之一种新知识，足以纠正中国古人天圆地方之许多谬见，南怀仁之《坤舆图说》与是书亦大同小异，此二书诚为二种地理上之明著。"[1]《职方外纪》被编入《天学初函》和《四库全书》，得到较为广泛的传播。至19世纪30年代，

---

① 徐宗泽：《明清间耶稣会士译著提要》，上海书店出版社2006年版，第245页。

《职方外纪》仍是中国士大夫可以从中获得地理知识的珍本，魏源撰写《海国图志》时就大量引用了《职方外纪》的内容。《四库全书总目提要》评论此书说："其书成于天启癸亥，自序谓利氏赍进《万国图志》，庞氏奉命翻译，儒略更增补以成之。盖因利玛窦、庞我迪旧本润色之，不尽儒略自作也。所纪皆绝域风土，为自古舆图所不载，故曰《职方外纪》。……前冠以《万国全图》，后附以《四海总说》。所述多奇异不可究诘，似不免多所夸饰。然天地之大，何所不有，录而存之，亦足以广异闻也。"

4. 南怀仁的《坤舆全图》

入清以后，南怀仁也曾编撰了数种地理学著作，绘制了数种地图，它们成为 17 世纪地理学和地图学在中国发展的标志。

康熙七年（1668）十一月二十三日，康熙皇帝遣人向南怀仁与利类思、安文思问询有关欧洲的风土国俗等情况。不久，他们向皇帝进呈了 3 人合著的《御览西方要纪》，内容涉及欧洲地理知识以及社会和文化生活的各个方面，包括国土、路程、海舶、海奇、土产、制造、西学、服饰、风俗、法度、交易、饮食、医学、性情、济院、宫室、城池、兵备、婚配、教法、西士共 21 节。

南怀仁于康熙十三年（1674）完成了《坤舆全图》的绘制。该图系木刻、着色，由两个半球图组成。东半球为亚洲、欧洲和非洲；西半球为北美洲和南美洲。半球图的直径为 150 厘米，即比例尺为 1∶1700 万。整个地图分成 8 长幅（每幅约为 180 厘米×50 厘米），东西两半球各占 3 幅，头尾文字注记占 2 幅。该图采用球极平面投影，这是在欧洲 16 世纪晚期和 17 世纪初期流行的地图绘制方法。图上经纬线均以 10 度划分。本初子午线通过顺天府，东、西半球线连续标度。纬度以赤道为零度，有南、北纬之分。图上还有南、北回归线和南、北极圈线。

《坤舆全图》的幅面很大，除主要部分表示各大洲之外，南怀仁在图的四周分布了 14 大段注记文字，解释自然现象，尤其是气象现象。它们的标题分别为：论四元行、论南北极、地圆之研究、论地体之圆、论雨云、潮汐之理、论风、海潮、论气行、论海水之动、论地震、论人物、论江河、论山岳。图上还有带注解和说明文字的地名，以及绘有欧洲不同类型的帆船、陆上和海中的珍奇动物几十种。全图布局合理，整体和谐统一，恢宏大气，图文并茂，相得益彰，是国内保存最为完好的一幅早期的中文版地图。

南怀仁在《坤舆全图》的注记文字中，宣传了自然地理方面的许多知识。他解释了因地球是球体而具有的各种自然现象，因月球环绕地球运动而引起潮汐的周期性消长，雨和云系大气中水汽凝结而成，风和公海上影响航行的季风的成因，各地不同的气候状况导致了文化的地区性差异，以及江河的起源、山岳的形成、空气的运动等等。南怀仁还批评了中国人对自然现象的迷信观念，如有关月食和地震的错误说法。

南怀仁的《坤舆全图》与利玛窦的《坤舆万国全图》一样，是来华耶稣会士绘制的世界地图。它的工艺不仅是对利玛窦、艾儒略、汤若望等制图方法的继承，更是对经纬理法和圆锥投影绘图的创新发展，被认为是"西学东渐经典之作"。

康熙十三年（1674），南怀仁的《坤舆图说》2卷在北京刊行，为解说同年所刻的《坤舆全图》而作。上卷为自然地理常识，下卷多为人文地理知识。下卷末附异物图，有动物和"七奇图"（即世界"古代七大奇迹"）等。

《坤舆图说》在清代前期影响很大，许多人都读过此书，比如张潮在康熙二十二年（1683）编纂的《虞初新志》，收录了明末清初许多的奇闻轶事，卷一九中把"七奇"全部收录进去。王士祯在康熙三十年（1691）成书的笔记著作《池北偶谈》大量摘录了南怀仁的《坤舆图说》等多种西学书籍，内容涉及西洋奇器、物产习俗、天主教概况等。

南怀仁在地理学方面，除了编撰著作、绘制地图之外，还参与实际的勘测工作。早在他制造天文仪器之前，他与利类思和安文思，制作过一个测量路程的器具"里程计"，于康熙八年（1669）进呈皇帝。南怀仁在两次随驾巡幸各地期间，沿途进行天象观测以及各地北极高度的测量，其工作成为日后大规模地图测绘工作的先导。

5. 新地理知识的认知与影响

利玛窦、艾儒略、南怀仁等人的地图和有关地理学的著作给中国人带来了全新的地理知识，使部分中国人获得了对于外部世界新的认识，也更新了他们的地理观和世界观。

首先，人们认识到大地是圆形球体，居于天体（宇宙）的中心。有了对世界整体的把握，得知世界分为五大洲。

人们还进一步深化了关于地球纬度的认识。纬度即某观测点的地平高度，因我国在北半球，故称纬度为北极出地。我国古代对纬度变化早有认识。元至元十六年（1279），郭守敬便测量了我国主要城市的纬度。明代，对纬度认识进一步加深，在我国原有纬度知识的基础上，懂得了南、北半球纬度相等时，四时节气恰恰相反的原理。崇祯初年，曾运用西方技术，测得北京、南京等 15 处地理纬度。

我国古代对地理经度的认识要比纬度晚得多，直到元代才建立起朴素的经度概念。明末，对西方经度知识采取兼容态度，《天文志》指出："以东西经度定天下之衡，两地经度相差三十度，则时刻差一辰；若相距一百八十度，则昼夜相反焉。其说与《元史》札马鲁丁地圆之旨略同。"崇祯时，曾"以京师子午线为中，而较各地所偏之度"。方法有两种，一是"欲定东西偏度，必须两地同测一月食，较其时刻"；二是"据《广舆图》计里"求之，但"各省差数未得测验"。徐光启等人用此二法，测算了我国 13 个省城的经度，如太原西偏北京约 6 度，南京东偏北京约 1 度，前者误差较小，后者误差较大，说明明末已知经度与绘制地图的重要关系，但缺少精密的测量仪器，所以确定的经度精度不高。

西方新地理学知识的传入给中国的传统观念以很大的冲击，林东阳说，它"触及中国传统精神"[①]。但在当时，利玛窦等人传入的新地理学知识的影响还是有限的。即使是与传教士交往密切的一些天主教徒，如徐光启、李之藻、冯应京等，他们对于传教士传达的世界地理知识，"亦未能穷其究竟"。大多数士人对此等著作所介绍的各国情况，虽有兴趣，但大体是"好异"，把它看做"异闻"，至于对其内容的真实性，一部分人士则根本不信其说。大部分人士则持疑信参半的心理，《四库全书总目提要》说，《职方外纪》"所纪皆绝域风土，为自古舆图所不载，故曰《职方外纪》。其说分天下为五大洲……前冠以万国全图，后附以四海总说，所述多奇异，不可究诘，似不免多所夸饰，然天地之大，何所不有，录而存之，亦足以广异闻也"。

对新的地理学知识在当时并没有充分的研究。《明史·外国传》分为佛郎

---

① 参见林东阳：《利玛窦的世界地图及其对明末士人社会的影响》，《纪念利玛窦来华四百周年中西文化交流国际学术会议论文集》，台北辅仁大学出版社 1983 年版。

机、吕宋、和兰、欧罗巴四传，其记述多有错漏。张维华注此四传时即感叹："尝取此四传而深究之，每病其疏漏脱略，且往往与西人所志不合。"① 到了清代，这种情况也没有多大变化。梁启超指出："言世界地理者，始于晚明利玛窦之《坤舆图说》，艾儒略之《职方外纪》。清初有南怀仁、蒋友仁等之《地球全图》。然乾嘉学者视同邹衍谈天，目笑存之而已。"② 乾隆时期修的《皇朝文献通考》"四裔考"虽从传教士的地理著作中采纳了不少内容，然撰修者亦是不求甚解，佛郎机、法兰西、西班牙混淆的情况并没有多少改变。

与此同时，许多人仍坚持中国中心的世界观。《皇朝文献通考》"四裔考"承认"大地东西七万二千里，南北如之"，却又说"中国居大地之中，瀛海四环，其缘边滨海者，是谓之裔，海外诸国亦谓之裔"。1792 年，英国特使马戛尔尼来华，其随员斯当东记述当时中国人对于外部世界的认识说："除了广州而外，中国人对一切外国人都感到新奇，但关于这些外国人的国家，他们却并不感兴趣。他们认为自己的国家是'中华'，一切思想概念都不去本国的范围。除了少数住在沿海铤而走险的人，或者以航海为业的自成一个阶层的人以外，没有人想离开中国到别国去看看。他们使用着许多外国产品，但这些产品只能使他们联想到广州，好像这些东西就是广州出产的。他们的书上很少提到亚洲以外的地区，甚至在他们画得乱七八糟的地图上也找不到亚洲以外的地方。"③

6. 全国地图测绘与《皇舆全览图》

阎宗临说："在西方文化输入中，测绘中国地图最为重要。"④ 康熙年间，清政府曾经组织过一次大规模的地图测绘，西方传教士在这次测绘中起了重要的作用。

中国古代的地图测绘有悠久的历史和杰出的成就。李约瑟说："在中世纪的早期，中国人曾一度遥遥领先。从汉到唐的这段时间里，西方在地理学上没有任何东西比得上中国。到了宋代，除阿拉伯外，也仍然不能和中国相

---

① 张维华：《明史欧洲四国传注释》，上海古籍出版社 1982 年版，原序第 1 页。
② 梁启超：《中国近三百年学术史》，东方出版社 1996 年版，第 391 页。
③ ［英］斯当东著，叶笃义译：《英使谒见乾隆纪实》，上海书店出版社 2005 年版，第 271 页。
④ 阎宗临：《中西交通史》，广西师范大学出版社 2007 年版，第 33 页。

比。"中国以往也有所谓的"华夷图""天下图""广舆图""天下舆图",实际上制图学在先秦时就出现了。利玛窦将西方地图技术输入中国之前,中国人的世界地理知识仍停留在中古水平,地图的绘制通常是靠实地测量,整体上对四境之外则臆测之,当然就没有中国在整个世界中的准确位置。绘制的地图是平面图,计算里程不能够精确地反映地球表面的曲率。传教士带来的是投影法,并通过天文观测来确定经纬度,从而使得地图的精确性大大提高。康熙皇帝对此十分重视,令传教士收集西方的地图,购置测量的仪器,并亲自学习测算的方法。康熙皇帝在西征厄鲁特,南巡江南,视察东北的旅行中,常令传教士随行,测量各地的地形、距离与经纬度。

康熙三十七年(1698)随白晋等人来华的法国传教士巴多明在宫中任康熙皇帝的外交顾问。他向康熙皇帝进言说,过去所绘的中国地图,杜撰成分太大,应该重新实测绘画。由于在尼布楚中俄交涉时,徐日昇、张诚两位神父携有详明的地图,康熙皇帝懂得了地图的重要性。张、徐两位神父随康熙皇帝出巡数次,每到一处随时随地测定经纬度。所以,巴多明的这一建议很快被康熙皇帝采纳,命有学识技能的欧洲传教士负责完成此项任务。这一工作由与巴多明同来中国的传教士雷孝思(Jean Baptiste Régis)主持,参加测绘的有雷孝思、白晋、冯秉正、杜德美(Petrus Jartoux)、费隐(Xavier Fridelli)、山遥瞻(Fabre Bonjour)、汤尚贤、麦大成(Joannes Fr. Cardoso)、德玛诺(Rom. Hinderer)、张诚10人。

雷孝思、白晋、杜德美3人于康熙四十七年(1708),奉谕测绘万里长城的位置,以及附近河道。康熙皇帝对他们的工作十分赞赏,于是测绘成员中又增加了费隐,他们越过长城又测绘了满洲西部、奉天、朝鲜北部、图们江与鸭绿江等地。

雷孝思几人于康熙四十八年(1709)年初回京,所绘地图长15尺多,康熙皇帝颇为嘉许。此后康熙皇帝又令测绘北直隶、黑龙江、山东、河南、浙江、福建、江西、广东、广西等地。

完成实地测量后,康熙五十七年(1718)将实测的结果汇总,经雷孝思、杜德美和费隐的多次审定,最终汇集成总图,总共32幅,名为《皇舆全览图》,且各省皆有分图。绘制方法采用梯形投影法,比例尺为1:1400000。这是我国运用近代科学方法,经过实地测量而绘制的第一幅详细的全国地图,是我国地图绘制史上的鸿篇巨制。

雷孝思等传教士为《皇舆全览图》的完成付出了巨大的劳动，其间的艰难困苦不难想象。法国汉学家雷慕莎指出："当人们想到比欧洲以往实施过的任何地理事业都要浩大的这次全国地图测量，且这项工作是由几个传教士在仅仅八年的时间内完成的，人们就无不赞叹传教士们在科学事业上的巨大工作热情。"① 这次测绘工作采用了当时世界上最先进的经纬度测绘方法。测定纬度，主要用天文测量，采用"太阳午正高弧定纬度法"，在冬至日测太阳的垂角来推算纬度，纬度以北极星出地高度为标准；测定经度，则用月蚀观察的方法，即在不同地点观察月蚀的时差来计算经度，经度以北京为中线，分为东经和西经。为了统一里程的计数，规定以工部营造尺为标准，5尺为步，360步为里，凡纬度一度合200华里。有关雷孝思所采用的方法，在杜赫德主编的《中华帝国全志》中有详细的记载。当时欧洲尚未举行如此大规模的测量，且雷孝思与杜德美由发现经度长度上下不同，证实地球是扁圆形，是对世界地理学的一大贡献。

康熙《皇舆全览图》的完成，在中国地图史、地理学史上，具有极其重要的意义。首先，它是中国第一次在实测经纬度基础上绘制的地图，给后来的中国地图发展以深刻影响。由于进行了全国631个重要点的经纬度控制测量，所以，新绘的《皇舆全览图》具有相当高的准确性，成为以后多种中国地图的蓝本。其次，它第一次采取以经纬度分幅的方法，这在中国地图绘制史上具有开创意义。这幅地图也是当时世界上最大的地图。方豪说："17、18世纪时，欧洲各国之全国性测量，或尚未开始，或未完成，而中国有此大业，亦中西学术合作之一大纪念也。"②

《皇舆全览图》在康熙五十八年（1719）就有了手绘本，32幅。后由马国贤带到欧洲，制成铜板41幅。康熙六十年（1721）木刻版，仍为32幅。雍正四年（1726）收入《古今图书集成》，分为216幅图。

7. 蒋友仁与《乾隆内府舆图》

乾隆二十年（1755），清廷取得了平定准噶尔战争的胜利。当年六月，乾

① 曹增友：《传教士与中国科学》，宗教文化出版社1999年版，第230页。

② 方豪：《中西交通史》下卷，上海人民出版社2008年版，第605页。

隆皇帝谕道："西师奏凯，大兵直抵伊犁，准噶尔诸部尽入版图，其星辰分野，日出入昼夜节气时刻，宜载入《时宪书》，颁赐正朔。其山川道里，应详细相度，载入《皇舆全览图》，以昭中外一统之盛。左都御史何国宗素谙测量，同五官正明安图、副都统富德带西洋人二名前往各该处，测其北极高度，东西偏度，及一切形胜，悉心考订，绘图呈览。所有坤舆全图及应需仪器，俱酌量带往。"（《清高宗实录》）

乾隆所说的二名西洋人，就是葡萄牙传教士傅作霖（Felix da Rocha）和高慎思（Joseph d'Esphina）。他们都是在钦天监任职。为了测绘好地图，乾隆皇帝对他们不吝封赏。

乾隆二十四年（1759），清廷平定回部，控制了南疆的局势，完成了统一新疆，安定西陲的大业，乾隆皇帝再次派测绘人员进入新疆。经过中西人士近两年的努力，于乾隆二十六年（1761）绘成《西域图志》。在此之前，清廷还派人赴西藏重新实测，绘制了新的西藏地图。通过这次测量获得了全国版图内的经纬度网点 734 点的成果，并取得全国 1711 处经纬度值，从而完成了康熙朝未能完成的精确大地测绘。这就为《乾隆内府舆图》的编制提供了条件。

《乾隆内府舆图》，又称《乾隆皇舆全图》，在傅作霖、高慎思等人测绘的基础上，最后由蒋友仁（Michel Benoit）总编。《乾隆内府舆图》在康熙《皇舆全览图》的基础上订正补充，并参考中西文献扩大了范围。其所用经纬网、投影和比例尺仍本康熙《皇舆全览图》，但内容较前图更为丰富详密，且修订了西藏地图部分的错误。它涉及的范围远较康熙《皇舆全览图》广大。图宽 12 尺半，高 6 尺半。乾隆二十六年（1761），由蒋友仁负责制成铜版 104 块，以纬度 5 度为一排，共 13 排，称"乾隆十三排"，进呈乾隆皇帝。

《乾隆内府舆图》不仅是一幅历来被认为是奠定了今天疆域版图的中国全图，同时也是当时世界上最早、最完整的亚洲大陆全图，为后人留下了 18 世纪初宝贵的地理资料。清政府后来绘制的一些重要地图，如道光十二年（1832）的《皇朝一统舆地全图》，同治二年（1863）的《大清一统舆图》都是在它的基础上改进而成的。

九　西方医药学在中国的传播

1. 传教士的医事活动

天主教会把医学视为宗教慈善事业一个不可或缺的部分，十分重视通过开设医院及其他救治机构等方式以服务社会并传播信仰，由此形成了医疗传教的传统。在来华传教士中，一些人曾经学习过医学，或对医药学有所研究，他们到中国后，进行过一些医药活动，并且将西方医药学知识传入中国。范行准说："此期输入之西洋医学，有解剖生理学、有药物学、有病理学、有治疗学、有涉及医学教育诸事。"①

明清之际西医药学的传播，对丰富中国传统医药学的内容起到一定的作用，并为19世纪西医药学的大规模传播奠定了基础。

1568年，澳门主教卡内罗（Melchior Carneiro）到澳门任职，他希望教会成为"饥者能得饱，哭者能止泪，伤者能敷药，渴者能得水，束缚者得解放，衰弱贫乏者能得救助"②的慈善机构，以引人入教。在他主持下，澳门建立了具有医院性质的慈善堂。随后，又建立了圣拉斐尔医院。圣拉斐尔医院位于白马行路，故俗称"白马行医院"。圣拉斐尔医院有内外两科，看内科病要验尿，以查病因，外科所用药品皆为露汁。其后到1747年经过三次扩建，圣拉斐尔医院已分男女二部，共有70张病床。1579年，建立了辣匝禄麻风病院，中国人称之为"发疯寺"，收留救治麻风病患者，并将他们隔离起来以避免传染。到了17世纪，澳门已经有多家西医医院。崔维孝指出："一个小小的澳门，在17世纪后半个世纪，就有多家西式医院和西式药房，实在令人惊叹。"③

---

① 范行准：《明季西洋传入之医学》，上海人民出版社2012年版，第3页。

② ［法］裴化行著，萧浚华译：《天主教十六世纪在华传教志》，商务印书馆1937年版，第131页。

③ 崔维孝：《明清之际西班牙方济会在华传教研究（1579—1732）》，中华书局2006年版，第212页。

传教士很重视以医药活动为传教服务。1685年，南怀仁致信耶稣会总会长，信中写道："皇帝正希望得到一名著名的欧洲医生，这也是我给您写信的原因。"南怀仁还在信中说，派驻医生在宫廷中会成为东方传教事业的根基，并告知总会长"迟疑是很危险的"，如果他们不尽快满足皇帝的愿望，同样传教于此的其他修会将得到这一良机。后来担任法国耶稣会传教区负责人的殷弘绪在致本会印度与中国传教区巡阅使的报告中，谈到法国耶稣会士罗德先（Bernard Rhodes）的医疗活动对于传教工作的重要性时也说："我顺便想告诉您，鉴于他已上了年纪，我们极盼从欧洲给我们派一个人来，以便当我们有朝一日失去他时可予以替代。他的服务定能极大推动宗教进展。"①

康熙三十一年（1692），康熙皇帝身患疟疾，传教士张诚和徐日昇，用锭剂减轻了他的疾病，以后洪若翰和刘应又将从印度寄来的金鸡纳送入宫中请皇上进用。金鸡纳药味苦，药性寒，可抗疟退热，解醒醒脾，用于治疗疟疾，外感高热与醉酒。病愈之后，康熙皇帝更加信任西洋医学，日益频繁接触西洋人体解剖学、放血疗法以及创伤与溃疡等外科治疗，并学习各脏器功能和各科疾病、药物知识，致使西洋医药学在宫廷的运用日渐增多。康熙皇帝晚年数次患病，罗德先等法国耶稣会士也及时献药医治康熙的疾病。康熙年间活跃于宫中的法国传教士医生还有樊继训（Pierre Frapperie）、安泰（Etienne Rousset）、罗怀忠（Philippe Couplet）等人。此外，意大利籍的鲍仲义（Joseph Baudino）、何多敏（Jean D. Paramino）也是当时比较知名的耶稣会士医生。这些传教士医生经常为皇亲大臣提供各种医疗服务，并担任康熙出巡时的随行医生。

康熙朝的御医队伍是一个多元化的群体，其中既有太医院御医，又有西洋大夫、蒙古大夫、喇嘛大夫等。正是由于御医的多种成分，使得康熙皇帝在调遣大夫时可以根据病情的需要，组织多方医治。太医院御医和西洋大夫是康熙朝御医队伍中的主要力量，他们时常奉命共同诊视疾病。西洋大夫与太医院御医在治疗过程中相处融洽，而且太医院御医对西洋大夫给予足够的尊重。

除了为皇室治病外，这些传教士医生也为民间提供医疗服务。如耶稣会

---

① ［法］杜赫德编，郑德弟、朱静等译：《耶稣会士中国书简集：中国回忆录》第2卷，大象出版社2001年版，第36—37页。

士安泰在充任宫廷医师时，多次以医术救治北京城的病人，"被治者病辍愈，受其惠者咸称之为慈善大夫。教内外人皆重其医术，每日午前午后求治者盈门。泰一一为之裹疡施药"①。耶稣会士罗怀忠精通外科，他除了在宫廷服务外，还曾在京城中开办诊所，医治穷人："日日对来诊者赠药裹疡。常被延至王公贵人邸治疾，然彼尤愿为寒苦人治疾。贫病之人来就诊者，则赠以善言、财物、药剂；不能来诊者则自赴病者家，有时为之诊治终日。"② 耶稣会士张诚说："人们从欧洲寄来的药品，我们用来为这些可怜的偶像崇拜者缓解病痛，但它们对医治其灵魂所起的作用更大。我们每天都感到上帝在为我们的治疗工作降福，尤其在北京，这里成群结队的人向我们讨药。"③

康熙年间法国耶稣会士殷弘绪在江西景德镇传教时，以施药给患者的方式吸引民众入教，他为自己在来华前没有学习更多医学知识而后悔。由于有医生职业为掩护，殷弘绪还能以探视病人、分发药物的名义接近女性教徒，为她们办理各项圣事。传教士提供医疗服务的人群范围相当广泛，即使是染上麻风病等恶疾而被社会抛弃的贫苦病人也是他们希望加以感化的对象，一些传教士还因此付出生命。如康熙末年耶稣会士储斐理（Philippe Cazier）在广州传教时，冒险进入当地麻风病院，抚慰病者，不幸受感染而死。

2. 方济各会士所建药房和医院

与耶稣会士比较起来，来华传教的方济各会士更重视从事医疗活动，以专业的医疗为大众服务，同时作为促进传教事业的手段。

在传教路线上，方济各会面向的多是社会最底层的民众。天主教在中国传播的"礼仪之争"，在很大程度上就是耶稣会士与方济各会士、多明我会士之间有关传教策略的斗争。这不仅表现在他们对中国礼仪和传统习俗的态度上，而且表现在他们所关注的社会群体和传教路线的不同。耶稣会士主要把中国的士大夫和文人阶层看作传教的主要对象，试图通过走上层路线来推进

---

① ［法］费赖之著，冯承钧译：《在华耶稣会士列传及书目》，中华书局 1995 年版，第678 页。

② ［法］费赖之著，冯承钧译：《在华耶稣会士列传及书目》，中华书局 1995 年版，第651 页。

③ ［法］杜赫德编，郑德弟、朱静等译：《耶稣会士中国书简集：中国回忆录》第 2 卷，大象出版社 2001 年版，第 29 页。

中国的传教事业。方济各会则面向中国社会最底层的农民大众，坚持"清贫福音"之路。在医学方面，利玛窦等早期入华耶稣会士似乎更倾向于以西儒身份著文刊书介绍西洋医学，而少有直接行医。明末清初采用医疗手段向民间传教，表现突出的是注重直接向下层社会人群传教的方济各会与多明我会。早在1633年，多明我会士黎玉范在闽东福安县就试图通过救治当地麻风病患者而宣教。此后多明我会在闽东传教区相继建有数个麻风病院，收容当地麻风病患者，在医治其病症的同时也为他们施洗。

在来华的方济各会士中，有许多人懂得医学，他们在传教中会为自己的同伴、生病的教徒或异教徒治病。一位方济各会士指出，扮演内外科医生是传教士得以接近中国人的最好办法，因为这一类人常常出入文武官员家室。为此利安当还多次呼吁本会派遣一位医疗传教士入华。1637年初由台湾进入福建的传教士马若翰（Juan de San Marcos）就是一位外科医生和药剂师。来中国之前，他在方济各会于菲律宾开办的医院学医和从事医疗、护理训练。到福建后，他最初以福安县顶头村为基地，活跃于乡村和城镇之间，利用所学的医学知识在传教的同时为人治病。找他看病的大部分是贫苦的乡村农民，也有少数文人和地方官员。

1671年，被利安当派往欧洲招募传教士的文都辣从西班牙经墨西哥来到马尼拉。旅途中有几位传教士染病身亡，文都辣决定要培养一名神职医生随传教团前往中国，以避免类似的事情再次发生。同时，他也认识到行医治病对于传教的重要性。他在一封信说："通过这种方法，传教士可以有机会前往看望病人，用我们神圣的教义照亮他们的心灵和他们全体家人。这用不了几年，我们就会以极少的付出换来丰硕的成果，而耶稣会的神父们是不会这样做的，因为我们的修会根本没有力量在这方面同他们竞争。"① 文都辣到马尼拉后，就指定艾脑爵（Blas Garaia）为中国传教团的医护员，并将他派到马尼拉皇家医院实习，学习各种治疗方法。艾脑爵在马尼拉接受的正规培训和医学教育，为他后来在澳门及广州行医治病打下了坚实的基础。

1672年，文都辣一行从马尼拉来到澳门。文都辣继续北上到广州，艾脑

---

① 崔维孝：《明清之际西班牙方济会在华传教研究（1579—1732）》，中华书局2006年版，第206页。

爵则暂时留在澳门。在离开马尼拉时，艾脑爵从方济各会在马尼拉的医院要了一批药品。他在澳门的方济各会修道院内建立了一间"波迪卡"（西班牙文，制作和出售药品的商号、药房的意思），并开始行医治病。艾脑爵建立的不仅是药房，而且是门诊所，从一开始就面向社会。他不仅为教会内的人看病，还为教会以外的人看病，包括穷人和富人。他把行医作为方济各会传教团的一项慈善事业。由于前来求医的人很多，从菲律宾带来的药品很快就用完了，艾脑爵向马尼拉方面请求多寄一些药品来。

1678 年，方济各会在广州城外杨仁里买了一座大宅院，将其改造成为一所会院，并建立一座西式教堂，命名为圣方济各修道院，中国教徒则称其为杨仁里福音堂。文都辣决定要在里面建一间医护所。于是，艾脑爵将澳门的药房迁了过来，在修道院内建立了一间医护所。后来，为了进一步向教徒和普通民众提供医疗服务，艾脑爵又在修道院里专门建立了一个门诊部，为外来求医问药的病人看病。这样就形成了一座现代意义上的医院的雏形，包括一间药房、一间医护所和一家门诊及外科诊疗所。

这家医院对于传教士以及普通民众都是免费的，所以前来就医的人很多。其药房里的药品非常充裕，主要是来自马尼拉方济各会医院、自己采购或制作以及他人的捐赠。这家医院从建立到 1732 年搬迁到澳门，在广州持续存在了 50 多年。除了艾脑爵外，在这里还有一位西班牙传教士安多尼（Antonio de la Concepcion）从事医疗工作。安多尼 1697 年到广州，直到 1749 年 9 月在澳门病逝，前后在华达 52 年之久。艾脑爵后来回到澳门后，广州的医院一直由安多尼负责管理。

艾脑爵和安多尼两位医生将西医的外科医疗技术传入中国，他们不仅可以操刀做外科手术，而且能诊断和治疗内科及眼科等疾病。他们所建的药房不仅药材种类齐全，而且许多药品是他们自己配制的。自广州医院建立以后，方济各会不仅将行医治病看做是传播天主教的有力工具，而且将其作为一项社会公益和慈善事业。一位方济各会教士在信里说："杨仁里福音堂的药房是开展传教活动的一个重要阵地，它实际上是一所包括了各种不同设备、病房、诊所、手术室和各类药物的医院。它原本只是为方济各会生病的传教士看病和医病，但慢慢扩展到所有在华传教士都可以前来看病修养，连罗马教皇派遣来华的特使也来此看病。后来，随着医院的声望不断提高，无数的中国人纷纷慕名前来看病，其中不少是穷人，甚至连皇家的人员也前来求医。"①

3.《性学觕述》介绍的西方医学

在来华传教士的著述中，有一些著作涉及西方医学知识，并且有过比较多的论述。其中，艾儒略的《性学觕述》对西方医学做了比较全面的介绍。

艾儒略在《西学凡》中，介绍当时欧洲知识体系包括文科、理科、医科、法科、教科、道科 6 部分。在这一体系中，道科即神学，处于最高地位。医学，虽为疗病活人之术，亦是为"大破群疑"，以使"万民归一"。医学的这一神学功能，在明末清初来华传教士"性学"作品中有充分体现。所谓"性学"，与"超性学"相对而言，艾儒略说其"为天学，人学之总，另辟廓途，俾诸学咸得其正焉"。性学中的"人学"部分，是通过认识人体，来体认上帝的存在。而对人体的认识，便属于广义医学的范畴。艾儒略《性学觕述》主要讨论的是"人学"内容，其论证的基础便是西方医学知识。

《性学觕述》，艾儒略于 1623 年在杭州写成，1646 年刻行于闽中天主堂。《性学觕述》中用以证明其灵魂学说的各种科学知识，是欧洲中世纪乃至文艺复兴时代的知识，其中最主要的是罗马医学家盖伦（Claudius Galeno）的学说，以及 16 世纪以来欧洲医学、解剖学的新发展。

《性学觕述》是在神学的框架内介绍医学知识的。《性学觕述》共 8 卷，此书对于人体生理功能的描述十分细致，用语也十分简单明确。其卷三、四、五、八全是论述人体生理学的知识。卷三论生长，详细叙述了食物到人体以后转化为四液的过程，而后又专门论述了四液的组成和功能。卷四总论知觉外官，分目之官、耳之官、鼻之官、口之官、触之官五个部分详述了眼、耳、鼻、口的结构和功能以及有关触觉的神经系统的结构和功能。卷五为总论知觉内职。卷八详细地论述了呼吸的全过程、参与呼吸的器官、呼吸的作用以及和身体其他功能的关系。

《性学觕述》还介绍了西方医学的一些基本理论，如卷三将传统西医的"元热元湿学说"介绍到中国。"元热元湿学说"为古希腊医学家希波克拉底（Hippocrates）所提出，他在"摄生论一"中详细论述了人体中"水"与

---

① 崔维孝：《明清之际西班牙方济会在华传教研究（1579—1732）》，中华书局 2006 年版，第 389 页。

"火"的关系。"水"与"火"，便是"元湿"和"元热"。亚里士多德《灵魂论》中对生魂摄食营养以生长的功能做了简单的叙述，但并未明显提到"元热元湿"的理论。托马斯·阿奎那在对亚氏营养说所作的注释中则说："食物的性质就在维持其所供应的那个本体之存活；在它存活的时候，自然热量和内涵水分，继续地消耗，这些就得依靠食物为之补充。""自然热量"与"内涵水分"即是"元热"与"元湿"。"元热元湿"理论对西医影响深远，不仅现代医学中的消化系统原理在当时用该理论解释，呼吸作用以及人的寿夭、生死等在当时也被纳入该理论进行阐释。艾儒略所言"元热元湿"学说，源自于托马斯·阿奎那对亚里士多德学说的发展。《性学觕述》进一步用"三化说"来阐释食物转化为人体不断消耗的"元热元湿"的过程，但该书的目的并非介绍消化过程，而在于说明食物转化为知觉之气，达于五官百体，而成灵魂之用。

《性学觕述》卷三还绍了西医的"四行""四液"理论，阐述了"四液"与"四行"及人体部位的匹配关系，四液的性状，四液的本位，四液的功用等内容。"四行"学说，即古希腊哲学家恩培多克勒（Empedocles）综合当时诸家之说形成的"四元素"理论，认为世界是由火、水、气、土 4 种元素构成的，这 4 种元素是最原始的物质，故称其为万物之源。最早将其译成"四元行"的是利玛窦《四元行论》。利玛窦用"元行"译"元素"，乃是借用了中国五行中的"行"字。恩培多克勒认为"四元素"分别具有冷、热、干、湿四性，并通过与体液说相匹配，将此理论引入医学。希波克拉底系统地论述了"四行、四液学说"。他认为人体和生命的基本元素是由 4 种主要液体组成的：血从心来，代表热；黏液代表冷，从脑来，散布全身；黄胆汁由肝所分泌，代表干；黑胆汁由脾和胃来分泌，代表湿。盖伦是体液学说的集大成者，他将其应用到临床，形成了更加系统的体液病理学与临床治疗学。四体液学说在欧洲中世纪一直占有统治地位，直到比利时解剖学家维萨留斯（Vesalius）发现血液循环规律后，该学说才逐渐式微。

4. 清宫中的西药

传教士用西药为康熙皇帝治病，此后，康熙皇帝对西医药学十分重视，并请传教士医生在宫廷内治病，西药也陆续进入宫廷，得到应用。

清宫的药材来源大致有：收各省药材，官员进贡，外买药材和成药，外国使节馈赠，宫中自制药品。通过这些途径，各种药材和成药源源不断地进入宫廷，从而有力地保证了清宫药材供应的充盈。宫中御药房和造办处对进入宫廷的药材进行加工炮制，制备成型，最大限度地满足了宫廷用药的需求。而外国药品的流入无疑极大地丰富了清宫医药的品种，是对中成药的补充。

康熙六年（1667），荷兰巴达维亚总督派遣使臣范·胡恩（Peter Van Hoorn）来华，使团以国王名义进呈的方物有丁香、鞍辔具、刀剑、哆罗呢绒等，以使臣范·胡恩个人名义进呈方物有蔷薇露、枪支等。除了国王派出的外交使团外，住澳葡人时常以感谢朝廷在贸易方面提供便利为由，通过两广总督向康熙皇帝转呈土物。

此外，无论是在京或散居各省的传教士，大都携有药物。这些药物一是自用，以备不时之需；二是给官员或民众作为疗疾之用；三是当做礼品进呈给皇帝。康熙皇帝初次会见传教士时，传教士通常都准备有见面礼。罗马教廷传信部的三名传教士马国贤、德理格、山遥瞻在首次见康熙皇帝时，自备了30件礼品，其中有药物补酒和蜜饯等。

纪理安曾于康熙年间在中国协助找寻配制德里鸦噶的药材。据耶稣会士巴多明神父致法兰西科学院的书信说，康熙皇帝晚年对可作为鸦片复方药剂的德里鸦噶很感兴趣，令传教士张诚、纪理安、李国正以及药剂师兼植物学家鲍仲义（Joseph Baudino）等人，寻找蝗蛇、龙胆、前胡等配制德里鸦噶的药材予以制药，可惜未有所获。雍正初年，始有宫廷在耶稣会士指导下制作德里鸦噶的相关记载。

康熙时期，由于皇帝的喜好，西洋药物成为官员争相进献的新事物，国人似乎也不再忌讳以药物作礼品。所以，清代宫廷中许多药材来自于官员进献，其中也包括一些西药。康熙皇帝六旬大寿时，户部侍郎王鸿绪不仅贡献宋版古籍、元明两朝名人绘画、官窑瓷器等珍品，还有多种西洋药物，包括德里鸦噶2匣、流黄露1瓶、鼻烟2瓶、罗斯玛里诺露4瓶、保心石1块、巴尔撒木油2盒、古巴依巴油4瓶、巴尔撒木香珠石挂与葡萄酒6瓶。康熙六十一年（1722）十一月，一份来自广州的进贡单上便有以下西药：保心石6个、巴尔撒木香1匣、豆蔻油1匣、檀香油6罐、得利哑咖2瓶、丁香油2瓶、巴尔撒木油2瓶、鼻烟6瓶、避风巴尔撒木6罐。

紫禁城中的御药房是清宫采办与储存药品的重要机构，隶属于内务府，位于乾清宫东庑，负责替内医院处方抓药，以及配制、烹调并供应宫廷所需的丸散药。然而，康熙年间进呈皇帝的德里鸦噶等西药，并非贮存于御药房，而是贮存在内务府武英殿的露房之中。露房位于武英殿东稍间，是受西学影响，在蒸馏法传入中国后设置的，为储存西洋药物和制露之所。露房设有库掌1员，拜唐阿6名，委署领催1名，医生4名。其职责除了储存瓶装的丁香、豆蔻、肉桂油等洋药之外，亦收贮狗宝、蛇牙等动物类药材，且需承担合药蒸露、造鼻烟与西洋胰子等事。

嘉庆皇帝将西药赏赐给大臣。当时受赏赐的大臣中有户部侍郎姚文田，其子姚衡把蒙赐的药品收录在《寒秀草堂笔记》中。姚衡对各种药物的数量、盛放药物的器皿、功效都一一作了注明，有的还说明了用法。《寒秀草堂笔记》所记共有122种。一位大臣就获得这么多的赏赐，可见宫中原存的数量之多。

在清宫中，陆续贮存了大量的西洋药物，这些西洋药物在清宫中有着广泛的应用。皇帝、皇子、皇亲天潢、文武官员，乃至扈从出行的随侍人员都有使用西洋药物的记载。前述康熙三十二年（1693），康熙皇帝罹患疟疾，张诚和白晋进献的药使他得以痊愈，从此激发了他对西医药的兴趣和重视。一旦确认药物是安全、有效的，他则积极予以推广。

康熙皇帝时常降旨明示使用西洋药，后来御医对使用西药也采取积极的态度。御医根据患者病情，或单独使用西洋药，或中西两种药物结合使用。

民间一向视清宫中的医方、药物为尚方珍药。官员们虽心向往之，但不敢轻易开口。康熙四十四年（1705），康熙皇帝南巡时以宫中自制的金鸡纳赏赐患疟疾的江南提督张云翼。赏赐之前，君臣之间有这样一番对话："皇上说：我有很好药，你怎么不讨呢？回奏：皇上没有赐，不敢擅讨。皇上说：你不比别人，不同著，要什么只管讨。"对话中两个人的心态表露无遗。就张云翼而言，向皇上讨要御用药物需要很大的勇气，即便屡次罹患疟疾，也没有胆量讨要药品；就康熙皇帝而言，并非有求必应，赏赐药品是亲疏有别的。

耶稣会士白晋、张诚曾撰写《西洋药书》，为康熙年间内府精写本，全书以满文写成，记载了36种未书确切名称的药方，并逐一说明用药方法及其功效。

自康熙以后，西洋药已经通过多种渠道进入宫廷，并得到广泛应用。皇帝还将西洋药物赐给大臣，作为对大臣们的关心与奖赏。这样，宫廷中的西洋药也就有一部分流入民间。此外，在当时的中西贸易中，也有许多西洋药物作为商品输入进来，在民间得以流传和使用。

5. 药露及其制法在中国的传播

西洋药物在中国的流行和制造，在明清之际最突出的事例是"药露"的流行及其制法的传播。药露是用新鲜的含挥发油植物的花蕊，经过加热蒸馏后制成的液体，无色有香而得名。

耶稣会士邓玉函是一位博学多才的学者。他在万历四十八年（1620）抵达澳门后，在此行医。他向中国医生介绍了西方提炼草木花果药露的方法，亦即蒸馏水的方法。

早在宋代，西方发明的蒸馏法就通过阿拉伯人传入中国，应用在制药和制造蒸馏酒中，但在药用方面推广不多。所以，当邓玉函等传教士介绍西方蒸馏水制药法的时候，对于中国人来说，仍然是很稀奇的。熊三拔在《泰西水法》卷四专论药露，也介绍西方炼制药水法。《泰西水法》被认为是最早讲解西药制造技术的书。

当时欧美各国的来使都将包括各种清露在内的药品作为进贡宫廷的物品，康熙皇帝常把这些香露药品赐给文武大臣以示恩典，足以说明当时清露价格的昂贵。清代医家王士雄在《随息居饮食谱》中，将药露列为食疗保健的佳品，作了专门的论述。他在《随息居饮食谱》中说："凡谷菜瓜果草木花叶诸品具有水性之物，皆取其新鲜及时者，依法入甑，蒸馏得水，名之为露。用其得宜，远胜于药。"

到了清代中叶，蒸制药露的方法已经相当的普遍和实用了，并被医家和患者们所认同。制作药露的原料，也由单一的花卉，增加为多种药用植物或动物，如鸡露、米露、姜露等。赵学敏在《本草纲目拾遗·水部》中，载录了金银露、薄荷露、玫瑰露、桂花露、佛手露、桑叶露、甘菊花露等22种药露，并一一描述其特性与功用。

清末医家赵彦辉在《存存斋医稿》中说，气津枯耗、胃弱不胜药力者，用药露最为合宜。而对于那些骤然患病、胃气未伤者来说，因病势危急，则应该选用中药的大剂重剂。如果只使用药露来救疾，杯水车薪，一味求稳实为因循误人。

据红学家吴恩裕的考证，曹雪芹在他的佚著《废艺斋集稿·斯园膏脂摘录》中载有"五色毕呈,芳香满席"的香露的制作方法:"凡有色有香花蕊,皆于其初放时采来,以酿饴之露和以盐梅,然后渍之。贮使经年,香味颜色不变。"与舶来的清露相比,曹雪芹所说的香露是用发酵法制成的,色香俱全。泰西的清露则是用蒸馏的方法获取,有香而无色,虽然都称作"香露",但绝不可混为一物。

6.《本草补》所记之西药

方济各会传教士石铎禄(Petrodela Pifiuela),号为振铎,他所著《本草补》被认为是传入中国最早的西方药物学专著,范行准称之为西洋传入药物学之嚆矢,与邓玉函的《人身说概》、罗雅谷的《人身图说》鼎足而三。①

《本草补》分为序、总目和药物介绍 3 部分。序由江西南丰文人刘凝所作。据刘凝的序说,该书是康熙三十六年(1687)石振铎在福建传教时完成的。

石振铎在《本草补》中逐一介绍 13 种药物的价值和功能。这 13 种药物分别是香草、臭草、加匏弄果(又称吕宋果)、避惊风石、锻树皮、保心石(又名宝石)、吸毒石(又名蛇石)、日精油、薄荷、蒌叶、芥蓝、马齿苋和金丝草(烟叶)。这 13 种药物中,8 种是中国当时没有的,5 种中国有但知道它们药物价值的人很少。

《本草补》原书早已散佚,在赵学敏所著《本草纲目拾遗》中有引述,可以了解《本草补》的大概。

7. 西方解剖生理学在中国的传播

最初传入中国的有关西方解剖生理学的专著是由邓玉函草译、毕拱辰润色的《泰西人身说概》。

《秦西人身说概》是邓玉函在瑞士巴塞尔大学教授包因(Caspard Bauhin)著的《解剖学论》基础上编译而成。《泰西人身说概》分上下两卷,上卷采用的是陈述的方法,分骨部、脆骨部、肯筋部、肉块筋部、皮部、亚特诺斯部、膏油部、肉细筋部、络部、脉部、细筋部、外面皮部、肉部、肉块部、血部。下卷采用问答体,内容包括总觉司、附录利西泰记法五则、目司、耳司、鼻司、舌司、四体觉司、行动及言语。按照现代解剖生理学的分类,此书涉及的内容有:运动系统、循环系统、感官系统、神经系统

---

① 参见范行准:《明季西洋传入之医学》,上海人民出版社 2012 年版,第 122 页。

等内容。

《泰西人身说概》刊印后有一定的流传和影响，清初学者刘献廷，清中叶医学家王学权、王升、王士雄以及学者俞理初、姚衡、郑复光，都曾阅读并引用过该书。

另一部较有影响的人体解剖专著是《人身图说》。由罗雅谷译述，龙华民、邓玉函校订，包括两部分内容：一为《图说》，二为《人身图五脏躯壳图形》。此书包含 21 幅人体图：血络图、脉络图、筋络图、气喉图、周身正面骨图、周身背面骨图、正面全身图、背面全身图、下腹去外皮图、下腹去皮膜见血脉二络图、胃正面图、胃反面图、下腹大小肠图、胆胞图、血脉二络正面图、血脉二络背面图、小便源委图、膀胱外阴图、子宫图、男女分别肢分图、下腹后面图。

此书相对于《泰西人身说概》而言内容增加了不少，增加了消化系统、排泄系统、生殖系统的内容。特别是有比较多生理功能的介绍，例如关于血液循环系统的介绍，就比《泰西人身说概》要详细得多。

康熙二十九年（1690），康熙皇帝命法国传教士白晋和巴多明进宫讲解人体解剖学。他们引用 17 世纪法国著名解剖学家韦尔内（Guichrd Josephdu Verney）、戴尼（Dienis）的著作，以及丹麦解剖学家、哥本哈根大学教授托马斯·巴托林（Thomas Bartholin）的《新的普遍观察》，编译成满文的讲义，附有大量插图，康熙皇帝传旨将讲义及插图整理缮写，并装订成册，共计 9 卷。内容有解剖、血液循环、化学、毒物学和药物学。巴多明称此书为《按血液循环理论及戴尼斯发现而编成的人体解剖学》，此书引用的原著代表了 17 世纪欧洲医学界的新潮流，康熙皇帝定名为《钦定格体全录》。这部满文讲义稿当时分抄 3 部，一部藏北京文渊阁，一部藏畅春园，一部藏于避暑山庄。

8. 中国医家对西方医药学的研究与应用

传教士们介绍的西方医药学和解剖学知识也引起了中国医药学家们的兴趣，其中有一些人进行了相关的研究，并将其吸收到中国传统医药学中。但是，总的来说，这一时期西医的传入对中国传统医药学的影响并不很大，远没有达到晚清时代那样对传统医学形成的巨大冲击。

清代医学家王宏翰是受西医药学影响比较多的中国医家，被称为"中西医汇通第一人"，范行准称他是"中国第一接受西说之医家"。① 王宏翰，字惠源，号浩然子。初习儒，博通经史，天文地理，无所不精。适值西方医学传教士来华，王氏信仰天主教，且因母病，又攻读医学。常以儒家性理之说，结合西医之学，互相发明，是较早期的中医汇通派医家，其所著颇多，于医史、药物、临床等方面，均有著述。他的著述有《医学原始》11 卷、《四诊脉鉴大全》9 卷、《性原广嗣》6 卷、《古今医史》7 卷、《续古今医史》2 卷等。

王宏翰很早就与西学有所接触。其祖父出身"明经老儒"，并深受徐光启的影响，还收藏了不少西学书籍与测量仪器，是一位赞同引进西学与天儒会通的士大夫。王宏翰在年轻时与传教士汤若望、南怀仁等有所接触。同时，王宏翰阅读过许多西学书籍。

徐海松指出："综合考察王宏翰的学术成就，可以发现他与西学的接触和了解是全方位的，他不但热衷于西方宗教神学，而且也专注于东传的西方哲学和科学，仅从他传世的几部著作中即可显现，他对明清之际入传的西方科学所有重要领域几乎都有涉略，而对西方天文地理学等则有一些独到的见解，尤其在他擅长的医学领域，更是成为清初实践会通中西医学的第一人。"②

在王宏翰现存的著作当中，《医学原始》和《性原广嗣》两部最为重要。《医学原始》是王宏翰医学思想的代表作。他以奉教儒士的立场，容受西学立足传统，力图博采西学著述融入传统中医，于康熙二十七年（1688）撰写了一书。王宏翰在《医学原始》的序言中自述医学思想的渊源，公开表明所受西学之影响，并在其书中多处征引高一志《空际格致》、艾儒略《性学觕述》、汤若望《主制群征》以及其他西方传教士的著作。王宏翰认为医不知经络，犹夜行灭烛，所以一脏一腑之下，详论经络脉穴起止，并列病源，对每经之正侧细图，奇经八脉之奥秘，周身腧穴及针灸补写之法，都一一详加描绘论述。在他的著述里，中医理论常加西医学说，阐明病源、病理、施诊方案。王宏翰比较大胆地接受西方医学的种种观点，面对西方医学与传统中医的抵触之处，王宏翰力图折中两者，使其在理论上完美结合。他认为西方恩比多立倡导的"四元说"，与我国的五行说略有相似之处，他就利用太极阴阳之说与之相汇通。王宏翰对

---

① 范行准：《明季西洋传入之医学》，上海人民出版社 2012 年版，第 19 页。

② 徐海松：《清初士人与西学》，东方出版社 2000 年版，第 157—158 页。

西医知识的论述，远非停留于引述观点这一表层，而是努力探索中西方医学知识能够结合的合理契机。尤其在处理具体矛盾时，以自身的中西学识，对两者做了尽可能周到的权衡。因此，在中国医学汇通史上，王宏翰被誉为我国早期大胆接受西方医学，并勇于尝试汇通中西方医学的代表人物。

王宏翰的另外一部重要著作《性原广嗣》，成书于清康熙三十年（1691），是王宏翰生前的最后一部著作。此书秉承《内经》的理论体系，众采李东垣、朱丹溪、李时珍等著名医家之论，崇尚古论而不拘泥于古论。书中提出人的生命之根，在于元湿元火的理论，阐明了男女房事及胎儿形成的根本道理，指出妇女怀孕后，及早进行胎教的必要性，分析了不孕不育的机理，对胎儿出生前后及妇女孕产期的疾病诊疗、处方也作了一一论述。书中的观点除了继承中医传统体系外，还接纳了西方医学的解剖生理学理论，是一部对临床实践有指导意义的著作。

医学家王清任，字勋臣，也对当时传入的西医有一定的了解。王清任约20岁习医，他认为"业医诊病，当先明脏腑"，深感了解脏腑情况对医生的重要。王清任在历经42年"亲见百余脏腑"的基础上，撰成《医林改错》，绘制人体脏腑图25幅，纠正了千百年相沿的许多谬误。《医林改错》2卷，约有1/3篇幅为解剖学内容。他发现了颈总动脉、主动脉、腹腔静脉及全身血管之动静脉区分；描述了大网膜、小网膜、胰腺、胰管、胆总管、肝管、会厌及肝、胆、胃、肠、肾、膀胱等的形态和毗邻关系。范行准认为《医林改错》意味着"明季西洋医学传入后的一个变动"[1]。梁启超高度赞扬《医林改错》"诚中国医界之极大胆的革命论"[2]。

---

① 范行准：《明季西洋传入之医学》，上海人民出版社 2012 年版，第 244—245 页。

② 梁启超：《中国近三百年学术史》，商务印书馆 2011 年版，第 422 页。

第二十八章

西方哲学艺术文化在中国的传播

明清之际来华的传教士，特别是耶稣会士贯彻"学术传教"路线，在中国传教的同时向中国宣传、介绍西方科学知识和技术，引进先进的科学仪器和武器，对中国科学技术文化的发展起到了很大的促进作用。不仅如此，他们还向中国介绍西方的宗教哲学、伦理学、逻辑学和语言学思想，介绍和引进西方的音乐、美术、建筑等艺术文化，把西方人的审美情趣和审美意境带到中国，部分地影响了中国哲学、艺术文化的发展。这也是他们贯彻"学术传教"的一部分，是他们大规模在中国传播西方文化的一部分。

一 西方哲学和伦理学在中国的传播

1. 对托马斯·阿奎那哲学的引述和介绍

西方天主教经过一千多年的发展，形成了比较完备的神学理论和经院哲学。早期中世纪思想家多是对基督教的圣经、信条加以阐述，或对文献、经籍的一些段落进行注释。到 11 世纪，神学命题日益以问题的形式提出。在回答这些问题时，人们将正反两面的理由或意见列举出来，然后加以分析，得出结论。当时称这种方法为辩证法。这种学问学以解释《圣经》为目的，但采用了希腊哲学中的哲学原理来解释神学理论。经院哲学是史上一种特有的哲学形态，是运用理性形式，通过抽象的、烦琐的辩证方法论证基督教信仰，为宗教神学服务的思辨哲学。

来华耶稣会士所带来的中世纪经院哲学主要包括三个方面的内容：

（1）传统的形而上学 上帝存在，灵魂不死，意志自由等等。

（2）基督教神话：创世纪，乐园放逐，受难与复活，天堂与地狱，最后审判等等。

（3）灵修，教义问答：祈祷文，日课，崇修与礼节等等。

在西方哲学史上，对上帝的证明是一切经院哲学的核心，来华耶稣会士也在中国宣传了这样的经院哲学。罗明坚的《天主实录》是第一部宣传基督教教义的中文著作。也开篇就提出了天主的存在问题。利玛窦在《天主实义》开篇中认为，国不能有二主，天地间也应如此，以此类推，便引出了天主问题。这样利玛窦就把中世纪神学的论证与中国传统政治伦理结合起来。

　　耶稣会士在论证上帝的存在唯一性时基本上采用了经院哲学的论证方法和原则。罗明坚在《天主实录》中对天主存在作了 3 条论证。在此以后，随着对中国文化的了解，他们的论证更为周密，也更为中国化。利玛窦在《天主实义》中从 5 个方面论证了上帝的唯一存在性，基本上沿用托马斯·阿奎那（Thomas Aquinas）证明上帝存在的五条论证，比较详细地介绍了托马斯·阿奎那的学说。

　　在西方哲学史上，托马斯·阿奎那占有非常重要的地位。托马斯·阿奎纳是欧洲中世纪最重要的经院哲学的哲学家和神学家，死后被教廷封为天使博士（天使圣师）或全能博士。他作为经院哲学的主要代表人物，创建了一整套庞大、系统的经院哲学体系，使天主教神学哲学化，这有助于天主教教义的传播，并为巩固罗马天主教廷的统治提供了理论依据，这对于中世纪后期西欧社会、文化的演进产生了深刻的影响。另一方面，作为西方哲学发展进程中的一个重要环节，对后世哲学的发展发生了重要影响。阿奎那一生勤于著述，写作了大量的神学、哲学著作。其中较为重要的著作有《神学大全》《反异教大全》《亚里士多德著作注释》《神学问题讨论》等。其中《神学大全》是一部用天主教观点说明自然和社会一切问题的中世纪神学世界观的百科全书。其特点是努力把亚里士多德哲学与天主教神学调和起来，构筑起一个庞大的经院哲学体系。利类思在清代初期将原书近 1/4 的篇幅译成中文，定名《超性学要》。

　　艾儒略在《西学凡》中第一次正面介绍了阿奎那的哲学。他认为西方诸国共有 6 科，其中"道科"就是我们现在理解的西方经院哲学。艾儒略认为这门学问是解决"万有之始终""人类之本向生死大事"的，在西方的地位极高。除了艾儒略的介绍和利类思的翻译之外，其他传教士对经院哲学特别是阿奎那的学说也多有引述和阐释。

2. 对亚里士多德逻辑学的介绍

　　在中世纪基督教经院哲学中，古希腊亚里士多德的哲学被神学化和神秘化，使其成为经院哲学的绝对权威。因此，在传教士介绍的神学和经院哲学中，也对亚里士多德的学说做了比较多的介绍。方豪指出："西方古哲亚里士多德的学说，在明末很多传教士的著作中，都曾零零碎碎的加以介绍，但有4部书是专门介绍亚氏学说的：一是毕方济'口授'，徐光启'笔录'的《灵言蠡勺》，是讨论灵魂学的。二是高一志'撰'，卫斗枢、段衮、韩霖等'同校'的《修身西学》，是有关伦理学的。另两部是傅泛际'译义'，李之藻'达辞'的《寰有诠》和《名理探》。《寰有诠》属于宇宙学，《名理探》即今所称理则学，旧译论理学，或音译为逻辑学。"①

李之藻1623年与葡萄牙籍传教士傅泛际合作翻译《名理探》，由傅泛际译义，李之藻达辞。这部书达辞艰深邃奥，李之藻与傅泛际反复琢磨，字斟句酌，整个译述过程持续了3年之久。徐宗泽说：这本书"译笔非常简净，有信、达、雅三长"②。

李之藻之所以要翻译《名理探》，其中的重要原因就是为了矫正明末那种空疏的学术气氛。《名理探》中说："名理探之向，有远近二界焉：设明辨之规，是近向界，循已设之规，而推演诸论，是远向界。"这就是穷理的归纳与演绎的两大方法。李天经认为西方的科学和逻辑有助于恢复程朱理学的"实学""实行"的精神。

亚里士多德是形式逻辑的创始人，形式逻辑的主要内容，如同一律、矛盾律、排中律、判断、判断形式、三段论等，都是由亚里士多德首先规范的。经院哲学家以亚里士多德的形式逻辑为工具，主要是利用亚里士多德的《工具论》中的"范畴篇""解释篇"从概念到概念，用抽象概念的定义、区分、排列和组合的方法，特别是用三段式的演绎法，来为基督教教条和教义作辩解，并使这些教条和教义系统化。《名理探》的原本即1611年在德国科隆城首次出版的科因布拉大学耶稣会士哲学讲义的拉丁文本《逻辑学》一书，全称《斯大琪里人亚利斯多德辩证大全疏解》，分上下两编，上编五公论、十伦论，下编论三段法，是各家关于逻辑问题的论述及对亚里士多德命题——三段论的解释。原书共30卷。这部书是欧洲中世纪融合了亚里士多德逻辑体系的经院哲学的代表作品之一。

---

① 方豪：《中国天主教史人物传》，宗教文化出版社2007年版，第146页。

② 徐宗泽：《明清间耶稣会士译著提要》，上海书店出版社2006年版，第148页。

《名理探》全书 20 多万字，计 10 卷，初刻于 1631 年，为西方逻辑著作从译述方面介绍到中国的最早的一部。《名理探》只是原本的第一分册，也即原本的序、导论和亚里士多德《范畴篇》及注解（相当于现在一般逻辑书中的绪论部分）。前五卷的"五公"论讲概念的种属关系和它的五种特性，解释的方法是按 4 世纪波菲利所述亚里士多德范畴概念的"五旌"之说"宗、类、殊、独、依"，即今所谓"属、种、种差、固有属性、偶性"的注释来分析的。后五卷的"十伦"是以亚里士多德范畴为纲，"立体、几何、互视、何似、施作、承受、何居、暂久、体势、得有"，即今译的"实体、数量、关系、性质、动作、遭受、地点、时间、状况、综合"，以经院学者的辩论写成。这些基本都属于亚里士多德的本体论思想。

《名理探》把握住了亚里士多德逻辑的精髓和本质，把亚里士多德逻辑介绍到了中国。此书深刻地揭示了西方原典中所体现出来的西方思维方式和哲学思想，认为逻辑学是揭示全人类共同思维规范的学问。尽管人类的语言体系不同，语法语义也有较大差异，但是对于逻辑这个基础学科和工具学科来说，却是人类共同的学问。《名理探》把这个研究思想的思想工具介绍到中国，在逻辑史上可以说是一项有意义之举。《名理探》对于书中比较难以达意之处给予适当的注释说明，对于读者理解原文的意思提供了便利。

《名理探》是继玄奘翻译印度《因明》以后异域逻辑输入中国的又一次尝试，也是西方逻辑学第一次系统地输入中国，它使中国人对西方逻辑学有了部分了解。由于传统的积习已深，未能引起当时知识分子的广泛重视。然而，《名理探》的影响在逻辑史上却是相当持久的。它为中国留下了一批逻辑名词，如以直通、断通及推通来译概念、判断与推论；以明辩、推辩来译释演绎、归纳；以致知、致明、致用来译科学、理论、实用，至今看来在达辞方法上仍很有科学意义。此书同在其之前玄奘翻译的《因明》，和在其之后严复翻译的《名学》，成为中国逻辑发展史上的三大界碑。

3. 对西方伦理学的介绍

耶稣会士在宣传介绍西方宗教哲学的同时，也宣传介绍了西方伦理思想和观念，特别是基督教的伦理思想。谢和耐指出："入华传教士们于 17 世纪初叶，所取得成功的最肯定的原因之一，是他们出版的伦理学著作以及讲授数学知识。"①

传教士的著作中，有不少涉及伦理学思想的内容。如利玛窦的《交友论》《天主实义》《二十五言》和《畸人十篇》中，都有一些关于天主教伦理的论述。利玛窦之后，庞迪我的《七克》在传播西方伦理学方面影响最大。高一志所著《修身西学》和《齐家西学》，也是传扬基督教伦理的著作。卫匡国写有《述友篇》，用西塞罗、塞内格和斯里巴尼著作的片段编辑而成。雍正四年（1726），耶稣会修士巴多明克安译述的《德行谱》刻行，该书是西方古圣贤达尼老各斯加的传记，该书提供了宗教伦理修德的范例。此外，1729年法国传教士殷弘绪著述的《忠言逆耳》，也在传播宗教伦理思想上有所贡献。

传教士在传播西方宗教伦理思想中，兼有世俗伦理观念，是西方伦理学早期传播的一个主要特点。如《天主实义》是利玛窦宣扬天主教神学的代表作，也是他融合儒家和天主教教义于一体的重要著作。在书中，利玛窦引用大量中国先哲的名言和西方古代哲学及神学大师的警句来发挥以自然法则和理性为出发点的道德观念。如在"人性和自我修身"方面，利玛窦试图对天主教所谓"原罪"说和儒家的"性善说"加以调和。

在明末清初西方人文类知识及相关知识的传播中，高一志具有非常突出的地位。高一志的《修身西学》《齐家西学》和《治平西学》三书，合称"西方义礼之学"，介绍了亚里士多德的政治学和伦理学说。《治平西学》首次专门介绍了西方中世纪有关政治和法律认知等方面的知识，其中就有对亚里士多德政体论内容的介绍。《修身西学》是一部系统、规范的西方中世纪伦理学译著，刊于1630年，共10卷。书中从西洋哲学分类的角度谈道德修身的作用及其重要性，已明显具有了伦理学的意义。该书更多的是从伦理规范的角度，告诉人们应该怎么做，不应该怎么做，来宣传基督教伦理思想。

徐曼认为，西方伦理学思想著作在中国受到了欢迎，获得了士大夫一定程度的接纳，其影响是多方面的，主要表现在人性问题、生死问题、忠孝问题、修身问题、交友问题5个方面：

（1）人性论。入华传教士在人性论上给当时的中国思想界提供了两种完

---

① ［法］谢和耐著，耿昇译：《中国与基督教——中西文化的首次撞击》，上海古籍出版社2003年版，第124页。

全异质的思想，一是德性理性和实践理性之分，二是善是意志。西方伦理学强调善与恶是由意志决定的，如利玛窦所说的善恶"俱由意之正耶"就是这个意思。

（2）生死论。基督教崇尚"轻生崇死"的幸福观。生死问题是基督教伦理学中一个重要内容，也成为传教士们向中国文人传播基督教哲学和文化时的重点。利玛窦在《天主实义》和《畸人十篇》等译著中详细介绍了基督教哲学的生死观，宣扬现世是苦难的，来世必将是幸福的，死亡就是从苦难走向幸福的转折点，对死亡的默想与沉思是生活在现世之人提高自己道德的必要条件。这种生死观补充了普通中国人的精神追求，丰富了中国存在的生死伦理观。

（3）修身论。对自身道德的要求，对教内戒律的遵守，是基督教伦理的一个重要方面。传教士努力将基督教的修身理论向儒家的修身理论靠拢。他们清晰地勾画出了西方中世纪修身理论的本体论基础和道德原则，为中国知识分子提供了一种新的道德修养的模式。传教士所介绍的修身论宣扬上帝的意志就是人间道德规范的源泉，是人们道德行为的标准。

（4）齐家论。传教士将西方基督教家庭伦理介绍到中国，引起较大反响的伦理问题一个是孝，一个是一夫一妻制。基督教伦理原则强调：爱天主和爱人如己，这与中国以血缘为基础的仁爱思想是相冲突的。而传教士提出的一夫一妻制、女人丧夫后可以再嫁的观点也引起了很大的反响。

（5）交友论。传教士宣传的"友谊至上"的伦理思想打破了儒家的"等差之爱"的观念，包含了将个体置于伦理中心的思想。"以德报怨"体现了基督教的泛爱思想。①

4．利玛窦的《交友论》

《交友论》是利玛窦到中国以后写作的一部很有影响力的著作。利玛窦在到南昌时应建安王之邀所著。《交友论》是利玛窦辑录自古希腊罗马以至近代哲人的格言名句而成，所引欧洲典籍20余部。这当中包括苏格拉底的《律息斯篇》、西塞罗的《论友谊》、奥古斯丁的《忏悔录》《论交友》等书的内容。

---

① 参见徐曼：《论西方伦理学在中国早期传播的特点及影响》，《河南大学学报》2008年第5期。

所以有人认为利玛窦的这部著作"可称作是最早译成中文的欧洲古典文学选集"。

《交友论》的百条格言中除了少数涉及宗教外，大多数都是从世俗人伦的角度来陈述友谊之道的，主要讲述了友谊的重要性、交友的态度、交友的必要性、朋友的判定和国家间的友谊等内容。《交友论》体现了利玛窦的伦理观。利玛窦一边宣扬"友谊之道"为西方固有，一边肯定中国传统友谊观的存在，他指出《论语》开篇的"有朋自远方来，不亦悦乎？"正是这一点很好的体现。他还进一步指出明朝当时朋友关系沦为五伦之末是一些文人士大夫忘掉孔子教导的结果。所以，在《交友论》中，利玛窦不断地运用传统的儒家五常（仁、义、礼、智、信）的观念来唤起明朝士大夫对友谊的再次重视。这一方面说明了利玛窦在传教策略上的细心，另一方面反映了他对中国传统文化的了解。

利玛窦以格言体例来编译《交友论》，其表述形式在客观上却是暗合于晚明士林非常走红的清言小品文。除了友道的主题具有轻松有益的好处而被人乐于接受外，文体的适时也促成了它的传播。至于在思想内容上，诸如交友的基础、交友的作用、交友的方法这些话题对于以立会、结社为时尚的晚明士林，无疑是最受欢迎的。

利玛窦的这部《交友论》刊印后风行一时，在中国士大夫中广为流行，所论交友态度，赢得众口称赞。《交友论》此后又多次再版，并被编入多种汉语丛书，如李之藻的《天学初函》、陈继儒的《宝颜堂秘笈》、冯可宾的《广百川学海》、屠本浚的《山林经济籍》、吴从先的《小窗别记》等。

5. 卫匡国的《逑友篇》

在利玛窦的《交友论》问世后半个世纪，又有卫匡国撰写了一部相似题材的作品《逑友篇》，进一步论述西方有关的伦理学思想，在伦理道德领域深化了儒家思想与基督教教义之间的融合，同样在中国士人阶层产生了很大影响。

据兰溪教徒祝子坚记载，卫匡国于1647年经过浙江兰溪玲严时，和他谈论交友的道理，随后讲授5天，由他笔录，著成《逑友篇》2卷。据卫匡国自己说，以前他就知道先驱者利玛窦辑撰过《交友论》，但认为《交友论》阐述得还不够深刻、广博，现在他要将交友问题继续提出来，重新论述。

意大利汉学家白佐良（Giuliano Bertuccioli）指出："《述友篇》和《交友论》书名相似，但内容则不完全相同。利玛窦只限于翻译某些古典哲学家和神学家所著书中的一些段落；而卫匡国则自由地引述他们的论点，还不时加进自己的评论和观点。"① 卫匡国的评论和观点，主要是从天主教伦理出发，以"交友"这一话题来宣传天主教伦理的基本思想。为了体现交友的德性来自上帝，讲究交友之道在于认识上帝的思想，《述友篇》有 8 条格言直接引述《圣经》或者归之于"天主""上主"的启示。

在卫匡国看来，交友的学问属于形而下，因此需要学习。书中卫匡国对何为"真友"、交友的规范作了阐释。《述友篇》渗透了一些西方观念，但其精神实质仍然以儒家思想为指归，体现了对中国传统的强烈依赖。

《述友篇》受到中国士人的欢迎和赞誉。清人张安茂在《述友篇》的序言中说：卫氏"所著述友一编，则曲立善交之方，克尽物情之变，其言足以垂训善俗，为世楷模"。

6.《七克》对天主教伦理学的宣传

庞迪我所著的《七克》是一部系统介绍天主教伦理学说的著作。韩国学者金胜惠指出："《天主实义》着重向中国人传入基督教的上帝观念，《七克》则着力于自我修养的伦理学主题。结果是两书互补，深受东亚知识界的重视。"②

天主教的"七克"工夫，针对的是"七罪宗"。七罪宗是早期基督教隐修院的修士们对人所犯的罪的归类，后在圣大格列高利的推动下，其影响遂延拓到世俗生活中。在不同的神父，以及不同的时期，七罪宗的排列顺序常常是有所不同的。庞迪我所著《七克》，即在此传统上铺衍而成。《四库全书总目·子部·杂家类存目二》对《七克》题解说："其说以天主所禁罪宗凡七：一谓骄傲，二谓嫉妒，三谓悭吝，四谓忿怒，五谓迷饮食，六谓迷色，七谓懈惰于善。迪我因作此书，发明其义，一曰伏傲，二曰平妒，三曰解贪，四曰熄忿，五曰塞饕，六曰防淫，七曰策怠。"

---

① ［意］白佐良：《卫匡国论友情与他的其他中文著作》，"卫匡国与中西文化交流国际学术讨论会"（1994 年 4 月）的论文。

② ［韩］金胜惠：《对〈七克〉的研究：基督教修养观与新儒家修养观的早期交汇》，《世界宗教资料》1993 年第 1 期。

《七克》是一本通过将善恶对举来改过迁善的劝善书。庞迪我的《七克》以劝善书的形式来向晚明社会传达天主教的修持理论。《七克》除序引外，共分7个部分。每个部分讨论"七罪宗"之一项，首先标明该项罪宗及其表现，其次指出祛除此罪宗的方法，再次是讨论与该罪宗相对治的美德，最后陈述如何成其德。

天主教伦理学认为形成道德判断的依据是惩罚。"益报归我"，这只是正面的鼓励。倘若人不以上帝的意志为意志，做了恶，那将要承受的就是来自反面的惩罚。惩罚与鼓励，驱使世人避恶行善，而此两种力量实质上只是同一回事，它的思想实质就是因果报应。《七克》整个著作所传达的天主教伦理学关于人的道德判断的依据，一方面是服从上帝的意志，另一方面就是因果报应。庞迪我在《七克》中，非常有意识地张扬因果报应的观念，且直接针对着儒家对因果报应的轻视，以及厘清天主教这一观念与佛教的区别。庞迪我认为，一切的受恩不是来自世俗中与自己发生现实关系的人，而是天主，因此，报恩的对象自然也应该是天主。由于应该感恩的真正对象是天主，所以对现实中人的施善就不必要有针对性，而只需"周急"便足够了。这里，人的情感维度是趋向超现实的上帝，不是现实中的众生；而现实的施善是出于客观的"周急"，它应该是根据理性的判断，并不具有感情的色彩。

天主教关于人的道德判断的依据，除了服从外，惩罚也是一个基本的意识定向。益报观念支撑着天主教关于人的伦理行为的取舍。这说明，天主教伦理学在指导人于现实生活中的行为时，虽然依据的是排除了情感因素的客观需要，但却又通过由此行为所引起的结果来满足人的情感需要。现实生活中的祸福，只是一种相对性的存在，真福真祸，只能在盖棺以后才能论定。益报不是体现在人的现实生活，而是体现在人的后世。这样，既坚持了人们的上帝福善祸淫的信念，又回应了来自现实生活中客观而广泛存在着的行善无福、作恶长乐的事实的挑战。因此，天堂地狱的后世报应在天主教伦理学中便成为不可或缺的一环，任何轻视天堂地狱的观念是天主教无法接受的。

《七克》所宣谕的天主教伦理学的核心是上帝，但是在具体的道德修养上，起点却必然要落实在人自身。《七克》是一本劝善书，它的根本目的，是为了让人努力地去道德实践。《七克》的整个架构，是建立在对天主教认定的七罪宗的克服形式上的。所谓罪宗，是指足以引起其他罪的罪因。《七克》在七罪宗的名下，归类性地罗列了人的各种过错性行为。道德实践就是人们的改过行为。庞迪我所介绍的改过方法分两部分，首先是改过，然后是积善。虽然这两者实质上是一回事，改过的过程即是积善的过程，但落实在具体的道德实践上，毕竟是表现为对立的两种方式，诚如庞迪我在《七克·自序》中说："人生百务，不离消积两端。凡所为修者，消旧积新之谓也。圣贤规训万端，总为消恶积德之籍。"[①]

二　西方音乐在中国的传播

1. "古翼琴"与《西琴曲意》

西洋音乐的传入是从葡萄牙人到澳门开始的。晚明王临亨在《粤剑篇》中记载了澳门教堂的管风琴和古琴，他说："澳中夷人器用无不精凿，有自然乐、自然漏、制一木柜，中笙簧数百管，或琴弦数百条，设一机以连之。一人扇其窍则数百簧皆鸣，一人拨其机则数百弦皆鼓，且疾除中律，铿然可听。"

在《利玛窦中国札记》中，利玛窦说在肇庆教堂内的西洋乐器吸引了很多中国人。利玛窦到北京进献万历皇帝的礼品中，有一架欧洲的"古翼琴"。这架钢琴是17世纪意大利制造的一种长方形琴身的庆巴罗古钢琴，进贡时名为"铁弦琴"，又称西琴、雅琴或72弦琴。

利玛窦进献的古钢琴引起了皇帝和宫廷的注意。据《利玛窦中国札记》记载，4名在皇宫负责演奏乐器的太监奉皇帝之命来见神父，要求学习弹奏古钢琴，以便来日在御前奏此乐器。利玛窦在南京时，曾嘱咐庞迪我跟精通音乐的郭居静学习弹琴。到北京时，庞迪我已经掌握了弹琴的技巧。于是庞迪我去给学习弹奏古钢琴的太监们上音乐课，这4名太监还正式向庞迪我行了拜师礼，而且在行拜师礼的同时，也向这台古钢琴行了礼。这4名太监应该

---

① ［西］庞迪我：《七克·自序》，（明）李之藻辑：《天学初函》（第二册），台北学生书局影印本1964年版，第709页。

是我国有文字记载的最早的钢琴学习者，而庞迪我则成为中国宫廷中的第一个外籍音乐教师。音乐课持续了一个月，4 名太监每人学会了一首乐曲，太监们很希望传教士能为他们演奏的乐曲配上歌词，于是利玛窦利用这个机会用中文编写了 8 首歌词，并辑成册，以中文命名为《西琴曲意》。利玛窦原稿记为 "Canzona del manicordio di Europa voltate in lettera cinese"，其中 Canzona 是 13—17 世纪意大利流行的一种较为通俗的抒情诗，16—17 世纪又成为意大利器乐曲的重要体裁。

关于《西琴曲意》的由来，利玛窦本人在《西琴曲意》的"小引"中作了说明：

> 万历二十八年，岁次庚子，窦具贽物，赴京师献上，间有西洋乐器雅琴一具，视中州异形，抚之有异音。皇上奇之，因乐师问曰："其奏必有本国之曲，愿闻之。"窦对曰："夫他曲，旅人罔知，惟习道语数曲。今译其大意，以大朝文字，敬陈于左。第译其意而不能随其本韵者，方音异也。"①

利玛窦撰写的《西琴曲意》是以教会道理为内容，字句自由的汉文韵语诗。关于《西琴曲意》的影响，利玛窦回忆说："这些歌曲非常受人欢迎，许多文人学士都要求神父送给他们歌曲的抄作，并高度赞扬歌中所教导的内容。他们说，这些歌曲提醒皇帝应该以歌曲中所提到的品德来治理国家。为了满足对歌曲抄本的需求，神父们把它们连同其他一些曲子用欧洲文字和汉字印刷成一本歌曲集。"②

利玛窦生前已有西洋乐器与音乐传入中国。利玛窦去世时，北京的教士为利玛窦治丧，即以大管琴和其他乐器伴奏。

到崇祯朝时，汤若望奉命修理 40 年前利玛窦进献的古钢琴，并制作新琴。借此机会，他还撰写了一本中文的《钢琴学》，后附赞美诗旋律一首作为练习谱例，不过该书已失传。汤若望同时还进献了一件水力推动的乐器。清

---

① ［意］利玛窦：《西琴曲意》，朱维铮主编：《利玛窦中文著译集》，复旦大学出版社 2007 年版，第 241 页。

② ［意］利玛窦、［法］金尼阁著，何高济等译：《利玛窦中国札记》，上册中华书局 1983 年版，第 410 页。

顺治时期，汤若望在北京宣武门建立新教堂并安装了管风琴。

2. 进入宫廷的西方音乐家

利玛窦向万历皇帝进献乐器和《西琴曲意》，说明西方音乐最初在中国的传播，除了教堂以外，还进入了中国宫廷。早期来华的传教士一般具有较高的艺术素养，汤开建在《16—十八世纪经澳门进入中国内地的西洋音乐家考述》中考证并归纳，仅此时期有史书记载的音乐家有名者 23 人、无名者 9 人，均是神职人员。明清时期的天主教神职人员中有不少人深受朝廷的赏识并成为皇宫的御用乐师。

到了清代，从康熙皇帝开始，耶稣会传教士南怀仁、徐日昇等人，不但献西洋乐器给康熙皇帝，还为他讲解西洋乐理，教他乐器的使用及演奏技巧。据高士奇所著《蓬山密记》记载，西洋古钢琴在宫中已可仿制，康熙皇帝把古钢琴当做箜篌之再造，宫中已有乐人可演奏古钢琴。

耶稣会传教士徐日昇有很高的音乐造诣，不仅精通西洋音乐，对中国音乐也非常了解。南怀仁向康熙盛赞徐日昇精通音乐，康熙乃派人将其召入北京。徐日昇于康熙十一年（1672）一月来到北京，任康熙皇帝的宫廷音乐教师。据费赖之在《1522—1773 年在华耶稣会士传略及著述提要》一书中介绍，康熙十五年（1676），一次徐日昇、南怀仁与康熙皇帝在一起，康熙皇帝命徐弹奏宫中古钢琴——拨弦古钢琴，并弹奏了中国曲调。每听到中国乐曲，他能够随即记下曲调或用古钢琴进行模仿而毫无差错。康熙皇帝十分赞赏他的音乐才能，赐给两位传教士 24 匹锦缎。康熙三十八年（1699），康熙皇帝下令在皇宫中组建了中国历史上第一个管弦乐团，首席乐师便是徐日昇。乐团其他成员有 1698 年来华的传教士巴多明、颜伯理、南光国等。不久，康熙皇帝令扩大乐团，1717 年来华的葡萄牙传教士石可圣和同年进京的葡萄牙传教士颜家乐（即严嘉禄）以及早已在京的意大利传教士德理格（Theodoricus Pedrini）等都被吸收为成员。

乐团在京师演奏，使康熙朝君臣开始着眼于西方音律乐理。康熙皇帝命徐日昇将西方音律乐理纂著成书。不久，徐日昇著成《律吕纂要》，该书是第一部关于西方音乐理论的中文书籍。

徐日昇于 1708 年在北京逝世。两年后，传教士德理格担任宫廷音乐老师的职位。德理格是继徐日昇之后以精通音乐著名的西洋传教士，其于康熙四十九年（1710）十二月以罗马教皇访华特使多罗的随员身份来华，翌年春入居北京，受皇帝之命担任宫廷音乐教师。

德理格入宫后，先奉命在皇三子、皇十五子、皇十六子殿下前教学弹琴。不久，康熙皇帝不满足于皇子允祉、允禌、允禄仅会弹琴而不懂乐理的现状，命德理格边教皇子弹琴，边讲授西方乐理知识。德理格在宫廷中讲授律吕知识，即为纂修新书的第一步工作。德理格卒后，其《律吕新书》散佚民间。万幸的是，20世纪30年代，方豪在北京北堂中发现了德理格这一遗作。

乾隆皇帝也对西洋音乐及乐器有浓厚的兴趣。他专门邀请几位懂音乐的传教士来清宫，对闲置了70多年的康熙皇帝用过的各种西洋乐器予以分门别类，并对破损的乐器进行修理。这些西洋乐器，除外国使者赠送外，即由康熙皇帝的西洋乐师指导清宫总管内务府造办处的工匠们精心制作。中国第一历史档案馆存清《各作成作活计档》记载："乾隆十六年，西洋人张纯一、席澄源进西洋风琴一架。"据统计，当年武英殿造办处共收贮风琴17架。

乾隆六年（1741）至乾隆十五年（1750），乾隆皇帝命令庄亲王与张照筹办，魏继晋（Florian Bahr）和鲁仲贤（Jean Walter）两位耶稣会传教士指导，组建宫廷西洋乐队，由14名太监组成。乾隆时期组建的西洋管弦乐队所使用的乐器有管风琴、古钢琴、吉他、曼陀林琴、大提琴、小提琴、单簧管、双簧管等西洋乐器。乐队多次为君臣演奏。最可称道的是，该乐队演奏了当时风靡全欧的剧作家皮契克的喜歌剧《赛乞娜》中的全部曲子。

3. 《律吕纂要》与《律吕正义》

徐日昇撰写的《律吕纂要》是第一部中文西洋乐理著作，分上下两篇，系统地向中国介绍了西方乐理，广泛涉及当时欧洲已经通行的五线谱记谱法以及相关的音律、节拍、和声等音乐理论知识。康熙皇帝对用五线谱记录音乐的方法非常赞赏，称其"实为简径"。但《律吕纂要》在当时并没有能够刊印发行，它只是康熙皇帝的学习教材。康熙皇帝阅毕此书后，康熙五十一年（1712）又谕令徐日昇、德理格继续深析西洋音乐音律之内涵。于是，徐日昇、德理格又于康熙五十二年（1713）年编成《律吕正义》。

《律吕正义》是以乐律学为主要内容的音乐百科专著，分上、下编。上编有《正律审音》和《旋宫起调》两章，论述历代有关十二律损益相生之说，总以复古为归宿。该书承认明代乐律学家朱载堉《乐律全书》的管律倍半不相应说，而反对他提出的"异径管律"和"新法密律"（即平均律）理论。下编《和声定乐》一章，详细说明排箫、箫、笛、笙、头管、籁、埙、琴、瑟、钟、磬、鼓、柷、敔14种乐器形制构造的变化和发音的特点。续编《均协度曲》取材于徐日昇和德格里先后传来的乐书，介绍欧洲乐理知识。同时，德里格与徐日昇合编《律吕正义续编》，讲的是内韵度曲部分。它是中国关于西方乐理并注重五线谱编制及用法的第一部专著。

据《清实录》记载，康熙皇帝得《律吕正义》后，甚为感慨，认为中国为礼仪之邦，外夷有之，何以中华独无？遂再谕国人通乐理者，从中国角度，纂著一书，以叙中国古典声乐渊源。不久，此书亦成。康熙皇帝御笔书之曰《律历渊源》，并钦定推广。甚为可惜的是，此书竟不知散佚何处。

至乾隆皇帝登基，西方乐器及乐理继续流行。初年，乾隆皇帝读完《律历渊源》和《律吕正义》后，觉得似有言犹未尽之处，尤其对《律吕正义》所述内容更觉如此。故而谕令曾就学于德理格的和硕庄亲王允禄承办纠正《律吕正义》中的舛误，同时谕令尚书张照"协同考正"。

允禄、张照花费5年时间，乾隆十年（1745）《律吕正义》修订本成书。谈到书成经过时，乾隆皇帝甚是自诩。《律吕正义后编·御制序》说："朕亲加厘定，为器为音，为宫为调，声之高下，节奏之长短，分剖而节比之，合由仍其故，不合则易其辞，更其调。或出自臣工撰述，或出自几暇亲裁，必考义理之原，究制作之本。"乾隆皇帝认为他所"厘定"的这本书，使"自汉魏以迄元明，是非得之故，了然可述"，但他又不能全部否定《律吕正义》的影响，将此书定名《御制律吕正义后编》。

《御制律吕正义后编》120卷，上部为朝廷举行活动时演奏的乐章，既有文字叙述，又详其用乐节次，同时备有歌词、乐谱、舞谱。下部分为5部分：乐器考，各种乐器皆附图，图各有说；乐制考，从上古至明代乐制皆予考证；乐章考，从上古至明代乐章依类胪举；度量权衡考，是为制器定律之本；乐问，以问答形式穷乐之意。其中还保存了当时满、藏、维吾尔、蒙古、朝鲜等民族的乐曲和乐器图。《御制律吕正义后编》的刊行标志着乾隆朝宫廷礼乐的最终形成，是具有里程碑意义的清代宫廷礼乐的经典。

4. 天主教音乐的流传

西洋音乐和乐器在中国的流传，主要是传教士把西洋音乐引进到中国宫廷，并引起皇帝们的兴趣。其实西洋音乐传入中国的时间比这还要早，大约在 16 世纪葡萄牙人到澳门就开始了。葡萄牙人在澳门建教堂，有传教士布道传教，屈大均《广东新语》说："男女日夕赴寺礼拜，听僧演说。寺有风乐，藏革柜中。"此处所说的"风乐"，即今日通用的风琴。最初传入中国的西洋音乐是天主教音乐，最早的乐器是风琴。换句话说，西洋音乐在中国的传播是从天主教音乐的流传开始的。

作为教会学校性质的圣保禄学院，教会音乐的传统渗透在学院生活的点滴中。学院非常重视学生音乐素质的培养，有很多优秀外国传教士在此教授，他们也积极培养本土的音乐家。学院大教堂中有宽敞的唱诗班席位，并装有两座大小不同的风琴。作为教堂音乐的标志性乐器，其与众不同的音色给文人墨客留下了深刻印象。明屈大均的《广东新语》及明万历年间官员王临亨的《粤剑编》都对它有所描述，其华美宏伟、变化丰富的音效足以让第一次听到的人有所震撼。

梁迪《西堂集·外国竹枝词》卷二载有一首诗《西洋风琴》，可谓管风琴赋之佳作。全诗大部分描述了管风琴的形制、演奏法和音效，尤其突出了这种乐器不同凡响的音色。它所表现的复音音乐不同于以单音音乐为主的中国音乐，这足以引起国人的浓厚兴趣。诗中写道：

> 西洋风琴似风笙，两翼参差作凤形。
> 青金铸筒当编竹，短长大小递相承。
> 以木代匏囊用革，一提一压风旋生。
> 风生簧动众窍发，牙签戛击音砰訇。
> ……
> 缑岭秦楼惭细碎，鸾凤偏喜交洪鸣。
> 雄中黄钟雌仲吕，洋洋直欲齐咸韶。
> 他日朝天进乐府，定有神鸟来仪庭。

传教士把西洋音乐带到澳门之后，随即很快传入广州等沿海城市，再进而传播到内陆。特别是北京、南京等清朝统治中心，西洋音乐作为另一种传教手段随传教士得以深入宫廷，深受清初几位皇帝喜爱。

传教士在北京居住起初条件很有限，不过传教工作进展顺利。1605 年 2 月利玛窦在写给罗马的马塞利神父的信中提到，起初他们只在一间简单的小教堂中举行仪式，但教友们都很热情，唱弥撒时还有古钢琴伴奏。1650年，汤若望在京城建立了一座巴洛克式的欧洲教堂即宣武门南堂，这个耸立于低矮四合院中的稀罕洋建筑，使当时的居民络绎不绝地前来参观。教堂中依然使用古钢琴。据魏特所著《汤若望传》记载，新教堂有两座塔楼，其中一个装置了能奏中国曲调的自鸣钟，另一个则装置了管风琴。

康熙年间，徐日昇为南堂建造了当时罕见的欧式钟楼，并安装了一座更大型的管风琴。徐日昇制造的新管风琴完工后能演奏欧洲和中国的音乐，以其洪亮和谐之音调轰动朝野。乾隆年间文学家赵翼造访天主教传教士、钦天监刘松龄等西洋人，在北京天主堂见"有楼为作乐之所，一虬须者坐而鼓琴，则笙、箫、磬、笛、钟、鼓、铙、镯之声，无一不备"（《檐曝杂记》），并且得聆西洋乐曲。乐曲气势宏大，赵翼大为惊叹："万籁繁会中，缕缕仍贯脉。方疑宫悬备，定有乐工百。"（《欧北集·天主堂观西洋乐器诗》）乾隆三十年（1765），朝鲜学者洪大容多次拜访南堂，他详细地描述了管风琴的发音原理。该琴有数十个音管安置在孔列中，运用风箱鼓风原理操纵滑板使音管发音，由手键盘弹奏（文中没有提到脚键盘），最粗的音管发出浑厚的低音，最细小的发音如笙管之声清丽。洪大容想听管风琴的演奏，被告知琴师生病，所以自己被允许简单地按了几下键盘。后来访京的两名朝鲜人金稼斋和李一庵对这件西洋乐器都有记载，他们都或多或少地介绍了它的形制及原理，其迥异于中国乐器的独特音效一直引发起人们浓厚的兴趣。1775年南堂发生大火，徐日昇所造之管风琴毁于此灾。康熙四十二年（1703），康熙皇帝赏赐经费，在中南海湖畔蚕池口建北堂，教堂宏伟华丽，会客厅内有乐器。1888年遵慈禧旨意北堂迁至西什库建新北堂，安装了一台法国产Cavaillecoll牌管风琴，最低音管长16.6米，体形为北京最大，音质为北京最好。樊国梁在《燕京开教略》中记载了这台"巨琴"的风范。蒋友仁神父在他的书信中提到北堂自己培养音乐督导，对唱诗班进行定期的音乐训练，还训练乐师。在那些皈依天主教的中国人中，有一些音乐家，他们也为教会创作一些礼仪音乐。因此在北堂中，除了传教士从欧洲带来的西洋圣乐外，还包括本土中国教友的作品。这些音乐在当时由一支教众所组成的乐队演奏演唱。当时乐队可能每周进行一次排练，在大瞻礼之日，演奏规模盛况空前。在一些仪式中，乐队会同时演奏东西方乐曲。

传教士带来的西洋音乐和乐器引起人们很大的兴趣。清初诗人丁耀亢在《同张尚书过天主堂访西儒汤道昧太常》中在赞赏教堂西洋乐器时称，西洋乐器构造复杂却容易操作，可谓制作精巧，对西乐赞赏有加。乾隆年间李斗《扬州画舫录》也谈到风琴的音乐效果："水乐教成小凤凰，风琴弹出红鹦鹉。"水乐、风琴奏乐效果都很优美，这可看出作者是欣赏西乐的。西洋乐器构造的精妙，受到了吟咏者们众口一词的赞叹。

三　西方美术在中国的传播

1. 传教士带来的天主教绘画

明万历十年（1582），罗明坚带上了若干《圣经》故事书籍、挂图，以及一些介绍世界各基督教国家的书籍前往广东肇庆传教，在通关检查时，广东地方官员发现了一些笔致精细的彩绘圣像画。罗明坚和利玛窦于1583年到广东肇庆开教时，便以西洋绘画作为传教的辅助手段。他们在寓所的中央祭台上挂有圣母玛利亚的画像，当时的中国人对这幅惟妙惟肖的画像印象十分深刻。由于当地的肇庆人误认为玛利亚为天主的夫人之一，利玛窦不久又换上了天主的画像。后来，在韶州和南昌，利玛窦多次向人们出示天主和圣母的画像。这些彩绘圣像画应是最早传入中国的西方宗教油画。

明万历二十九年（1601），利玛窦来到北京，他带来一批西洋方物进贡给朝廷，希冀在北京居留传教。他向万历皇帝进呈的礼品中有三幅画像：两幅圣母像，一尺半高；一幅天主像，较小一些。其中一幅天主像是从罗马寄来的古画，仿圣路伽所画之圣母抱耶稣像，另外两幅则是当时人的作品。万历皇帝和太后瞻仰以后将其锁入内库。

对于利玛窦进呈的西洋画，当时的中国人即有记载，据姜绍闻《无声诗史》说："利玛窦所携西域天主像，乃女人抱一婴儿，眉目衣纹，如明镜涵影，踽踽欲动。其端严娟秀，中国画工，无由措手。"这里所述之天主像，实为圣母像。同时代的顾起云《客座赘语》卷六，也述及利玛窦所携之圣母抱耶稣像，还记述了利玛窦从中西画法差异的角度向中国人介绍西洋画的评论：

"所画天主，乃一小儿，一妇人抱之，曰天母。画以铜板为，而涂五彩于上，其貌如生。身与臂手，俨然隐起上，脸之凹凸处正视与生人不殊。人问画何以至此？答曰：'中国画但画阳不画阴，故看之人面躯正平，无凹凸相。吾国画兼阴与阳写之，故面有高下，而手臂皆轮圆耳。凡人之正面迎阳，则皆明而白；若侧立则向明一边者白，其不向明一边者眼耳鼻口凹处，皆有暗相。吾国之写像者解此法用之，故能使画家与生人亡异也。'"

为了便于万历皇帝了解欧洲君王们的穿戴，利玛窦和传教士还向宫中进呈了一幅油画，上有欧洲各国的君王、教宗、公爵等人物，他们的面貌和服饰都很清楚。皇帝命宫廷画师绘制一幅更大的，色彩更浓的画，神父们在宫中待了3天，专门指导他们工作。

万历三十四年（1606），利玛窦将4幅宣传天主教的雕版画赠与当时制墨名家之一程大约（君房），被程氏收入其编纂的《程氏墨苑》中。《程氏墨苑》是一部明代版画著作，在我国版画上占有重要地位。

对于《程氏墨苑》所载这4幅天主教绘画的意义，王镛主编的《中外美术交流史》指出："《程氏墨苑》中的这4幅木版画所依据的原稿大体可以代表同时期欧洲铜版画水平，刊辑者又精心选择了中国的艺苑高手予以移植复制，这就自然成为中西美术交流初始阶段的重要事例。这一组木版画灌注了中国艺术家力求忠实于原铜版画的热情和匠心，不仅表现在'细如毫发'的对铜版线条的精细描摹与刻制的把握，而且表现于对西方造型艺术法则的各种因素——人物形象、动态的写实特征，人体结构、比例以及明暗和焦点透视处理等等的权衡上。"[1]

康熙十一年（1672），南怀仁在介绍世界地理的《坤舆全图》中对两卷图表作了注释，其中临摹了《世界七大名胜》中海姆斯坎克版画——巨人雕塑罗兹的欢乐画面。据高士奇《蓬山密记》中记载：康熙初年，南怀仁曾用西洋透视画法作画3幅，其副本挂在畅春苑观剧处。康熙十七年，即1678年，利类思也作3幅西洋画呈献给康熙皇帝。利类思还在北京耶稣会公园里举办西洋画展，清廷官员出于好奇前去观看了这个展览，结果大吃一惊，"他们不能想象在一张普通的纸上竟能画出亭台楼阁、曲径小路，如此地逼真，

① 王镛主编：《中外美术交流史》，中国青年出版社2013年版，第102-103页。

乍看上去以为自己的眼睛受骗了"①。由于受到了这种新奇艺术的诱惑，所以康熙皇帝曾下令要求耶稣会给他"派一名透视学专家，连同珐琅术——另一种他所热衷的外来技术的技师一起来"。

1700 年 2 月，教会雇佣的法籍世俗画家杰凡尼·切拉蒂尼（Giovanni Gheradini）到达北京。他在北京的任务是装饰耶稣会北堂，在北堂会客室里，挂有法国国王及诸王子像、西班牙与英国等国国王像，还展示了从法国名著中收集的优秀铜版画。切氏用典型的巴洛克风格装饰北京耶稣会教堂的墙壁与天花板，当时参观教堂的人们看到"他描绘的长方形的柱子，似乎真的从一边的墙延续到桌几后面东边的墙，给人的印象是一组逐渐缩小的等距离的柱子，具有纵深感觉。传教士诙谐地描述：参观的中国人如何用手去摸墙，他们不能相信那柱子是画出来的。当他们抬起头看天花板时，那些按照透视方法描绘出来的巨大空间，那些似乎在天国中漂浮的人物，令他们惊叹不已"②。

传教士在教堂和其他场合展示的西洋画，引起中国士大夫和画家们的浓厚兴趣。郎世宁为教堂绘耶稣圣心像多幅，最精美的一幅曾供于北京东堂的圣心祭台上。

2. 游文辉与倪雅谷：最早的中国油画家

万历十年（1582）利玛窦东来的时候，与他同来的还有一位意大利耶稣会士乔瓦尼。他和利玛窦、巴范济等 8 名传教士到达中国澳门，开始学习中文并传授西洋油画。万历十一年（1583），他应毕方济之邀，为澳门的大三巴教堂绘制油画《救世者》，这是西方传教士在中国绘制的第一幅油画。此后不久，乔瓦尼被派赴日本从事宗教绘画教育，先后在长崎、有马开设绘画学校，传播西方油画。1614 年，日本德川家康下令禁教，乔瓦尼带着他的学生重回澳门，在圣保禄修院设立绘画学校，教授西方油画。这是中国历史上第一所传授西方绘画的美术学校。现存澳门的不少明末天主教油画，多出自乔瓦尼及其弟子们之手。此外，乔瓦尼在澳门培养的油画家有倪雅谷、游文辉、石

---

① 胡兴华：《传教士与明请电西绘画的接触与佳能作（下）》，《美术观察》1999 年第 11 期。

② 苏立文：《明清时期中国人对西方艺术的反应》，《东西交流论坛》，上海文艺出版社 1998 年版。

宏基和冯玛窦。

第一个为耶稣会服务的中国画家是游文辉。游文辉，西名 Manuel Perdra Yeou，1605 年加入耶稣会。他是广东人，1757 年出身于澳门一个基督教信徒的家庭。他 18 岁开始学艺，1593 年至 1598 年间在乔瓦尼所办的美术学校中学习，课程内容包括宗教画技法。1600 年游文辉跟随利玛窦、庞迪我北上，他们于济宁受到漕运总督刘心同及其好友李卓吾的热情欢迎。总督回家后，向夫人讲述在利玛窦船上见了一张圣像，是圣母抱耶稣，总督夫人因此做个梦，她觉得此梦非同寻常，便想派该城的一位画家到船上临摹一张。利玛窦认为恐怕不易画好，而且时间也来不及，便把游文辉复制的一张送给了夫人。

利玛窦逝世后，大家都恳求游文辉画一幅利玛窦神父的肖像，以安慰众人。这幅《利玛窦像》后来由金尼阁在 1614 年带回罗马，至今保存在罗马耶稣会总部。从这幅肖像画的风格来看，它显然受到"圣像画"的影响，说明游文辉已经掌握了源于中世纪宗教画家的油画技法。

倪雅谷是利玛窦身边另一位重要的绘画助手。但是，与游文辉长期伴随利氏的情况有所区别，倪雅谷的主要任务是奔走于南北，绘制中国的教堂壁画。

倪雅谷，字一诚，西名 Jacpues Nivao，1579 年生于日本，其父亲是中国人，母亲是日本人。他早年在日本的耶稣会美术学校跟随乔瓦尼接受教育。1600 年澳门教堂失火，次年他作为传教区的画师到达澳门，但实际上澳门教堂的工事才开始，因此，在那里他仅作过两幅大画，就于 1602 年与李玛诺同来北京。他带来了此后利玛窦送给程大约的那张铜版画《圣母抱耶稣像》。

倪雅谷为北京小型教堂绘制的《圣母抱耶稣像》得到了众人的称赞。利玛窦赞扬说他画得惟妙惟肖，绝不会次于原画。1606 年，倪雅谷受命再赴澳门，为新建的三巴寺教堂作《升天图》，同年圣母升天节，利玛窦根据几位青年修士表现，决定收倪雅谷等 4 人为学生。1607 年倪雅谷到南昌，制作过中国式的彩色木刻"门神"，这类画既通俗价格又便宜，十分利于传教。他还为南昌新建的两个教堂画了耶稣、圣母像。1610 年之后他第二次来到北京，为利玛窦的墓室作内部装饰，壁画上"耶稣坐在一个很华丽的宝座上，天使在上方四周护卫，宗徒站在两旁静听耶稣的讲道"。还帮助李应试制作《两仪玄览图》。1617 年南京教案后，他被迫返回澳门，1638 年 10 月 26 日在澳门逝世。

倪雅谷将主要精力放在装饰教堂上。他第一次北上时，便利用在南京停留的短暂时间为那里一座新建的小教堂装修了圣母祭台后部，饰以小圆柱和遮檐，非常美观。以后他往来于北京、南昌、澳门等地也均为教堂作装饰。在北京，据说有位原来画佛的画家，由于遇见倪雅谷而被西洋画吸引，不仅皈依天主教，还发誓不再画佛教题材。中国人对西方绘画的深刻印象，主要得自一些规模宏大，并装饰有制作精细的大型壁画的教堂。倪雅谷曾在多处仿照西方样式绘制过天顶藻井以及飞翔的天使，正是这些"诡异"之物，使得涌入教堂的中国信徒被深深打动。因此，倪雅谷的来华不仅为利玛窦完成了教堂艺术，而且也为西方美术在中国的传播起了普及作用。

3. 艾儒略与《天主降生出像经解》

艾儒略的《天主降生出像经解》是晚明一部极具影响力的宣教书，其内容来自四福音书的耶稣生平事迹，形式为晚明流行的版画连环画。此书以中国人喜闻乐见的图像和语言，以中国人所熟悉的传播媒介，向来自各个阶层的教徒和教外人士直接传教，不仅体现了耶稣会"本地化"原则的进一步理解和深化，也体现了天主教传播走向通俗化、大众化的全新尝试。

《天主降生出像经解》是一部木刻版画本福音书。这些木刻版画的蓝本就是前文提到的著名的铜版画册、纳达尔神父的《福音书故事图像》，书中有153幅图版，每幅画都以福音故事为题，有依据福音书而写的说明。这本画册是16世纪晚期和17世纪在耶稣会享有盛誉的一部作品，被视为"耶稣会灵性上和传教事业上的里程碑"。在欧洲的影响非常大，并且传到了印度、亚洲甚至南美洲。这部书至迟在1605年前已传到中国，利玛窦将此画册中的3幅画赠与程大约并刊印在《程氏墨苑》上。1620年，传教士罗儒望委托中国画家董其昌或他的一位学生，以《福音故事图像》为底本，制作了《玫瑰经》中的15个神秘故事的木版画，作为他的《诵念珠规程》一书的插图。"罗儒望出版的版画表现出令人瞠目的强烈的艺术性，尤其令人惊叹的是版画所作的再诠释的原创性。中国读者对这些艺术品的风格易感熟悉，尽管这些作品包含的内容是十分新鲜的。""插图很好地再现了董其昌的风格。"①

---

① ［意］柯毅霖著，王志成等译：《晚明基督论》，四川人民出版社1999年版，第248页。

艾儒略选取了《福音书故事图像》中的 63 幅图画，将它们改造为 57 幅中国式的木刻版画，并于 1635 年将这个画集以《天主降生出像经解》为名出版。全书的每幅画上方均有标题、下方有中文注解，大小为 25 厘米×16 厘米。作为一本宣教画册，《天主降生出像经解》极具故事性。50 多幅版画，每一幅都是一个小故事，加上卷头单幅大图《天主降生圣像》，连起来又成为一部完整的连环画作品，全书以图为主、辅以解说，生动形象地描绘了福音书中耶稣诞生、传道和死后复活的故事，跟明末涌现的众多小说演义连环画宛然相类。作为一部木刻版画集，它在形式上采用了顶题上图下文的版式，这种版面安排在明末逐渐式微，但在稍早的通俗小说戏剧插图中颇为流行。艾儒略选择这样的版画版式，既充分考虑了受众的接受能力，也体现了他本人对中国版画连环画业的充分理解和喜爱。英国艺术史家苏立文指出："耶稣会士带来的油画虽然更受人赞赏，可是最终还是书籍的插图和雕版印刷品的影响更广一些，因为这些东西更便于广泛流传，也便于大量复制或被中国的木版雕刻师改作。"①

在对《天主降生出像经解》的画面处理上，艾儒略一方面尊重和仿照了纳达尔的铜版画原作，但另一方面也作了许多中国化的加工。卷头中国版画中的耶稣亦站亦坐，右手半张，微屈拇指、中指和食指，颇似佛教手姿中的"说法印"；左臂拢一十字架，手抱一日月星辰大球，也令人联想到佛教图像中常见的"法轮"或"法珠"；画中耶稣则雍容高贵，神情淡定超脱，双手富有肉感，明显有佛教造像的特征。图的背景部分也富有中国风格，如《耶稣十二龄讲道》中，台阶上的中国庭院化纹饰。又如《濯足垂训》中，原图中的墙壁变成了一个优美的中国屏风，上面绘有明朗的山水，风格与原画迥异。

《天主降生出像经解》是耶稣会使用艺术和艺术品作为传教手段的一个经典范例。由于西方绘画技法在透视、阴影与色彩等方面与中国传统绘画有很大区别，尤长于立体感，因此当时中国人见到传教士展示的宗教画时，往往震惊于其栩栩如生的效果。光绪十三年（1887），耶稣会江南主教倪怀纶将艾儒略的一些作品汇集成 8 卷本《道原精萃》在上海慈母堂出版，内附大量木

---

① ［英］苏立文著，朱伯雄译：《东西方艺术的汇合》，《美术译丛》1982 年第 2 期。

刻版画插图。《道原精萃》重刻了《天主降生出像经解》，并将之作为《天主降生言行纪略》的插图，然由于"世代迁移，枣梨散毁"，艾氏原作已不可寻，因此只能直接仿自纳达尔的原铜版画。由此亦可见《天主降生出像经解》在耶稣会中的影响力。

4. 郎世宁：进入宫廷的西方画家

一批西方传教士画家进入清宫，他们将中国传统绘画技艺融入其西洋绘画之中，致使这一时期清朝宫廷绘画之风格有所改变，形成新的画体和画风。大约从清康熙后期起，那些擅长绘画的传教士以他们的绘画技艺，成为中国宫廷画家的成员，影响了中国绘画艺术的发展。这批具有专业素质的传教士画家就成为这一时期西洋艺术在中国的主要传播者。其中主要代表人物有意大利传教士马国贤、意大利耶稣会士聂云龙（Giovanni Gherardini）、意大利耶稣会士郎世宁、法国耶稣会士王致诚等。

马国贤在清宫服务了13年，正是他开创了中西绘画结合之路。马国贤在清宫的身份实际上是御用画师，他的绘画并不完全是自由的，他必须考虑自己的绘画是否能令康熙皇帝满意，这就使他必须面对如何处理西方绘画和中国绘画两大传统的问题。马国贤早期创作的一些人物和风景画作品，如《桐荫仕女图屏》《各国人物屏》《通景山水屏》等，在一定程度上借鉴了中国画的手法。马国贤精于雕、琢、绘、塑，深为康熙皇帝所重。

马国贤将西方的铜版画制作技术介绍到中国。他来华前并未制作过铜版画，只是有些基本的了解。到中国后，他自己动手制作了相关设备，多次试验后成功掌握了镌刻铜版的技术。1713年，康熙皇帝让马国贤主持印制铜版《御制避暑山庄三十六景诗图》，马国贤因而成为中国镌刻铜版画的创始人。马国贤在镌刻铜版时糅入进了西洋绘画的手法，他的铜版画是中国绘画艺术与西方版画雕刻艺术的一次完美结合。同时，他也积极培养一批中国神职学员，并辅导他们学习宗教画，这些学生以殷若望、谷文耀、黄巴桐、吴露爵等最有名。

康熙朝以后，在清王朝服务的西方传教士画家有郎世宁（Joseph Castiglione）、王致诚（Jean-Denus AttiRet）、艾启蒙（Ingace Sichelbarth）、潘廷璋（Joseph Panzi）、安德义（Joannes Damascenus Salusti）、贺清泰（Louis de Poirot），被称为"六大宫廷洋画家"。

在这些人中，郎世宁是自晚明西洋绘画传入中国以来最有影响的传教士画家。郎世宁1707年加入耶稣会。年轻时受过较为系统的绘画技法训练，为教堂画过耶稣像和圣母像等宗教题材画。郎世宁于康熙五十四年（1715）到达北京，乾隆三十一年（1766）在北京病逝，在中国生活时间长达51年，历经康雍乾三朝，创作了近百件反映清中前期社会文化生活的作品。

从雍正元年（1723）开始，郎世宁便以绘画为雍正皇帝服务。圆明园扩建工程基本完工之后，雍正皇帝开始驻跸圆明园，御园听政。为了对园内的殿堂进行装饰，他命郎世宁绘制了大量的室内装饰画。

早在乾隆皇帝登基之前，郎世宁便与他有了联系，为他绘制过精美的图画。乾隆皇帝继位之初，郎世宁又为他绘制了多幅图画。其中最重要的一幅画，是他与唐岱、沈源合笔绘制的《圆明园图》。这幅图充分展示了圆明园的美丽景色，深得乾隆皇帝的欢心。

在长达数十年的清宫内廷的艺术生涯中，郎世宁既作油画，也使用中国画工具，按照西洋画法作中国画。所画人物、肖像、花鸟、走兽，均重视明暗、透视，注意解剖、结构，形成精细逼真的画面效果，受到皇帝的重视和赞许，被乾皇帝隆誉为"写真无过其右者"。郎世宁的早期画风保留了典型的西洋画法，后来为了适应中国皇帝的欣赏品位，逐渐糅入中国画技法，具有中西合璧的特色。《太师少师图》是郎世宁油画中"融合中西画法，自成一格"的典范之作。画作纵301厘米，横492厘米，在画面的左下角有"臣郎世宁恭画"6字一行，以楷体书写，款下钤二印。该画表现的内容是：大小狮子若干出没于树林山石之间。形象生动，造型准确，构图明暗较强烈，富于立体感。狮子及树木的画法完全是用西洋画的手法，画面上笔触清晰可辨，部分地方用油色较厚重，高出纸面，假山石虽用油绘，但却有中国传统绘画山石的造型。

据清宫档案记载，郎世宁多次为皇帝、皇后及嫔妃画像，如《乾隆朝服像》《弘历岁朝行乐图》《弘历射猎聚餐图》等。他绘制的乾隆皇帝，皮肤白皙柔润，眼睛炯炯有神。他画的弘历从阿哥时代至45岁一系列"御容"肖像，以精妙的艺术手法表现了一个端庄、安详、威严的英主形象。他绘制的皇后、嫔妃脂粉浓丽，但不妖艳。在美国博物馆中，藏有一张郎世宁绘制的乾隆皇帝、皇后与11位妃子的肖像，画名是《太平之治，存乎一心》。在这幅画的背后，还隐藏着一个有趣的故事。由于郎世宁经常绘制宫廷帝后生活的图画，因此可以接近皇帝的各位嫔妃。有一天，乾隆皇帝突然问郎世宁："汝看她们谁最美？"郎世宁回答："天子所幸皆美。"皇帝又问："昨日你见到的妃子当中谁称汝意？"郎世宁答："我没有看她们，我在数陛下殿内的花瓷砖呢。""多少块？""30块。"于是皇帝命太监去数，结果证明郎世宁说对了，才避免了杀身之祸。后来，皇帝命他画一幅横卷，画上皇帝、皇后和所宠爱的11位嫔妃。这幅画共"御览"3次，一次是画完之后，再次是乾隆皇帝70寿辰时，最后一次是乾隆皇帝归政那天。乾隆皇帝最后一次览毕，命太监把画封存在匣内。

郎世宁的绘画题材颇为广泛而多变。他的油画、水彩风景画、历史风景画以及战争画等，大都具有意大利古典主义的画风和表现手法。他在一生中为清廷宫苑、行宫绘画了大量的人物画、风景画、花鸟画、年节画、扇画、珐琅画等等。据《清宫廷画家郎世宁年谱》可知，郎世宁在清宫51年中，不仅创作了内容丰富、数量惊人的绝画名品，而且以其众多的传世珍品丰富了中国与世界的艺术宝库。据记载，郎世宁传世作品有百余件，分别收藏于世界各地。《太师少师图》《乾隆抚琴图》《嵩献鹰枝图》《万树园赐宴图》《马术图》《弘历平安春信图》《弘历哨鹿图》等名作均藏于北京故宫博物院。由于郎世宁的绘画融贯中西、自成一格，加之后乏传人，所以以上作品均弥足珍贵，历来备受艺术家和收藏家的青睐，学者对此也多有赞誉。

乾隆皇帝对郎世宁的作品和艺术造诣也十分欣赏。乾隆皇帝登基伊始，每日必去画室观看郎世宁作画。而身为宫廷画师的郎世宁，则将乾隆一生中的大事都一一入画，笔触挥洒自如，景色生动逼真，他的画曾长期悬挂于乾隆皇帝的私人书房"三希堂"。由此可见乾隆皇帝对其之褒爱。乾隆三十一年（1766）郎世宁在北京病逝，终年78岁。丧礼倍极哀荣。乾隆皇帝特下谕旨，追赐侍郎衔，并赏银300两为其料理后事，还亲撰墓志铭，以示对这位高年教士的永远怀念。其遗体葬于北京阜成门外的外国传教士墓地内。

5. 其他"宫廷洋画家"

法国传教士王致诚是深受乾隆皇帝喜爱的另一位西洋画师，来华前已是一名职业画家，至今欧洲许多博物馆还陈列着他的作品。王致诚于1738年来到中国，加入北京法国耶稣会传教团，成为乾隆、嘉庆时的宫廷画家，以

《三王来朝》一画赢得了乾隆的赞扬。他逐渐适应了自己作为帝王画师的角色，先后创作了人物画 200 多幅。他擅长人物、肖像、走兽，《十骏图册》画乾隆皇帝的 10 匹骏马坐骑，采用西洋画法，笔法工细缜密，造型准确，姿态各异，骏马的皮毛极富质感，而树木坡石则采用中国传统笔墨技法，与骏马协调一致。王致诚的绘画作品流传下来的极少，《石渠宝笈》只著录了《十骏图册》一件，他是我们了解王致诚的绘画面貌和艺术成就的唯一实物。

郎世宁、王致诚等人长期为清廷服务，绘制了大量的精美作品。题材有描绘帝后、大臣、少数民族上层首领的人物肖像画，表现帝后生活的宫廷生活画，记录当代重大历史事件的历史纪实画，供装饰、观赏用的山水、花鸟画等。此外还有一些表现历史及宗教等题材的作品。

乾隆十八年（1753），厄鲁特蒙古杜尔伯特部首领车凌、车凌乌巴什、车凌孟克带领属下归顺清朝。次年，乾隆皇帝在热河避暑山庄隆重接待"三车凌"，封王晋爵，赏赐金帛，并连续多日在万树园为"三车凌"举行盛大宴会，欢庆活动达 10 日之久。为了用图画记录下这一历史事件，王致诚奉命赶往避暑山庄进行创作，并为"三车凌"等 12 位首领画像，共画油画 12 幅。那些王臣看到自己的画像时很兴奋。钱德明在一封信中讲到这个故事，他说："据说这些鞑靼人因为很少见到自己被如此地复制于画布上，故对此赞叹不已。当他们看到画布上的某个人物有点像谁时，会彼此开起玩笑来。但当某个人物完全被画好时，他们则会显得极为着迷。"①

乾隆时期宫廷绘画艺术发展的一大盛事，是制作反映乾隆皇帝战功的系列铜版画。乾隆皇帝为表现自己历年来南征北战、平定边疆的"十全武功"，采取以画记史的方法，让宫中画家制作了 8 套共 98 幅铜版画。这些铜版画是传教士画家和中国画家的集体之作，郎世宁、王致诚、艾启蒙、潘廷璋、安德义等都参加了创作。西洋铜版画在中国的传播由此达到了高潮。

当时首先创作的是《乾隆平定准部回部战图》（又称《乾隆平定西域得胜图》）。1762 年，乾隆皇帝命郎世宁起草该图小稿 16 幅，随后几年内，由郎世宁、王致诚、艾启蒙、安德义 4 位传教士画家共同完成了正式图稿。乾

---

① ［法］杜赫德编，耿昇译：《耶稣会士中国书简集》第 6 卷，大象出版社 2005 年版，第 38 页。

隆皇帝对这些图稿非常满意，在每幅画前均御笔题诗，并决定将它们送往欧洲制作成铜版画。乾隆二十九年（1764）十一月五日，经多次协商，这批图稿先后分 4 批送往巴黎。当时的法兰西皇家艺术院院长马立涅（Marigney）侯爵亲自过问此事，法国著名的雕刻家柯兴（Charles Nicolas Cochin）负责雕版工作，勒巴（Le Bas）、圣多本（St Dubin）、布勒佛（B. L. Prévot）、德劳内（N. de. Launay）等都参加了刻版制作。1773 年，16 幅铜版画各 200 张，连同铜版原版全部运回中国。这套铜版画从起稿到最后完工，历时 11 年。组画全部完成送抵中国时，参与起稿的郎世宁、王致诚二人已先后去世，未及见到成品。

6. 一时之盛的郎世宁画风

康乾时期，一批中国宫廷画家跟随西方传教士画家学习西方绘画技法，对中国绘画艺术的发展产生了很大的影响，并形成了中西绘画艺术交融汇合的趋势。

康熙年间中国绘画吸收西洋画法最有影响的作品是焦秉贞的《耕织图》。焦秉贞在钦天监任职，和传教士多有接触，从而对西洋绘画有了较多的了解。焦秉贞所画花卉精妙绝伦，其山水、人物、楼观之位置，自近而远，自大而小，不爽毫发，系采西洋画法。康熙皇帝曾对焦秉贞运用西法作画，颇有好评。1689 年，康熙皇帝南巡，见到南宋楼璹所画的《耕织图》刻本，就指令焦秉贞根据这套刻本重新创作一套《耕织图》。他奉诏绘《耕织图》46 幅，村落风景，田家耕作，曲尽其致。作品中的人物大多按近大远小的原则来安排，不同于传统中国画按人物身份高低安排人物大小的习惯，在空间处理上，也把人物放在一个真实的空间中，以人物为中心营造空间，建筑大小也考虑到人的尺度，甚至不惜牺牲建筑空间的完整性。由于《耕织图》刻本流传很广，对清代民间绘画如天津的杨柳青和苏州的桃花坞版画都产生影响。《耕织图》超越了《程氏墨苑》中对西方绘画的简单复制，是将西方透视观念融合于本土艺术的一次成功尝试。

焦秉贞的弟子冷枚，也是清廷画院中融合中西画法很有成就的画家。冷枚也在康熙朝画院供职，工仕女，深受师傅影响，也参用西法作画，擅画楼阁界画，合乎西洋透视图法。其活动年代约在 1696—1718 年间，在此期间绘制《仿仇英汉宫春晓图卷》《中秋玩月图》等，曾协助其师焦秉贞绘制《耕织图》,参与《万寿盛典图》的创作,重要作品还有描绘承德行宫全景的巨幅风景画《避暑山庄图》。这些创作,奠定了"焦冷画风"在宫廷画院中的地位,对后世产生了很大影响。"焦冷画风"是以西洋画法画中国画,即以中法为主体而参用西法,焦、冷绘画中的透视处理是在中国传统的正面平行法的基础上,与西方透视的一种"涵化"。而在以后的郎世宁在宫内教授的"新体画"是用西洋画法画西洋画,即西方为主而参用中法,其透视处理更符合透视的"原义",更显"正宗"。

明末清初以来,在中华帝国官方画坛上逐渐占据主导地位的是以董其昌为代表的"松江画派"及它的后续——以四王(王时敏、王鉴、王翠、王原祁)为代表的"娄东画派"。也许是对当时画坛到处充斥"四王"这个单一的艺术趣味的厌倦,从康熙朝就开始命宫廷画师焦秉贞、冷枚师徒跟随西洋传教士南怀仁学习西洋画法,下谕召入西洋画家效命清廷,等等。但康熙时期在艺术的根本价值取向上还是没有游离"四王"的艺术思想范畴。从雍乾年间起,或许对日益泛滥的"四王"艺术更多的视觉疲劳,皇帝开始对西洋绘画予以更多的关注。乾隆时,西方绘画艺术尤其是油画更是备受青睐,被广泛地用作宫廷装饰艺术。

郎世宁、王至诚等人来到中国后,面对中西两种截然不同的绘画,为将两种不同的绘画形式融合在一起进行了长期的探索,创造出了一种融合中西的"郎世宁海西新体"绘画。这是一种中西画法相结合的折中主义新形式,是以郎世宁、王致诚为代表的西方画家为适应中国人的欣赏习惯和宫廷的需要,接触中国的纸、绢、笔、墨和砚,综合了中西绘画不同的观察方法和表现方法的绘画风格。中国新体画以变通透视和明暗画法来适应清宫"古格"和"雅赏"的需要,是用西洋画法画中国画。雍正五年(1727),郎世宁画《聚瑞图》,标志着郎世宁绘画技巧与艺术风格的转变,也标志着中国新体画的初步形成。郎世宁画的《八骏图》等作品,用西方的透视学原理,将画面视角诸线汇集于一点,在二维平面上绘出真实的空间,画中的八匹骏马在三维的景色中,显得格外生动。他画的册页《仙萼长春图册》中16幅作品,如《谷花稷穗图》《桃花图》《牡丹图》《紫白丁香图》《菊花图》等,把中国工笔花鸟的技巧与西方强调光线明暗的写实主义结合在一起,突出了花卉立体感,层次分明、娇嫩可爱;画中的鸟雀如真实的活物,跳跃在画面,栩栩如生。郎世宁的绘画被尊称为"清画院的新体",成为清朝宫廷画院主要画派之一。

郎世宁新体画的酝酿、形成和发展,都是在中国皇帝的倡导、庇护和推动之下完成的,"郎体"在内廷的推广和发展也正反映了中国皇帝的绘画观、审美观。王致诚在一封信中说到皇帝对他们绘画创作的要求和影响。他写道:

> 我可以说,我必须忘记自己过去所学的技艺,我还必须学会一种新技艺以符合该民族的情趣。这样一来,我必须用四分之三的时间,在玻璃上作油画,或者是在丝绸上作水墨画,也画树木、水果、飞鸟、游鱼、各种动物,很少画人物肖像画。皇帝与皇后的图像画都是在我到来之前,由我们的以为叫做郎世宁的意大利画师所画。此人技艺高超,我现在每天都与他在一起。我们所画的一切,都是奉皇帝钦命而作。我们首先绘制草图,他亲自御览,再令人对此修改和重新造型,一直到他觉得满意为止。①

郎世宁不仅自己勤奋作画,创作了数量众多、题材广泛的绘画名品,而且向中国画家传授西画技艺,为清廷培养了一批兼通中西画艺,又各有独特专长的宫廷画家。在清朝内务府的档案中,有中国人丁观鹏、王幼学、张为邦、伊兰泰等画油画的记录,他们后来都颇有成就,其中,伊兰泰即是郎世宁的学生中较为优秀的一位。郎世宁培养的这些弟子的作品往往都具有明显的西洋画风格,其中丁观鹏的《十八罗汉图》、陈枚的《耕织图》等都是流传于世的名画。当宫中御用的最后一名传教士油画家贺清泰在 1814 年故去之后,清代宫廷油画的发展主要是靠传教士画家训导出来的中国画家来薪火传续。

在清宫画家中,郎世宁始终处于备受尊崇的核心地位,很多大型绘画都是先由郎氏起草画稿,经皇帝允准之后,再分给他的同事和弟子们绘画;或是以郎氏之画为中心,配以中国画家的山水、花鸟。杨伯达认为,郎世宁在中国绘画史上的贡献可概括为两点:其一,郎世宁是清朝内廷"线法画"的创始人,他将西方绘画中的透视学引入了中国绘画。其二,郎世宁是融合中

---

① [法]杜赫德编,郑德弟、朱静等译:《耶稣会士中国书简集:中国回忆录》第 4 卷,大象出版社 2005 年版,第 300 页。

西画法的新体绘画的创始人和推动者。他"以西法为主，适当参酌中法"的画法，与明清之际受西画影响的曾鲸、焦秉真、冷枚等中国画家的那种"以中法为主、西法为用"的画法完全不同，从而形成了独特的"郎世宁新体绘画特征"，即风靡清廷的"郎世宁画风"。①

随着雍正、乾隆时期的院画发展，郎世宁的这种"折中主义"新画体影响日益增加，并逐渐形成了清宫院画的主要格调之一。从"郎世宁画风"的产生、形成直至最终衰落整个过程来看，其几乎伴随清朝的康雍乾盛世，在清宫画苑独领风骚达 60 余年之久；从明清之际西画东渐的整个历史来看，没有哪个时候能像"郎世宁画风"时代云集那么多的西洋画家，拥有那么多受西洋绘画艺术影响的"西画学生"或言"新型画家"，创作那么多中西合璧的绘画艺术品。

郎世宁画风的风靡与清朝皇帝的欣赏和支持分不开。正是康熙时期，将西方传教士画家引进宫廷，而乾隆皇帝更是对于这些画家的创作给予了很大的支持和鼓励。不仅如此，他还创作了许多涉及洋画的御制诗，表达了他对这些画作的欣赏，据考，乾隆皇帝非常欣赏郎世宁绘画的写实与逼真，其御制诗中多次表达了这种赏识，如"凹凸丹青法，流传自海西""我知其理不能写，爱命世宁神笔传""写真世宁传，绘我少年时"等等，可见乾隆皇帝对郎世宁绘画的喜爱。但是，乾隆皇帝对于郎世宁的绘画也并不是一味地赞美，反而经常提出要求令其改进。如他一针见血地指出"似则似矣逊古格"，就是明确道破了郎世宁绘画神韵风采上的不足。

7. 年希尧的《视学》

清代宫廷画师年希尧，字允恭，一作名允恭，字希尧，安徽怀远人，隶汉军镶黄旗。由笔帖式，累官广东巡抚，工部右侍郎，雍正四年（1726）授内务府总管，管理淮安板闸关税务。他任景德镇督陶官的 9 年，以制瓷得名，管景德镇厂务，故当时称为"年窑"。其器多蛋青色，洁白莹素，兼有青彩、描银、暗花、玲珑诸种巧制，仿古无一不精。他精于绘画，工画山水、花卉、翎毛，代表作品有《古今画史》《三万六千顷湖中画船录》等。年希尧着重于对西方数学的传播推广和实际应用。清代《畴人传》称它"以西人测算之

---

① 参见冯克诚：《清代绘画史》上，中国文史出版社 2005 年版，第 274 页。

切要者，摘录堪布"。

年希尧在北京时与郎世宁相识。年希尧向郎世宁学习了透视知识，并且从他那里得到一本讲透视法的书，爱不释手。有学者研究，这部著作可能是意大利人波梭（Andrea Pozzo）于1693年出版的《建筑绘画透视》一书。他以原著为基础，加入自己的见解，并补充了大量的图形，写成了《视学》一书。

雍正七年（1729）《视学》出版之后，年希尧从源溯流，又多次与郎世宁讨论交流，对西方透视学理论又有深入的认识。又经6年的努力，于雍正十三年（1735）再版《视学》。在再版《视学》的序言中他深知需要用透视学原理才能达到精确的目标，否则"相赏于尺度风裁之外"，若欲精确度量，使图样成为工程施工的依据，则仍应师事西法。

雍正十三年再版的《视学》全部木刻精印，全书132页，不分卷，也不分章节。第1页至第5页是初刊和重刊的序言，第6页是绘制透视图的工具图，如圆规、丁字尺之类。第7页至第95页是透视图例和说明，第96页至132页是投影图例和说明。全书图样绘制精致，幅面安排合理，文字部分为详细阐述作图的理论及方法。

《视学》一书最精彩的部分是图形。图形分为两大类：直观图（立体图）和平面图。直观图从画法原理上看又分轴测图和透视图，平面图分二视图和三视图，其原理和现代工程制图完全一致。中国古籍中也有立体图和平面图的画法，始于东汉，现在能看到的如北宋时期《武经总要》的兵器图、《新代象法要》中的天文仪器图、《营造法式》中的建筑图等，而且画得越来越好，但是总的来说还比较粗糙，缺乏透视原理的说明，因而显得不够科学。因此，年希尧的《视学》中所论图学理论，几乎涉及图学各个方面，其透视学原理有量点法、双量点法，以及截距法和仰望法，在中国是前无古人的；在世界上也堪称早期画法几何的代表作。

《视学》包含大小图形共187幅。其中前30幅和后面的3幅，经前人研究，知道其翻刻于意大利波梭的《建筑绘画透视》；中间和后面的59幅带有序号的图形为年希尧所绘。此外还有95幅图形，有学者研究认为，这些图形应该与郎世宁有密切关系，或是郎世宁或是其学生们的作品，它们应当是郎世宁提供给年希尧的。

8. 西画东渐对文人画的影响

明清西画东渐之际，正值由明末"松江画派"代表董其昌倡导的所谓"文人画"与"四王"为代表的"娄东画派"驰骋中国画坛之时。董其昌和"娄东画派"多对西洋绘画艺术采取排斥的态度。但也有一部分士大夫，面对明清之际源源不断的西画东渐之潮，尤其是康雍乾时期日趋强盛的西画东渐之风，没有像"四王"为代表的正统文人画家那样对东渐之西画坚决排斥、竭力诋毁，而是部分地吸收西洋绘画艺术，巧妙地融入自己的绘画艺术创作之中，在继承中国画传统的基础上形成自己的特色，并且创造了较高的绘画艺术成就。

邹一桂，字原褒，江苏武进人，生于康熙二十年（1688），雍正五年（1727）进士，改庶吉士，授编修；后被授云南道监察御史，又转礼科给事中、湖北巡抚，最终在乾隆中期迁太常寺少卿、礼部侍郎、内阁学士。由于邹一桂热心于绘画活动，在任京官期间实际上是等于宫廷的兼职工笔花鸟画家，以注重师法造化著称于乾隆朝的美术界。他的《百花图卷》很受乾隆皇帝赞赏，皇帝还为这件作品题写了 100 首绝句，成为当时轰动画坛的一件大事。

邹一桂花鸟画受到西画风格的影响，其崇尚自然与忠实写实的绘画艺术情趣与西画推崇的"传真写影"有着同工异曲之妙。

与邹一桂同时代的另一位部分吸收西洋绘画艺术的高级官僚士大夫和花鸟画家，就是蒋廷锡。蒋廷锡，江苏常熟人，康熙八年（1669）出身于艺术风采甚盛的官宦世家，自小喜爱琴艺书画，受常州画派创始人恽寿平的影响甚深。康熙初年恽寿平及其花鸟画成就已名闻大江南北，但其主要活动限于江南。蒋廷锡入仕后，将此新画风引入宫廷，甚受青睐。但蒋廷锡中晚年的花鸟画却有变。康熙六十一年（1722），54 岁的蒋廷锡作《熬汉千叶莲》，是对宫中御花池之重瓣莲花的写生。其画花卉部分虽仍有常州画派的风味，但颇为强调阴阳分染，笔墨工整，已近刻画，色泽较恽氏画风艳丽。画花瓶的填染亦甚浓重，画瓶座更具有西洋的透视法（与郎世宁的《聚瑞图》很相似），木质瓶座的质感量感相当写真，与往常之作异趣。全幅看来，已经受西洋绘画相当程度的影响，与蒋氏往日的文雅韵味全然不同。同时期蒋廷锡创作的另一幅作品《山羊图》也带有西洋画趣。《山羊图》是件巨幅之作，画中一只长鬣山羊站在松岗与流泉间，松树泉石之画法是中国传统式样。但该画中的山羊具有明显的西洋画风，设色浓重，用笔工细，对于动物身体筋肉的表现，善用块面立体关系来处理，不似一般的中国画家所画的，文臣画家更不可能走这种画风。据有关专家推测，该画也作于康熙晚期，此时西洋画家郎世宁已经入宫，与蒋同朝为僚，因此蒋之绘画有西洋画之痕迹也就不足为怪了。中晚年的蒋廷锡不仅在花鸟画艺术作品中融入西洋之风，而且在他的作品中直言不讳地说到了学西画，今存有蒋廷锡所画《牡丹》扇面，自题为"戏学海西烘染法"。

江南画家吴历，号渔山，墨井道人。吴历早年先后跟随王鉴、王时敏学画，故其早期山水画作品与"四王"笔致一脉相承，追求笔苍墨润的效果。中年始渐变，如上海博物馆现藏《湖天春色图》，是吴历这一时期的佳作。该图整体观之，基本上还是古法写就，但已略有西方的透视技法隐于其中，如图中小路、远坡和远山已有西画中的虚实关系。

在明清之际中国山水画界还活跃着一个独特的画家群体"金陵八家"，或称"金陵派"，他们也或多或少受到了西画的影响。

江南地区的士大夫阶层最先受西画影响的要数福建籍画家吴彬。在 16 世纪最后的年代，他和福建同乡著名的波臣画派创始人曾鲸在南京一带生活作画。恰巧这段时间利玛窦来南京，与南京的官僚士大夫广泛往来。虽然没有确切的证据，可以说明吴彬曾经遇到过一名传教士，或看到过一幅欧洲绘画，但吴彬山水画独特的构图让人看了感觉其有西方绘画透视性质的写实主义印象，这是吴彬山水绘画的最为与众不同的特征。虽然中国山水画在北宋时期曾经发展出了写实主义透视法，但那是多点透视，而且其"对自然的真实写照，仅仅停留在有限地表现这些效果，如水中细微的倒影或是从村庄烟囱中冉冉升起的烟，也许因为它们是短暂与虚幻的现象，属于瞬间即逝的一刻，而不是自然界永恒变化的一部分。这种北宋大师尝试过的倒影以及上升的烟，在吴彬的系列大册页中以更精确的透视法表现出来，这部称作《农闲印象》的作品作于 17 世纪最初的十年"①。

---

① ［英］苏立文：《明清时期中国人对西方艺术的反应》，黄时鉴：《东西交流论坛》第 1 集，上海文艺出版社 1998 年版，第 323—324 页。

9. 曾鲸与波臣画派

晚明画家曾鲸，字波臣，福建莆田人。曾鲸的主要活动地区在浙江杭州、宁波、余姚一带，曾寓居南京。曾鲸在历史上的地位最主要是他开创了影响海内外的"波臣画派"。

"波臣画法"与传统画法不同的不是用粉彩渲染，而是用淡墨渲染出阴影凹凸。这种烘染数十层，皴擦无数次的画法，尽管千层百笔，必须浑然一体，没有丝毫的痕迹，而且很富有立体感，其"所取得的凹凸效果是从表现的对象本身结构出发的，并没有拘泥于西画按固定光源所采取的明暗法"①。在曾鲸的传世作品中，《王时敏小像》图轴颇为有名，此图作先勾出清晰的墨线，再用淡色渲染。衣褶随笔而出，落笔遒劲流畅，点睛生动，神采如生。但作品中曾鲸所特有的凹凸之法尚不明显。最能反映波臣画派代表性风格的是曾鲸作于 59 岁的《张卿子像》图轴。被董其昌、陈继儒称为"奇才"的诗人兼名医张卿子乌巾朱履，左手捻须，意态安详。画像面部先用淡墨多层烘染，再行敷色，赭石中略掺铅粉，耳朵等部位则用较浓的赭色勾提，达到笔墨色浑然一体、形神兼备。

这种会通中西画技法所达到的凹凸效果的新技法，人们也称其为"凹凸法"。而"凹凸法"早在六朝、隋唐时就随佛教艺术传入中国，在中国传统绘画中早就形成了明暗凹凸法。但那时的凹凸法是有线的，是先用笔勾出物象，再依黑线染出立体，最后把墨线隐进墨色中，是一种隐迹显形的画法。这是欧洲绘画传到古印度，又经印度本土民族化后，再传入中国的。而曾鲸的画法，更接近欧洲文艺复兴前期的绘画风格。周积寅认为，"我们如果将明末汤若望画在绢上的宗教画与曾鲸肖像画相比，发现有其类似之处，但汤若望远远不如曾鲸肖像画真实而具有我们自己的民族风格。自唐以后，七八百年与外国隔绝的中国人物画，第二次吸收外来营养，曾鲸实开风气之先，给肖像画开辟了新的途径"②。

曾鲸的肖像画法在当时颇为流行，一时间从学者甚众，影响也很大。据史记载，继承他的画法并留下姓名的就有 40 多人，如：谢彬、金谷生、徐

---

① 周积寅：《曾鲸的肖像画》，人民美术出版社 1981 年版，第 19 页。

② 周积寅：《曾鲸的肖像画》，人民美术出版社 1981 年版，第 19 页。

易、廖君可、刘祥生、沈尔调、张玉珂、陆永、顾宗汉、沈韶、张子游、徐璋、沈纪等，因曾鲸号波臣，遂把这支声势浩大的肖像画派称为波臣画派。其中谢彬当数最得其师衣钵而造诣最高者。谢彬从曾鲸学画，只施寥寥数笔，便神态毕现，眉目传神。他偶尔也画些山水，笔墨间颇有"元四家"之一的吴镇之笔意。曾鲸的再传弟子徐璋则用生纸作肖像，改变了传统用绫、绢、帛等丝织物作画的习惯，这一变革对任颐等人肖像画的创作产生了深刻的影响。在纸上作肖像，徐璋开启了中国肖像画的先河。曾鲸开创的新画法影响了几代人，到了清康雍乾年间曾鲸开创的新画派几乎统治了清代整个肖像画坛，并渗透到了宫廷画院，宫廷画院的画师如扬州人禹之鼎和上海松江人徐璋都深受其影响。

10. 西洋绘画影响的"史贝霖画风"

明清之际西洋绘画艺术向中国的传播，除了传教士带来的天主教绘画和进入宫廷的传教士画家的绘画活动外，还有一个重要的渠道，就是广州作为通商口岸传入的西洋绘画和西洋绘画艺术。自从 16 世纪末开始，一直到 18 世纪，西方各国的大批商船直航广州等口岸，进行商贸活动，中西贸易发展达到了一个高涨的时期。特别是乾隆以后广州的一口通商，使大批欧洲商人在广州活动，他们也把西方的绘画作品带入内地，使许多中国人有机会见到各种西洋绘画。据《粤海关志》记载，在康熙到道光年间，从广州进口的货物中，有"油画""推公洋屏油画""洋画""玻璃镜镶玻璃油画"等项。

大量传入中国的西洋画不仅引起文人学士们的关注，也对广州等地的绘画艺术产生一定的影响。

史贝霖是中国最早以油画著称的画家。他一开始是在玻璃上绘制油画肖像而崭露头角的。玻璃画在欧洲式微的十八世纪，在中国却异军突起成为一个新型的外销艺术画种。现存最早的一幅玻璃肖像画画的是英国船长托马斯·弗瑞（Thomas Fry），上用英文写的标签，署名"史贝霖于 1774 年 10 月画于中国广州"。继此之后现存有他题签的油画人物写生肖像达十几幅，风格上接近英国艺术家阿瑟·戴维斯（Arthur Devis）的样式。十八世纪 70—90 年代，许多由中国人绘制的各种西洋画，大都被归附于史贝霖的名下，被称为"史贝霖画风"。

除此之外，他还作有许多布面油画，是清代由玻璃画转向布面油画的重要代表性画家。在布面上作油画肖像标志着史贝霖肖像画艺术风格的形成和成熟。有学者评论说,史贝霖的转变"意味着清代中国南方油画由玻璃油画迈入架上油画阶段,从而大大加速了清代广州油画发展兴旺的历史进程,为19世纪广州架上绘画及其画家群的出现,起着开拓先行的作用"①。史贝霖晚年的作品,已经摆脱了东方人单纯以线造型来塑造人物肖像的痕迹,达到了与西方画家之作媲美、难分难辨的境地,如《哈斯堪的画像》在他的日记被发现之前人们还以为这是十八世纪晚期美国画家的作品。

　　《乔治·华盛顿》是史贝霖根据美国画家约翰·特鲁布尔所绘油画的彩色铜版画复制而成的,无论是细节、比例、透视,还是整体的色彩效果,都十分逼真,可见中国外销画家掌握西洋绘画技法的纯熟程度。除了复制西洋油画作品外,史贝霖也自己创作写生。《广州法庭内景》描绘了中国地方官员在广州开庭审讯英国"海王星"号商船的水手的场景,事件的背景是英国"海王星"号商船的水手酗酒打死一名中国人,中国官方对其控罪审讯。法庭设在十三行的商馆里,画家采用强烈的光影对比,造成舞台般的戏剧效果。画面中出现了几百人,烘托出审讯场面的庄重威严。

　　"史贝霖画风"一直延续到19世纪20年代。他的一些追随者如奎呱作的《伯内阿·费奇像》,小东呱作的《美国人像》,兴呱作的《海员像》,林呱作的《外国男子肖像》等,表现方法均不出史贝霖左右,带有史贝霖肖像画风格烙印。

　　西画东渐孕育了"史贝霖画风"的诞生。乾隆后期,当西画东渐之风在北京逐渐衰退之际,在南中国珠江口岸的广州民间日益风靡。虽然临仿是清代南方通商口岸油画发展的早期方式,但在此基础上焕发出来的油画创作,奠定了油画在中国南方盛起的基础。

　　11. 钱纳利在广东的绘画艺术活动

　　在广东沿海的商埠如广州、澳门等地,一些西方画家陆续来到这里从事艺术创作活动。18世纪下半叶到19世纪中叶,先后有一批英国、法国、葡萄牙、美国等国的职业画家和业余画家来广州旅游作画。如1785年和1793年,英国海景画家威廉·丹尼尔(William Daniell)及其叔父托马斯·丹尼尔

---

　　① 赵力、余丁:《中国油画五百年》,湖南美术出版社2014年版,第75页。

（Thomas Daniell）先后到广州作画，威廉·丹尼尔于 1786 年创作了大幅油画《广州商馆区》。1811—1812 年间到过广州的英国画家詹姆斯·华生（James Wathen）留下很多广州黄埔风光以及商行花园的图画。1838—1839 年间，法国画家奥古斯特·博尔热（Auguste Borget）在华南地区作画达 10 个月之久，是最早绘画香港的艺术家之一，回国后出版了《中国和中国人》大型画册。他的画被广州的外销画画家们大量地仿制，影响很大。

19 世纪上半叶，英国的画家乔治·钱纳利（George Chinnery）来到广东，在广东居住了 27 年。钱纳利是继郎世宁之后对中西绘画交流产生深远影响的另一位西方画家，同时也是 19 世纪在中国华南沿海居留时间最长，在东方最有影响力的西方画家。

乔治·钱纳利生于伦敦。祖父是位颇具名气的文化人，父亲是业余画家，所以自幼便受到艺术的熏陶。钱纳利 18 岁进入英国皇家美术学院习画，深受以英国画家托马斯·劳伦斯（Sir Thomas Lawrence）和威廉·毕奇（William Beechey）等为代表的"华丽风格"的影响。钱纳利在印度生活了 23 年，为在加尔各答的英国殖民地社会（东印度公司）上层绘制大量流行的肖像。1825 年，钱纳利为躲债离开印度，前往澳门。此后，他在澳门以鬻画度日，直到 1850 年病逝。

钱纳利在广州居住过几年。来华的商人、各洋行的大班，以至广州十三行的行商，都是他的主顾。其中他为怡和洋行行主伍秉鉴所画的画像被送往英国皇家美术学院展览，被视为钱氏的杰作之一，模仿此作品极多。他绘画了大量描绘濠江风物的写生素描及水彩画，大多技巧纯熟，生动感人。在他的笔下，我们可以看到百年前濠江淳朴的疍家渔民生活、闹哄哄的街头食档、流动的街头理发师、浑身是劲的打铁匠、摩肩接踵的市集、瑰丽璀璨的妈阁庙、醉人的南湾夕照、古老的教堂……这些作品，不仅仅是优秀的画作，还是述说历史的极其珍贵的图像文献。

钱纳利在澳门、广州、香港等地创作了大量的水彩、油画和速写。他的作品可以分为三大类：一类是以澳门的社会生活，尤其是以华人平民生活为主的写生稿；第二类主要是以澳门、广州、香港的地志风景、名胜古迹等为题的油画、水彩创作；第三类是中外商人、旅行家和濠江渔女的油画肖像等创作。

钱纳利的艺术成就突出地表现在他绘制了数以万计的写生稿。这些即时性、原创性的作品犹如 19 世纪前期澳门社会生活的百科全书，生动地记录了那个时代澳门千姿百态的社会生活。现存钱纳利所绘的以澳门地志风景、名胜古迹等为题材的油画创作有《濠江渔歌》《南湾海岸》《晨曦中的澳门南湾风光》《南湾全景》等等。

12. 流行一时的"钱纳利画派"

钱纳利对中国油画的发展具有举足轻重的促进作用，他将 19 世纪英国画风带入中国，在华南一带广为传播，影响了许多中国本土油画家。一批中国西画家和澳门土生葡人、西方侨民在钱纳利的亲授或直接、间接影响下得以提高并成长起来，珠江三角洲地区的西画风格因此大变，流行钱氏传来的英国学院派画风，该画风被称为"钱纳利画派"。

受钱纳利影响最大的，莫过于他的学生林呱（原名关乔昌）。1825 年 9 月，当钱纳利踏足澳门时，他的朋友费龙在自家花园为他构筑了画室，并配备了助手为他收拾清洗画具，这名助手就是后来叱咤广东油画艺坛的名家林呱。林呱于 19 世纪 20 年代为钱纳利绘制了写生肖像，尽管这幅肖像画得比较拘谨，但由于林呱把握住了人物结构、性情神态和明暗对比关系，作品显得扎实传神，具有钱纳利肖像画风范。林呱创作了一系列以澳门风土人情为主题的人物风景画。例如香港艺术馆所藏的油画《渔民烧火图》，整个作品构图、色调、戏剧般聚光用色，受光面厚重斑驳的笔触肌理，与钱纳利的《濠江一渔船及渔娘》十分相似，但人物活动、情节气氛明显不同。诸如此类的林呱作品还有美国老东方艺术馆收藏的《渔村晚照》。这种临仿与创造变通，可以说是以林呱为代表的中国画家演绎出来的中西绘画交流的一种特殊形式，因此对 19 世纪中后期粤、港、澳三地的西洋画画家有很大的影响。林呱的众多油画肖像，包括他的两幅自画像艺术品质之高，足与西方油画家媲美，英国旅行家唐宁记叙林呱时说："他曾经是住在澳门的钱纳利的学生，受了钱氏的训导，足以使他按欧洲人的式样完美地作画。……大多数外国人花得起钱请林呱给他们画肖像，因为他们认为请中国人为自己画肖像，带回祖国会有格外价值。"① 此外，林呱还擅长艺术经营，不

---

① 赵力、余丁：《中国油画五百年》，湖南美术出版社 2014 年版，第 76 页。

仅在广州设有画肆，19 世纪 40 年代又在香港开设画店，拥有粤、港、澳三地来华的欧美艺术消费者。

林呱的弟弟庭呱（原名关联昌）亦是直接受到钱纳利影响的中国西画家。庭呱不但擅长作中外人物肖像画，而且还以水粉、水彩港埠与船舶风景画见长。

受钱纳利画风影响的画家还有新呱和煜呱。新呱是一位活跃于 19 世纪中后期的风景画家，他作风景画喜欢借助近景与中景的明暗对比来表现水的明快流滑质感并拉开空间层次，达到重点描绘中景光线集中区域景物的目的。他早年的油画《辛西娅号离开伶仃洋》和晚期的《广州商馆区》《里约热内庐海景》组画均采取这种形式处理画面，与钱纳利的《濠江渔歌》表现形式相类，色彩语言也酷似钱纳利的《濠江一渔船及渔娘》《澳门半山风光》。虽说没有任何文献记载新呱与钱纳利有师承关系，然而作品的形式与色彩感觉已说明了一切。

煜呱的油画选材与新呱相似，多以粤、港、澳等地的港埠风景为描绘对象。在设色表现上，煜呱与新呱有别，他往往用黄紫或蓝紫釉染云彩，强调它们在不同环境中的色彩倾向，如在《黄埔船坞》中云彩偏蓝紫色，在《广州商馆区》《维多利亚城远眺》中则偏黄紫色。煜呱比新呱更加注重笔触与色彩效果造成的视觉冲击力，那漫天涌动的云层、波浪翻卷的海面，在他流转自如、灵活多变的笔触挥扫下气韵生动，质感跃现。这种重视风景色彩质感生韵的表现与钱纳利衣钵相承，只不过煜呱的笔触比钱纳利更加细腻传神，别具匠心，以至于西方学者认为煜呱之作可与欧美风景画比肩。

13. 西洋画风影响下的"外销画"

由于澳门的西洋画家及中国本土培养出来的擅长西洋画的民间画家或画工到广州活动，广州逐渐形成了一个西画中心。英国美术史家苏立文指出："在广东，自从 17 世纪以来，本地的画工开始模仿西方绘画与雕版画风格，用来装饰出口陶瓷，同时它也慢慢地进入了专业画室，画家以自己拙劣的技巧制作油画山水风景与社会风俗画，包括商人的肖像、船只、建筑物。西方的商人与船员将这些作品带回去，作为自己在东方生活的纪念物，在中国人的眼里，这些画的水平确实是很低的。……然而，他们是多么的成功。"①

这里所指的就是清代最著名的外销画。从 18 世纪起,许多广州艺术家按西方人士的喜好,采用西方的绘画技巧和风格,将港口风景、市井生活、风土人情、轮船、刑罚、花卉、动植物等体现东方风情的各类题材,描绘在纸本、油画布、玻璃、象牙、通草等各种材料上,让来广州贸易的西方人士带回本国,馈赠亲朋好友。这类画被现代学者称为"外销画"或"贸易画"。

外销画具有突出的商业性,画家和画作都带有明显的广州口岸的烙印。从创作形式、创作风格和题材上,都体现了中西合璧的色彩,是中式洋画的一种体现。在那个时候,以中国本土风景和人物为题材的玻璃画、通草水彩画的需求量极大,这种"贸易画"在摄影技术流行之前,深受西方人士的喜爱,成了他们了解东方风情的最佳媒介。

当时在广州十三行地区出现了专门绘制外销画的职业画家。他们制作的外销画涉及西方各种绘画形式,其中有油画、水彩画、水粉画、玻璃画和通草画等。外销的油画主要是描绘中外商人肖像、港口船舶画,以及临摹的西方印刷图案。题材广泛,绘制规模比较大。比如现藏于美国庇博地·埃塞克斯博物馆的瓷器生产过程图和茶叶生产过程图。

在当时的外销画中,玻璃画也十分珍贵。玻璃画的工艺来自海外,而且制作难,其特色是画家把图案以相反的方向描绘在玻璃背面,西方称为"玻璃上的绘画"。此技巧在 18 世纪传到中东、西非的塞内加尔、印度、东南亚、日本和中国。玻璃画的基本材料是玻璃、木制镜框,颜色用油彩为主,兼有水粉、水彩,总体上偏向于工艺性质。外观摆置必须有镜框等工艺辅助,经常组合安装在各类家具中,工艺装潢十分讲究。还有的是作为挂屏,挂在房间的墙壁上。玻璃画的题材非常广泛,反映中国人社会生活的方方面面。现藏于荷兰莱顿国家人种志博物馆的 19 幅玻璃画,是 1785—1790 年间绘制的,其内容有广州珠江沿岸商馆区风光、中国花园、中国家庭生活情景等。

外销画作为当时来广州的欧美人士最喜欢的纪念品,销售数量非常巨大,

① [英]苏立文:《明清时期中国人对西方艺术的反应》,黄时鉴:《东西交流论谭》第 1 集,上海文艺出版社 1998 年版,第 331 页。

流传到欧洲和美国各地，现在许多博物馆都有收藏。由此可知当时从事外销画绘制的画家或画师也是一个很庞大的人群。广州艺术品店铺一般开设在广州的同文街和靖远街。当时的外销画画家现在可知具体姓名的不多，而且在已知的画家名字中，多数也只是知道其姓。一些外销画上有签名，标明画的作者。一般都写成后缀"qua"或"呱"。关于"qua"或"呱"的解释，有的研究认为，"qua"是汉字"官"的对音。有学者指出："当时的广州外销画家，都有一个西文拼音的别号，这多半是为了便于洋人称呼，好做生意。'呱'字似出自'官'字。他们多是福建人，这个'官'字便有了福建方言'呱'的读音，洋人称之也习以为常。画师们的别号末带'呱'音，当是从行商别号的'官'字借过来的；但他们未捐顶戴，便巧妙地在书写时以同音的'呱'字取而代之。"① 19世纪，广州从事对外贸易的行商和散商都习惯以"某某呱"自称。

19世纪30—60年代是广州外销画的鼎盛时期，在这一时期，外销油画通过广州及通商口岸的画店销售到香港地区以及国外。与此同时，由于外销油画带有中国画的绘画特点，在国内市场中也很受欢迎。因而，在国内外市场中流通的清代油画大都是外销油画作品，以及为数极少的清代宫廷油画。

14. 外销瓷的西洋化

从16世纪开始，中国的外销瓷达到了前所未有的高峰。在欧洲人大量采购中国瓷器的过程中，又对瓷器的购买提出了进一步的要求，他们希望瓷器的造型、纹饰风格和内容能够按照自己的意愿去设计。他们把欧洲流行的器皿造型、纹样介绍过来，使景德镇生产的日用陶瓷更符合欧洲人的审美习惯。后来，有些艺术家、画家直接参与瓷器的图样设计，委托东印度公司到中国来定做。瑞典东印度公司还拥有自己的设计师，专门为自己的公司在中国订制瓷器设计图稿。西方人所喜欢的金银器、玻璃器和陶瓷的造型与式样，很多都直接被景德镇的陶工所采用。

欧洲人订制瓷器上的图案，除了中国风景人物之外，还包括代表欧洲

---

① 黄时鉴、沙进编：《19世纪中国市井风情——三百六十行》，上海古籍出版社1999年版，第6页。

贵族身份、荣耀的个人或家族纹章；或依照欧洲印画、铜版画等作为蓝本的风景人物图、狩猎图、船舶图、花卉图，也有以希腊、罗马神话作为题材的各式图样。另外，还有所谓的"耶稣会瓷"，系以宗教装饰性画为题材。

欧洲订制的瓷器图案式样东传，对中国瓷器民间绘画艺术界也产生了影响。景德镇亦设有"洋器作"。针对欧洲市场，景德镇的陶工制作了一批图案性、装饰性强的青花瓷器，除了传统的花鸟、瑞兽及人物等纹饰图案外，还有西方国家的族徽、外国文字、罗盘、经书、喷水图及西洋风景画，边饰开光或镂雕，内绘枝花或硕果。造型有深壁花口大碗、壶、折沿花口盘等。这些瓷器的制作非常精细，胎体薄而讲究，令欧洲人非常喜欢。这种按照西洋风格装饰的瓷器被称为"克拉克瓷"。克拉克瓷的特点是宽边，青花瓷为多，在盘、碗的口沿绘分格及圆形开光的山水、人物、花卉、果实等。

从乾隆时期开始，为了适应外销需要，国内出现了洋彩瓷器，在瓷器装饰方面仿照西洋画法。"广彩"是广州"织金彩瓷"的简称，是广州工匠将景德镇的白瓷按照西方人的审美习惯加彩烘烧而成。那时广东商人从景德镇运来瓷坯，采用江西粉彩技艺仿照西洋彩画的方法加以彩绘，再焙烧而成。后来广彩艺人继承明代彩瓷的艺术特色，吸收西洋画法，绘上具有岭南地方特色的图案，逐渐形成独特的岭南艺术风格，并将许多图案固定下来，成为广彩的传统花款，例如花篮、龙凤、彩蝶、金鱼、古装人物等。最常用的构图是用花边图案围出若干形状各异的空格，在空格内绘以花卉、物景和人物。也有不设圈格，进行满花彩绘，表现一花多姿，百花齐放的画图。广彩的生产规模很大。清乾隆三十三年（1769），有一位美国旅行者到广州参观广彩的窑厂，他描述说："在一间长厅里，约300人正忙着描绘瓷器上的图案，并润饰各种装饰，有老年职工，也有六七岁的童工，这种工厂当时竟有100多个。"①

---

① 方李莉：《中国陶瓷》，五洲传播出版社2005年版，第120页。

四　西方建筑艺术在中国的传播

1. 天主堂体现的西方建筑艺术

阿拉伯建筑艺术是附着于伊斯兰教，以清真寺的建设为中心传入中国的。与此相似的情况是，早期西方建筑艺术，也是附着于天主教，以天主堂的建设为中心传入中国的。不同之处在于，随着欧洲人来华数量的增多，西方建筑的其他形式，如住宅、会堂、剧场等等都在中国各地出现，并且有一些传教士还进入宫廷，参与宫廷园林的建设，如参与圆明园的设计和建设工作。

在本章所论述的这个时期，西方建筑艺术主要是以天主堂的形式出现的。或者说，中国人最早是通过传教士建造的天主堂来了解西方建筑艺术的。圣安多尼堂、圣母望德堂、圣老楞佐教堂是澳门 3 所最古老的教堂。圣安多尼堂建于 1565 年，因圣安多尼圣人是天主教徒所奉的"婚姻主保"之神，故俗称圣安多尼教堂为"花王堂"，以往葡人婚礼多在此举行，华人因此将之称为"花王堂"。圣母望德堂建于 1568 年，贾尼劳辅理主教来澳后，在疯堂斜巷创建仁慈堂，赈灾救民发放粮食，被华人称为"支粮庙"。圣老楞佐教堂，通称风顺堂，约建于 1569 年，由耶稣会会士创建。在澳门的天主教堂中，圣保禄教堂最为著名。该教堂是 1594 年罗马教耶稣会意大利神甫发起筹建的，1637年落成，是澳门最为宏伟的建筑。圣保禄教堂后来屡次被焚，又屡次得到修建，直到 1835 年最后一次被火焚毁，只剩下教堂的前壁，即现在澳门最著名的景点"大三巴"。

随着传教士开始前往中国内陆传教，西洋式教堂也开始在内陆出现。明万历年间，传教士在南京建大教堂，俗称"无梁殿"，被认为是中国内陆最早的西式教堂。

利玛窦初到北京时，居无定所，一直是靠租赁房子住。到 1605 年，他们在今宣武门一带买了一处宅院，才有了一处长久的居所。这是北京第一座天主教教堂——南堂的雏形。建筑是中国传统样式，仅在醒目位置安放了一座十字架，以表示其天主教教堂的身份。1610 年，由李之藻出资，南堂进行了第一次扩建，按照西方建筑样式建造在利玛窦去世一年后投入使用。

1650 年，汤若望对南堂进行了进一步的改建和扩建，使之成为一座典型的西式教堂建筑，体现了当时欧洲的巴洛克风格。新建的大教堂很宽阔，圣堂长 8 丈，宽 4 丈 4 尺，以无玷圣母为主保，东西院还设有天文台、藏书楼、仪器室和传教士住宅等。1655 年，由意大利籍传教士利美思和葡萄牙籍传教士安文思在北京王府井大街 74 号兴建，王府井天主堂，俗称东堂，又名圣若瑟堂、八面槽教堂。整个建筑是一座三层罗马式建筑，融入了中国传统建筑元素。

康熙五十九年（1720）京师地震，南堂、东堂均被毁。康熙六十年（1721），费隐以葡王斐迪南三世之款第二次重建南堂，利博明修士（Fr. F. Maggi）为建筑师。此堂系当时欧洲盛行之巴洛克式。全部地基作十字形，长 80 尺，宽 45 尺。教堂内部，赖立柱行列，分教堂顶格为三部，各部作穹窿形，若三艘下覆之船身。此后，南堂又遇地震和火灾，重建后的南堂仍保持巴洛克式。

至 1785 年，北京有 4 座天主教教堂。"一即北堂，在皇城内，与西安门相近……二即南堂，在宣武门内，即利玛窦所居之处。后耶稣会士不属法国者，皆居其内。两经火灾，旋即重修如故；三即东堂，乃葡国之耶稣会士所居。此堂虽系西式，而甚卑矮，与北堂无异，长仅七丈；四即西堂，乃遣使会士德理格所置，后献与传信德部，以居此部所差之司铎。"①

此时最宏伟的是卫匡国在杭州建造的天主堂，这座天主教教堂的整个建筑金碧辉煌，各种鲜艳的色彩互相调配。堂内有 3 座祭台，正祭台供救世主像。圣体龛子仿西式雕琢，围上中国式绣幔。传教士郭弼恩在《中国皇舆志》中说："这座圣堂，不可否认是全中国最精美、维持得最好的一座……它的造型取西欧教堂样式，隔成中间正殿和两旁侧殿，靠边两行柱子，砌在砖墙之内，中间两行柱子顶上，各镶嵌一块榫木，左右架横梁，前后搁行梁……"②

2. 圆明园中的西洋楼

最辉煌和经典的西洋建筑是圆明园中的西洋楼。西洋楼是欧洲建筑文化

---

① 樊国梁主编：《燕京开教略》，救世堂 1905 年版，第 4 页。
② 陈村富主编：《宗教与文化论丛（1994）》，东方出版社 1995 年版，第 91 页。

第一次传入中国的完整作品，也是中国与欧洲建筑、园林体系首次结合的创造性尝试。

历史上的圆明园由圆明、长春、绮春三园组成，占地5200余亩，有著名景群上百处，规模极为宏大，是清代康熙四十六年（1707）起，历经150余年营建的一座大型皇家宫苑，与故宫共同构成当时的封建统治中心，被皇帝称为"御园"。

在圆明园之前，中国的园林还没有出现过效仿欧洲园林的倾向。乾隆二十年（1747），乾隆皇帝从郎世宁进呈的西洋画中看到西方园林中的喷泉图样，很感兴趣，便征召西洋传教士修建，最后由郎世宁推荐传教士蒋友仁在长春园的北侧建成了第一座大型喷泉。喷泉在欧洲始见于希腊罗马，文艺复兴时期开始发展，到17世纪达到最盛阶段，以法国、意大利的品类为多而美。传教士建造的喷泉令乾隆皇帝见而大悦。根据蒋友仁的记述，乾隆皇帝特别喜欢巴洛克风格建筑那种具有动力和震撼的外观，他可以在两边任何一幢建筑内，观赏位于中央大楼前的喷水池，在副建筑物里，则可以欣赏来自蒙古和新疆等地异域情调的音乐。于是乾隆皇帝命郎世宁、王致诚、艾启蒙和蒋友仁等在圆明园的北端长春园修造西洋楼，并由汤执中主持绿化。

圆明园西洋楼修建期间，正是欧洲建筑及装饰艺术继繁盛的17世纪巴洛克风格后，正经历十八世纪洛可可风格的时期。西洋楼建筑群的设计风格主要源于法国勒·诺特尔（André Le Nôtre）式造园风格。勒·诺特尔是法国著名造园艺术家，路易十四的首席园林师。令其垂名青史的是路易十四的凡尔赛宫苑，代表了法国古典园林的最高水平。勒·诺特尔一生设计并改造了大量的府邸花园，并形成了风靡欧洲长达一个世纪之久的"勒·诺特尔样式"。

西洋楼始建于乾隆十二年（1747），乾隆四十八年（1783）最终完工。西洋楼景区内欧式建筑、喷泉、迷宫、雕塑、绿篱、水池等西方园林要素一应俱全，从平面布局到各造园要素的具体形象均接近于法国古典主义造园风格。全园共有7组欧式建筑，从西向东依次为：谐奇趣、蓄水楼、养雀笼、方外观、海晏堂、远瀛观、观水法。建筑采用西洋建筑风格，高大的大理石建筑、跌落的台阶、华丽的装饰，充分体现了巴洛克和洛可可的建筑风格。建筑的平面布置、立面柱式、玻璃门窗、栏杆扶手等，都是西洋做法，细部装饰为西洋雕刻中夹杂着中国民族花饰。在绿化方面同样采用西方园林方法，修剪整齐的草木、花草铺成的花坛、西方花园内常有的迷阵景观——"万花阵"。另据内务府造办处档案记载，在西洋楼建成后，乾隆皇帝为了给西洋楼配备与之风格一致的内部装饰，多次指示当时粤海关采办西洋奇异陈设。

西洋楼是西方园林在中国第一次较全面、较完整的引进，代表着18世纪东西建筑文化和造园艺术交流的成就，在东西文化交流史上占有重要地位。

3. 西方建筑艺术对民间建筑的影响

清代早期，一些民居也受到西方建筑的影响，具有中西合璧的风格。

康熙二十四年（1685）至雍正十年（1732），在广州十三行建造十三夷馆，包括小溪馆、荷兰馆、新英国馆、诸洲馆、旧英国馆、瑞典馆、帝国馆、宝顺行、美国馆、中和行、法国馆、西班牙馆、丹麦馆，是外商在广州的居所。这些商馆名义上是行商建造，但却是西方人带来图纸，甚至出资让行商依照他们的意愿建造和装饰的房子。这些建筑在珠江北岸一字排开，成为广州一道独特的风景线。这些建筑都是中西结合的建筑风格，结构"有若洋画"。

商馆区建筑外观较为精致，廊柱、窗户、栏杆、浮雕讲究，建筑色彩丰富，有红、白、黄等多种色调，与中国传统建筑形成鲜明对比。每家夷馆均包括有相连的几进房屋，从南到北，中间隔着狭窄的天井。每一进房屋均是三层楼高，一楼设有仓库、账房、银库，买办、仆役、伙计、苦力等人的住房；二楼为客厅和餐厅；三楼为外商卧室。夷馆的南向有花园和运动场供外商娱乐活动，河边为各夷馆的小码头，各夷馆之间有一条小街巷连通，街边货铺林立，货物充足。这种夷馆是中西合璧的建筑，既有回廊联拱式、拱廊式、巴洛克式、古典柱式的西方建筑艺术风格的楼房，又有一进、二进、天井等中国传统建筑结构的样式。这种折中式的建筑，当时亦称"复兴式建筑"或"折中主义式建筑"。此时，民宅建造中也逐渐开始采用西洋建筑的风格和手法，在江南一带这类建筑尤为普遍。

乾隆年间，扬州就已经出现了"仿泰西营造法"的建筑。《扬州画舫录》中记载了当时的扬州园林中一些西洋造景手法的应用，主要是意大利巴洛克花园的一些西洋布景，并有在房间里采用"透视法"和悬挂西洋画的例子。

《红楼梦》第四十一回中刘姥姥在宝玉的卧房中曾见到一大面镜子，这其实也是典型西洋建筑的室内装饰手法，可见在当时的富贵之家，这类东西并不罕见。

明末至清，广东的碉楼建筑是比较集中表现中西建筑合璧的建筑文化，被称为"中西建筑艺术长廊"。如开平县赤坎镇芦阳乡井头里的"瑞云楼"、三门里的"迓龙楼"和月山镇龙田村的"奉父楼"。

五　西方文学与语言学在中国的传播

1.《伊索寓言》的选译

传教士在传播西方文化方面做了大量的工作，他们所传播的西学，主要集中在科技文化方面，对于西方的文学很少涉及。但在传教士介绍的欧洲文学作品中，有一部是当年耶稣会士来东方传教时都会带并常引用作教诲、训诫之用的书，即《伊索寓言》。《伊索寓言》是世界上最早的一部寓言故事集。相传伊索是前6世纪古希腊人，奴隶，善于讲动物故事。现存的《伊索寓言》是古希腊、古罗马时代流传下来的故事，经后人汇集，统归在伊索名下。《伊索寓言》通过简短而精炼的小寓言故事来体现日常生活中那些不为我们察觉的道理。这些小故事言简意赅，平易近人，富有哲理。不但读者众多，在文学史上也具有重大影响。伊索寓言已成为西方寓言文学的范本，亦是世界上流传最广的经典作品之一。

利玛窦第一个用中文介绍了《伊索寓言》。在《畸人十篇》中，利玛窦最初翻译介绍了伊索的言行和他的几则寓言。《畸人十篇》中还引用了《伊索寓言》中的《肚胀的狐狸》《两猎犬》《狮子和狐狸》《两树木》《马和驴》等。庞迪我的《七克》中也引用了《伊索寓言》，如《大鸦和狐狸》《树木橄榄树》《孔雀足丑》《贫人鬻酒》《兔子和青蛙》《狮子、狼和狐》《胃和脚》等。

明天启五年（1625），金尼阁将《伊索寓言》的部分内容译成中文，由张赓笔录，书名叫《况义》，共有22则寓言。《伊索寓言》共收集了三四百个小故事，《况义》只是选译了其中很少的一部分。《况义》的出版标志着西方文学首度以独立文学作品的形式传入中国。全书仅 2000 多字，篇幅虽短，却集中体现了明清之际西学译著的两个典型特征，即天主教化和中国化的改写。

《况义》出书不久，就出现了模仿其写作手法的寓言著作，这部寓言著作便是李世熊的《物感》。李世熊，字元仲，号愧庵，自号塞支道人，福建宁化人。李世熊 15 岁入童子试第一，16 岁入县学，23 岁以郡试第四成廪生。自后怀才不遇，屡试不第。清兵入闽后，隐居于泉上阳迟山，专心攻读与著述，并寓意于其书斋，命名为"但月"。《物感》是我国最早受到《伊索寓言》影响的一本寓言故事集。全书 20 篇，有 19 篇是动物故事。《物感》作者借鉴西方寓言的艺术手法，多用动物故事拟人，写中国的题材，反映中国的现实。如其中的《缩蚓》描写的蚯蚓与蚂蚁，都是作者的讽刺对象，其矛头首先是指向能"处"而不能"出"的蚯蚓式人物，"出"与"处"是古代知识分子的两种生活方式。

2. 《西字奇迹》与《西儒耳目资》

古代时欧洲人对中国的语言文字几乎一无所知。元代来华旅行者如马可·波罗、柏朗嘉宾和鲁布鲁克等人在其各自游记中提到中国语言文字，但都语焉不详，闻者渺渺。直到 16 世纪中西交通开辟之际，欧洲人所著一些关于中国的著作中才有了对中国语言文字稍详细的介绍。对中国语言文字有较深入的研究，还是从来华传教士开始的。

《西字奇迹》是利玛窦用拉丁文拼写汉字的著作，明万历三十三年（1605）付刊于北京。《西字奇迹》列出 387 个不同音的字，从中归纳出 26 个声母、43 个韵母、4 个"次音"，5 个字调符号，代表阴平、阳平、上声、去声和入声。利玛窦用拉丁字母给文章注音，从而形成了利氏注音系统。"利氏注音系统"参照了意大利语和葡萄牙语的发音规则，并依照了中国音韵学的特点而形成。实际上是利玛窦利用他和另外几位传教士拟订的用罗马字给汉字注音的一套方案写成的文章。这个系统虽有不够完善之处，但为后来的汉语拼音方案奠定了基础。罗常培认为，利玛窦对音的分析，已经相当精密，"这种精密的分析已经超过了'音位'（phoneme）的观念，进一步注意到

'音质'（phone），颇同近代语音学家的眼光不谋而合"①。

金尼阁的《西儒耳目资》是最早的一部拉丁化拼音的汉语字汇书。它以利玛窦等人编制的汉字注音书为基础，在中国学者王徵、吕维祺、韩云等人的帮助下编成。金尼阁在山西传教时结识了精通文字学的韩云，住在韩家，互相切磋；后到陕西传教，又结交了博学的王徵，王徵对金尼阁的初稿进行了加工。王徵由此即从金尼阁学习拉丁文，并成为中国人习拉丁文之第一人。此书由陕西名流张向达出资于明万历六年（1626）刊刻。这部书名为《西儒耳目资》，意为西人攻读中文之便，耳以听字之音韵，目以视字之拼合，拼合即以西人字母拼成字之声。

《西儒耳目资》是中国语文史上的一部里程碑式的著作，它克服了汉字靠直音和反切合音的缺点，而采用音素拼音注读，使得汉字注音更显科学、正确与方便。

中国古代汉字的表音方法往往利用某个字体与另一个字体有音同或音近的关系，通过"读如""读若"的注释形式用一个字为另一个字注音。后来又受梵文拼音学理的影响，运用"反切"的方法标音，但仍然是以汉字注汉字。王徵帮助金尼阁撰《西儒耳目资》，用拉丁文为汉字注音，这是古代汉字学上一大创举与进步，故方豪认为此书是"我国音韵学史上划时代的巨著，而王徵的贡献也是很大的"②。

这种比"反切"简单容易得多的方法引起了当时中国音韵学者极大的注意和兴趣。有的学者还从中受到启发，产生了中国文字可以拼音化的设想。清初学者刘献庭著《新韵谱》，称声母为"韵母"，称韵母为"韵父"。钱玄同说刘献庭已清楚认识到必须用音标，才能分析音素和表注任何地方之音。

罗常培认为，《西儒耳目资》的重要性首先在于用罗马字分析汉字的音素，使向来被人们看成繁杂的反切变成简易的东西。其次，用罗马字母标注明季的字音，使现在对于当时的普通音仍可推知大概。再有，给中国音韵学的研究开出一条新路，使其后的音韵学者受到一定的影响。《西儒耳目资》是

---

① 罗常培：《耶稣会在音韵学上的贡献》，中央研究院编：《历史语言研究辑刊》（1930年），第274页。

② 方豪：《中国天主教史人物传》，宗教文化出版社2007年版，第160页。

"明末耶稣会士在中国音韵学上的第一贡献"，跟以前守温参照梵文所造的 36 个字母，以后李光地音韵阐微参照满文所造的"合声"反切，应当具有同等的地位。①

3. 西学东渐与新词汇的出现

汉语是一个开放的语言系统，其词汇是随着社会生活的发展变化而不断丰富的。特别是随着大量外国文献的翻译和外国文化的引进，会出现新词汇集中涌现的现象。佛教经典的大规模翻译，出现过一次新词汇的大量涌现。明清之际西学的传播，又一次创造出许多汉语的新词汇。

黄河清在《利玛窦对汉语的贡献》一文中，通过对利玛窦 12 种著译著作的考察，结合与《汉语大词典》比照，找出了 83 个很可能是利玛窦著译中首见的，现在仍在使用的词。如：半圆、比例、地球、古典、几何、金星、面积、上帝、天主教、体积、虚线、阳历、耶稣、银币、阴历、仪器、月球、直角、直线等。

有研究认为，明清之际至清中叶以前，西方传教士与华人配合创译的各类新名词，如果包括人名、地名、国家名称等在内，恐不下 1000 个。其中，除人名、地名和部分宗教名词音译词占的比重较大外，学科名词则大多采用意译的办法，流传下来的很多。比如，关于近代天文地理新名词，那一时期传教士主导创译并流传下来的就有赤道、南极（圈）、北极（圈）、极地、经线、纬线、经度、纬度、地球、天球、月球、时差、回归线、子午线、地平线、热带、温带、寒带等地理新词，其中传播较广的，达到 40 多个。抽样统计表明，晚清时使用频率较高并在今译名中能够找到对应词的地理新词共 138 个，其中明清之际所创译的就有 25 个，占到总数的 18.1%。

其他学科创译、确立并流传下来的新名词新概念，尤其以数学和物理学方面的新词为多。如数学名词有几何、直角、钝角、锐角、交角、三角形、对角线、内切、外切、通分、约分、对数；物理学名词有杠杆、斜面、齿轮、滑车、引重、起重、重心、重学、动力、视学、视差、射线；其他如生理学和心理学名词有脑囊、肌肉、视力、听力、知觉、动觉、触觉、味觉等；教

---

① 参见罗常培：《汉语拼音方案的历史渊源》，《罗常培语言学论文集》，商务印书馆 2004 年版，第 405—410 页。

育学名词有大学、中学、小学、学院；医学名词有外科、内科等。在学界以往的研究中，像植物、动物、空气、理论等词，一般认为是晚清时期才诞生，有的还被误以为来自日本，其实早在明清之际的西学文本中，它们均已出现，而且"植物"和"动物"两词还使用得相当频繁。以"空气"一词为例，《性学觕述》《远西奇器图说录最》和《西洋新法历书》等书中，就都有使用。

第二十九章

中国社会对西学东渐的回应

在这一时期的文化传播中，天主教的传教士，特别是耶稣会士发挥了重要的传播主体的作用。他们的宗教和文化活动也得到了中国一些知识分子的理解、支持与合作，无论是在天主教的发展方面，还是在传播西方科学技术、艺术文化方面，都有中国知识分子的合作与参与。传教士的著述和翻译是在中国学者的密切合作中得以完成的。中国知识分子的合作，也意味着中国知识界对所传入的西方文化的理解、接受和融会贯通。

同时，这一时期传入的西方文化，对于中国传统文化来说，是一种全新的异质文化。它们的传入对中国传统文化造成了一定的冲击，激起部分知识分子的反应和排斥，有时甚至是以很激烈的形式出现，如前面讲到的"南京教案""康熙历狱"。这样，多种文化相互激荡，多种思想相互砥砺，多种力量相互交汇，共同描绘了一幅中西文化交流的色彩斑斓的历史画卷。

文化交流和文化传播是一个多层次的过程。在这个过程中，传播很重要，没有文化传播就没有文化交流，没有内容；接受也很重要，没有接受传播就没有意义，没有作用。中国学术界以及整个文化界对于西学的进入，无论是接受还是排斥，无论是欢迎还是抗拒，都是积极的、活跃的。接受也好，排斥也好，都是直面汹涌而来的西学的态度。而在这两种态度之间形成的张力，决定了中国接受和融合西方文化的程度和深度，决定了这一时期中国文化发展的基本趋势。

一　西学东渐在中国的风云际会

1. 西学传播的社会文化氛围

任何文化的传播，其成功与否，影响是不是广泛，发挥的作用有多大，取决于多种因素，既有传播主体的关系，也有传播内容的关系，还有接受方的理解程度、受容机制，接受方的文化发展水平和社会文化环境等等。明清之际的朝代更替、社会动荡，商品经济的充分发展，以及对外贸易特别是对西方贸易的发达，程朱理学渐趋末路，盛极一时的佛教逐渐边缘化，思想文化领域多元激荡，都为天主教和西学的传播创造了比较宽容的接受条件，因而也可以说是因缘际会，恰逢其时。

在思想文化领域，自两宋以来占统治地位的是程朱理学。但是在明代后期，程朱理学的统治地位发生了动摇，思想文化领域正在经历着一场前所未有的裂变。王阳明心学异军突起，对程朱理学提出挑战，为蹈常袭故的思想学术领域带来了清新的空气，具有开一代学术风气之先的积极作用，在冲破传统观念的束缚和促进人们思想解放方面产生了深远的影响。王学的良知准则论引发出对儒学思想权威的破坏作用，产生了西学得以输入和传播的文化氛围。朱维铮指出："王学藐视宋以来的礼教传统，在客观上创造了一种文化氛围，使近代意义的西学在中国得以立足。"①

明清之际思想史的一个重要方面，是形成了实学思潮。实学以回归经学为旗帜，与理学的空疏相对立，而以经世致用为宗旨。它萌发于明代中期，在明清之际达到高潮，延伸至乾嘉时期而与朴学相接。实学主张回归经学的重要指向，就是认为理学空谈心性，背离了经学经世致用的本意。实学虽然并不排斥"修己"即修身，但要求把儒家学问从专注于个人的心性涵养拓展到一切涉及国计民生的"实用之学"。"西学的输入，给明末的知识界传来了新的信息，示范了一种务实的新学风。它开阔了我国知识界的学术视野，更以其不务空谈，讲求实际的'实心'、'实行'、'实学'赢得了学者和士大夫的信任，也启导了一种博大的务实学风。"② 明清之际居于实学行列的一些科学家和思想家不约而同地把西学看作实学的同道。徐光启称颂西方传教士是"实心、实行、实学"。李之藻说西学是"真修实学"。方以智认为西学有"详于质测"的实证精神，其子方中通说西方科学"以实学胜无益之博学"。这都表明实学与西学在思想上有相通之处。

实学经世致用的宗旨，为西方科技文化的传入在价值观上打开了通道。当时西方传教士竭力把西方科技描绘成有利于国计民生的经世之用，即使是抽象的几何学，利玛窦也大讲特讲其对于"为国从政"的广泛作用，强调"此道所关世用至广至急也，是故经世之隽伟志士，前作后述，不绝于世"③。

---

① 朱维铮：《走出中世纪》（增订本），复旦大学出版社 2007 年版，第 144 页。

② 陈其泰、李廷勇：《中国学术通史（清代卷）》，人民出版社 2004 年版，第 10 页。

③ ［意］利玛窦述，徐光启译，王红霞点校：《几何原本》，上海古籍出版社 2011 年版，第 9 页。

这也印证了经世致用实学的高扬是对西方科技的一种接应。

与"经世致用"实学的发展和推动密切相关的，是科学思潮的涌起。明末的科学思潮坚持经世致用方向，批判空疏学风和迷信观念，抨击脱离实际的科举制度。不论是徐光启还是宋应星所有的著作都是抱着富国强兵的目的，改造社会的目的，表现出突破思想禁锢、勇于探索的科学精神，强调和重视数学在自然科学中的作用，提倡观察、试验方法和验证手段，突出科学的实证精神。西学的到来，正是科学主义思潮兴起之时，传入的西方科学技术文化，正与之相契合。

总之，王学对程朱理学的冲击，实学和科学主义思潮的兴起，使中国传统文化出现了改变与变革的倾向，虽然还没有形成巨大的变革浪潮，但思想的禁锢已经松动。这就为作为外来文化的西学和天主教的传播创造了有利的环境。正如美国学者孟德卫所说的：

> 耶稣会士到达中国的晚明时期，中国文化正充斥着明显的实验色彩，儒学的正统地位已不可避免地动摇了。许多晚明文人都活跃地致力于把各个学派的知识综合成一个和谐的整体。这种"求同"的文化倾向在吴承恩的著名小说《西游记》之显露无遗。在这本小说以及整个晚明文化氛围中，儒学、佛教和道教在"儒释道三教合一"说法的频繁借用下粘合成一个有机整体。这种融合在中国历史上的其他时期是不可想象的……虽然耶稣会士拒绝接受三种教义的融合，但他们确实利用了这种"求同"倾向。[①]

孟德卫所说的这种"求同"倾向，实际上是当时中国社会文化领域的"多元化"和宽容精神。在"求同"的倾向下，多种思想并存，多种学术并存，多种信仰并存，多种文化并存。正是在"求同"倾向下，出现了中国历史上少有的文化宽容的时代。比如，在魏忠贤专权的时期，却仍然有东林党的存在与之抗衡，在稍晚之后又有复社的出现。再比如，崇祯皇帝支持徐光启搞西方历法，但仍然允许反对派从事自己的研究，甚至还搞了几场中西两种历法的平等"竞赛"。正是这样相对宽松、宽容的文化环境使得西方传入的

---

① ［美］孟德卫著，江文君、姚霏等译：《1500—1800：中西方的伟大相遇》，新星出版社2007年版，第31—32页。

宗教和各种文化形式在中国有了立足之地。人们把晚明这一时期称为"中国的文艺复兴",不仅是因为这一时期在许多文化领域所取得的巨大成就,更是因为这一时期孕育文化大发展的环境和氛围。

宽松、宽容的文化环境造就了思想的解放,而思想解放的标志之一就是对外开放,特别是在思想上的对外开放,是以开阔的胸襟面对外来文化的开放心态。同时,传教士带来的西方科学文化知识,正是当时的中国社会所需要的。正如孙尚杨所说:"当以利玛窦为代表的传教士以科学为传教工具时,他们不仅激起了部分士大夫对西方科学的兴趣,而且在某种程度上部分地满足了一些士大夫甚至皇帝的需要。正是这种需要与被需要的关系,才使以传教士和士大夫为中介的中西文明的和平对话成为可能。"①

2．士大夫与传教士：东西君子之会

明清之际,利玛窦等传教士以"西儒"的面目出现,并且主动地与各个层面的文人学者交往,以自身的学识修养赢得士大夫的尊重。自利玛窦以降,结交士大夫是当时来华耶稣会士的普遍风气。与之相应地,与传教士的来往也被视作一种风雅的时尚。不仅热衷西学的士大夫与传教士往来频繁,就是一些保守派的官僚也竞相与传教士礼尚往来。

利玛窦与中国士大夫的交往和友谊,其中包括徐光启、李之藻、章潢、李贽等知名学者。可以说,这种友谊为他在中国立住脚跟,融入中国社会生活,顺利开展传教活动,提供了巨大的帮助。其他传教士也分别与中国的士大夫建立起深厚的友谊,传教士与士大夫之间最常用的交流手段是互赠诗。

方物之馈赠,诗词之题赠,皆为文人交友之道。方豪列举传教士与中国士大夫的诗词题赠,利玛窦有李贽、李日华、王廷讷3人赠诗,毕方济有阮大铖、冒辟疆、郑芝龙赠诗,汤若望有王铎赠诗,南怀仁有田雯赠诗,鲁日满有陈维崧赠词,刘松龄有赵翼赠诗,等等。士大夫通过与艾儒略的交游,与艾儒略结下了深厚的友谊,纷纷赠诗予艾儒略。《闽中诸公赠诗》又名《熙朝崇正集》,书中题"闽中诸公赠泰西诸先生诗初集",参与赠诗者计71人,共收录诗歌84首,是福建士人与艾儒略赠诗集。所题"赠泰西诸先生",实际上几乎是赠给艾儒略的。这71人大都在晚明学术政治上很有地位,他们在

---

① 孙尚杨:《基督教与明末儒学》,东方出版社1994年版,第28页。

诗作中表达了对于艾儒略人格和学问的敬佩。

南明阮大铖曾赠诗给毕方济：

> 若土乘桴自沃州，十年日月共中流。
> 书经雷电字长在，手摘星辰较不休。
> 闲御鹏风观海运，默调龟息与天游。
> 知君冥悟玄无旨，象外筌蹄亦可求。

方以智给毕方济的诗中写道：

> 先生何处至，长揖若神仙。
> 言语能通俗，衣冠更异禅。
> 不知几万里，尝说数千年。
> 我厌南方苦，相从好问天。

汤若望在北京也结交了许多士大夫。特别是在清初，尚结交了一大批明遗民士人。顺治十八年（1661）四月初一是汤若望的70寿辰，在京和汤若望有过交往的文人著文作诗为汤若望贺寿，后出版《赠言合刻》。其题赠者多为当时的名士，共有20人。这20位士人是：金之俊、魏裔介、龚鼎孳、王崇简、胡世安、薛所蕴、王铎、徐元文、沈光裕、霍叔瑾、吕缵祖、庄冏生、邵夔、吴统持、陈许庭、钱路加、艾吾鼎、潘治、谈迁、董朝仪。在这个群体中，有仕清的所谓"贰臣"，也有身为平民的遗民学者。"由这个士人群体生发，内联外延，可以编织成一张庞大的士人交际网络，几乎网罗了清朝初年汉人士大夫的精英集团。"[1]

《王铎·赠汤若望诗册》是王铎的盛年之作，共书写了8首诗。前4首是写给汤若望的，赞美了汤若望才华横溢和见多识广，抒发了自己对异域风情的神往之情，并祈望汤若望能出手相助。

> 其一
> 风动铃旗树影斜，漆书奇变尽堪嗟。
> 他山鸟兽诸侯会，异国琳球帝子家。
> 可道天枢通海眼，始知日路小瓜洼。

① 徐海松：《清初士人与西学》，东方出版社2000年版，，第57页。

需时与尔探西极，浩浩昆仑未有涯。

其二

殊方别自有烟峦，一叶艅艎世外观。
地折流沙繁品物，人穷星历涉波澜。
眉间药色三光纳，匣里龙形万壑寒。
好向橘官延受箓，知君定不恡琼丹。

其三

八万遐程燕蓟中，如云弟子问鸿蒙。
惯除修蟒箐风息，屡缚雄鳅瘴雾空。
灵药施时回物病，玉衡齐后代天工。
幽房剩有长生诀，一笑抚须遇苑风。

其四

图画充厨始撮然，何殊曾阁揖真仙。
醉吟心映群花下，闲卧情游古史前。
琴瑟中和秋独奏，锟铻光怪夜双悬。
欲从龙拂求灵液，只恐鸾车泛海烟。

黄宗羲很可能与汤若望有过直接的交往。他在晚年作诗将汤若望比作自
己的启蒙老师：

西人汤若望，历算称开辟。
为吾发其凡，由此识阡陌。

明清士人与传教士的交往不仅仅是一种时尚，也不仅仅限于个人之间的
好恶，他们还进行了广泛的合作，为西学和天主教的传播创造了比较有利的
条件。如许多士大夫热情引导传教士适应儒学和中国文化，精心策划传教士
在中国长期居住并跻身于主流社会。我们在利玛窦的行迹之中已经看到，他
从进入广东开始就得到许多士大夫的帮助和引导。艾儒略在福建、高一志在
山西、卫匡国在杭州的传教活动得到了当地士大夫的支持和帮助。而一旦发

生教难，他们会挺身而出，有的公开出来辩护，有的多方设法营救或为传教士提供庇护场所。

传教士所介绍翻译的西书，大部分都是在中国士大夫的合作下完成的。徐光启主持历局，编纂《崇祯历书》，更是一次国家行为的大规模合作。此外，许多士大夫还参与传教士书籍的校订、刊刻出版。如《天学集解》中收录了至少有 57 篇由进士为天主教书籍所撰写的文章（序、跋等）。据初步统计，明清参与天主教书籍的编辑活动（校订、校梓、参阅、笔录、修润等）的士大夫共有 400 多位。明清之际传教士传播西学和天主教，如果没有这些中国学者的合作是不可能完成的。换言之，这一时期大规模的中西文化交流，大规模的西学东渐，是中西知识分子合作的结果。中国的士大夫，中国的知识分子阶层，也为西学的引进和传播作出了重大贡献。

士大夫与传教士的交谊往来在明清之际成为一种风气和时尚，固然有宗教的因素，但更多的是士大夫首先是把传教士作为域外奇人、有德之士来看待的。我们看到，中国士大夫对所结交的传教士的赞誉中，所说最多的有两点：一是学识渊博，二是人格高尚。他们的"道德"和"文章"两个方面成为吸引中国士大夫的人格魅力。另一方面，对于当时的士大夫来说，传教士带来的西学是一种少闻少见的异质文化，一种新鲜的文化。研究者将明末与传教士交游的士大夫分为 4 类：

（1）既奉教也讲求科学，如徐光启、李之藻、王徵。

（2）奉教，但不讲求科学，如杨廷筠。

（3）讲科学而不奉教，如方以智、周子愚。

（4）既不奉教也不讲科学，但偶然与西士往来以资博闻，如王肯堂、沈德符。①

这种分类不一定全面，但却可以看出当时与传教士交游的士大夫之广泛。而不论是出于什么样的原因，当作为西方知识分子代表的传教士来到中国后，受到了中国知识分子群体的欢迎和接纳，确实表现出当时的中国思想文化界的一种活跃、开放的风气和氛围。

---

① 参见陈受颐：《明末清初耶稣会士的儒教观及其反应》，《国学季刊》第 5 卷第 2 号（1935 年）。

二 中国学界对西学的回应

1. "西学热"与反西学思潮

梁启超认为，清前期出现的"西学热"，一个直接原因是跨越明末清初持续了数十年的中西历法优劣之争与轰动一时的"康熙历狱"的最终结局，使西方天文历算等科学知识获得了远较中法"精密"的声誉，也大大地刺激了中国学人对天文历法的关注与研究之热情。他们普遍相信，在实测方法和事实验证方面，西学可为中学借鉴。第二个原因是，明末清初以来所刊行的大量的西学书籍，尤其汇辑了明末传入的西方宗教与科学的《天学初函》《崇祯历书》等，为清初及以后的士人研习西学提供了基本的参考读物。①

在这种情况下，西学普遍地成为士大夫中的时髦学问。大多数知识分子对于西学东渐都采取了热情欢迎和包容的态度。之所以如此，"并非出于盲目的好奇，而是显示了一种历史的自觉"②。所谓"历史的自觉"，也就是"文化的自觉"，就是认识到传教士传播和介绍的西方文化对中国文化的发展很有建设性的意义。他们对于西学的欢迎和接受，是基于这种自觉的认识，是从丰富和发展中国文化的目标出发，是"经世致用"，为国家和社会的富强目的服务的。

从中国文化的本位立场出发，徐光启提出中西会通方针，第一是翻译，第二是融合，第三是超胜。所谓翻译，当然是首先翻译西书，但又不仅如此，而是要对西学有所了解有所认识，知道其"是什么"，然后才有取舍的问题。第二条是讲中西文化的融合，学习西学的目的不是以西学取代国学，不是以西方文化取代中国文化，而是站在中国文化本位的立场去学习、理解和接受西方文化，把西学纳入到中国文化之中，成为中国文化的一部分。第三条最重要，所谓"超胜"，不仅是要超越西学，也是要超越自己，在中西汇通的基

---

① 参见梁启超：《中国近三百年学术史》，商务印书馆 2011 年版，第 11 页。

② 萧萐父：《吹沙集》，巴蜀书社 1991 年版，第 38 页。

础上实现中国文化的新发展。明清之际的中西文化交流，中国学者对西方文化的接受，大体上也就是这个路子。

明清之际200年，风云际会，西学东渐，内容极为丰富。这一时期的西学东渐是一次整体性的文化传播，举凡文艺复兴以来在西方流行的新的思想观念、文化形态、科学技术、艺术形式等等，都或多或少的有所传播。而其中，天文历学具有突出的地位，成为国家主导的文化引进事业。风靡一时的西学风尚，最突出的表现是兴起了一股比较与研究中西天文历学之风，几乎遍及学界。安田朴说："历法的改革很快就把中国的整个思想界都吸引到耶稣会士们一方来。"① 西学东渐，中西知识分子交流切磋，砥砺思想，应酬唱和，弥漫于许多领域的"西学热"逐渐形成一种对中国文化发展产生重大影响的新趋势。

2. 明清之际的反西学思潮

在这个时期西方文化东传的过程中并非都是鲜花铺路，在交流、对话、融合、汇通的同时，也伴随着抗拒、排斥、抵制和批判。实际上，排斥和批判也是一种交流和对话的形式，只不过是从维护本土文化核心价值的立场来面对西方文化冲击的一种反应。

明清之际，中国文化的发展已经高度成熟，在各个领域都取得了辉煌的成就，成为中国古代文化发展的最后一个高峰。这种情况一方面造就了知识分子的文化自信，对外来文化也持有比较宽容、包容的态度。另一方面，这种文化的自信也造就了故步自封的心理，顽强地坚持民族本位文化的立场，不愿意接受外来文化的新东西，不愿意接受因外来文化的激励而引起的文化变革。所以，在"西学热"的同时，在中国思想文化界也出现了同样热烈的"反西学"思潮。阎宗临指出："在思想狭隘的人中间，西方科学的优越性引起了不信任和怀疑。就像当人们第一次面临浩荡的大海，他们表现出一种恐惧。"②

当时的反西学思想主要有这样几种观点：一是基于理学立场，反对耶稣会士的"合儒""补儒"之论，认为"合儒""补儒"是对儒家学说的歪曲、

---

① ［法］安田朴著，耿昇译：《中国文化西传欧洲史》，商务印书馆2000年版，第255页。

② 阎宗临：《中西交通史》，广西师范大学出版社2007年版，第284页。

篡改。耶稣会士"合儒"的实质是要以天主教的"圣人学问"毁弃儒家学说，尽废纲常名教，破坏儒教思想的纯洁性和正统地位。二是坚持程朱理学的理本论和生成论，以此驳斥天主教的创世说，否定天主的存在。三是以儒家学说直接攻击天主教义。四是坚持夷夏之辨观念，全面否定西方科学技术文化，特别是在天文历法领域，称采西洋历法不合名分，不符礼仪。

这种"反西学"思潮，从晚明到清初，时有表现，最激烈时还出现了"南京教案"和"康熙历狱"这样的事件。在晚明天主教和西方科学文化传播之初，就有《破邪集》那样汇集了许多文人学士批驳天主教及其思想的文集。《破邪集》集中反映了那个时代比较普遍的对异质文化的担忧、抵触和排斥，实际上也得到了许多知识分子的响应和参与。从以《破邪集》为代表的那一批反驳天主教和西学的文献中，我们看到，许多知识分子已经认识到西学冲击的严重性和对传统文化可能存在的破坏性。我们在大张旗鼓地论述这一时期西学传播的丰富多彩的时候，也应该看到当时的"反西学"思潮同样是波涛汹涌的。

3. "西学中源"说与"礼失求野"说

儒家思想文化对西学的排斥和抵制，是明清之际西学东渐对中国传统文化冲击的一种反应形式。与此同时，还有人提出"西学中源"说，也是对这种冲击作出的反应之一。"西学中源"说一度在中国士大夫中间广泛流行。

"西学中源"说主要是就天文历法领域引进西洋历法而说的，因为数学与天文历法关系密切，也被涉及。但在实际上，这种说法并不仅仅是针对天文历法和数学，而是就整个西学东传而言。最早提出"西学中源"说的是熊明遇。熊明遇，字良孺，江西进贤人，万历二十九年（1601）进士。熊明遇把西方天文学的源头追溯到中国上古的夏商时代。他的结论是从《国语·楚语》中的一段文字附会而来。在明末中西天文学相争的年代，熊明遇提出西方天文学源自中国，其用意实为消除中西学术的隔阂，便于引进和接受西学，从一个特殊的角度来实现中西学的汇通。熊明遇关于"西学中源"的思想为他的友人方孔炤及其子方以智继承和发扬。

康熙皇帝也提倡"西学中源"说，而且对这一观点的流行起到了推波助澜的作用。传教士有意迎合中国知识界"西学中源"的说法，把西方代数学的译名"阿尔朱巴尔"直接解释为"东来法"，也称之为"中国法"。在康熙皇帝的倡导之下，"西学中源"说不仅成为定论，而且成为当时知识界看待西学和中西文化关系的主流观点。其后清廷组织编纂的书籍如《明史》《数理精蕴》《四库全书总目》等，也都以"御制"或"钦定"的姿态，进一步肯定并推阐"西学中源"的说法。"西学中原"说得到了知识界的广泛响应。

"西学中源"说的着眼点在于接受西学，吸纳西学，"西学中源"是应对反西学思潮的一种巧妙的方式，"是一种为采用西学而又避免'用夷变夏'之嫌的理论巧饰"①。在这方式下，既可以破除"夷夏之防"的思想阻力，又可以在高扬中国文化的旗帜下理直气壮地研究和接纳西方文化。它反映了当时的学人士子对以西学为代表的外域文明一种接纳的心态和融合的观念。"西学中源"说包涵着"西学"就是"中学"的意思，这在相当程度上减轻了传统文化对西方文化排斥的压力。提出"西学中源"说的前提是认同西学，并努力将其纳入中学之范畴，试图打破中西文化之间的对立，排除西学传播的思想障碍，为西学传播开拓空间，进而融会中西。"西学中源"说在当时及后世都对接受西方文化产生了相当的积极作用。与此同时，"西学中源"说的出现及其流行，还在很大程度上刺激了知识界对中国传统学术文化的重视。清初学者在倡导"西学中源"的同时，大多重视中国传统学术的发掘和推阐，并在此基础上会通中西，取长补短。

不过，"西学中源"说对中西文化关系的认知是不正确的。它没有认识到古代中学与近代西学的本质差异，而是笼统地将近代西学的源头附会到中国的古代。这种论点并没有具体实证的资料支持，也不符合客观的历史事实。在论者的所有论证中，充满了穿凿附会和对古典文献的曲解。这和他们提倡的实学精神是不一致的。作为严肃的学者也许他们也认识到这个问题，只不过为了引进西学的合理性勉强为之吧。

除"西学中源"说外，明末清初相继出现了"心同理同""礼失求野""镕西方之材质，入大统之型模"等各种说法，其目的都是在为西学传播做宣传。

"礼失求野"说与"西学中源"说是一种说法的两个方面，"西学中源"说是由"天子失官，学在四夷""礼失求野"说发展而来。"礼失求野"之

---

① 徐海松：《清初士人与西学》，东方出版社 2000 年版，第 375 页。

说，引者俱称为孔子语，见于班固的《汉书·艺文志》："仲尼有言：'礼失而求诸野。'方今去圣久远，道术缺废，无所更索彼九家者，不犹愈于野乎？若能修六蓺之术，而观此九家之言，舍短取长，则可以通万方之略矣。"到了崇祯初年，在改历过程中，"礼失求野"说已经成为官方的言论，写入《崇祯历书》。无论熊明遇、方孔炤、方以智等人引用的"天子失官，学在四夷"说，还是李之藻、王英明、许胥臣、徐光启先后使用的"礼失求野"之说，都是晚明士人借助古代典籍与圣人之语，为学习西学正名。

总之，"天子失官，学在四夷""礼失求野""西学中源"，都是一种说辞，是学习西学的合法化台阶，是士人在不同的时代、不同的环境所采用的不同的提法和策略。

三　西学东渐之观察

1．中国之"西方"

所谓"西方文化"，既是一个地理概念，也是一个历史概念。正是从明清之际这个时代开始，"西方""西方文化""西学"等具有了今天我们所说的含义，即专指欧洲以及衍生的美洲文化。自从明清之际起，中外文化的交流主要就是同欧美文化的交流。当然也包含与东亚、东南亚和南亚地区的交流，但中西文化交流是近几百年中外文化交流的主要内容。

自古以来，中国人就对于"西方"给予了很高的重视。随着交通的逐渐发达，中国人所说之"西"也是不断延伸的。秦汉及以前主要是指"西域"即中亚一带。唐朝时的"西方"主要是指印度，"西学"指佛学，虽然唐代与波斯和阿拉伯也有很多的交通往来。宋元时期已经和欧洲有所交流，但此时的"西方"主要是指阿拉伯和波斯，此时对中国文化影响最大的是阿拉伯文化。明初郑和下西洋，指的是印度洋至波斯湾、北非红海一带的海域和国家。这是中国人在大航海时代以前最远的"西方"了。晚明欧洲传教士来华后，为了与中国人心目中指称印度、阿拉伯等国的传统意义相区别，他们总自称为"泰西""大西""远西"和"极西"，以示其所在的国度和地区才是真正的"西方"。起初，为了"照顾"中国人原有的"西方"观念，他们还特意将印度洋地区称为"小西洋"或"小西"，相对于他们自己所在的"大西洋"或"大西"而言。后来，中国人世界观念里的"西洋"和"西方"指的就是欧洲，直到19世纪又加上了美洲，这就是我们今天通用的"西方"的概念了。方豪指出：

> 惟今日国人习用之"西"字，盖指欧洲或兼美洲而言。自明末以后，称"西学""西教""西士""西书""西画""西乐"，乃至"西医""西药"等等，无不如此。清代中叶以后，震于西力之东渐，几有谈"西"色变之势，至清末，张之洞辈倡"中学为体，西学为用"之说，于是"中西"二字之连用，乃尤为普遍；但其结果，则大至思想学术，下至生活习俗，无不呈中西合璧或中西混合之象；及五四运动以后，乃有东西文化之争，有赞成全盘西化者，有主张发展传统文化而仅加若干外来材料以为补充者。"西"字的今日习惯用法，至此乃更确定为指欧美而言。①

不过，在晚明时人们对"欧洲"还没有比较明确的地理概念。由于利玛窦和艾儒略的地理著作，以及其他传教士的介绍，中国人开始逐步形成了对欧洲的一些认识，当时的文献将其称为"欧逻巴"。明末部分中国人虽以"欧逻巴"称呼欧洲，但对于这个极西地区到底位于什么地方，当时极少人能给予明确的说明，至于欧洲的国家数目，更是不甚清楚了。

2. 相遇与相识：互相的启蒙

在中西文化交流史上，明清之际这段时期是一个非常重要的阶段。这一阶段的中西文化交流，既是过去历史的继续，又是在新的时代条件下的发展。如果从交流持续的时间以及交流达到的深度来看，甚至可以说，正是在这个时期，中西两大文化体系开始了实质性的、直接的接触，开始了大规模的、多层次和多渠道的交流。萧萐父说："从明末到清初，是中西文化交流的第一次高潮。如果说汉魏隋唐的中印文化交流还只是亚细亚生产方式占主导地位的东方文化的内部交流，而唐代和元代基督教在中国的传播亦不过是昙花一现和过眼烟云的话，那么，明清之际的中西文化交流则是从真正的意义上开

---

① 方豪：《中西交通史》上卷，上海人民出版社2008年版，第1页。

始了中西文化的碰撞和交汇，揭开了中国文化史上新的一页。"① 莱布尼茨热情地赞颂这种中西文化交流的积极意义，称"这是一次互相的启蒙"，是那个时代最大的事情，其伟大意义将超越人们的想象。

法国汉学家谢和耐认为，明末时期的中西文化交流是发生在 1600 年前后的一件极为有趣的事，因为这实际上是两个完全独立发展的伟大文明第一次真正的接触。这种交流和接触，不仅对中国与欧洲的文化具有特别最要的意义，而且更是文化全球化历程的一个极为关键的事件。明清之际的中西文化交流是全方位、多层次的。在这一时期，中国和西方之间，不仅是通过贸易进行的物质文化层面的交流，也不仅仅是生产技术的传播，而且深入科学知识和艺术文化的层面，深入思想观念的层面。在中国，传来的西方科学文化知识，包括天文学、地理学、算学、力学、物理学、医学和药物学等等，还有西方哲学和逻辑，以及美术和音乐等，部分地改变了中国人的学术传统和关于世界的观念图景。在欧洲，传去的中国儒家伦理思想和文化典籍对反宗教专制的启蒙思想起到了激励和参照作用，而中国的艺术风格和审美趣味渗入西方人的日常生活领域，成为社会追求的时尚，部分地改变了他们的生活方式。因此，明清之际的中西文化交流，既包括器物层面文化的交流，还包括艺术层面文化的交流，也包括思想观念层面文化的交流。并且各个层面上的交流都是在较大规模、较大范围内进行的。张西平形象地描述了这一时期中国和欧洲文化交流的盛景，他写道：

> 那时的东西方好像处在"初恋"之中，情人眼里出西施，各自都从自己的需要出发，学习对方。徐光启把"泰西"作为人类社会的理想，伏尔泰则时时以孔子弟子自居，对儒学顶礼膜拜。相互的学习，相互的尊重，相互的倾慕，成为那个时代东西方的主要特征。②

因此，明清之际的中西文化交流对双方都产生了一定的积极影响，对各自的文化发展都起到了一定的积极作用。在这一时期的中西文化交流中，从总的趋势来说，形成了一种积极的、正面的互动关系。

虽然如此，但这个时期的中西交流，是以西方人到东方来为主要载体的。

---

① 萧萐父：《明清启蒙学术流变》，辽宁教育出版社 1995 年版，第 60—61 页。

② 张西平：《中国与欧洲早期宗教和哲学交流史》，东方出版社 2001 年版，第 6 页。

在这一时期，欧洲人对于中国的兴趣远远大于中国人对于欧洲的兴趣，甚至已经来往了很长时间，中国人还分不清葡萄牙人、西班牙人、荷兰人和英国人，只是笼统称之为"夷人"或"洋人"。那时候中国人中并没有多少醉心于研究欧洲知识的人。反之，对于欧洲人来说，中国却是一个巨大的知识场域，一个急于探索的广袤之地。所以，这一时期大规模的文化交流，都是欧洲人从西方来：航海家寻找新的航路，商人来这里寻找财富，传教士来这里传播福音，科学家（耶稣会士身份的）来这里探寻未知的世界。而没有中国人去欧洲传播儒学，去进行贸易，去研究欧洲的学问。英国学者艾兹赫德指出：

> 在大多数文艺复兴时期的人看来，中国就是一个自足的世界，是一个没有窗户的单一个体。但是，即便说中国人，除了精英阶层，对外部世界不感兴趣，外部世界却对中国有着浓厚的兴趣。哥伦布航行的目的地是中国，麦哲伦航行的主要成果是在马尼拉建立了中国—西班牙殖民地，去中国传教是耶稣会士的光荣使命。①

所以，不能说，这一时期的文化交流是完全平衡的。就总体而言，明清之际中西文化交流的基本态势是中国文化对西方的影响作用大于西方文化对中国的影响作用。无论是就发生影响的深度还是就其广泛性来说，这一时期的西方文化都多得益于中国文化。

英国学者艾兹赫德对这个问题有比较深入的论述，他指出，在文艺复兴时期，"总的来说，中国的物质生活水平还是远远高于欧洲。因此，技术的流动仍然是从东方向西方。欧洲取得的进步主要体现在其进口商品的质量方面。印刷术和科举考试是西方从东方引进的两项主要成果，这强化了西方日益增长的文化力量。引进的第三项成果是酿酒技术，成为西方实现奢华生活的组成部分"。艾兹赫德还说道："世界历史上任何一个时期都没有像启蒙时期这样，使得中国的商业贸易相对而言如此重要，对中国的兴趣如此之大，中国形象在整个世界上如此有影响。"②

---

① ［英］艾兹赫德著，姜智芹译：《世界历史中的中国》，上海人民出版社 2009 年版，第 195 页。

② ［英］艾兹赫德著，姜智芹译：《世界历史中的中国》，上海人民出版社 2009 年版，第 249、275—276 页。

所以，明清之际的中西文化交流史是以中国文化大规模西传、以西方效法中国为其显著特征的文化交流史。

但是，这样说，并不是认为明清之际的中西文化交流对中国文化的发展是没有意义的、是关系不大的。当时传入中国的西学的确给古老的中国传统文化以一定的冲击和震动，特别是在学术思想领域，近代西方科学知识扩大了中国知识分子的视野和世界图景，在学术精神和思维方法方面引起部分的变化，从而启发和刺激中国传统文化的自我批判和反省，为近代中国的文化蜕变和更新提供了一定的历史性前提。阎宗临说："明末清初耶稣会教士们用西方文明对中国所做的启蒙是中国文明史上一件具有重大意义的事情。"① 谢和耐总结得更好："中国在近代曾是欧洲之外第一个接受西方科学成果的伟大文明古国。"②

欧洲从 14、15 世纪开始，冲破中世纪的黑暗，"恢复"古代文化的传统，得益于经济的发展和宗教的改革。它在几个方面具有新的高度，突出的是人文主义、启蒙主义思想、近代意义的科学、哲学、政治、经济学说等等，都是中国文化传统所缺乏的。但是，对于西方文化来说，这一时期的代表新的生产力的科学文化的发展、人文精神和艺术文化的发展，正处在刚刚起步阶段，在我们论述的这一阶段的后期才出现工业革命，所以这一时期的科学文化尚未转变为巨大的物质和技术成果，所传来的西学基本上还是处于理论和概念阶段，除了望远镜这样的科学仪器和自鸣钟、红夷大炮这样的技术成果外，没有更多的可以造成巨大冲击的新的科技成果和物质力量；除了西洋参、貂皮和西药之外，没有更多的日用生活产品深入普通民众的社会生活领域，这样就不会造成广泛的社会共鸣。从发生影响的广泛性来说，明清之际的西学东渐虽有传教士深入民间的传教活动，但西方传来的物质文明成果多数仅作为贡品在宫廷和贵族中玩赏，西方的学术思想、科学知识以及艺术文化等等基本上还限于在知识分子中流传，没有引起广泛的社会兴趣，也没有在日常生活领域发生深刻的影响。所以，明清之际西学对中国文化的影响及其引

---

① 阎宗临：《中西交通史》，广西师范大学出版社 2007 年版，第 294 页。

② ［法］谢和耐著，耿昇译：《中国与基督教——中西文化的首次撞击》（增补本），上海古籍出版社 2003 年版，第 305 页。

起的变异毕竟还是很微弱的，并没有对中国传统文化体系造成实质性的冲击，并没有引起中国文化的结构性演变。

文化传播发生影响的深度与广度，受到接受方文化条件的影响。从文化传播的一般规律来看，一种文化传播到另一文化圈中并发生作用，需要通过特定的文化机制，使之由外来变为内在，才能逐步与本土的传统文化相会通。中国文化，作为一个由多民族共同创造而以汉文化为核心和主体的、具有两三千年悠久历史并且未曾断裂过的古老文化，发展到明清之际，已经达到高度成熟，并且构成了一个在东亚的汉文化圈，并浸润及东南亚各国，它的影响是极大的，它在整体上是一个得到了全面、系统、完整发展的、高层次的文化体系。在明清之际，中国传统文化的经济社会基础还比较稳固，足以抗拒和排斥外来异质文化的冲击，所以在这一时期东渐的西学没有机会对中国文化发挥更重要的影响。

总之，在这一时期，中国文化还没有发展到需要进行整体性变革的时候，西方文化还没有发展到"坚船利炮"那样具有强大冲击力的时候。在这种情况下，两种文化相遇，平等对话，相互吸收，但都按照各自的轨迹走自己的路。

但是，明清之际的西学东渐，正如我们前面多次说过的，是一次中西文化交流的大高潮，是两种高水平的文化的交流与对话，也是一次文艺复兴发展起来的近代西方文化的一次整体性传播。这种文化大交流的宏观场面是以前的历史所没有的，但对以后的历史来说，这还只是中西文化交流史的一个序幕。对中国文化产生极大冲击并引起巨大变革的，还是在19世纪中期以后西方文化以"坚船利炮"的面貌到来的时候。

结束语

　　本书论述了漫长的中外文化交流史，论述了在这个漫长的历史过程中世界上其他民族的文化在中国的传播过程，论述了中华文化接受、吸收和融合各种外来文化，以及在外来文化的影响下促进了自身文化的繁荣发展。从这个角度来叙述中华文化的发展历史，以及中华文化包含的世界文化内容，更强调了中华文化的世界性价值和意义。据此我们了解到，中华文化不仅仅是中华民族的伟大创造，而且还包含着对外来文化的吸收和融合。正是在中外文化交流的漫长历史中，在与各种外来文化的交流、激荡、交融中，才形成了中华文化的生生不息和博大精深。所以，中华文化史中包含着中外文化交流及其成果的重要内容，中外文化交流史是中华文化史的重要组成部分，中华文化史也是世界文化史的一个重要组成部分。

　　到了清代后期，也就是 19 世纪下半期，中外文化交流的态势发生了重大变化。从鸦片战争开始，西方殖民主义侵入中国，给中华民族造成了巨大的灾难。同时，西方人带来的先进文化给中国传统社会和传统文化造成了巨大的冲击。许多中国人很快就认识到救亡图存的出路在于要尽快学习和掌握西方工业革命的文明成果。从清末到 20 世纪上半期，先后有几代人纷纷走出国门，到欧美、日本、苏联学习、考察，主动地引进西方文明的优秀成果。同时，在西方文化的冲击下，中国传统文化也经历了一个浴火重生的过程，实现了向现代化的转型。这样，在 20 世纪，中国人通过与世界的主动对话和交流，对中华文化进行了积极的改造和重建，并且在新的基础上重新发展起来，以新的面貌再次屹立于世界文化之林。

　　总结中外文化交流的历史进程，我们看到，虽然中华文化是在一个相对封闭的环境中独自创生的，是中华民族先民在少受外来文化因素影响下创造的一种原生型文化，但是，从上古时代文明发端那时起，中华民族就一直寻求与外部世界的交通与联系，在早期文化的形态中已经具有了与其他民族文化联系的某些信息和线索。秦汉以后，随着交通的开辟，交往的扩大，与外部世界的联系越来越大，人员交往越来越频繁，文化交流也越来越广泛，中华民族创造的文明成果源源不断地传播到世界各地，参与着世界文化的历史发展进程，海外其他民族所创造的优秀文化成果也源源不断地传播到中国内地，丰富着中华文化的内容，成为中华文化的组成部分，激励和促进中华文化的发展繁荣。

中国接受海外文化史是世界文化发展历史上的一个奇伟壮丽的文化景观，一个人类文明共生与交融的伟大经验。展示与解读这个巨幅的历史画卷，总结中国接受海外文化的历史经验，会使我们对中华文化的特性与品质的认识，对中华文化民族性和世界性内涵的理解，对中华文化和世界文化发展前景的展望，获得有益的启发。

站在文化传播的"接受方"即中华文化的本位立场上，来解读和总结中国接受、融合外来文化的历史经验，首先我们认识到的是要保持文化的开放性。自古以来，虽然其间有过暂短的闭关锁国，有过对外来文化的抵制和抗拒，有过文化保守主义的一再涌现，但从总的历史进程来看，中华文化对外来文化是保持欢迎态度的。开放性使中华文化保持了一种健全的文化交流态势，而这正是中华文化具有强大生命力的原因所在。中华文化延续几千年而道统不绝，在世界文化史上也是仅见的，究其原因，正是由于它保持着开放的态势，在大规模向外传播的同时也大规模地吸收、输入域外各族文明。中华文化的这种积极的输出和吸纳运动，使自己获得了鲜活和强大的生命力。即便是在近代西方文化强有力的冲击下，中华文化也能通过自身的"重整反应"使自己走向现代化。

文化的开放性使得中华文化具有了世界眼光、世界意识、和世界性的文化价值。世界眼光、世界意识对于一个民族文化的发展至关重要。有之就不会闭关自守，夜郎自大，而是从世界的眼光认识自己，反省自己，促进自己与时俱进，与世界同行。

所以，开放性、世界眼光是中华文化在数千年的历史中长盛不衰、持续发展的内在原因、内在动力。这是中华文化的一个基本品格。

接受和吸收外来文化是为了满足自身丰富和发展的需要，是将外来文化"内化"为自己文化的过程，也就是将外来文化本土化的过程。在这个过程中，从历史上来看，不仅表现了中华民族强大的学习能力，还表现出强大的选择能力和创造能力。任何外来文化进入到中华文化的大系统中，成为中华文化的一个组成部分，都有一个再创造、再解释并重新获得新的意义的过程。我们强调的中华文化的创造性不仅表现在独自的文化发明，也表现在对外来文化的消化、吸收、融合之中，表现在对它们的改造、重塑的再创造之中。接受和学习外来文化不是要用它们取代中华文化，而是要用它们补充、丰富中华文化；吸收和融合外来文化是用外来文化改造中华文化，但更是用中华文化改造外来文化，使它们本土化，使它们成为中华文化的一部分。

中国接受外来文化的历史，包含着丰富的文化交流经验，也包含着丰富的文化发展经验，其中也有许多在文化交流史上是属于规律性的、普遍性的。本书对于这些规律性、普遍性的论述可以使我们对中国文化发展的历史有进一步的了解，使我们面向新时代的世界文化交流、中华文化建设有一些启发性的思考。

今日之世界与往昔已是不可同日而语。特别是近几十年现代科学技术的发展，互联网和全球化趋势的发展，把整个世界连成了一体，因而文化的普适性和共同性更为突出，这也就在形成一种属于全人类共同文明财富的"世界文化"。

现代的传播媒介把整个世界都展现到我们的面前，不仅可以大大开阔我们的视野，以更加开放的心态去积极地吸收、学习世界上一切优秀文化的成就，更使我们学会了在世界文化的宏观视野下审视我们自己的文化，在世界文化的整体参照系中创造我们自己的文化。

主要参考文献

一　史料典籍

1. 慧立彦悰：《大慈恩寺三藏法师传》，中华书局 1983 年版。

2. 耶律楚材、周致中：《西游录·异域志》，中华书局 1981 年版。

3. 李志常、耶律楚材：《成吉思汗封赏长春真人之谜》，中国旅游出版社 1988 年版。

4. 周达观原著，夏鼐校注：《真腊风土记校注》，中华书局 1981 年版。

5. 汪大渊原著，苏继庼校释：《岛夷志校释》，中华书局 1981 年版。

6. 张燮：《东西洋考》，中华书局 1981 年版。

7. 黄省曾：《西洋朝贡典录》，中华书局 1982 年版。

8. 中国航海史研究会编：《郑和下西洋资料选编》，人民交通出版社 1985 年版。

9. 郑鹤声、郑一钧：《郑和下西洋资料汇编》，齐鲁书社 1983 年版。

10. 马欢原著，万明校注：《明钞本〈瀛涯胜览〉校注》，海洋出版社 2005 年版。

11. ［法］伯希和撰，冯承钧译：《郑和下西洋考　交广印度两道考》，中华书局 2003 年版。

12. 白化文、李鼎霞、许德楠校注：《入唐求法巡礼行记》，花山文艺出版社 1992 年版。

13. 黎崱：《安南志略》，中华书局 1995 年版。

14. 北京大学南亚研究所编：《中国载籍中南亚史料汇编》（2 册），上海古籍出版社 1994 年版。

15. 中山大学东南亚历史研究所编：《中国古籍中有关菲律宾资料汇编》，中华书局 1980 年版。

16．余定邦、黄重言编：《中国古籍中有关新加坡马来西亚资料汇编》，中华书局 2002 年版。

17．张星烺编注：《中西交通史料汇编》（4 册），中华书局 2003 年版。

18．《熙朝崇正集·熙朝定案》（外三种），中华书局 2006 年版。

19．杨维忠：《新译〈佛国记〉》，台北三民书局 2004 年版。

20．章巽：《〈法显传〉校注》，上海古籍出版社 1985 年版。

21．足立喜六：《〈法显传〉考证》，商务印书馆 1937 年版。

二　研究著作

1．［英］赫·乔·韦尔斯著，吴文藻译：《世界史纲——生物和人类的简明史》，人民出版社 1982 年版。

2．［美］卡尔顿·约·海斯等著，中央民族学院研究室译：《世界史》（3 册），生活·读书·新知三联书店 1975 年版。

3．［法］费尔南·布罗代尔著，肖昶等译：《文明史纲》，广西师范大学出版社 2003 年版。

4．［法］费尔南·布罗代尔著，施康强、顾良译：《十五至十八世纪的物质文明、经济与资本主义》（3 卷），生活·读书·新知三联书店 1993 年版。

5．［美］菲利普·李·拉尔夫、爱德华·伯恩斯等著，赵丰译：《世界文明史》（第 8 版，2 卷），商务印书馆 1999 年版。

6．［美］杰里·本特利、赫伯特·齐格勒著，魏凤莲等译：《新全球史——文明的传承与交流》（2 卷），北京大学出版社 2007 年版。

7．［美］小约翰·威尔斯著，赵晖译，王月瑞校：《1688 年的全球史》，海南出版社 2004 年版。

8．张树栋、刘广明主编：《古代文明的起源与演进》，南京大学出版社 1991 年版。

9．钱乘旦：《现代文明的起源与演进》，南京大学出版社 1991 年版。

10．［英］贝尔纳著，伍况甫等译：《历史上的科学》，科学出版社 1959 年版。

11．［英］亚·沃尔夫著，周昌忠等译，周昌忠校：《十六、十七世纪科学、技术和哲学史》，商务印书馆 1985 年版。

12. ［英］亚·沃尔夫著，周昌忠、苗以顺、王荣运译，周昌忠校：《十八世纪科学、技术和哲学史》，商务印书馆 1991 年版。

13. ［苏］约·彼·马吉多维奇著，屈瑞、云海译：《世界探险史》，世界知识出版社 1988 年版。

14. ［英］菲利普·D. 柯丁著，鲍晨译：《世界历史上的跨文化贸易》，山东画报出版社 2009 年版。

15. ［美］罗兹·墨菲著，黄磷译：《亚洲史》，海南出版社、三环出版社 2004 年版。

16. 钱穆：《国史大纲》，商务印书馆 1994 年版。

17. 范文澜：《中国通史简编》（修订本）第 3 编第 2 分册，人民出版社 1965 年版。

18. 范文澜：《中国通史简编》（修订本）第 2 编，人民出版社 1964 年版。

19. 吕振羽：《中国历史讲稿》，人民出版社 1984 年版。

20. 李定一：《中华史纲》，中国长安出版社 2012 年版。

21. 钱穆：《中国文化史导论》，商务印书馆 1994 年版。

22. 刘蕙孙：《中国文化史稿》，文化艺术出版社 1990 年版。

23. 阴法鲁、许树安主编：《中国古代文化史》（3 卷），北京大学出版社 1989、1991 年版。

24. 王玉哲主编：《中国古代物质文化》，高等教育出版社 1990 年版。

25. 孙机：《中国古代物质文化》，中华书局 2014 年版。

26. 吴小如：《中国文化史纲要》，北京大学出版社 2001 年版。

27. 侯家驹：《中国经济史》（2 册），新星出版社 2010 年版。

28. 张立文主编：《中国学术通史》（8 卷），人民出版社 2004 年版。

29. 葛兆光：《中国思想史　第二卷：七世纪至十九世纪中国的知识、思想与信仰》，复旦大学出版社 2000 年版。

30. 梁启超：《中国近三百年学术史》，商务印书馆 2011 年版。

31. 梁启超：《清代学术概论》，上海古籍出版社 2005 年版。

32. 梁启超：《论中国学术思想变迁之大势》，上海古籍出版社 2006

年版。

33.〔法〕雷奈·格鲁塞著，常任侠、秦学礼译：《中国的文明》，黄山书社 1991 年版。

34.〔法〕雷纳·格鲁塞著，秦传安译：《伟大的历史——5000 年中央帝国的兴盛》，新世界出版社 2008 年版。

35. 王会昌：《中国文化地理》，华中师范大学出版社 1992 年版。

36.〔法〕谢和耐著，耿昇译：《中国社会史》，中国藏学出版社 2006 年版。

37. 徐旭生：《中国古史的传说时代》，文物出版社 1985 年版。

38.〔美〕狄宇宙著，贺严、高书文译：《古代中国与其强邻——东亚历史上游牧力量的兴起》，中国社会科学出版社 2010 年版。

39. 孙森：《夏商史稿》，文物出版社 1987 年版。

40. 张光直：《中国青铜时代》，三联书店 1990 年版。

41. 张光直：《中国青铜时代》二集，三联书店 1990 年版。

42. 孟世杰：《先秦文化史》，上海书店 1992 年版。

43. 林剑鸣：《秦汉史》，上海人民出版社 2003 年版。

44.〔英〕崔瑞德、〔美〕鲁惟一编，杨品泉等译：《剑桥中国秦汉史（公元前221—公元220 年）》，中国社会科学出版社 1992 年版。

45. 陈旭经：《匈奴史稿》，中国人民大学出版社 2007 年版。

46.〔英〕崔瑞德编，中国社会科学院历史研究所西方汉学研究课题组译：《剑桥中国隋唐史（589—906 年）》，中国社会科学出版社 1990 年版。

47. 韩国盘：《隋唐五代史纲》，人民出版社 1979 年版。

48. 岑仲勉：《隋唐史》，中华书局 1982 年版。

49. 罗香林：《唐代文化史研究》，上海书店 1992 年版。

50.〔美〕谢弗著，吴玉贵译：《唐代的外来文明》，中国社会科学出版社 1995 年版。

51. 荣新江：《中古中国与外来文明》，生活·读书·新知三联书店 2001 年版。

52. 李健超：《汉唐两京及丝绸之路历史地理论集》，三秦出版社 2007 年版。

53. 周宝珠、陈振主编:《简明宋史》,人民出版社 1985 年版。

54. 莫川:《南宋大航海时代》,经济管理出版社 2008 年版。

55. 黄纯艳:《宋代海外贸易》,社会科学文献出版社 2003 年版。

56. 杨渭生等:《两宋文化史》,浙江大学出版社 2008 年版。

57. 张锦鹏:《南宋交通史》,上海世纪出版股份有限公司 2008 年版。

58. 魏良弢:《西辽史纲》,人民出版社 1991 年版。

59. [美] 杰克·威泽弗德著,温海清、妙建根译:《成吉思汗与今日世界之形成》,重庆出版社 2009 年版。

60. [法] 雷纳·格鲁塞著,龚钺译,翁独健校:《蒙古帝国史》,商务印书馆 1989 年版。

61. [法] 勒内·格鲁塞著,蓝琪译,项英杰校:《草原帝国》,商务印书馆 1998 年版。

62. [英] 崔瑞德、[美] 牟复礼编,杨品泉等译,杨品泉校订:《剑桥中国明代史 (1368—1644 年)》(2 卷),中国社会科学出版社 2006 年版。

63. 刘圣宜、宋德华主编:《岭南近代对外文化交流史》,广东人民出版社 2009 年版。

64. 左芙蓉:《北京对外文化交流史》,巴蜀书社 2008 年版。

65. 陈景富:《古都西安:西安与海东》,西安出版社 2005 年版。

66. 周伟洲:《古都西安:西安与南海诸国》,西安出版社 2003 年版。

67. 李大龙:《都护制度研究》,黑龙江教育出版社 2003 年版。

68. 夏鼐:《中国文明的起源》,文物出版社 1985 年版。

69. 陈寅恪:《陈寅恪史学论文选集》,上海古籍出版社 1992 年版。

70. 常任侠:《常任侠艺术考古论文选集》,文物出版社 1984 年版。

71. 孙机:《中国圣火——中国古文物与东西文化交流中的若干问题》,辽宁教育出版社 1996 年版。

72. 李学勤:《四海寻珍》,清华大学出版社 1998 年版。

73. 冯尔康:《顾真斋文集》,中华书局 2003 年版。

74. 齐思和:《中国史探研》,中华书局 1981 年版。

75. 余也非:《中国古代经济史》,重庆出版社 1991 年版。

76. [日] 薮内清著,梁策等译:《中国·科学·文明》,中国社会科学出版社 1987 年版。

77. ［英］李约瑟：《中国科学技术史》第 1 卷，科学出版社和上海古籍出版社 1990 年版。

78. ［英］李约瑟：《中国科学技术史》第 2 卷，科学出版社和上海古籍出版社 1990 年版。

79. 郑振铎：《插图本中国文学史》（2 卷），上海人民出版社 2005 年版。

80. 沈从文：《中国古代服饰研究》，上海书店出版社 2002 年版。

81. 潘耀昌：《中国近现代美术史》（修订版），北京大学出版社 2009 年版。

82. 潘耀昌：《中国近现代美术教育史》，中国美术学院出版社 2002 年版。

83. 汪毓和：《中国近现代音乐史》，人民音乐出版社 2009 年版。

84. 石声汉：《中国农业遗产要略》，农业出版社 1981 年版。

85. 马伯英：《中国医学文化史》，上海人民出版社 1994 年版。

86. 陈邦贤：《中国医学史》，团结出版社 2011 年版。

87. 白寿彝：《中国交通史》，团结出版社 2007 年版。

88. 孙光圻：《中国古代航海史》，海洋出版社 1989 年版。

89. 张静芳：《中国古代造船与航海》，天津教育出版社 1991 年版。

90. 庄景辉：《泉州港考古与海外交通史研究》，岳麓出版社 2006 年版。

91. 李玉昆、李秀梅：《泉州古代海外交通史》，中国广播电视出版社 2006 年版。

92. 邓端本：《广州港史（古代部分）》，海洋出版社 1986 年版。

93. 徐德济主编：《连云港史（古、近代部分)》，人民交通出版社 1987 年版。

94. 连心豪：《中国海关与对外贸易》，岳麓书社 2004 年版。

95. ［日］长泽和俊著，钟美珠译：《丝绸之路史研究》，天津古籍出版社 1990 年版。

96. 武伯纶：《传播友谊的丝绸之路》，陕西人民出版社 1983 年版。

97. 成一等：《丝绸之路漫记》，新华出版社 1981 年版。

98. 姜伯勤：《敦煌吐鲁番文书与丝绸之路》，文物出版社 1994 年版。

99．常任侠：《丝绸之路与西域文化艺术》，上海文艺出版社 1981 年版。

100．林梅村：《丝绸之路考古十五讲》，北京大学出版社 2006 年版。

101．石云涛：《3 至 6 世纪丝绸之路的变迁》，文化艺术出版社 2007 年版。

102．中国中外关系史学会、暨南大学文学院主编：《丝绸之路与文明的对话》，新疆人民出版社 2007 年版。

103．沈济时：《丝绸之路》，香港中和出版有限公司 2011 年版。

104．［法］让－诺埃尔·罗伯特著，马军、宋敏生译：《从罗马到中国——恺撒大帝时代的丝绸之路》，广西师范大学出版社 2005 年版。

105．赵汝清：《从亚洲腹地到欧洲——丝路西段研究》，甘肃人民出版社 2005 年版。

106．［法］布尔努瓦著，耿昇译：《丝绸之路》，山东画报出版社 2001 年版。

107．张一平：《丝绸之路》，五洲传播出版社 2005 年版。

108．［英］吴芳思著，赵学工译，杨玉好审校：《丝绸之路 2000 年》，山东画报出版社 2008 年版。

109．殷晴：《丝绸之路与西域经济——12 世纪前新疆开发史稿》，中华书局 2007 年版。

110．常任侠：《海上丝路与文化交流》，海洋出版社 1985 年。

111．［法］F. B. 于格、E. 于格著，耿昇译：《海市蜃楼中的帝国——丝绸之路上的人、神与神话》，喀什维吾尔文出版社 2004 年版。

112．［法］德勒热著，吴岳添译：《丝绸之路——东方和西方的交流传奇》，上海书店出版社 1998 年版。

113．卞洪登：《丝绸之路考》，中国经济出版社 2007 年版。

114．陈高华等：《海上丝绸之路》，海洋出版社 1991 年版。

115．李庆新：《海上丝绸之路》，五洲传播出版社 2006 年版。

116．陈炎：《海上丝绸之路与中外文化交流》，北京大学出版社 2002 年版。

117．李冀平、朱学群、王连茂主编：《泉州文化与海上丝绸之路》，社会科学文献出版社 2007 年版。

118．李英魁主编：《宁波与海上丝绸之路》，科学出版社 2006 年版。

119. 黄启臣主编：《广东海上丝绸之路史》，广东经济出版社 2003 年版。

120. 王元林：《国家祭祀与海上丝路遗迹——广州南海神庙研究》，中华书局 2006 年版。

121. 刘迎胜：《丝路文化草原卷》，浙江人民出版社 1995 年版。

122. 伍加伦、江玉祥主编：《古代西南丝绸之路研究》，四川大学出版社 1990 年版。

123. 吴钊：《追寻逝去的音乐踪迹——图说中国音乐史》，东方出版社 1999 年版。

124. 周一良主编：《中外文化交流史》，河南人民出版社 1987 年版。

125. 何芳川主编：《中外文化交流史》（2 卷），国际文化出版公司 2008 年版。

126. 王介南：《中外文化交流史》，山西人民出版社、人民出版社 2011 年版。

127. 李喜所主编：《五千年中外文化交流史》（5 卷），世界知识出版社 2002 年版。

128. 刘岱主编：《永恒的巨流》，生活·读书·新知三联书店 1991 年版。

129. 许倬云：《中国文化与世界文化》，贵州人民出版社 1991 年版。

130. 复旦大学文史研究院编：《从周边看中国》，中华书局 2009 年版。

131. ［英］S. A. M 艾兹赫德著，姜智芹译：《世界历史中的中国》，上海人民出版社 2009 年版。

132. ［法］伊莎白尔·拉瑟拉：《欧洲人眼中的儒学教育》，［加］许美德、［法］巴斯蒂等主编：《中外比较教育史》，上海人民出版社 1990 年版。

133. 中国文化书院讲演录编委会编：《中外文化比较研究》，生活·读书·新知三联书店 1988 年版。

134. 朱杰勤译：《中外关系史译丛》，海洋出版社 1984 年版。

135. 中外关系史学会编：《中外关系史译丛》第 1 辑，上海译文出版社 1984 年版。

136. 中外关系史学会编：《中外关系史论丛》第 1 辑，世界知识出版社 1985 年版。

137. 中外关系史学会编：《中外关系史论丛》第 2 辑，世界知识出版社

1987 年版。

138．白寿彝：《中国交通史》，商务印书馆 1937 年版。

139．向达：《中外交通小史》，商务印书馆 1930 年版。

140．陈伟明、王元林：《古代中外交通史略》，中国华侨出版社 2002 年版。

141．李长傅：《中国殖民史》，商务印书馆 1937 年版。

142．蔡鸿生：《中外交流史事考述》，大象出版社 2007 年版。

143．林梅村：《松漠之间——考古新发现所见中外文化交流》，生活·读书·新知三联书店 2007 年版。

144．《泉州港与古代海外交通》编写组编：《泉州港与古代海外交通》，文物出版社 1982 年版。

145．黄宝实：《中国历代行人考》，台北中华书局 1969 年版。

146．黄宝实：《中国历代行人考续编》，台北中华书局 1970 年版。

147．余美云、管林辑注：《海外见闻》，海洋出版社 1985 年版。

148．于醒民、唐继无：《从闭锁到开放》，学林出版社 1991 年版。

149．［英］马士著，张汇文译：《中华帝国对外关系史》，商务印书馆 1963 年版。

150．耿昇、朴灿奎等主编：《多元视野中的中外关系史研究》，延边大学出版社 2007 年版。

151．荣新江、李孝聪主编：《中外关系史：新史料与新问题》，科学出版社 2004 年版。

152．中国中外关系史学会、华侨大学华人华侨研究院主编：《多元宗教文化视野下的中外关系史》，甘肃人民出版社 2012 年版。

153．张西平、耿昇、武斌编：《明清之际中外文化交流史研究新进展》，外语教学与研究出版社 2013 年版。

154．王欣主编：《城市与中外民族文化交流》，陕西师范大学出版总社有限公司 2013 年版。

155．楼宇烈、张西平主编：《中外哲学交流史》，湖南教育出版社 1998 年版。

156．黄见德：《西方哲学东渐史》（2 卷），人民出版社 2006 年版。

157．黄建德：《20 世纪西方哲学东渐史导论》，首都师范大学出版社 2002 年版。

158．彭斐章：《中外图书交流史》，湖南教育出版社 1998 年版。

159．马伯英等：《中外医学文化交流史——中外医学跨文化传通》，文汇出版社 1993 年版。

160．王镛主编：《中外美术交流史》，中国青年出版社 2013 年版。

161．冯文慈：《中外音乐交流史》，人民音乐出版社 2013 年版。

162．陶亚兵：《明清间的中西音乐交流》，东方出版社 2001 年版。

163．余太山：《两汉魏晋南北朝与西域关系史研究》，中国社会科学出版社 1995 年版。

164．林英：《金钱之旅——从君士坦丁堡到长安》，人民美术出版社 2004 年版。

165．李康华等：《中国对外贸易史简论》，对外贸易出版社 1981 年版。

166．李金明：《明代海外贸易史》，中国社会科学出版社 1990 年版。

167．晁中辰：《明代海禁与海外贸易》，人民出版社 2005 年版。

168．陈尚胜：《"怀夷"与"抑商"：明代海洋力量兴衰研究》，山东人民出版社 1997 年版。

169．万明：《明代中外关系史论稿》，中国社会科学出版社 2011 年版。

170．陈玉龙等：《汉文化论纲——兼述中朝中日中越文化交流》，北京大学出版社 1993 年版。

171．［美］费正清、E. O. 赖肖尔、A. M. 克雷格著，黎鸣等译：《东亚文明：传统与变革》，天津人民出版社 1992 年版。

172．黄枝连：《天朝礼制体系研究》（3 卷），中国人民大学出版社 1992、1994、1995 年版。

173．韩升主编：《古代中国：东亚世界的内在交流》，复旦大学出版社 2005 年版。

174．王秀文、关捷主编：《中日文化交流研究》，世界知识出版社 2002 年版。

175．张荣芳、黄淼章：《南越国史》，广东人民出版社 1995 年版。

176．越南社会科学委员会：《越南历史》第 1 集，人民出版社 1977 年版。

177．［越］陈重金著，戴可来译：《越南通史》，商务印书馆 1992 年版。

178．［越］陶维英：《越南古代史》，商务印书馆 1976 年版。

179．［法］Georges Maspero 著，冯秉钧译：《占婆史》，商务印书馆 1993 年版。

180．《中越关系史大事记》，广西社会科学院印度支那研究所 1980 年印刷。

181．邵循正：《中法越南关系始末》，河北教育出版社 2000 年版。

182．［英］D.G.E. 霍尔著，中山大学东南亚历史研究所译：《东南亚史》（2 册），商务印书馆 1982 年版。

183．高事恒：《南洋论》，南洋经济研究所 1948 年印刷。

184．冯承均：《中国南洋交通史》，商务印书馆 1937 年版。

185．［澳］安东尼·瑞德著，孙来臣、李塔娜、吴小安译，孙来臣审校：《东南亚的贸易时代：1450—1680 年》（2 卷），商务印书馆 2010 年版。

186．贺圣达：《东南亚文化发展史》，云南人民出版社 1996 年版。

187．陈佳荣：《隋前南海交通史料研究》，香港大学亚洲研究中心 2003 年版。

188．韩振华：《南海诸岛史地论证》，香港大学亚洲研究中心 2003 年版。

189．刘芝田：《中菲关系史》，台北正中书局 1962 年版。

190．［缅甸］G·E·哈维著，姚梓译：《缅甸史》，商务印书馆 1957 年版。

191．［缅甸］波巴信著，陈炎译：《缅甸史》，商务印书馆 1965 年版。

192．［印度尼西亚］努西·巴尼著，吴世璜译：《印度尼西亚史》，中华书局 1959 年版。

193．陈正祥：《真腊风土记研究》，香港中文大学 1975 年版。

194．［泰］素察·蒲媚波里叻著，陈健民译：《探索泰族的历史》，人民出版社 1984 年版。

195．余定邦、陈树森：《中泰关系史》，中华书局 2009 年版。

196．谭中、耿引曾：《印度与中国——两大文明的交往和激荡》，商务印书馆 2006 年版。

197．季羡林：《中印文化关系史论文集》，生活·读书·新知三联书店

1982 年版。

198．季羡林：《佛教与中印文化交流》，江西人民出版社 1990 年版。

199．季羡林：《中印文化交流史》，新华出版社 1993 年版。

200．季羡林著，王树英选编：《季羡林论中印文化交流》，新世界出版社 2006 年版。

201．薛克翘：《中印文化交流史话》，商务印书馆 2007 年版。

202．牟钟鉴、张践：《中国宗教史》（2 卷），中国社会科学文献出版社 2000 年版。

203．吕澄：《中国佛教源流略讲》，中华书局 1979 年版。

204．汤用彤：《汉魏两晋南北朝佛教史》（增订本），昆仑出版社 2006 年版。

205．汤用彤：《隋唐佛教史稿》，北京大学出版社 2010 年版。

206．任继愈主编：《中国佛教史》（3 卷），中国社会科学出版社 1985 年版。

207．蒋维桥：《中国佛教史》，群言出版社 2013 年版。

208．梁启超：《佛学研究十八篇》，群言出版社 2013 年版。

209．孙昌武：《中国佛教文化史》（5 卷），中华书局 2010 年版。

210．任继愈：《汉唐佛教思想论集》，人民出版社 1973 年版。

211．王早娟：《唐代长安佛教文学》，商务印书馆 2013 年版。

212．范文澜：《唐代佛教》，重庆出版社 2008 年版。

213．蒋维乔：《中国佛教史》，团结出版社 2005 年版。

214．印顺法师：《中国佛教史略》，大乘文化出版社 1967 年版。

215．杨维中：《中国佛学》，南京大学出版社 2009 年版。

216．洪修平：《中国佛教文化历程》，江苏教育出版社 2005 年版。

217．［荷兰］许理和著，李四龙、裴勇等译：《佛教征服中国——佛教在中国中古早期的传播与适应》，江苏人民出版社 2003 年版。

218．陈垣：《中国佛教史籍概论》，上海书店出版社 2005 年版。

219．吴海勇：《中古汉译佛经叙事文学研究》，学苑出版社 2004 年版。

220．贾应逸、祁小山：《佛教东传中国》，上海古籍出版社 2006 年版。

221．张锡坤主编：《佛教与东方艺术》，吉林教育出版社 1989 年版。

222. 魏长洪等：《西域佛教史》，新疆美术摄影出版社 1998 年版。

223. 杜继文主编：《佛教史》，江苏人民出版社 2006 年版。

224. 郑炳林、樊锦诗、杨富学主编：《敦煌佛教与禅宗学术讨论会文集》，三秦出版社 2007 年版。

225. 郭绍林：《唐代士大夫与佛教》，三秦出版社 2006 年版。

226. 闫孟祥：《宋代佛教史》（2 册），人民出版社 2013 年版。

227. 姚崇新：《中古艺术宗教与西域历史论稿》，商务印书馆 2011 年版。

228. 陈明：《中古医疗与外来文化》，北京大学出版社 2013 年版。

229. 陈可冀、李春生主编：《中国宫廷医学》，中国青年出版社 2009 年版。

230. 江文汉：《中国古代基督教及开封犹太人》，知识出版社 1982 年版。

231. 朱谦之：《中国景教——中国古代基督教研究》，东方出版社 1993 年版。

232. 林悟殊：《中古三夷教辩证》，中华书局 2005 年版。

233. 荣振华、李渡南等：《中国的犹太人》，大象出版社 2005 年版。

234. 中国航海史研究会编：《郑和下西洋论文集》，人民交通出版社 1985 年版。

235. 郑一钧：《论郑和下西洋》，海洋出版社 1985 年版。

236. 范中义、王振华：《郑和下西洋》，海洋出版社 1982 年版。

237. 孔远志、郑一钧：《东南亚考察论郑和》，北京大学出版社 2008 年版。

238. 王天有、徐凯、万明编：《郑和远航与世界文明——纪念郑和下西洋 600 周年论文集》，北京大学出版社 2005 年版。

239. 杨怀中主编：《郑和与文明对话》，宁夏人民出版社 2006 年版。

240. ［美］希提著，马坚译：《阿拉伯通史》，商务印书馆 1979 年版。

241. ［美］拉铁摩尔著，唐晓峰译：《中国的亚洲内陆边疆》，江苏人民出版社 2005 年版。

242. 冯承钧译：《西域南海史地考证译丛六编》，中华书局 1956 年版。

243. 冯承钧译：《西域南海史地考证译丛九编》，中华书局 1958 年版。

244. 余太山主编：《西域通史》，中州古籍出版社 1996 年版。

245. 余太山主编：《西域文化史》，中国友谊出版公司1995年版。

246. ［日］羽田亨著，耿世民译：《西域文明史概论》（外一种），中华书局2005年版。

247. 麦高文：《中亚古国史》，中华书局2004年版。

248. 纪宗安：《9世纪前的中亚北部与中西交通》，中华书局2008年版。

249. 王颋：《西域南海史地研究》，上海古籍出版社2005年版。

250. 郑杰文：《穆天子传通解》，山东文艺出版社1992年版。

251. ［德］夏德著，朱杰勤译：《大秦国全录》，大象出版社2009年版。

252. 宋晓梅：《高昌国——公元5至7世纪丝绸之路上的一个移民小社会》，中国社会科学出版社2003年版。

253. 《法国汉学》丛书编委会编：《粟特人在中国——历史、考古、语言的新探索》，中华书局2005年版。

254. 陈海涛、刘惠琴：《来自文明十字路口的民族——唐代入华粟特人研究》，商务印书馆2006年版。

255. 荣新江、张志清主编：《从撒马尔罕到长安——粟特人在中国的文化遗迹》，北京图书馆出版社2004年版。

256. 薛宗正：《突厥史》，中国社会科学出版社1992年版。

257. 马长寿：《突厥人和突厥汗国》，广西师范大学出版社2006年版。

258. ［苏］威廉·巴托尔德著，罗致平译：《中亚突厥史十二讲》，中国社会科学出版社1984年版。

259. ［苏］E. F. 加富罗夫著，肖之兴译：《中亚塔吉克史（上古——十九世纪上半叶)》，中国社会科学出版社1985年版。

260. 王欣：《吐火罗史研究》，中国社会科学出版社2002年版。

261. 孙修身：《敦煌与中西交通研究》，甘肃教育出版社2002年版。

262. 张庆捷、李书吉、李钢主编：《4—6世纪的北中国与欧亚大陆》，科学出版社2006年版。

263. 王小甫：《唐吐蕃大食政治关系史》，北京大学出版社1993年版。

264. 马建春：《大食、西域与古代中国》，上海古籍出版社2008年版。

265. 张日铭：《唐代中国与大食穆斯林》，宁夏人民出版社2002年版。

266. 林英：《唐代拂菻丛说》，中华书局2006年版。

267. 向达：《唐代长安与西域文明》，河北教育出版社 2001 年版。

268. 韩香：《隋唐长安与中亚文明》，中国社会科学出版社 2006 年版。

269. 周连宽：《大唐西域记史地研究丛稿》，中华书局 1984 年版。

270. 林松、和龚：《回回历史与伊斯兰文化》，今日中国出版社 1992 年版。

271. 杨志玖：《元代回族史稿》，南开大学出版社 2003 年版。

272. 白寿彝主编：《中国回回民族史》（2 册），中华书局 2003 年版。

273. 纳忠等：《传承与交融：阿拉伯文化》，浙江人民出版社 1992 年版。

274. ［法］阿里玛扎海里著，耿昇译：《丝绸之路——中国—波斯文化交流史》，中华书局 1993 年版。

275. 修晓波：《元代的色目商人》，广东人民出版社 2013 年版。

276. 陈垣：《元西域人华化考》，上海古籍出版社 2000 年版。

277. 傅统先：《中国回教史》，宁夏人民出版社 2000 年版。

278. 周燮藩、沙秋真：《伊斯兰教在中国》，华文出版社 2002 年版。

279. 米寿江、尤佳：《中国伊斯兰教简史》，宗教文化出版社 2000 年版。

280. 马明良：《伊斯兰文明与中华文明的交往历程和前景》，中国社会科学出版社 2006 年版。

281. ［美］A. T. 奥姆斯特德著，李铁匠、顾国梅译：《波斯帝国史》，上海三联书店 2010 年版。

282. 张文德：《明与帖木儿王朝关系史研究》，中华书局 2006 年版。

283. ［美］马文·佩里主编，胡万里等译：《西方文明史》（2 卷），商务印书馆 1993 年版。

284. 丰子恺：《西洋美术史》，上海古籍出版社 1999 年版。

285. 李浴：《西方美术史纲》，辽宁美术出版社 1980 年版。

286. 沈福伟：《中西文化交流史》第 2 版，上海人民出版社 2006 年版。

287. 沈福伟：《西方文化与中国（1793—2000）》，上海教育出版社 2003 年版。

288. 沈福伟：《资源开发与文明进步》，香港新华彩印出版社 2007 年版。

289. 方豪：《中西交通史》（2 卷），上海人民出版社 2008 年版。

290. 阎宗临：《中西交通史》，广西师范大学出版社 2007 年版。

291．马肇椿：《中欧文化交流史略》，辽宁教育出版社1993年版。

292．曹锡仁：《中西文化比较导论》，中国青年出版社1992年版。

293．何兆武：《中西文化交流史论》，湖北人民出版社2007年版。

294．郑寿麟：《中西文化之关系》，中华书局1930年版。

295．中国现代文化学会编：《东西文化交流的道路与选择》，四川人民出版社1993年版。

296．［英］J. J. 克拉克著，于闽梅、曾祥波译：《东方启蒙：东西方思想的遭遇》，上海人民出版社2011年版。

297．［德］贡德·弗兰克著，刘北成译：《白银资本———重视经济全球化中的东方》，中央编译出版社2000版。

298．李强：《中西戏剧文化交流史》，人民音乐出版社2002年版。

299．［英］雷蒙·道森著，常绍民、明毅译：《中国变色龙——对于欧洲中国文明观的分析》，中华书局2006年版。

300．［英］G. F. 赫德逊著，王遵仲译：《欧洲与中国》，中华书局1995年版。

301．赵春晨、何大进、冷东主编：《中西文化交流与岭南社会变迁》，中国社会科学出版社2004年版。

302．石云涛：《早期中西交通与交流史稿》，学苑出版社2003年版。

303．［法］戈岱司编，耿昇译：《希腊拉丁作家远东古文献辑录》，中华书局1987年版。

304．［英］H. 玉尔撰，［法］H. 考迪埃修订，张绪山译：《东域纪程录丛》，云南人民出版社2002年版。

305．丘进：《中国与罗马——汉代中西关系研究》，广东人民出版社1990年版。

306．张西平：《中西文化的初识——北京与罗马》，华东师范大学出版社2012年版。

307．［美］弗雷德勒克·J. 梯加特著，丘进译：《罗马与中国——历史事件的关系研究》，大象出版社2009年版。

308．张铠：《中国与西班牙关系史》，大象出版社2003年版。

309．周景濂：《中葡外交史》，商务印书馆1991年版。

310. 陈乐民：《16世纪葡萄牙通华系年》，辽宁教育出版社2000年版。

311. 黄庆华：《中葡关系史》（3卷），黄山书社2006年版。

312. ［意］白佐良、马西尼著，黄晓玲、白玉昆译：《意大利与中国》，商务印书馆2002年版。

313. ［瑞士］雅各布·布克哈特著，何新译，马新雪校：《意大利文艺复兴时期的文化》，商务印书馆1979年版。

314. 穆根本、汶江、黄倬汉译：《中国印度见闻录》，中华书局1983年版。

315. ［法］伯希和著，冯承钧译：《蒙古与教廷》，中华书局1994年版。

316. ［伊朗］费志尼著，何高济译，翁独健校订：《世界征服者史》，内蒙古人民出版社1980年版。

317. ［阿拉伯］伊本·胡尔达兹比赫著，宋岘译注：《道里邦国志》，中华书局1991年版。

318. ［摩洛哥］伊本·白图泰著，马金鹏译：《伊本·白图泰游记》，宁夏人民出版社2000年版。

319. ［法］沙海昂注，冯承钧译：《马可波罗行纪》，中华书局2004年版。

320. ［英］道森编，吕浦译：《出使蒙古记》，中国社会科学出版社1983年版。

321. 耿昇、何高济译：《柏朗嘉宾蒙古行纪　鲁布鲁克东行记》，中华书局1985年版。

322. 何高济译：《海屯行纪　鄂多立克东游录　沙哈鲁遣使中国记》，中华书局1981年版。

323. 张维华：《明史欧洲四国传注释》，上海古籍出版社1982年版。

324. 张维华：《明清之际中西关系简史》，齐鲁书社1987年版。

325. 萧萐父：《明清启蒙学术流变》，辽宁教育出版社1995年版。

326. 徐海松：《清初士人与西学》，东方出版社2000年版。

327. 张星烺：《欧化东渐史》，商务印书馆2000年版。

328. 沈定平：《明清之际中西文化交流史——明代：调适与会通》，商务印书馆2001年版。

329．沈定平：《明清之际中西文化交流史——明季：趋同与辨异》，商务印书馆 2012 年版。

330．［法］安田朴著，耿昇译：《中国文化西传欧洲史》，商务印书馆 2000 年版。

331．［美］孟德卫著，江文君等译：《1500—1800：中西方的伟大相遇》，新星出版社 2007 年版。

332．萧致治、杨卫东：《鸦片战争前中西关系纪事》，湖北人民出版社 1986 年版。

333．朱谦之：《中国哲学对欧洲的影响》，上海人民出版社 2006 年版。

334．周宁：《中西最初的遭遇与冲突》，学苑出版社 2000 年版。

335．耿昇、吴志良主编：《16—十八世纪中西关系与澳门》，商务印书馆 2005 年版。

336．江滢河：《清代洋画与广州口岸》，中华书局 2007 年版。

337．［美］埃里克·杰·多林著，朱颖译：《美国和中国最初的相遇——航海时代奇异的中美关系史》，社会科学文献出版社 2014 年版。

338．［英］威利斯顿·沃尔克，孙善玲等译：《基督教会史》，中国社会科学出版社 1991 年版。

339．杨真：《基督教史纲》上册，生活·读书·新知三联书店 1979 年版。

340．［法］埃德蒙·帕里斯著，张茄萍、勾永东译：《耶稣会士秘史》，中国社会科学出版社 1990 年版。

341．顾卫民：《中国天主教编年史》，上海书店出版社 2003 年版。

342．顾卫民：《中国与罗马教廷关系史略》，东方出版社 2000 年版。

343．方豪：《中国天主教史人物传》，宗教文化出版社 2007 年版。

344．［法］伯希和编，［日］高田时雄校订：《梵蒂冈图书馆所藏汉籍目录》，中华书局 2006 年版。

345．徐宗泽：《中国天主教传教史概论》，上海书店出版社 1990 年版。

346．徐宗泽：《明清间耶稣会士译著提要》，上海书店出版社 2006 年版。

347．［法］史式徽著，天主教上海教区史料译写组译：《江南传教史》，上海译文出版社 1983 年版。

348．［英］阿·克·穆尔著，郝镇华译，蒋本良校：《一五五〇年前的中国基督教史》，中华书局 1984 年版。

349．［法］谢和耐著，耿昇译：《中国与基督教——中西文化的首次撞击》（增补本），上海古籍出版社 2003 年版。

350．［韩］李宽淑：《中国基督教史略》，社会科学文献出版社 1998 年版。

351．崔维孝：《明清之际西班牙方济会在华传教研究（1579—1732）》，中华书局 2006 年版。

352．［意］柯毅霖著，王志成等译：《晚明基督论》，四川人民出版社 1999 年版。

353．颜炳罡：《心归何处——儒家与基督教在近代中国》，山东人民出版社 2005 年版。

354．［美］邓恩著，余三乐、石蓉译：《从利玛窦到汤若望——晚明的耶稣会传教士》，上海古籍出版社 2003 年版。

355．樊洪业：《耶稣会士与中国科学》，中国人民大学出版社 1992 年版。

356．曹增友：《传教士与中国科学》，宗教文化出版社 1999 年版。

357．许明龙主编：《中西文化交流先驱》，东方出版社 1993 年版。

358．［法］安田朴、谢和耐等著，耿昇译：《明清间入华耶稣会士和中西文化交流》，巴蜀书社 1993 年版。

359．［法］伯德莱著，耿昇译：《清宫洋画家》，山东画报出版社 2002 年版。

360．张国刚等：《明清传教士与欧洲汉学》，中国社会科学出版社 2001 年版。

361．张国刚：《从中西初识到礼仪之争——明清传教士与中西文化交流》，人民出版社 2003 年版。

362．张天纲：《中国礼仪之争——历史、文献和意义》，上海古籍出版社 1998 年版。

363．吴孟雪、曾丽雅：《明代欧洲汉学史》，东方出版社 2000 年版。

364．阎宗临：《传教士与法国早期汉学》，大象出版社 2003 年版。

365．张西平：《中国与欧洲早期宗教和哲学交流史》，东方出版社 2001

年版。

366. 张西平：《传教士汉学研究》，大象出版社 2005 年版。

367. 张西平：《欧洲早期汉学史——中西文化交流与西方汉学的兴起》，中华书局 2009 年版。

368. 计翔翔：《17 世纪中期汉学著作研究——以曾德昭〈大中国志〉和安文思〈中国新志〉为中心》，上海古籍出版社 2002 年版。

369. 孙尚扬：《基督教与明末儒学》，东方出版社 1994 年版。

370. 余三乐：《中西文化交流的历史见证——明末清初北京天主教堂》，广东人民出版社 2006 年版。

371. 张铠：《庞迪我与中国》，大象出版社 2009 年版。

372. 潘凤娟：《西来孔子——明末耶稣会士艾儒略在华事迹考》，台北清华大学 1994 年版。

373. 李岩：《澳门音乐》，文化艺术出版社 2004 年版。

374. 范行准：《明季西洋传入之医学》，上海人民出版社 2012 年版。

375. 何小莲：《西医东渐与文化调适》，上海古籍出版社 2006 年版。

376. ［美］孟德卫著，陈怡译：《奇异的国度：耶稣会适应政策及汉学的起源》，大象出版社 2010 年版。

377. ［法］杜赫德编，郑德弟、朱静等译：《耶稣会士中国书简集——中国回忆录》（6 卷），大象出版社 2001—2005 年版。

378. ［意大利］利玛窦、［法］金尼阁著，何高济等译：《利玛窦中国札记》，中华书局 1983 年版。

379. ［法］裴化行著，管震湖译：《利玛窦评传》（2 册），中华书局 1993 年版。

380. 林华等编：《历史遗痕——利玛窦及明清西方传教士墓地》，中国人民大学出版社 1994 年版。

381. 张铠：《庞迪我与中国》，大象出版社 2009 年版。

382. ［葡］曾德昭著，何高济译：《大中国志》，上海古籍出版社 1998 年版。

383. ［法］安文思著，何高济、李申译：《中国新史》，大象出版社 2004 年版。

384．［法］李明著，郭强、龙云、李伟译：《中国近事报道（1687—1692）》，大象出版社 2004 年版。

385．［法］维吉尔·毕诺著，耿昇译：《中国对法国哲学思想形成的影响》，商务印书馆 2000 年版。

386．耿昇：《中法文化交流史》，云南人民出版社 2013 年版。

387．范存忠：《中国文化在启蒙时期的英国》，上海外语教育出版社 1991 年版。

388．葛桂录：《中英文学关系编年史》，上海三联书店 2004 年版。

389．李春辉：《拉丁美洲史稿》，商务印书馆 1983 年版。

390．杨人楩：《非洲通史简编》，人民出版社 1984 年版。

391．［英］巴兹尔·戴维逊著，屠尔康、葛佶译：《古老非洲的再发现》，生活·读书·新知三联书店 1973 年版。

392．沈福伟：《中国与非洲——中非关系二千年》，中华书局 1990 年版。

393．艾周昌、沐涛：《中非关系史》，华东师范大学出版社 1996 年版。

394．刘正：《图说汉学史》，广西师范大学出版社 2005 年版。

395．李雪涛、柳若梅、顾钧编：《跨越东西方的思考——世界语境下的中国文化研究》，外语教学与研究出版社 2010 年版。

396．［加］卜正民、格力高利·布鲁主编：《中国与历史资本主义——汉学知识谱系学》，新星出版社 2005 年版。

397．朱增补：《文化传播论》，中国广播电视出版社 1993 年版。

398．周晓明：《人类交流与传播》，上海文艺出版社 1990 年版。

399．王正毅：《世界体系论与中国》，商务印书馆 2000 年版。

三　研究论文

1．杨雪梅：《五千年的包裹如何在全球旅行》，《中华读书报》2010 年 9 月 3 日。

2．李琪：《中亚史前文化的开端——旧石器时代的文化》，《西北史地》1998 年第 2 期。

3．李琪：《论俄罗斯及中亚国家的阿尔泰历史文化研究走势》，《中国边疆史地研究》1997 年第 1 期。

4. 蓝琪：《一个文化的共同体——内陆欧亚》，《中国社会科学报》2013 年 1 月 9 日。

5. 龚缨晏：《远古时代的"草原通道"》，《浙江社会科学》1999 年第 5 期。

6. 雷海宗：《上古中晚期亚欧大草原的游牧世界与土著世界（公元前 1000—公元 570)》，《南开大学学报（人文版）》1956 年第 1 期。

7. 易华：《青铜之路：上古西东文化交流概说》，南京师范大学文博系编：《东亚古物》，文物出版社 2004 年版。

8. 张昌平：《中西青铜器与世界青铜文明》，《中国社会科学报》2012 年 8 月 10 日。

9. 徐中舒：《北狄在前殷文化上之贡献——论殷墟青铜器与两轮大车之由来》，《古今论衡》1999 年第 3 期。

10. 马健：《黄金制品所见中亚草原与中国早期文化交流》，《西域研究》2009 年第 3 期。

11. 郭静云：《古代亚洲的驯马、乘马与游战族群》，《中国社会科学》2012 年第 6 期。

12. 王海城：《中国马车的起源》，《欧亚学刊》2002 年第 3 辑。

13. 龚缨晏：《车子的演进与传播——兼论中国古代马车的起源问题》，《浙江大学学报》2003 年第 3 期。

14. 彭卫：《关于小麦在汉代推广的再探讨》，《中国经济史研究》2010 年第 4 期。

15. 峰巍：《出土中国镜的列别节夫卡坟》，《西北史地》1987 年第 4 期。

16. 宋新潮：《中国早期铜镜及其相关问题》，《考古学报》1997 年第 2 期。

17. 李济口述，李光周笔记：《殷文化的渊源及其演变》，《考古人类学学刊》第 42 期，1981 年。

18. 龚缨晏：《古代中西文化交流的物证——中国境内发现的有关古代中西文化交流史的文物古迹》，《暨南史学》第二辑，2003 年。

19. 罗新：《吐谷浑与昆仑玉》，《中国史研究》2001 年第 1 期。

20．张绪山：《甘英西使大秦获闻希腊神话传说考》，《史学月刊》2003年第12期。

21．杨巨平：《文明的流动：从希腊到中国》，《光明日报》2013年7月4日。

22．张绪山：《罗马帝国沿海路向东方的探索》，《史学月刊》2001年第1期。

23．林英：《公元1到5世纪中国文献中关于罗马帝国的传闻——以〈后汉书·大秦传〉为中心的考察》，《古代文明》2009年第4期。

24．关志国：《论中国古代史籍对四夷的体系化记述模式》，《史学集刊》2014年第5期。

25．王青：《汉魏六朝文学中所见的西域商贸》，《西域研究》2003年第2期。

26．王青：《石赵政权与西域文化在中原的传播》，《西域研究》2002年第3期。

27．王青：《论西域文化对魏晋南北朝道教的影响》，《世界宗教研究》1999年第2期。

28．韩宁、徐文武：《横吹曲与边塞诗》，《河北大学学报（哲社版）》2006年第3期。

29．王焕然：《汉代通西域对文学的影响》，《南都学坛（南阳师范学院人文社会科学学报)》2010年第6期。

30．荣新江：《波斯与中国：两种文化在唐朝的交融》，《中国学术》2004年第4期。

31．陈佳荣：《朱应、康泰出使扶南和〈吴时外国传〉考略》，《中央民族学院学报》1978年第4期。

32．杨巨平：《两汉中印关系考——兼论丝路南道的开通》，《西域研究》2013年第4期。

33．黄光成：《西南丝绸之路是一个多元立体的交通网络》，《中国边疆史地研究》2002年第4期。

34．邹一清：《先秦巴蜀对外文化交流研究回顾》，《文史知识》2007年第4期。

35．邹一清：《南方丝绸之路研究的回顾》，《文史知识》2006 年第 10 期。

36．周长山：《日本学术界的南方海上丝绸之路研究》，《海交史研究》2012 年第 2 期。

37．段渝：《中国西南早期对外交通——先秦两汉的南方丝绸之路》，《历史研究》2009 年第 1 期。

38．许新国：《青海丝绸之路与都兰大墓》，《文史知识》2006 年第 2 期。

39．钱江：《古代波斯湾的航海活动与贸易港埠》，《海交史研究》2010 年第 2 期。

40．林梅村：《波斯湾古港的变迁》，《紫禁城》2012 年第 4 期。

41．冯天瑜：《中国古代经略海洋的成就与局限》，《新华文摘》2012 年第 11 期。

42．白云翔：《汉代：开启国门，走向世界》，《光明日报》2012 年 6 月 18 日。

43．毛阳光：《唐代洛阳的外来风情》，《文史知识》2010 年第 6 期。

44．段渝：《南方丝绸之路与中西文化交流》，《中国社会科学报》2014 年 8 月 13 日。

45．朱宏斌：《秦汉时期的中印交通与农业科技文化交流》，《安徽农业科学》2006 年第 14 期。

46．王永平：《从〈嘉兴绳技〉看唐代中印文化交流》，《河北学刊》2012 年第 3 期。

47．江晓原：《六朝隋唐传入中土之印度天学》，台北《汉学研究》第 10 卷第 2 期，1992 年。

48．阴松生：《王玄策出使印度、尼泊尔诸问题》，《南亚研究》1990 年第 2 期。

49．吴虚领：《佛教初传中国时期的形态研究》，《世界宗教研究》1994 年第 4 期。

50．陈世良：《佛教在西域历史上的积极作用》，《新疆人文地理》2010 年第 2 期。

51．尚永琪：《鸠摩罗什译经时期的长安僧团》，《学习与探索》2010 年第 1 期。

52. 源正：《略述两晋时期般若学在长安地区的流传——以竺法护、道安、罗什为中心的叙述》，佛教网。

53. 王邦维：《法显与佛教律在汉地的传承》，《宗教学研究》2013 年第 4 期。

54. 焦桂美：《论南北朝时期佛教与经学的相互渗透》，《北方论丛》2007 年第 3 期。

55. 王晓卫：《论佛教对北朝儒学的影响》，《贵州大学学报》1998 年第 6 期。

56. 王晓毅：《般若学对西晋玄学的影响》，《哲学研究》1996 年第 9 期。

57. 洪修平：《佛教般若思想的传入和魏晋玄学的产生》，《南京大学学报》1985 年增刊。

58. 宿白：《凉州石窟遗迹与"凉州模式"》，《考古学报》1986 年第 4 期。

59. 薛克翘：《印度佛教与中国古代汉地医药学》，《佛学研究》1997 年第 1 期。

60. 李清、梅晓萍：《魏晋南北朝僧医的医学成就》，《辽宁中医药大学学报》2009 年第 2 期。

61. 陈明：《印度佛教医学概况》，《宗教学研究》2000 年第 1 期。

62. 房定亚等：《从〈外台秘要〉看印度医学对我国医学的影响》，《南亚研究》1984 年第 2 期。

63. 马忠庚：《试论佛教的医学科技观》，《自然辩证法通讯》2007 年第 4 期。

64. 房定亚等：《从〈外台秘要〉看印度医学对我国医学的影响》，《南亚研究》1984 年第 2 期。

65. 吴廷璆、郑彭年：《佛教海上传入中国之研究》，《历史研究》1995 年第 2 期。

66. 曾其海：《印度佛教向中国佛教转位的契机——周武帝灭佛与天台宗产生》，《台州师专学报》1999 年第 1 期。

67. 何锡蓉：《从"格义"方法看印度佛学与中国哲学的早期结合》，

《上海社会科学院学术季刊》1998 年第 1 期。

68. 刘孟骧：《道安：从玄学二元论到般若反二元论》，《山西师范大学学报》1999 年第 2 期。

69. 牧田谛亮：《疑经研究——中国佛教中之真经与疑经》，《华冈佛学学报》第 4 期。

70. 张菁：《论唐代中外僧侣的海上求法热潮》，《江苏社会科学》1999 年第 4 期。

71. 王亚荣：《道宣与长安社会》，台北《中国佛学》2000 年春季号。

72. 陈士强：《〈唐高僧传〉新证》，《内明》第 218 期。

73. 刘立夫：《六朝形神之争》，《世界弘明哲学季刊》2002 年 12 月号。

74. 李玉珉：《北魏的造像》，台北《故宫文物月刊》1984 年第 10 期。

75. 谢重光：《20 世纪国内对隋唐五代佛教宗派及其思想学说研究之回顾》，《汕头大学学报（人文社会科学版）》1999 年第 4 期。

76. 黄心川：《"三教合一"在我国发展的过程、特点及其对周边国家的影响》，《哲学研究》1998 年第 8 期。

77. 杜继文：《〈中国禅宗通史〉导言》，《中国社会科学》1993 年第 3 期。

78. 张思齐：《〈那先比丘经〉中的希腊和中国因素》，《烟台大学学报（哲学社会科学版）》2008 年第 4 期。

79. 徐文明：《六家七宗与般若性空论》，少林文化研究编：《少林文化研究论文集》，宗教文化出版社 2001 年版。

80. 严耀中：《论"三教"到"三教合一"》，《历史教学》2002 年第 11 期。

81. 王涛：《唐宋之际城市民众的佛教信仰》，《山西师大学报（社科版）》2007 年第 1 期。

82. 萧丽华：《晚唐诗僧齐己的诗禅世界》，台湾大学《佛学研究中心学报》1997 年第 2 期。

83. 丁敏：《中国当代佛教文学研究初步评价》，台湾大学《佛学研究中心学报》1997 年第 2 期。

84. 孙昌武：《六朝僧人的文学成就》，台湾大学《佛学研究中心学报》

2002 年第 7 期。

85．罗文玲：《六朝僧家吟咏佛理的诗作》，台北《中华佛学学报》第 7 期。

86．方珊：《佛教与中国民间文学》，《世界宗教文化》2005 年第 3 期。

87．侯立兵：《佛教与南北朝赋》，《湖南文理学院学报（社会科学版）》2006 年第 5 期。

88．乔晴：《北朝佛教遗址中的乐舞壁画研究》，袁静芳主编：《第三届中韩佛教音乐学术研讨会论文集》，宗教文化出版社 2006 年版。

89．高华平：《唐代的诗僧与僧诗》，《闽南佛学》2004 年第 1 期。

90．孙昌武：《唐代长安的佛寺》，《觉群》2003 年第 3 期。

91．李芳民：《唐代佛教寺院文化与诗歌创作》，《文史哲》2005 年第 5 期。

92．牛致功：《试论唐武宗灭佛的原因》，台北《中国文化月刊》1997 年第 207 期。

93．杜爱贤：《谈谈佛经翻译对汉语的影响》，《世界宗教文化》2000 年第 2 期。

94．何亚南：《从佛经看早期外来音译词的汉化》，《南京师大学报（社会科学版）》2003 年第 3 期。

95．梁晓虹：《论佛教词语对汉语词汇宝库的扩充》，《杭州大学学报》第 24 卷第 4 期，1994 年。

96．黄夏年：《百年玄奘研究综述》，《广东佛教》2001 年第 1 期。

97．严耀中：《论"三教"到"三教合一"》，《历史教学》2002 年第 11 期。

98．竺家宁：《佛经语言研究综述——词义的研究》，《佛教图书馆馆刊》2007 年第 45 期。

99．冉前林：《敦煌写经书法述略》，《丝绸之路》2009 年第 22 期。

100．黄心川：《印度教在中国的传播和影响》，《宗教学研究》1996 年第 3 期。

101．李宗俊：《唐敕使王玄策使印度事迹新探》，《西域研究》2010 年第 4 期。

102. 张绪山：《整体历史视野中的中国与希腊罗马世界——汉唐时期文化交流的几个典例》，《清华历史讲堂》初编，三联书店 2007 年版。

103. 王颋：《以狮子为"贡献"之中、西亚与明的交往》，《西北民族研究》2004 年第 1 期。

104. 马建春：《古代西域玻璃器物及工艺的输入与影响》，《回族研究》2011 年第 1 期。

105. 张金同：《胡族婚俗与唐代寡妇再嫁》，《甘肃社会科学》2001 年第 1 期。

106. 李元晖：《是"藩属体系"还是"朝贡体系"？——以唐王朝为例》，《中国边疆史地研究》2014 年第 2 期。

107. 贾志刚：《隋唐时期中外贸易纠纷及其解决》，《陕西师范大学学报（哲学社会科学版）》2011 年第 2 期。

108. 陈明：《"商胡辄自夸"：中古胡商的药材贸易与作伪》，《历史研究》2007 年第 4 期。

109. 许序雅、李晓亮：《唐代骠国献乐考》，《云南社会科学》2004 年第 5 期。

110. 王尚达：《唐代粟特人与中原商业贸易产生的社会作用和影响》，《西北民族研究》1995 年第 1 期。

111. 赵文润：《隋唐时期西域乐舞在中原的传播》，《陕西师范大学学报（哲学社会科学版）》1997 年第 1 期。

112. 林英：《唐代西域的可萨汗国和犹太人入华》，《中山大学学报（社科版）》2000 年第 1 期。

113. 程溯洛：《高昌回鹘王国政治经济文化史略》，《西北史地》1984 年第 4 期。

114. 吴玉贵：《白居易"毡帐诗"与唐朝社会的胡风》，《唐研究》第 5 卷。

115. 李永平：《李贺诗歌与唐代外来文明》，《陕西师范大学学报》2011 年第 2 期。

116. 吴玉贵：《唐文化史：对外文化交流编》，李斌城主编：《唐代文化》，中国社会科学出版社 2002 年版。

117. 杨晓春：《二十年来中国大陆景教研究综述（1982—2002）》，《中国史研究动态》2004 年第 6 期。

118. 陈玮：《公元 7—14 世纪景教在宁夏区域发展史研究》，《敦煌研究》2014 年第 1 期。

119. 沈双喜：《景教在元代的传播初探》，《黑龙江史志》2013 年第 7 期。

120. 王媛媛：《唐代摩尼教史研究综述》，《新疆师范大学学报》2004 年第 10 期。

121. 张小贵：《唐宋祆祠庙祝的汉化》，《中山大学学报（社会科学版）》2005 年第 3 期。

122. 杨富学、阿布都外力·克热木：《回鹘文摩尼教诗歌及其审美特征》，《新疆大学学报》2010 年第 3 期。

123. 杨富学：《关于回鹘摩尼教史的几个问题》，《世界宗教研究》2007 年第 1 期。

124. 芮传明：《唐代摩尼教传播过程辨析》，《史林》1998 年第 3 期。

125. 龙自强：《印度梵剧影响中国戏曲研究述评》，《艺术百家》2007 年第 1 期。

126. 黎羌：《印度梵剧与中国戏曲关系之研究》，《戏剧艺术》1987 年第 3 期。

127. 孙玫：《"中国戏曲源于印度梵剧说"再探讨》，《文学遗产》2006 年第 2 期。

128. 林梅村：《从考古发现看火祆教在中国的初传》，《西域研究》1996 年第 4 期。

129. 韩伟：《北周安伽墓围屏石榻之相关问题浅见》，《文物》2001 年第 1 期。

130. 路志峻、林春、李金梅：《汉唐间丝绸之路上的马球运动考辨》，《敦煌研究》2007 年第 3 期。

131. 黄纯艳：《论宋代南海贸易体系的形成》，《国家航海》2012 年第 3 辑。

132. 杨家俊：《简论宋代的外商政策》，《重庆广播电视大学学报》2004

年第 1 期。

133．祁庆富：《关于宋乾道本〈宣和奉使高丽图经〉的几个问题》，《中国文化研究》1997 年第 3 期。

134．王颋：《折叠扇的输入与流播》，《东南文化》2001 年第 9 期。

135．杨富学、陈爱峰：《大食与两宋贸易关系研究》，姜锡东、李华瑞主编：《2007 年韩中宋辽夏金元史学术研讨会论文集》（《宋史研究论丛》第 9 辑），河北大学出版社 2008 年版。

136．杨富学、陈爱峰：《黑水城文献所见西夏与大食之贸易》，周绪红主编：《赵俪生先生纪念文集》，甘肃民族出版社 2009 年版。

137．李学江：《西夏时期的丝绸之路》，《宁夏社会科学》2002 年第 1 期。

138．杨蕤：《西夏外来商品小考》，《宁夏社会科学》2002 年第 6 期。

139．杨富学、陈爱峰：《辽朝与大食帝国关系考论》，《河北大学学报》2007 年第 5 期。

140．朱悦梅、杨富学：《甘州回鹘与丝绸之路》，《"草原丝绸之路"学术研讨会论文集》，甘肃人民出版社 2010 年版。

141．杨富学：《回鹘与辽上京》，辽上京契丹辽文化研究学会编：《首届辽上京契丹·辽文化学术研讨会论文集》，内蒙古文化出版社 2009 年版。

142．杨军：《关于金代东北与中亚关系的几个问题》，程尼娜、傅百臣主编：《辽金史论丛——纪念张博泉教授逝世三周年论文集》，吉林人民出版社 2003 年版。

143．张倩红：《犹太人在开封的历史》，《民族研究》1995 年第 3 期。

144．侯立庆、侯晓睿：《中国开封犹太人同化原因探析》，《当代学术发展研究》2013 年第 8 期。

145．耿昇：《西方汉学界对开封犹太人调查研究的历史与现状》，《西北第二民族学院学报》2000 年第 4 期。

146．赵旭东：《侈靡、奢华与支配——围绕 13 世纪蒙古游牧帝国服饰偏好与政治风俗的札记》，《民俗研究》2010 年第 2 期。

147．欧阳哲生：《欧洲与中国文明对话的新开端——以西人在元大都"汗八里"的经验为中心的考察》，《北京大学学报》2013 年第 5 期。

148．江晓原：《元代华夏与伊斯兰天文学接触之若干问题》，《传统文化与现代化》1993 年第 6 期。

149．张帆：《频婆果考——中国苹果栽培史之一斑》，《国学研究》第 13 卷，北京大学出版社 2004 年版。

150．徐晓望：《元代泉州的海外宗教及其对泉州文化的影响》，中共泉州市委宣传部编：《闽南文化研究》，中央文献出版社 2003 年版。

151．沈毅：《试论唐、宋时期伊斯兰教在东南地区的传播和发展》，《回族研究》2012 年第 1 期。

152．白建灵：《元明时期回族教坊的演变、特点及作用》，《回族研究》2013 年第 3 期。

153．杨志玖：《元代回回人的社会地位》，《回族研究》1993 年第 3 期。

154．马建春：《元代的西域工匠》，《回族研究》2004 年第 2 期。

155．马建春：《元代传入的回回天文学及其影响》，《西北师大学报（社科版）》2005 年第 3 期。

156．江晓原：《元代华夏与伊斯兰天文学接触之若干问题》，《传统文化与现代化》1993 年第 6 期。

157．汤开建：《〈梦溪笔谈〉中“回回”一词再释——兼论辽宋夏金时代的“回回”》，《北方民族大学学报》2014 年第 1 期。

158．杨文炯：《回族形成的历史人类学解读》，《民族研究》2006 年第 4 期。

159．马明良：《伊斯兰教的中国化与“以儒诠经”》，《阿拉伯世界研究》2009 年第 5 期。

160．金刚：《“回儒”与“西儒”之比较》，《孔子研究》2007 年第 3 期。

161．万明：《明代外交模式及其特征考论——兼论外交特征形成与北方游牧民族的关系》，《中国史研究》2010 年第 4 期。

162．王颋：《以狮子为“贡献”之中、西亚与明的交往》，《西北民族研究》2004 年第 1 期。

163．朱新光：《试论帖木儿帝国与明朝之关系》，《西北民族研究》1996 年第 1 期。

164. 张文德：《中亚帖木儿王朝与明朝之间的贡赐贸易》，《元史及民族史研究集刊》2003 年第 16 辑。

165. 张文德：《明与西域的玉石贸易》，《西域研究》2007 年第 3 期。

166. 李庆新：《货币、贵金属与外销瓷——从考古发现看明前期的南海贸易》，《澳门理工学报（人文社会科学版）》2012 年第 1 期。

167. 刘迎胜、乌云高娃：《明四夷馆"鞑靼馆"研究》，《中央民族大学学报》2002 年第 4 期。

168. 邹振环：《郑和下西洋与明人的海洋意识——基于明代地理文献的例证》，《光明日报》2014 年 8 月 18 日。

169. 童书业：《重论"郑和下西洋"事件之贸易性质——代吴春晗先生答许道龄、李晋华二先生》，《禹贡》半月刊第七卷 1—3 期合刊，1937 年。

170. 万明：《郑和下西洋与亚洲国际贸易网的建构》，《吉林大学社会科学学报》2004 年第 6 期。

171. 万明：《明代内官第一署变动考——以郑和下西洋为视角》，《北京联合大学学报（人文社会科学版）》2010 年第 4 期。

172. 毛瑞方：《明代西洋三书的域外史记载与世界性意识——读〈瀛涯胜览〉〈星槎胜览〉〈西洋番国志〉》，《淮北煤炭师范学院学报（哲社版）》2007 年第 6 期。

173. 陈尚胜：《中国传统文化与郑和下西洋》，《文史哲》2005 年第 3 期。

174. 姜旭朝：《20 世纪以来中国古代海洋贸易史研究述评》，《中国史研究动态》2012 年第 4 期。

175. 孙竞昊：《明清地方与国家视域中的"海洋"》，《求是学刊》2014 年 1 期。

176. 樊树志：《"全球化"视野下的晚明》，《复旦学报（社科版）》2003 年第 1 期。

177. 万明：《商品、商人与秩序——晚明海上世界的重新解读》，《古代文明》2011 年第 3 期。

178. 庄国土：《16—十八世纪白银流入中国数量估算》，《中国钱币》1995 年第 3 期。

179. 王裕巽：《明代钱法变迁考》，《文史哲》1996 年第 1 期。

180. 钱宗范：《17—十八世纪中国的外交政策研究》，《广西师范大学学报（哲社版）》2003 年第 4 期。

181. 邱旺士：《清代前期海外贸易商的构成》，《中国社会史研究》2007 年第 4 期。

182. 黄启臣：《清代前期海外贸易的发展》，《历史研究》1986 年第 4 期。

183. 戴一峰：《饮食文化与海外市场：清代中国与南洋的海参贸易》，《中国经济史研究》2003 年第 1 期。

184. 汤开建、田渝：《雍乾时期中国与暹罗的大米贸易》，《中国经济史研究研究》2004 年第 1 期。

185. 吴建雍：《十八世纪的中西贸易》，《清史研究》1995 年第 1 期。

186. 赖惠敏：《清乾隆朝内务府的皮货买卖与京城时尚》，台北《故宫学术季刊》第 21 卷第 1 期，2003 年。

187. 郭卫东：《西洋参：中美早期贸易中的重要货品》，《广东社会科学》2013 年第 2 期。

188. 何炳棣：《美洲作物的引进、传播及其对中国粮食生产的影响》，《世界农业》1979 年第 6 期。

189. 刘朴兵：《番薯的引进与传播》，台北《中华饮食文化基金会会讯》2011 年第 4 期。

190. 张祥稳、惠富平：《清代中晚期山地广种玉米之动因》，《史学月刊》2007 年第 10 期。

191. 陈树平：《玉米和番薯在中国传播情况研究》，《中国社会科学》1980 年第 3 期。

192. 翟干祥：《16—19 世纪马铃薯在中国的传播》，《中国科技史料》2004 年第 1 期。

193. 王子辉：《明代引进的农作物对中国饮食的影响》，《中国烹饪研究》1997 年第 3 期。

194. 王静灵：《图像证史——〈贺兰国人役牛马图〉琐谈》，台北《故宫文物月刊》2010 年 3 月号。

195．吴建雍：《清前期中西贸易中的文化交流与融合》，《清史研究》2008 年第 1 期。

196．夏伯嘉：《明末至清中叶天主教西文文献中的中国：文献分布与应用讨论》，《新华文摘》2011 年第 2 期。

197．吕颖：《清代来华"皇家数学家"传教士洪若翰研究》，《清史研究》2012 年第 3 期。

198．吕颖、闫国栋：《路易十四派遣"皇家数学家"传教士来华的背景》，《史学集刊》2012 年第 2 期。

199．马晓英：《晚明天主教与佛教的冲突及影响》，《世界宗教研究》2004 年第 4 期。

200．张勇：《天主教与佛教儒学化之比较与反思——以"礼仪之争"与"沙门议敬"为中心》，《东疆学刊》2009 年第 1 期。

201．刘丹：《基督教与佛教在中国传播命运迥异缘由的比较》，《世界历史》2002 年第 3 期。

202．李天纲：《早期天主教与明清多元社会文化》，《史林》2000 年第 1 期。

203．黄文树：《李贽与利玛窦的交谊及其"友论"之比较》，《玄奘佛学研究》第 5 期（2006 年 7 月）。

204．张中鹏、汤开建：《徐光启与利玛窦之交游及影响》，《华南师范大学学报（社会科学版）》2011 年第 5 期。

205．孙尚扬：《明末天主教徒韩霖对儒教伦理的批判性反思》，《基督教思想评论》第 2 辑（2005 年）。

206．肖清和：《张星曜与〈天儒同异考〉——清初中国天主教徒的群体交往及其身份辨识》，北京天主教与文化研究所编：《天主教研究论辑》第 4 辑，宗教文化出版社 2007 年版。

207．黄河清：《利玛窦对汉语的贡献》，《语文建设通讯》2003 年第 74 期。

208．梅晓娟、周晓光：《利玛窦传播西学的文化适应策略——以〈坤舆万国全图〉为中心》，《安徽师范大学学报（人文社科版）》2007 年第 6 期。

209．方金平：《所谓"暗伤王化"：南京教案与晚明司法》，《北大法律评论》2013 年第 2 期。

210. 刘小萌：《康熙年间的西洋传教士与澳门》，澳门《文化杂志》2000 年第 40、41 期。

211. 吴伯娅：《樊守义及其〈身见录〉》，《清史参考》2014 年第 31 期。

212. 冯尔康：《"康熙帝与西洋文化"研究中的两个问题》，《历史教学》2012 年第 8 期。

213. 韩琦：《未能把握的机会——从中法科学交流看康熙皇帝的功与过》，《文汇报》2014 年 11 月 2 日。

214. 黄兴涛：《明末至清前期西学的再认识》，《清史研究》2013 年 1 期。

215. 霍有光：《从〈四库全书总目提要〉看乾隆时期官方对西方科学技术的态度》，《自然辩证法通讯》1997 年第 5 期。

216. 徐光台：《西学对科举的冲激与回响——以李之藻主持福建乡试为例》，《历史研究》2012 年第 6 期。

217. 冯左哲：《试论顺康雍三朝对西方传教士政策的演变》，《世界宗教研究》1991 年第 3 期。

218. 吴伯娅：《从新出版的清代档案看天主教传华史》，《清史论丛》2005 年号。

219. 张先清：《疾病的隐喻：清前期天主教传播中的医疗文化》，《中山大学学报（社科版）》2008 年第 4 期。

220. 董少新：《从艾儒略〈性学觕述〉看明末清初西医入华与影响》，《自然科学史研究》第 26 卷第 1 期，2007 年。

221. 袁媛：《明清之际传入中国之西方生理学》，《广西民族学院学报（自然科学版）》第 11 卷第 4 期，2005 年。

222. 刘世珣：《底野迦的再现：康熙年间宫廷西药德里鸦噶初探》，《清史研究》2014 年第 3 期。

223. 江晓原：《耶稣会与哥白尼学说在华的传播》，《新世纪》2002 年 10 月号。

224. 江晓原：《论耶稣会士没有阻挠哥白尼学说在华传播——西方天文学早期在华传播之再评价》，《学术月刊》2004 年第 12 期。

225. 杨泽忠：《李之藻与西方几何在我国的传播》，《数学教学》2009 年第 7 期。

226. 王川：《西洋望远镜与阮元望月歌》，《学术研究》2000 年第 4 期。

227. 邹小站：《略论明清间中国人对西学的迎拒》，中国社会科学院近代史研究所编：《中国社会科学院近代史研究所青年学术论坛 2005 年卷》，社科文献出版社 2006 年版。

228. 湛晓白、黄兴涛：《清代初中期西学影响经学问题研究述评》，《中国文化研究》2007 年第 1 期。

229. 陈卫平：《明清之际西学流播与王学、实学的思想接应》，《南京大学学报（哲学人文科学版）》2009 年第 6 期。

230. 陈橹：《论明清之际士人群体对西方科技的态度及历史影响》，《河南社会科学》2003 年第 5 期。

231. 王扬宗：《"西学中源"说在明清之际的由来及其演变》，台北《大陆杂志》1995 年第 6 期。

232. 江晓原：《试论清代"西学中源"说》，《自然科学史研究》1988 年第 2 期。

233. 刘钝：《从"老子化胡"到"西学中源"——"夷夏之辨"背景下外来文化在中国的奇特经历》，《法国汉学》第 6 辑，2002 年。

234. 韩琦：《明清之际"礼失求野"论之源与流》，《自然科学史研究》2007 年第 3 期。

235. 杨小明、黄勇：《从〈明史〉历志看西学对清初中国科学的影响——以黄宗羲、黄百家父子的比较为例的研究》，《华侨大学学报（哲社版）》2005 年第 2 期。

236. 许苏民：《晚明西学东渐对王夫之政治哲学之影响》，《船山学刊》2012 年第 4 期。

237. 许苏民：《王夫之与儒耶哲学对话》，《武汉大学学报（人文科学版）》2012 年第 1 期。

238. 刘墨：《乾嘉学术与西学》，《清史研究》2005 年第 3 期。

239. 徐道彬：《论戴震与西学》，《自然科学史研究》2010 年第 2 期。

240. 毛瑞芳《〈北堂书目〉：记录西学东渐的重要历史文献》，《史学史研究》2007 年第 4 期。

241．吉少甫、吉晓蓉：《明末七千部西书东来寻踪》，《出版史料》2007 年第 3 期。

242．黄一农：《红夷大炮与皇太极创立的八旗汉军》，《历史研究》2004 年第 4 期。

243．刘鸿亮：《明清时期红夷大炮的兴衰与两朝西洋火器发展比较》，《社会科学》2005 年第 12 期。

244．郑诚：《守圉增壮——明末西洋筑城术之引进》，《自然科学史研究》2011 年第 2 期。

245．汤开建、吴宁：《明末天主教徒韩霖与〈守圉全书〉》，《晋阳学刊》2005 年第 2 期。

246．张柏春：《明末欧洲式天文仪器的试制与使用》，《中国科技史料》2000 年第 1 期。

247．马渭源：《论西画东渐对明清中华帝国社会的影响》，澳门《中西文化研究》总第 15 期，2009 年。

248．马渭源：《论明清西画东渐及其与苏州"仿泰西"版画的出版、传播》，澳门《中西文化研究》总第 2 期，2007 年。

249．杨泽忠：《〈视学〉中透视方法之由来》，《山东师范大学学报》2008 年第 4 期。

250．邹振环：《康熙朝贡狮与利类思的〈狮子说〉》，《安徽大学学报（哲学社会科学版）》2013 年第 6 期。

251．徐曼：《论西方伦理学在中国早期传播的特点及影响》，《河南大学学报》2008 年第 5 期。

252．沈定平：《论卫匡国在中西文化交流史上的地位与作用》，《中国社会科学》1995 年第 3 期。

后　记

　　《中国接受海外文化史》以这样巨大的篇幅完成，是我在开始从事这一课题时没有想到的。

　　所谓历史，就是以往时代的人的活动，是一个个鲜活的人物和事件组成的，如果没有了具体的人和事，历史就剩下了一些概念、观念和结论，但这些概念、观念和结论没有"人"和"事"的支撑就很难理解，甚至可能是不正确的、错误的。所以，本书在写作过程中，尽量去介绍那些与中外文化交流有关的人和事，去讲述一个个故事的来龙去脉，把这些人和事串联起来，就构成了一个时代特定的鲜活的历史画面。在写作过程中我时常一阵阵感动，我为那些在中外交流史上做出贡献的人的文化情怀和文化精神所感动，为他们艰苦卓绝的努力和献身精神所感动，为他们始终不渝的文化责任感所感动。虽然这是一部严肃的历史学著作，但我仍然忍不住将自己的激动心情诉诸笔端。

　　我的这种激动和敬意已经在内心深藏了许久。我的学术事业大体上就是在中外文化交流史这个领域，就是在与历史上的文化人物进行的对话和交流。大约在 20 世纪 80 年代末，我开始进入文化史和文化交流史的研究。到了 20 世纪 90 年代后期，完成了《中华文化海外传播史》。当时，中国社会科学院历史研究所的耿昇先生对这部著作给予了充分的肯定，同时建议我再做一个"反向"的研究，即研究和梳理在中华文化发展的进程中是如何接受和吸收外来文化的。这是一个更为艰难的课题，可能是当时我还不具备完成这一课题的能力，后来又去一个单位做行政工作，一直没有时间和精力用在这个课题上。但是，耿先生的嘱托一直没敢忘怀，我还是尽量利用各种机会收集资料，参加各种学术交流，为完成这项研究做准备，同时也阅读了许多相关学科最新的专业著作，如人类学、社会心理学、文化学等等。前几年，在离开行政岗位后，我立即回到学术研究的状态中来。这几年，我基本上是闭门不出，谢绝一切社会活动，全心全意投入到研究工作中来。先是完成了对《中华文化海外传播史》的修订工作，继而开始《中国接受海外文化史》的研究和写作。现在，这两部著作都完成了。

《中国接受海外文化史》和《中华文化海外传播史》是一个故事的两个方面，是一个大的历史过程的不同面相。之所以做这样的区分，是想在勾勒文化历史发展线索的同时，从不同的角度挖掘和认识中华文化的世界性价值和意义。中华文化广泛地传播于海外，参与了世界文化的发展过程，因而就获得了自己的世界性意义；中国广泛地接受和吸收其他民族的文化成果，将它们补充和丰富到中华文化之中，也使自己获得了世界性文化的意义。中华文化与世界文化的对话，是通过一次次的相遇、交流、激荡和互动实现的。我这两部著作就是意在寻求中华文化的世界性价值，寻求中华文化与世界文化的对话。

关于中外文化交流史的研究，已经有了上百年的历史，前辈学者积累了丰富的成果和治学经验。近些年来，这个学科有了很大进展，一大批中青年学者对许多领域、许多问题都做了相当深入的研究。这些中外学者的研究成果，不仅为我的研究提供了丰富的史料，更重要的是大大开阔了研究视野，提供了许多新的研究思路和方法，提供了认识这些历史事实的新视角。在这些年中，我对这些新材料、新著述都进行了认真的研读。在本书的写作过程中，大量地参考了这些研究成果，并且吸收到本书中。这也是我得以完成这项工作的重要条件之一。在此，我也向这些前辈和学界的朋友表示衷心的谢意。

武　斌

2016 年 1 月 27 日第一稿于沈阳北郊望湖书屋

2018 年 5 月 27 日修订于沈阳浑南金利花园